PRESENCIA TERAPÉUTICA Y PATRONES RELACIONALES

PRESENCIA TERAPÉUTICA Y PATRONES RELACIONALES
Conceptos y práctica de la Psicoterapia Integrativa

Richard G. Erskine

Instituto de Psicoterapia Integrativa
Traducción: Angela Pérez Burgos
Revisión técnica: Amaia Mauriz-Etxabe

LONDON AND NEW YORK

Título original:

Relational Patterns, Therapeutic Presence: Concepts and Practice of Integrative Psychotherapy

Primera publicada por Karnac Books Ltd: 2016

La presente edición publicada por Routledge: 2018

2 Park Square, Milton Park, Abingdon, Oxon, OX14 4RN

52 Vanderbilt Avenue, New York, NY 10017, USA

Routledge es una marca del Grupo Taylor & Francis, una empresa de informa

Traducida por Angela Perez

Esta traducción copyright © 2016 Taylor & Francis

Los derechos de Richard Erskine el autor de esta obra han sido confirmado de acuerdo con los apartados 77 y 78 de la Lay de Diseño y Patentes de Copyright de 1988.

Todos los derechos reservados. Ninguna parte de esta publicación puede ser reproducida, almacenada en un sistema de recuperación o transmitida de ninguna forma ni por ningún medio, electrónico, mecánico, fotocopia, grabación, o cualquier otro, sin la previa autorización por escrito del la editorial.

Aviso:

Los nombres de producto o comerciales pueden ser marcas o marcas registradas, y solo se usan por razones de identificación y explicación sin intención de infringir.

En la Biblioteca Británica consta un registro del catálogo CIP para este libro.

ISBN: 9781910444092 (libro de bolsillo)

A mis nietas y a mis nietos, por su ilusión constante en la vida, y a Karen, por su dedicación y su entusiasmo.

ÍNDICE

SOBRE EL AUTOR — xi

PRÓLOGO A LA EDICIÓN ESPAÑOLA — xiii
por Amaia Mauriz-Etxabe

PRÓLOGO A LA EDICIÓN ORIGINAL — xix
por Joshua Zavin

PREFACIO — xxv

INTRODUCCIÓN
Principios filosóficos de la Psicoterapia Integrativa — xxxi

CAPÍTULO UNO
El proceso de la Psicoterapia Integrativa — 1

CAPÍTULO DOS
Una terapia de contacto-en-la-relación — 25

CAPÍTULO TRES
Sintonía e implicación: respuestas terapéuticas a las necesidades relacionales 47

CAPÍTULO CUATRO
Psicoterapia de la experiencia inconsciente 63

CAPÍTULO CINCO
Guiones de Vida y patrones de apego: integración teórica e implicación terapéutica 81

CAPÍTULO SEIS
Guiones de Vida: patrones relacionales inconscientes e implicación psicoterapéutica 101

CAPÍTULO SIETE
El Sistema de Guión: una organización inconsciente de la experiencia 127

CAPÍTULO OCHO
Funciones psicológicas del Guión de Vida 145

CAPÍTULO NUEVE
Integrando los métodos expresivos en la psicoterapia relacional 151

CAPÍTULO DIEZ
El vínculo en la relación: ¿una solución a la violencia? 181

CAPÍTULO ONCE
Un enfoque gestáltico de la vergüenza y la arrogancia: teoría y métodos 191

CAPÍTULO DOCE
El proceso esquizoide 215

CAPÍTULO TRECE
La confusión temprana de los afectos: el "límite" entre la desesperación y la rabia 221

CAPÍTULO CATORCE
El equilibrio en el "límite" de la confusión temprana
   de los afectos   235

CAPÍTULO QUINCE
La cura relacional de la confusión temprana de los afectos   243

CAPÍTULO DIECISEIS
Introyección, presencia psíquica y Estados del Yo Padre:
   consideraciones para la psicoterapia   255

CAPÍTULO DIECISIETE
Resolviendo el conflicto intrapsíquico: la psicoterapia
   de los Estados del Yo Padre   289

CAPÍTULO DIECIOCHO
¿Qué dice usted antes de decir adiós? La psicoterapia
   del duelo   323

CAPÍTULO DIECINUEVE
Historias no-verbales: el cuerpo en psicoterapia   347

CAPÍTULO VEINTE
¿Narcisismo o error del terapeuta?   361

REFERENCIAS BIBLIOGRÁFICAS   369

AGRADECIMIENTOS   385

ÍNDICE ALFABÉTICO   393

SOBRE EL AUTOR

La trayectoria profesional del Dr. Richard G. Erskine incluye una completa dedicación a la práctica de la psicoterapia. Además de haber ejercido como director de formación en el Instituto de Psicoterapia Integrativa en la ciudad de Nueva York desde 1976, es psicólogo clínico colegiado, psicoanalista acreditado, analista transaccional clínico certificado, psicoterapeuta de grupo certificado y psicoterapeuta acreditado por UKCP (UK Council for Psychotherapy) y EAPA (European Association of Psychological Assesment). Su experiencia profesional incluye: formación en terapia Gestalt con Fritz y Laura Perls, Terapia Centrada en el Cliente, Desarrollo Emocional y Cognitivo, Psicoterapia Orientada al Cuerpo, Terapia de las Relaciones Objetales Británica y Psicología Psicoanalítica del Self.

Esta colección de ensayos incluida en *Presencia Terapéutica y Patrones Relacionales,* es una muestra exhaustiva de la teoría integrativa en profundidad, y nos lleva de la mano a un estilo de implicación terapéutica que refleja una perspectiva relacional y no patologizante. Los métodos descritos se basan en un contacto profundamente respetuoso, sintonizado con el nivel evolutivo del cliente, y conllevan un abordaje terapéutico co-constructivo e intersubjetivo.

PRÓLOGO A LA EDICIÓN ESPAÑOLA

Querida lectora, querido lector, es un placer tener la oportunidad de introducirte a este libro que nace del encuentro y de la relación terapéutica.

Un libro que nace de la práctica de la psicoterapia y que va respondiendo a las preguntas que diversos terapeutas de numerosos países, y con diferentes bagajes formativos han planteado al Dr. Richard Erskine en sus seminarios de formación y en los grupos de supervisión profesional de Europa, Sudamérica, Canadá y Asia. Cuestiones que colegas y alumnos le iban formulando acerca de retos, dilemas y dificultades con los que se encontraban en la práctica de la psicoterapia.

El libro que tienes en tus manos es probablemente un Manual de Psicoterapia profunda, en el que Richard habla de la psicoterapia como proceso, nunca como mera "actividad", y donde desarrolla una mirada clínica que explica y muestra la psicoterapia con empatía, con respeto y sin la defensa, a menudo tan fácil de usar para la psicoterapeuta —o el psicoterapeuta—, de un diagnóstico que cataloga, y por tanto distancia y categoriza, a nuestros clientes y pacientes.

Verás aquí una mirada terapéutica desde la implicación y desde el intento continuado de COMPRENDER las funciones psicológicas relevantes que subyacen a cada dificultad, fijación y conducta, y que están tras cada desajuste intrapsíquico y/o interpersonal.

Verás también en este libro, la normalización como fórmula de respeto más allá de la empatía, la mirada hacia lo evolutivo y la reivindicación de lo funcional que existe en todo síntoma.

Encontrarás, por tanto, la filosofía relacional subyacente transformada en método clínico, los valores del humanismo y del respeto profundo a toda persona en su unicidad y características individuales, convertidos en acción terapéutica … una acción terapéutica co-creada, en relación y con implicación, sin una falsa superioridad terapéutica, con la humildad del diagnóstico desde lo funcional y con una evaluación del plan del tratamiento desde el compromiso mutuo y sin patología, como un intento de abordar el trauma, el dolor o el miedo con implicación y con compromiso humano, además de con método clínico y conocimiento teórico.

Todo encuentro terapéutico es una aventura compartida, donde el reto de comprender, de dar sentido y de facilitar la integración requiere un compromiso mutuo y una filosofía relacional que permita transformar el dolor, el síntoma o el problema que nuestro cliente presenta en un apasionante trabajo de encuentro y "traducción" compartido donde ambas partes de la diada terapéutica puedan retar viejas perspectivas y encontrar nuevos caminos.

Abordar esta tarea desde la relación, sin una visión patologizante, sin visiones previas limitantes y con ternura, entusiasmo, respeto y profundidad, es la perspectiva que aquí se pretende ofrecer.

Por tanto, a ti, lector o lectora, te sugiero que te sumerjas en esta obra con una actitud visual. Encontrarás conceptos profundos y ejemplos clínicos pero aun así, déjate llevar a la imagen de tus propios clientes y experiencias. Lee este libro con la "pantalla interior" abierta a tus propias evocaciones conceptuales, a los recuerdos de escenas de sesiones de psicoterapia concretas que se vayan despertando de forma que lo que encuentres en estas páginas cumpla el objetivo que Richard tenía cuando "te escribió": co-construir y hablar a las y los psicoterapeutas que están en su consulta y acompañarles así en sus reflexiones y retos del encuentro terapéutico.

Quiero compartir contigo que lo que a mí me condujo a formarme con Richard y a trabajar desde la Psicoterapia Integrativa es, en gran parte, lo que se nos presenta en estas páginas.

Me formé en una época de "militancias" teóricas donde unas líneas de tratamiento parecían mostrar su superioridad clínica sobre las demás, eran tiempos de "curar rápido" y de emplear la confrontación como método. Todo eso habría estado muy bien, e incluso me habría ofrecido cierta seguridad, si fuese sostenible y ... si el sufrimiento de nuestros pacientes no demostrase una y otra vez que hay veces que el tratamiento ha de ser necesariamente largo ... que un abordaje meramente cognitivo, o exclusivamente afectivo, o conductual, nunca será suficiente ... que la combinación de todos estos conocimientos es esencial para una buena práctica y para poder llegar a lo que nuestros clientes necesitan.

Cuando en un taller de formación vi al Dr. Erskine trabajar con las memorias corporales, y explicó todo lo que el trabajo con el proceso inconsciente conlleva -en particular esos anhelos vagos, esa extraña sensación de vacío ... Pude empezar a entender y fue como un "¡Eureka!" que daba sentido a lo que semana tras semana escuchaba a algunos pacientes. Fue un alivio especialmente para poder entender mejor a una paciente, una mujer joven, exitosa e inteligente, que me hablaba a menudo sobre un vacío vago y doloroso que no se correspondía con nada traumático que ella pudiese recordar, que no se correspondía con su situación actual, pero que funcionaba como si fuese un sumidero de energía y vitalidad. Había aparecido tras el nacimiento de su primera hija, a pesar de disfrutar de un matrimonio feliz y muy compenetrado ... Ninguna de las dos lográbamos dar sentido a sus sensaciones.

En aquel taller, viendo a Richard trabajar en una intervención con un compañero, fui entendiendo que no siempre recordamos lo que nos ha ocurrido en forma de imágenes, sino que a menudo aparece en forma de gestos, sensaciones, procesos relacionales, e incluso temores ...

Aprendí que lo que no guarda proporción con el presente, es probablemente una memoria, un tipo de recuerdo codificado en "otro idioma" que no es visual ni auditivo, que es otro tipo de recuerdo. Y, decidí aprender a preguntar como él preguntaba, para que mi paciente pudiese "adueñarse" de los recuerdos que aún no eran conscientes ... incluso de los recuerdos del efecto de aquello que NO había ocurrido nunca ... El efecto de la ausencia de cuidado y protección de una bebé que había sido dada en adopción a una tía soltera y aislada, buena y afectiva, pero deprimida y solitaria, que cuidó y atendió sin pasión, sin alegría ni vitalidad.

Fue un alivio para mí como terapeuta joven y fue un regalo para mi paciente, quien pudo comprender e integrar finalmente aquello que vivió en sus primeros años y que su reciente maternidad había desencadenado.

En algunos capítulos quizás te sorprenda encontrar que parece repetirse un mismo concepto desde ángulos similares ... no es casualidad ... el Dr. Erskine es didáctico al escribir así sobre constructos tales como el Guión de Vida. Este es un concepto crucial pero enormemente complejo, que conlleva muchos enfoques teóricos y una profunda observación acerca de distintos niveles de la experiencia, del funcionamiento cognitivo, de lo sintomático, de la selección perceptual de recuerdos y experiencias etc. Es única también la aportación que hace al asociar este concepto de Guión de Vida con la teoría del apego, y desde ahí mostrarnos cómo nuestro guión se actúa a través de los patrones relacionales.

Es por ello, por hablar del proceso inconsciente y de sus dinámicas desde un ángulo relacional, funcional e histórico tan novedoso y complejo, que Richard (autor y profesor de extensísima experiencia) enfatiza para ayudarnos a visualizar y a acercarnos a la teoría por estratos, repetidamente, de manera similar a lo que nuestros clientes tienen que hacer para poder comprender, para dar sentido y, finalmente, poder crear una narrativa actualizada de sus traumas, su historia y sus dificultades ... descubriendo y redescubriendo ... narrando y volviendo a elaborar hasta que el concepto se comprende y uno se puede "apropiar" con naturalidad de lo que ha comprendido y descubierto.

Un punto a señalar sobre esta obra es que su estructura va avanzando desde las premisas más nucleares de la Psicoterapia Integrativa, basadas en principios filosóficos, la base subyacente a toda teoría: y por tanto subyacente a la teoría de la personalidad que conlleva una visión específica sobre el ser humano, se refleja en categorías diagnósticas, y se expresa, conductualmente, en métodos concretos de tratamiento.

Así, los métodos aquí descritos son métodos relacionales que se fundamentan en la filosofía que Richard comparte y desarrolla en su introducción.

A partir del capítulo primero irás descubriendo las bases del encuentro que desde la Psicoterapia Integrativa se establecen para que la relación terapéutica sea una relación completa y curative ... poco a poco, Richard te irá conduciendo por los recovecos de la comprensión y del trabajo profundo con aquello que está oculto en capas y capas de hábitos relacionales "automáticos", en "tics" actitudinales; y te ayudará a traducir y a entender lo inconsciente, lo preverbal, lo no-explícito, y de este modo poder crear nuevos mapas para el tratamiento de una psicoterapia relacional en profundidad.

Un aspecto que quiero subrayar como valor único de este libro, es la posibilidad que el Dr. Erskine nos muestra de trabajar con los trastornos límite de personalidad —en cualquier grado del continuum rasgo/estilo/trastorno— al presentarlos como producto de relaciones tempranas que dejan una huella de confusión en los afectos. El hecho de cambiar el enfoque a esta perspectiva, nos permitirá ver al niño o la niña confundida, que contamina y distorsiona a la mujer o al hombre adulto que hoy aparece frente a nosotros …

Esta perspectiva evolutiva y funcional, nos facilita abordar las fases de la terapia con las dificultades "borderline" con apertura ante necesidades no satisfechas tempranas y hacer terapia al Niño que se encuentra en un estado de angustia y confusión. Creo que muchos de mis clientes, sin duda, deben al Dr. Erskine un agradecimiento por sus aportaciones a este campo.

Otro aspecto que siempre resulta apasionante es el trabajo con lo introyectado … lo intergeneracional, lo inconsciente-heredado … en terapia oímos a menudo (¡probablemente, incluso lo experimentamos como personas que tenemos nuestra propia historia!) lo introyectado … que a veces aparece en forma de crítica, de actitud o de limitación, a veces … incluso, en forma de obsesión. Merecerá la pena leer con detenimiento el capítulo dieciséis y el capítulo diecisiete, en ellos, Richard nos enseña a transitar por los paisajes de la introyección, su función y su funcionamiento, y a trabajar con el desafío de la resolución y disolución de las introyecciones.

Propone y desarrolla varias etapas profundas y novedosas de trabajo terapéutico para la integración de lo introyectado:

- En primer lugar explorar lo introyectado, reconocerlo y apropiarse de ello al hacerlo consciente.
- En segundo lugar, abordar, reconocer y aceptar la lealtad del niño o la niña hacia la figura necesitada e introyectada.
- Plantea después, la importancia de reconocer las necesidades no satisfechas, acompañar a la persona a atravesar la inevitable sensación de orfandad que este paso terapéutico conlleva, y
- finalmente, si el trabajo concluye, ayudar a nuestros clientes a honrar la esperanza hacia la salud, hacia la resolución del dolor que

también coexiste a menudo en el mensaje recibido en esa "herencia psicológica" que toda introyección conlleva. La esperanza de relación, afecto y crecimiento que subyace ahí, previa al trauma, pero que impulsa a la persona, no sólo a la compulsión de repetición del guión, sino también hacia el crecimiento y la salud.

El capítulo sobre el duelo ofrece también un enfoque innovador ... sabemos que toda psicoterapia es un trabajo de duelo continuado: resolver la confusión de los afectos del niño o la niña, identificar y asimilar lo introyectado, el dolor de lo que debería haber sucedido pero nunca sucedió, la pena por lo que fue traumático etc., etc. nos lleva a acompañar a nuestros clientes a atravesar duelos de diversa índole, duelos relevantes que están enlazados en su historia vital. La teoría general del duelo, tal y como la conocemos, nos habla de trabajar la pérdida y las fases de trabajo emocional con la misma ...

Richard, nos invita además a abordar lo que debería haber ocurrido, los sueños truncados, la verdad no nombrada. Nos invita a decir "Hola" en profundidad antes de decir "Adiós" y, en mi experiencia y en la de otros colegas de varios campos de la salud con los que he trabajado en el abordaje del duelo, esta aportación del Dr. Erskine nos ha permitido sortear "ataduras" que mantenían a algunos pacientes ligados a sus pérdidas.

Por todo ello, y en nombre de muchos de mis clientes, doy las gracias al Dr. Erskine por enseñar, escribir y por seguir investigando la relación terapéutica en todas sus dimensiones.

Y, a ti, lector o lectora, te animo a que descubras y visualices tu experiencia humana y profesional a través de las páginas de este libro y a que encuentres aquellos capítulos y ejemplos que más "te hablen" y mejor acompañen tu experiencia.

Amaia Mauriz-Etxabe
Psicóloga Especialista en Clínica y Psicoterapeuta Integrativa
Bilbao, 28 de enero 2016

PRÓLOGO A LA EDICIÓN ORIGINAL

Cuando el Dr. Richard Erskine me pidió que escribiera el prólogo a esta última colección de artículos, me sentí a la vez honrado e indeciso. Me sentí honrado por la petición de escribir acerca de un hombre que he conocido, admirado y con el que he aprendido y trabajado desde 1970, y me sentí indeciso sobre la perspectiva que podría presentar. Decidí contaros algo acerca de cómo llegué a conocer a Richard y por qué, después de todas las demás formaciones, terapias diversas y experiencias profesionales que he tenido en a lo largo de mi vida como psicólogo clínico, he continuado asistiendo a sus seminarios y aprendiendo con él.

Por azares del destino, aprendí mecanografía cuando tenía once años y fue eso lo que me llevó a conocer a Richard en San Francisco en el verano de 1976. Cuando cumplí veinticuatro años, me mudé a San Francisco desde Cambridge, Massachusetts. En Cambridge, había estado trabajando como camarero en restaurantes y bares, escribiendo cuentos y canciones, y recibiendo una muy valiosa terapia psicodinámica durante tres años con otro Richard. Aunque cursé estudios de inglés en la universidad, esta experiencia de terapia post-universitaria había comenzado a despertar mi interés por la psicoterapia como posible carrera profesional.

Una vez que me trasladé a San Francisco, mi interés por la psicoterapia despegó después de un simple paseo por Union Street. En San Francisco, a mediados de los años 70, uno podía caminar por la calle Union Street y detenerse en las oficinas del Instituto Gestalt, el Instituto de Bioenergética, Esalen Institute, el centro de Psicología Humanista, una consulta de Grito Primal, centros de yoga, y los ventanales de los despachos de numerosas terapias New Age. A pocas manzanas de distancia se encontraba la sede de la Asociación Internacional de Análisis Transaccional. Recogí folletos de todos ellos y asistí a varios talleres experienciales que incluían terapia Gestalt y Bioenergética. Para pagar los talleres, desempolvé mis habilidades de mecanografía y conseguí trabajo en una agencia local de secretaras llamada "Kelly Girl".

Uno de mis trabajos en "Kelly Girl" fue en la casa de una mujer que me necesitaba para escribir su tesis doctoral en psicología y, casualmente, resultó ser la esposa del presidente de la Asociación Internacional de Análisis Transaccional. En su casa descubrí *Transactional Analysis Journal* (Revista de Análisis Transaccional) que incluía un artículo reciente de un psicólogo llamado Richard Erskine, "The ABC's of Effective Psychotherapy" (abril de 1975). Mi interés por este artículo me motivó a asistir al congreso de la ITAA de 1976, para inscribirme específicamente en el taller de Richard Erskine y aprender más sobre "El ABC".

¿Qué había en el artículo de Richard que me impulsó a escucharle hablar? Después de haber experimentado los beneficios de algunos enfoques terapéuticos muy distintos —cada uno de ellos me aportó diferentes profundidades de auto-comprensión y sentimientos— me atrajo de inmediato su visión de la personalidad y la conducta como una interacción de lo *afectivo*, lo *conductual* y lo *cognitivo*, el ABC de la psicoterapia. En escritos posteriores, ahondó más sobre el papel de lo *fisiológico* y lo *relacional* como la cuarta y quinta dimensiones de la integración (Erskine y Moursund 1988; Erskine, Moursund, y Trautmann 1999; Erskine y Trautmann 1993). En su opinión, cada uno de los ABCs es igualmente importante, se influyen entre sí, y cada uno de ellos es una posible, o incluso necesaria, vía para la intervención terapéutica. La noción del enfoque centrado en múltiples dimensiones de la persona en su totalidad, y el empleo de una variedad de métodos terapéuticos tuvieron sentido para mí de forma inmediata.

Sin embargo, si fue la perspectiva del ABC en el artículo de Richard lo que me llevó a su taller, posteriormente fueron la claridad con la que explicaba y elaboraba sus ideas en persona, y la aparente facilidad y la sensibilidad con la que hablaba sobre cuestiones clínicas, las que me hicieron pensar que me gustaría aprender más de él y continuar mi propio crecimiento profesional a su lado. Recuerdo que me acerqué a él después del taller y le comenté con nerviosismo mi deseo de unirme a su programa de formación si me trasladaba a Nueva York en el futuro. No creo que él le diera mucha importancia en ese momento —algo por lo que no puedo culparle— pero el deseo, sin embargo, permaneció en mí.

Tres años más tarde, cuando estaba de nuevo viviendo en Nueva York donde había crecido, sirviendo de camarero en un restaurante local francés para pagar las facturas, y ya había terminado mi primer año de un programa de doctorado en Psicología Clínica en la New School for Social Research, me puse en contacto con Richard; y él, de hecho, me admitió en su programa de formación. (En ese momento yo creo que pensó que estaba dando una oportunidad a un "camarero"). Me uní a su programa de formación clínica y, algunos años más tarde, al Seminario de Desarrollo Profesional avanzado donde continué hasta que el Seminario se disolvió en 2010.

¿Por qué permanecí tanto tiempo? Me quedé impresionado por la inseparable combinación de Richard como teórico, profesor, clínico, y persona. Richard vive un compromiso continuo con su propio crecimiento personal y profesional. Siempre propone, y muchas veces reta, a los que le rodean a hacer lo mismo —aprender, crecer, ser sensibles— ser valientes. Dicho de otro modo, siempre había algo nuevo que aprender estudiando con él, participando en sus talleres y Seminarios de Desarrollo Profesional, y mediante la lectura de sus últimos artículos y libros.

Creo que lo que el lector de este volumen de artículos encontrará —especialmente si tiene cierta familiaridad con anteriores escritos suyos— es que estos artículos son el producto de su constante búsqueda para la continua evolución de sus ideas sobre teoría, práctica clínica y relaciones humanas. Su artículo "los ABCs" de 1975 comenzó como una exploración de la "naturaleza integradora de una psicoterapia efectiva". Aunque sus ideas originales tienen sus raíces en la teoría del Análisis Transaccional, la terapia Gestalt, y su experiencia en desarrollo infantil, su teoría y su práctica han evolucionado hacia una profunda y aún más rica "Psicoterapia Integrativa basada en lo relacional" —un sistema exhaustivo de terapia que refleja su propia comprensión e integración personal de la teoría de las relaciones objetales británica, la psicología psicoanalítica del self, la terapia corporal, y los últimos avances en neuropsicología y desarrollo infantil.

Ya en 1972, en sus clases de la Universidad de Illinois y en sus programas de formación en el Instituto de Psicoterapia Integrativa, Richard hacía hincapié en el proceso de una Psicoterapia Integrativa. En aquel entonces, la palabra "integrativa" no se empleaba en ningún enfoque conocido de psicoterapia, y tenía, y sigue teniendo, significados muy específicos en la obra de Richard (Erskine y Moursund 1988). Actualmente el término "Psicoterapia Integrativa" es utilizado por muchos, con definiciones y prácticas que tienen diferentes significados para diferentes personas.

Richard siempre ha puesto de relieve la importancia de la integración interna dentro de la persona —la integración del afecto, la fisiología y la cognición de cada individuo, de modo que la conducta sea una elección en el contexto actual no activada por compulsión o por miedo. Sin embargo, en la actualidad, el uso excesivo del término "integrativa" generalmente se desvía mucho del tipo de integración de la que Richard lleva hablando y desarrollando todos estos años. La mayoría de las "integraciones" reúnen uno o dos enfoques terapéuticos y lo consideran una nueva teoría, o mezclan de forma ecléctica técnicas de varias escuelas basadas en el principio de "lo que sea que funcione" sin un fundamento claro en la teoría subyacente.

En mi opinión Richard, sin embargo, ha estado haciendo algo muy diferente en sus planteamientos de Psicoterapia Integrativa. Ha creado un sistema detallado e internamente coherente de integración psicoterapéutica. Tengo que agradecer a la doctora Mary Henle, una de mis primeras profesoras en la facultad de postgrado por haberme dado una visión crítica mediante la cual pude evaluar y apreciar lo que Richard, el teórico, ya estaba haciendo en la década de los 70 y lo que continúa haciendo, casi cuarenta años después, con la colección actual de artículos. Estaba considerando en serio el desarrollo de teorías, descifrando qué teorías se integran congruentemente dentro de las perspectivas relacionales de la motivación, la constitución de la personalidad, y el método clínico.

La Dra. Henle impartía el curso de "Sistemas de Psicología" y mostraba una oposición muy firme a cualquier replanteamiento teórico que insinuara el eclecticismo. La Dra. Henle había estudiado y trabajado con algunos de los pioneros de la psicología de la Gestalt, que eran científicos y rigurosos en su abordaje de la teoría (por ejemplo, Kohler, Lewin). Ella nos enseñó que un verdadero paradigma de la psicología debía tener una consistencia interna que explicara la motivación humana y el desarrollo de la personalidad. Reunir una variedad de ideas y métodos eclécticos y decir que es una teoría porque algo parecía "funcionar" era anatema para ella ... a diferencia de mí, en 1976, no creo que se hubiera quedado impresionada por los centros de psicoterapia en Union Street.

La visión del paradigma que me proporcionó la Dra. Henle me ha ayudado a apreciar algo que creo que Richard ha hecho de manera cuidadosa y metódica durante todos estos años, y que sigue siendo parte de la respuesta a por qué aprecio a Richard como teórico y como profesor hoy en día. Nunca ha dejado de desafiarse a sí mismo —ni a los clínicos a los que enseña o a las personas que leen su colección de escritos— a pensar en una Psicoterapia Integrativa Relacional que se basa en un marco con coherencia interna y que aborda las cuestiones fundamentales de la motivación humana y del desarrollo de la personalidad. Reconociendo la importancia de la construcción sólida de la teoría, Richard afirma:

> Las teorías de la motivación ofrecen una metaperspectiva que abarca las teorías de la personalidad. Una teoría de la motivación determina qué teorías de la personalidad pueden ser integradas y cuáles son conceptualmente inconsistentes y no se integran en una teoría unificada, integral del funcionamiento humano. Cuando las teorías de la motivación y de la personalidad tienen validez y consistencia interna, operan juntas como una organización conceptual de una teoría unificada del método. (1997b. 8)

Si bien reconoce plenamente en su pensamiento y en su práctica la influencia de muchas escuelas de psicología y terapia, Richard se ha fijado el objetivo de no reconstituir una mezcla ecléctica de ideas teóricas o de técnicas terapéuticas. En lugar de eso, más allá de eclecticismo (parafraseando el título de su libro *Más allá de la Empatía*) lo que encontrarás en esta colección de escritos son artículos que continúan refinando su visión de la motivación humana como un equilibrio entre el procesamiento de estímulos, la capacidad de estructurar y la búsqueda de relación. Sus artículos contienen dos ejes principales: Richard articula varias teorías de la personalidad y describe cómo la personalidad se vuelve estructurada (no siempre para mejor) en base a los patrones de las experiencias tempranas de búsqueda de relación; y propone una teoría de la intervención terapéutica que hace hincapié en un enfoque de la psicoterapia orientado a lo relacional. Estos dos ejes no se basan en un surtido ecléctico de técnicas sin relación entre sí, sino en métodos teóricamente coherentes para ayudar a las personas a sanar los asuntos pendientes de su vida.

Espero que disfrutes y aprendas de estos últimos escritos tanto como yo lo he hecho y seguiré haciendo.

Dr. Joshua Zavin
Presidente de la International Integrative
Psychotherapy Association (IIPA)
Morristown, New Jersey

PREFACIO

El invernal sol está radiante, los ríos completamente helados, y todo es blanco en el paisaje ártico que se observa desde la ventanilla de mi avión. Es enero de 2014, y estoy viajando desde Vancouver camino a Francia, España y Reino Unido para impartir varios talleres de formación y facilitar grupos de supervisión. Sentado en este avión, mirando el paisaje, rememoro mi primer viaje a Europa en 1974. En ese primer viaje, me habían invitado a dar un ciclo de conferencias en la Universidad de Múnich, en Alemania y en la Universidad de Aarhus en Dinamarca. Recuerdo muy bien ese vuelo. Me sentía asustado e inseguro de mí mismo. Repasé durante el vuelo a pesar de conocer bien el material. En aquellos días me esforzaba por intelectualizar mis temores; eso me distraía de mis incertidumbres. No me imaginaba que iba a tener una recepción de bienvenida y un apoyo profesional tales que derivarían en numerosas invitaciones para regresar a distintos países de Europa con el propósito de enseñar, supervisar y facilitar talleres experienciales durante los siguientes cuarenta años.

Mucho ha cambiado desde aquel primer memorable viaje para enseñar Psicoterapia Integrativa en Europa. Por aquel entonces, era profesor en la Universidad de Illinois en Urbana-Champaign, donde exploraba cómo enseñar la integración de las diversas escuelas de psicoterapia a los alumnos de máster y doctorado. Estos estudiantes ya habían asistido a varios cursos sobre Terapia Conductual, Terapia Centrada en el Cliente y tenían algunas nociones sobre conceptos psicoanalíticos. Me sentía emocionado ante la posibilidad de presentarles la teoría y los métodos del Análisis Transaccional y la terapia Gestalt, los conceptos de la Psicología psicoanalítica del Self de Heinz Kohut y la psicoterapia desde la perspectiva del desarrollo evolutivo infantil.

Solicité supervisión con Herman Eisen, profesor de psicología retirado. Cuando me lamenté por la gran cantidad de contenido que quería enseñar, el Dr. Eisen me respondió: "Enseña tu propia integración. Utiliza lo que conoces bien. Simplifica, no lo compliques". Su sabiduría ha sido la base de mi práctica profesional y de mis objetivos desde entonces: enseñar y escribir sobre mi propia comprensión de la psicoterapia, describir mi propio repertorio de contacto terapéutico, y enfatizar el carácter central de una relación terapéutica respetuosa.

Esta colección de veinte ensayos refleja parte de lo que he escrito y enseñado en los últimos veinte años, desde 1993 a 2014. Los artículos abarcan una amplia gama de temas que incluyen la discusión de diversas teorías y métodos de psicoterapia, la relevancia del apego y de los procesos evolutivos, y las repercusiones y la magnitud de una relación-terapéutica implicada. En este libro está incluida una serie de ejemplos de casos clínicos que proporciona el testimonio realista de cómo aplico una Psicoterapia Integrativa basada en lo relacional en mi práctica real con los clientes.

He elegido escribir desde un marco de referencia integrador que combina las ideas y los conceptos de la terapia Centrada en el Cliente de Carl Rogers, el Análisis Transaccional de Eric Berne, la terapia Gestalt de Fritz y Laura Perls, la Psicología Psicoanalítica del Self de Heinz Kohut, varios autores de la escuela británica de psicoanálisis de las Relaciones Objetales, la perspectiva intersubjetiva en el psicoanálisis, y las teorías y la investigación sobre el desarrollo humano.

Dediqué mis primeros años en esta profesión al trabajo con niños que padecían trastornos emocionales; mi doctorado versa sobre el desarrollo emocional y cognitivo. Esas experiencias educativas y terapéuticas me han sensibilizado ante las necesidades y reacciones del niño pequeño que ha sufrido negligencia, abuso, crítica y desprecio. Esta sensibilidad subyace como telón de fondo en la mayoría de mis escritos. Mi búsqueda profesional ha sido definir y refinar una teoría y una práctica que se fundamenten en aspectos evolutivos y relacionales, y que se encaminen a la reparación de antiguas heridas emocionales y negligencias en nuestros clientes.

En un libro anterior, *Theories and Methods of an Integrative Transactional Analysis: A Volume of Selected Articles* (1997), los veintisiete capítulos abarcaban una amplia variedad de temas. Aunque habitualmente tiendo a escribir desde la voz de un analista transaccional, mi enfoque predominante era, y es, *relacional*. Este nuevo volumen titulado *Presencia Terapéutica y Patrones Relacionales*, hace hincapié en la importancia y centralidad de las relaciones humanas.

La *presencia terapéutica* se proporciona a través de las respuestas sintonizadas y sostenidas del psicoterapeuta tanto a las expresiones verbales como a las no verbales del cliente. Opera cuando la conducta y la comunicación del psicoterapeuta respetan y potencian en todo momento la integridad del cliente. Mi premisa es: **"la curación de las heridas emocionales y relacionales se produce a través de una relación terapéutica de pleno contacto"**. Los *patrones relacionales* conforman nuestra vida interna y externa. Constituyen nuestros sistemas inconscientes de organización mental —formados por reacciones fisiológicas de supervivencia, modelos operativos internos, memorias implícitas y procedimentales, y las influencias de las personas significativas— a los que hago referencia en varios capítulos como *El Guión de Vida* (Erskine 2010a, 2010b).

Este libro está escrito con voz integrativa —una voz inspirada en varias perspectivas terapéuticas, cada una de ellas enfocada en la importancia de la relación interpersonal. El libro se centra principalmente en las relaciones: en las necesidades relacionales que son una parte esencial de la vida, en qué sucede cuando se repiten las interrupciones en las relaciones significativas, en cómo identificar las perturbaciones relacionales, tanto internas como externas, y en la actitud y los métodos que son esenciales para la creación de una relación sanadora.

Los veinte capítulos de este libro suponen una ampliación y un desarrollo posterior de las teorías y los métodos tratados en tres libros anteriores: *Más allá de la Empatía: una Terapia de Contacto-en-la-Relación* (1999/2012), *Integrative Psychotherapy: The Art and Science of Relationship* (2003), y *La Psicoterapia Integrativa en Acción* (Erskine y Moursund 1988/2014).

Cada capítulo de este libro comenzó con mi esfuerzo por dominar un concepto teórico o evaluar la eficacia de un método y de un enfoque terapéutico. Cuando me sentía confuso en cuanto a una teoría o inseguro acerca de un método consultaba detalladamente la literatura relevante, tomaba numerosos apuntes sobre terapia, y debatía mis "embrollos" con los colegas. Cuando adquiría una idea más clara acerca de un concepto o de una teoría, lo presentaba en las sesiones de supervisión que estaba llevando a cabo. Mis colegas en supervisión y yo explorábamos y experimentábamos con los conceptos. Inevitablemente, el tema surgía en diversas presentaciones para los grupos de formación y en los seminarios. Por último, después de enseñar el tema durante un tiempo, escribía acerca de los conceptos de una manera formal para transmitir estas ideas a un conjunto más amplio de colegas profesionales.

Hay varios grupos de formación y seminarios que han sido influyentes y fundamentales en el desarrollo y refinamiento de los conceptos y la práctica descritos en este libro. Quiero subrayar mi agradecimiento a los numerosos miembros de los Seminarios de Desarrollo Profesional y programas de formación del Instituto de Psicoterapia Integrativa en la ciudad de Nueva York, Kent (Connecticut) y Vancouver (Columbia Británica).

Sin sus aportaciones, debates, discusiones y estímulo no se habrían desarrollado o perfeccionado muchos de estos conceptos. Antes de la redacción final, muchos de estos artículos se mostraron y debatieron en un inicio en el grupo de formación de Chicago; en los grupos de formación del Ohio Counseling Center y en el Instituto Gestalt de Indianápolis; y posteriormente fueron desarrollados en los programas de formación en Nottingham y Manchester, Inglaterra; los programas de formación en Lyon, Montpellier, y Valence, Francia; en Roma, Italia; y en Asturias, Barcelona, Bilbao y Madrid, España.

Quiero expresar mi gratitud a tres co-autoras que han sido compañeras muy apreciadas en mi intento de expresar estas complejas ideas en un inglés claro: Janet P. Moursund, Rebecca L. Trautmann y Marye O'Reilly-Knapp. Cada una me ha ayudado a encontrar el vocabulario y el estilo de comunicación. Además, ha habido varias personas que han sido fundamentales en mi desarrollo personal y profesional. Quiero aprovechar esta oportunidad para honrar a algunas de ellas:

- Robert Neville, extraordinario terapeuta centrado en el cliente, que me brindó dos años de supervisión diaria cuando yo trataba a los supervivientes de un asesinato en masa.
- David Kuffer, quien me introdujo en las sutilezas y la profundidad del Análisis Transaccional clínico.

- Fritz Perls, quien me desafió a entusiasmarme con la práctica de la terapia Gestalt, y Laura Perls, quien me alentó y apoyó en mi propia integración de teoría y práctica.
- Robert Melnicker, por nuestros diez años de psicoanálisis y por su afectuosa atención a mi desarrollo personal;
- y otras numerosas personas anónimas que me han nutrido, apoyado y alentado en los últimos cincuenta años de esta profesión.

Te invito, lector, a unirte conmigo en el ulterior desarrollo y refinamiento continuo de una Psicoterapia Integrativa basada en aspectos evolutivos y centrada en lo relacional. Espero que los capítulos de este libro estimulen reflexiones sobre tus clientes y ofrezcan una perspectiva refrescante para tu práctica terapéutica. Que cada uno de nosotros expandamos y afinemos nuestra capacidad para una psicoterapia de contacto-en-la-relación.

INTRODUCCIÓN

Principios filosóficos de la Psicoterapia Integrativa

Para comenzar, quiero expresar en detalle algunos de los principios filosóficos que influyen en mi perspectiva terapéutica, en mi actitud y en las interacciones con los clientes. Estos son los principios inherentes a una Psicoterapia Integrativa co-construida, respetuosa y centrada en el aspecto interpersonal. Los principios filosóficos que se describen aquí son la base de nuestro enfoque terapéutico cuando nos involucramos en una psicoterapia con base evolutiva y centrada en lo relacional —una psicoterapia que sustenta la relación entre el terapeuta y el cliente como elemento central de un proceso de cura y de crecimiento personal.

A diferencia de las introducciones a muchos libros, no tengo la intención de resumir cada capítulo. En su lugar, quiero enunciar ocho principios que constituyen el fundamento de la teoría y de los métodos descritos a lo largo de este libro. Estos principios revelan mi sistema de valores y actitudes personales hacia la práctica de la psicoterapia y expresan la consideración con la que trato a mis clientes. Aunque no describo estos principios filosóficos de ninguna manera formal en los diversos capítulos, cada uno de estos principios conforma los temas subyacentes que determinan qué conceptos y teorías se pueden integrar de forma efectiva y cómo podemos esculpir nuestra práctica de la psicoterapia. Es muy probable que esta lista no esté completa y puede haber otros principios importantes que tú desearías agregar. Sin embargo, los ocho principios filosóficos mencionados aquí pueden proporcionar tanto una orientación a los distintos capítulos de este libro como un esquema para la aplicación en la práctica real de una psicoterapia integrativa centrada en lo relacional.

Todas las personas son igualmente valiosas: Esto parece una afirmación tan simple y sin embargo, el concepto es profundo. Muchos de nuestros clientes han crecido en hogares y sistemas escolares donde fueron tratados como si no tuvieran valor como seres humanos. Ellos, como nosotros, intentan protegerse de ser vulnerables ante la vivencia de negligencia, humillación o abuso físico. Es nuestra responsabilidad terapéutica encontrar formas de valorar a cada cliente incluso cuando no entendamos su conducta o aquello que les motiva. Esto implica respetar su vulnerabilidad, así como sus intentos de ser invulnerables, al tiempo que mantenemos una relación terapéutica que promueva una sensación de seguridad. Este principio de igualdad se muestra al tratar a nuestros clientes con amabilidad, cuando les proporcionamos opciones y elecciones, cuando creamos seguridad, y cuando les aceptamos tal y como se presentan, en lugar de buscar una posible agenda ulterior o segundas intenciones.

Toda experiencia humana se organiza fisiológica, afectiva y/o cognitivamente: Nuestros imperativos biológicos requieren que demos significado a nuestras experiencias fenomenológicas y que compartamos esos significados con otras personas. La gente está siempre comunicando una historia sobre su vida, ya sea de forma consciente o inconsciente. La comunicación inconsciente de nuestros clientes está entretejida en sus tensiones físicas, está trenzada en sus reacciones emocionales, está codificada en la forma en la que dan sentido visceral y cognitivo a sus situaciones actuales y a sus situaciones del pasado. Por tanto, nuestra tarea terapéutica es observar, indagar, escuchar, y decodificar los muchos intentos inconscientes de nuestros clientes por comunicar su historia vital y buscar una relación sanadora. Esto requiere que nos descentremos de nuestra propia perspectiva y que experimentemos al cliente a través de su propia forma de estar en el mundo. Al hacerlo, proporcionamos una relación que permite a cada cliente expresar completamente su historia vital a otra persona respetuosa e implicada.

Toda conducta humana tiene significado en algún contexto: Nuestra tarea terapéutica es ayudar a que los clientes sean conscientes de los diversos significados de sus conductas y fantasías, y que las puedan apreciar.

Esto incluye una implicación terapéutica en la normalización de sus conductas, facilitándoles la comprensión de los contextos de los que se derivan sus comportamientos, sus creencias o sus fantasías. Todas las conductas problemáticas y las interrupciones del contacto interno y externo tienen alguna función psicológica, como la de obtener reparación, predictibilidad, identidad, continuidad, estabilidad o sensación de mejoría.

Antes de centrarse en el cambio conductual dentro de la terapia, es esencial conocer y apreciar las experiencias fenomenológicas de nuestros clientes así como sus variadas funciones psicológicas. La resolución de los conflictos, tanto actuales como arcaicos, se produce cuando el cliente toma consciencia de los patrones relacionales implícitos, de la función psicológica de esos patrones, y de cómo esos recuerdos implícitos tienen efecto en las relaciones actuales.

El contacto interno y externo es esencial para el funcionamiento humano: Muchos de nuestros clientes han perdido la competencia o incluso la capacidad de mantener el contacto interno y/o interpersonal. En una psicoterapia centrada en el aspecto relacional, estamos siempre invitando a los clientes a establecer un contacto pleno —un contacto con sus procesos internos de sensaciones corporales, afectos, recuerdos y pensamientos. Y también les invitamos al contacto externo —a que se comuniquen interpersonalmente con consciencia e intimidad. En la Psicoterapia Integrativa, una de las definiciones de salud psicológica se refiere a la capacidad de un individuo de ir pasando del contacto interno al externo y viceversa.

Utilizamos el proceso intersubjetivo para identificar las interrupciones del contacto externo. Tales interrupciones en el contacto interpersonal puede que representen e indiquen interrupciones internas significativas en el contacto con las sensaciones físicas, con los afectos, con la memoria o con el razonamiento. Frecuentemente me involucro en una *indagación relacional* en la que pregunto al cliente cómo experimenta nuestra relación. Le pregunto cómo experimenta mi tono de voz, cómo le afecta que yo señale una conducta o un gesto, o que permanezca sentado en silencio. Una indagación relacional así, o bien lleva a una indagación fenomenológica adicional o bien conduce a que yo comparta mi experiencia personal acerca de nuestra relación.

El contacto intersubjetivo conlleva ese proceso de vulnerabilidad en el cual cada persona expresa sus propios y únicos sentimientos, fantasías, pensamientos y necesidades relacionales al tiempo que permite que los sentimientos, pensamientos, deseos y perspectivas del otro hagan impacto. Con un contacto intersubjetivo así, se co-crea una nueva sensación de entendimiento y de apreciación, y cada persona puede desarrollarse como consecuencia del encuentro interpersonal.

Todas las personas buscan relaciones y son interdependientes a lo largo de la vida: Muchas de las dificultades que nuestros clientes describen están basadas en perturbaciones repetidas en sus sistemas relacionales y en la incapacidad resultante para confiar en personas importantes cuando fue evolutivamente necesario. Como consecuencia, están inconscientemente inhibidos por modelos internos arcaicos de funcionamiento relacional que influyen en el desarrollo del sentido del self y en la calidad de las relaciones interpersonales. Mediante la psicoterapia, proporcionamos la autenticidad de un contacto intersubjetivo que desafiarán las creencias antiguas de guión de nuestros clientes y los patrones de conducta disfuncionales. Ofrecemos una nueva relación intersubjetiva que proporcionará seguridad emocional, validación y fiabilidad.

A medida que realizamos un cambio en un aspecto de los sistemas relacionales de nuestros clientes, influiremos también en sus otras relaciones. Cuando estamos en sintonía afectiva, rítmica y evolutiva con nuestros clientes, cuando de forma consistente indagamos sobre sus experiencias y cuando estamos auténticamente implicados con ellos, entonces cambiamos sus perspectivas de lo que es posible en el contacto intersubjetivo y abrimos así nuevas posibilidades para que sean vulnerables y auténticos con otras personas en sus vidas.

Los seres humanos tienen el impulso innato de crecer y desarrollarse: Los antiguos griegos usaban el término *physis* para describir la vitalidad y la energía psíquica que hay en la salud, en la creatividad y en la expansión de nuestros horizontes personales. La *physis* es la fuente de nuestro impulso interno para desafiar lo conocido, para explorar formas diferentes de hacer y ser, para tener aspiraciones y para desarrollar nuestro pleno potencial. Como psicoterapeuta, estoy comprometido con que cada cliente establezca una relación con contacto pleno que revitalice este impulso innato de crecer.

Este tipo de relación terapéutica:

- mejora la comprensión de cada cliente sobre su historia y sobre su experiencia interna;
- proporciona a cada cliente la sensación de que su conducta tiene una función psicológica importante;

- fomenta la capacidad para establecer un contacto interno y externo pleno;
- proporciona la oportunidad de que cada cliente obtenga la experiencia de ser visto como ser humano único y valioso;
- explora opciones y salidas creativas, y
- nutre la posibilidad de disfrute en las relaciones interpersonales.

Los seres humanos sufren perturbaciones-relacionales, no "psicopatología": Una Psicoterapia Integrativa centrada en lo relacional enfatiza una perspectiva no patológica a la hora de entender la conducta de las personas. Los molestos síntomas fisiológicos y emocionales, los arraigados sistemas de creencias, las obsesiones y las conductas compulsivas, la agresión o el retraimiento social son todos ellos ejemplos de intentos creativos de satisfacer necesidades relacionales y de resolver interrupciones en el contacto interpersonal.

Cuando vemos a alguien como "patológico", perdemos nuestra consciencia de la acomodación creativa única de la persona y de sus intentos de manejarse en situaciones de negligencia, ridículo y/o abuso. También perdemos una valiosa oportunidad para establecer contacto interpersonal cuando equivocadamente nos centramos en el hecho de que un individuo tiene un "trastorno de la personalidad", o consideramos a las personas pasivas o manipuladoras; o incluso cuando las definimos como desempeñando juegos psicológicos. Sí, las personas pueden ser pasivo-agresivas, manipuladoras, pueden jugar a juegos psicológicos, pueden ser crueles, pueden mentir y engañar —seríamos tontos si no reconociéramos tales conductas— pero nuestra ventaja terapéutica se encuentra en nuestra comprensión de la acomodación creativa de nuestro cliente, de sus modelos de funcionamiento interno y de sus intentos desesperados por resolver conflictos intrapsíquicos. Cuando reconocemos y apreciamos de forma auténtica la vulnerabilidad emocional de la otra persona, sus necesidades relacionales y sus intentos desesperados de auto-reparación, autorregulación o auto-mejora, entonces creamos la posibilidad de un contacto intersubjetivo pleno —un contacto que cura antiguas heridas psicológicas.

El proceso intersubjetivo en psicoterapia es más importante que el contenido de la psicoterapia: La intersubjetividad se refiere a la síntesis de dos personas compartiendo juntas una experiencia. Cada persona aporta a cualquier encuentro interpersonal su propia experiencia fenomenológica. El proceso intersubjetivo conlleva que se mezcle la experiencia subjetiva de cada persona, sus afectos, sus sistemas de creencias, sus modelos relacionales internos, las memorias implícitas y explícitas y las necesidades relacionales.

Una psicoterapia efectiva emerge con la creación de una nueva perspectiva y comprensión —una síntesis única. Se origina una nueva síntesis psicológica cuando hay un contacto auténtico y abierto entre dos personas. Cada una está influida por la otra, el proceso de terapia es co-creado. Por tanto, no habrá dos psicoterapeutas que hagan la misma psicoterapia —cada uno de nosotros es idiosincrásico en la manera en la que interactuamos con nuestros clientes.

Los aspectos importantes de la psicoterapia están imbricados en la peculiaridad de cada relación interpersonal, no en lo que conscientemente hacemos como psicoterapeutas, sino en la calidad de nuestra forma de estar en relación con la otra persona. Las actitudes y las conductas del terapeuta, la calidad de la relación interpersonal y la implicación, son tan importantes y a veces incluso más importantes que cualquier teoría o método específico. La curación efectiva del malestar psicológico y de la negligencia relacional ocurre mediante una relación terapéutica de pleno contacto —una relación en la que el psicoterapeuta valora y apoya la vulnerabilidad, la autenticidad y el contacto intersubjetivo.

Conclusión

Estos ocho principios filosóficos sirven como cimientos sobre los que construir las teorías y los métodos de una Psicoterapia Integrativa enfocada en lo relacional. Estos principios filosóficos proporcionan la base para decidir qué conceptos e ideas específicas se pueden integrar con las teorías relacionales centrales de la motivación, de la personalidad y de los métodos. Para que una teoría sea totalmente integrativa, cada teoría, concepto y conjunto de métodos deben encajar con los principios filosóficos fundamentales. A medida que vayas leyendo cada capítulo, por favor, ten en cuenta estos principios. Úsalos para cuestionar y evaluar los distintos conceptos y el modo en que estos conceptos se aplican en la práctica clínica real.

CAPÍTULO UNO

El proceso de la Psicoterapia Integrativa

Así como las relaciones entre personas son procesos dinámicos, lo es también el desarrollo de una teoría, originándose como lo hace desde el proceso dinámico de un teórico particular y desde el proceso dinámico de cada relación terapéutica que orienta y da forma a esa teoría.

Por tanto, en este primer capítulo me gustaría aprovechar la oportunidad para describir cómo se ha desarrollado la Psicoterapia Integrativa enfocada en lo relacional y cómo la entiendo y practico hoy.

El término "integrativa" en Psicoterapia Integrativa tiene una serie de significados. El significado original y principal de "psicoterapia integrativa" se refiere al proceso de integración de la personalidad: ayudar al cliente a asimilar y armonizar el contenido de sus Estados del Yo, a relajar los mecanismos de defensa, a abandonar el Guión de Vida, y a reencontrarse en el mundo con un contacto pleno. Es el proceso de crear la totalidad: tomar aspectos desapropiados, inconscientes y no resueltos del self y hacer que formen parte de un yo cohesionado. Mediante la integración, se hace posible que las personas adquieran el coraje de enfrentarse a cada momento abierta y espontáneamente, sin la protección de una opinión, posición, actitud o expectativa formada de antemano.

"Integrativa", también se refiere a la integración de la teoría, a la unión de los sistemas afectivos, cognitivos, conductuales y fisiológicos para abordar la psicoterapia. Los conceptos se utilizan dentro de una perspectiva del desarrollo humano en el que cada etapa de la vida presenta tareas evolutivas específicas, cierta sensibilidad a determinadas necesidades, crisis y oportunidades para nuevos aprendizajes. La Psicoterapia Integrativa tiene en cuenta muchos enfoques del funcionamiento humano: Psicodinámico, Centrado en el Cliente, Conductista, Terapia Familiar, terapia Gestalt, Terapia Neo-Reichiana, teorías de las Relaciones Objetales, Psicología psicoanalítica del Self y el Análisis Transaccional. Cada uno proporciona una explicación válida de la conducta, y cada uno se potencia al integrarse de forma selectiva con los demás. Las intervenciones psicoterapéuticas se basan en conocimientos validados por la investigación sobre el proceso de desarrollo normal y en las teorías que describen los procesos defensivos de autoprotección empleados cuando hay interrupciones en el desarrollo normal.

El ABC y P[1]

Presenté las ideas preliminares de la Psicoterapia Integrativa en clases impartidas en la universidad de Illinois en 1972. Una breve descripción de estas ideas fue publicada en 1975 y, posteriormente elaborada en 1980. Muchas de las ideas sobre las que hemos escrito mis colegas y yo surgieron de las presentaciones de casos, investigaciones y discusiones en los Seminarios de Desarrollo Profesional del Instituto de Psicoterapia Integrativa. Siento una inmensa gratitud hacia este grupo de expertos e interesados psicoterapeutas que me ha ayudado a desarrollar y perfeccionar las teorías y los métodos de una Psicoterapia Integrativa orientada a lo relacional. Algunos de los métodos clínicos que se describen brevemente en este y los siguientes capítulos están presentados, transacción por transacción, en el libro *Integrative Psychotherapy in Action* (Erskine y Moursund 1988/2014). En tres libros posteriores profundizamos tanto en la teoría como en los métodos de la Psicoterapia Integrativa. Estos libros son: 1) *Más allá de la Empatía: una Terapia de Contacto-en-la-Relación* (Erskine, Moursund y Trautmann 1999/2012.) 2) *Integrative Psychotherapy: the Art and Science of Relationship* (Moursund y Erskine 2004, 2003) *Theories and Methods of an Integrative Transactional Analysis* (Erskine 1997c).

Nuestro foco de la integración hace hincapié en cinco dimensiones principales del funcionamiento humano y, por lo tanto, del enfoque psicoterapéutico: *cognitivo, conductual, afectivo* y *fisiológico*, cada uno dentro de un *sistema relacional*. Básicamente, las teorías cognitivas enfatizan los procesos mentales de una persona y se centran en la pregunta "¿Por qué?". El enfoque cognitivo explica y proporciona un modelo de comprensión. ¿Por qué tenemos los problemas que tenemos? ¿Por qué funciona nuestra mente de esa forma? Supone que la psicoterapia es un proceso intelectual y que cuando el cliente llega a comprender por qué se comporta y piensa de una manera particular, resuelve los conflictos en los que está sumido.

Significativamente diferente de lo cognitivo es el enfoque conductual, que trata la cuestión de "¿Qué?". La terapia conductual describe lo que existe e intenta conformar una conducta adecuada. ¿Cuál es el problema específico? ¿Qué contingencias crearon, y ahora mantienen el comportamiento? ¿Qué cambios son necesarios en el sistema de recompensa para producir nuevas conductas? Y puesto que la terapia conductual surgió de la psicología experimental, presta mucha atención a qué medidas han de ponerse en práctica para evaluar los cambios realizados. La aplicación de la terapia conductual supone un alejamiento de la pregunta "¿Por qué?" y en cambio se centra en "¿Qué?". El objetivo de la terapia conductual es identificar y reforzar los comportamientos deseados.

Ambas, la terapia cognitiva y la terapia conductual, son considerablemente diferentes de una psicoterapia afectiva. Un enfoque afectivo aborda la pregunta "¿Cómo?". ¿Cómo se siente una persona? Aquí la atención se centra en el proceso vivencial interno: cómo cada persona experimenta emocionalmente lo que ha sucedido. El foco principal no está en el *por qué* de la terapia cognitiva o en el *qué* de la terapia conductual, sino en el *cómo* nosotros nos sentimos emocionalmente en el aquí-y-ahora. Una premisa básica en la terapia afectiva es que las personas han perdido el contacto con sus sentimientos y sus procesos internos. Se supone que eliminar los bloqueos emocionales y expresar plenamente los afectos reprimidos producirá un cierre emocional y proporcionará una gama más amplia de experiencias afectivas.

Además de la dimensión afectiva, conductual y cognitiva, hemos incluido la dimensión fisiológica. Como han revelado muchas de las modalidades y las teorías del cuerpo-mente, incluyendo la investigación sobre la psico-neuroinmunología, se hace imperativo incluir un enfoque corporal como aspecto integral de la psicoterapia. Las alteraciones en el afecto o en la cognición pueden impactar negativamente al cuerpo, de la misma forma que la disfunción fisiológica puede resultar en cambios de la conducta, del afecto y de la cognición.

Las bases afectiva, conductual, cognitiva y fisiológica del organismo humano, se consideran desde una perspectiva de sistemas —un modelo cibernético en el que cualquier dimensión tiene un efecto interrelacionado sobre las demás. Del mismo modo que un individuo se ve afectado por otros en el sistema familiar o laboral, a su vez contribuye a la singularidad del sistema. De forma sistémica similar, las dimensiones intrapsíquicas y observables de un individuo están inherentemente influenciadas por la función psicológica de la persona. La perspectiva de sistemas conduce a la pregunta: "¿Cuál es la función de una conducta en particular, de un afecto, de una creencia o de un gesto corporal en el organismo humano como un todo?". Un foco importante de la Psicoterapia Integrativa es la valoración de si cada uno de estos ámbitos —afectivo, conductual, cognitivo y fisiológico— están abiertos

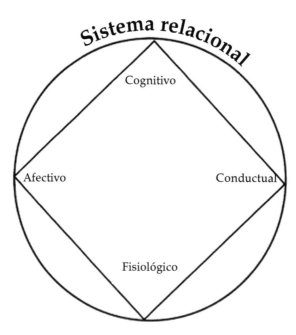

Figura 1. El sistema del self-en-relación.

o cerrados al contacto y si están sujetos a la aplicación de los métodos que mejoren el contacto pleno.

Contacto

Una premisa central de la Psicoterapia Integrativa es que el contacto constituye la experiencia motivadora primaria de la conducta humana. El contacto es a la vez interno y externo: supone la plena consciencia de sensaciones, sentimientos, necesidades, actividad sensorio-motora, pensamientos y recuerdos que se producen en el individuo y, además, un desplazamiento a la plena consciencia de los acontecimientos externos mientras son registrados por cada uno de los órganos sensoriales. Con este contacto total, interno y externo, las experiencias se integran continuamente. En la medida en que el individuo se va implicando en un contacto pleno, las necesidades surgirán, se experimentarán y se actuarán en las relaciones con el entorno de un modo que es orgánicamente saludable. Cuando una necesidad se presenta, se satisface y se libera, la persona se mueve hacia la siguiente experiencia. Sin embargo, cuando se interrumpe el contacto, las necesidades no se cubren. Si la experiencia de la activación de una necesidad no se cierra de forma natural, tiene que encontrarse un cierre artificial. Estos cierres artificiales son la esencia de las reacciones y decisiones que pueden quedar fijadas. Son evidentes en la desapropiación de los afectos, en los patrones conductuales habituales, en las inhibiciones neurológicas que se manifiestan en el cuerpo, y en las creencias que limitan la espontaneidad y la flexibilidad en la resolución de problemas y en la relación con las personas.

Cada interrupción defensiva del contacto impide la consciencia plena. El tema de interés de la Psicoterapia Integrativa es la fijación de las interrupciones en el contacto, tanto a nivel interno como externo.

Relaciones

El contacto también se refiere a la calidad de las transacciones entre dos personas: la consciencia plena tanto de uno mismo como del otro, el encuentro sensible con el otro y el reconocimiento auténtico de uno mismo. Las relaciones entre las personas se cimientan en el contacto. Ambos, el contacto interno y el contacto interpersonal, son necesarios para establecer y mantener las relaciones. La Psicoterapia Integrativa hace uso de muchas perspectivas sobre el funcionamiento humano. Para que una teoría sea integrativa debe también separar los conceptos e ideas que no son teóricamente consistentes, con el fin de formar un núcleo cohesivo con los constructos que informan y guían el proceso psicoterapéutico.

El único concepto consistente en la literatura de psicología y psicoterapia es el de *relación*. Desde los comienzos de una teoría de contacto con Laura y Frederick Perls (Perls 1944; Perls, Hefferline y Goodman 1951) hasta la premisa de Fairbairn (1952) de que las personas buscan relaciones en el inicio y a lo largo de toda su vida, el énfasis de Sullivan (1953) sobre el contacto interpersonal, las teorías de las relaciones y sus aplicaciones clínicas correspondientes de Guntrip (1971) y Winnicott (1956), las teorías sobre los Estados del Yo y el Guión de Vida de Berne (1961, 1972), el enfoque de Rogers (1951) de la terapia centrada-en-el cliente, las aplicaciones de Kohut (1971, 1977) y sus seguidores de la "indagación empática sostenida" (Stolorow, Brandchaft y Atwood 1987. 10) y las teorías feministas de la relación desarrolladas por el Stone Center (Surrey 1985; Miller 1986; Bergman 1991), ha habido una sucesión de profesores, escritores y terapeutas que han hecho hincapié en el hecho de que las relaciones —tanto en las primeras etapas de la vida, como también en la edad adulta— son la fuente de lo que aporta sentido y validación al self.

La literatura sobre el desarrollo humano también conduce a la premisa de que el sentido del self y la autoestima emergen del contacto en la relación. Las etapas de Erikson (1950) sobre el desarrollo evolutivo humano durante todo el ciclo vital, describen la formación de la identidad (ego) como una consecuencia de las relaciones interpersonales (confianza vs. desconfianza, autonomía vs. vergüenza y duda, etc.). Las descripciones de Mahler (Mahler 1968; Mahler, Pine y Bergman 1975) de las etapas del desarrollo infantil temprano, emplazan la importancia de la relación entre madre e hijo. Bowlby (1969, 1973, 1980) ha hecho hincapié en la trascendencia tanto de los primeros vínculos físicos como de los vínculos prolongados, para la creación de un núcleo visceral del que surgen todas las experiencias del self y del otro. Cuando ese contacto no se produce de acuerdo con las necesidades del niño, se crea una defensa fisiológica contra la pérdida de contacto, conmovedoramente descrita por Fraiberg en *"Pathological Defenses in Infancy"* (1982).

A partir de una base teórica de contacto-en-la-relación, asociada al concepto de Berne de Estados del Yo (sobre todo del Estado del Yo

Niño), aparece un foco natural de atención sobre el desarrollo infantil. Las obras de Daniel Stern (1985) y John Bowlby (1969, 1973, 1980) son actualmente las más influyentes, en gran parte debido a su énfasis en el apego temprano y en la necesidad natural de estar en relación, durante toda la vida. Basándose en su investigación con los infantes, Stern delinea un sistema para entender el desarrollo del sentido del self que surge de los cuatro ámbitos de relación: la relación emergente, la relación nuclear, la relación intersubjetiva y la relación verbal. Cuando asumimos en nuestra práctica de la psicoterapia esta visión de la persona en desarrollo, mantenemos un profundo aprecio por la vitalidad y el crecimiento activo, que forman una parte importante de la esencia de nuestro cliente.

Cuando observamos al cliente desde una perspectiva simultánea de lo que necesita un niño y de cómo procesa las experiencias (además de la consideración de que son procesos vitales continuos) utilizamos nuestro self para ayudar al proceso de evolución e integración. Lo que resulta con frecuencia muy importante en psicoterapia es el proceso de la sintonía, no sólo con los pensamientos, sentimientos, sensaciones físicas o comportamientos específicos, sino también con lo que Stern denomina "afectos de vitalidad", de forma tal que tratamos de crear una experiencia de sensación de conectividad ininterrumpida. El sentido del self y el sentido de relación que se desarrollan, parecen cruciales para el proceso de sanación, sobre todo cuando ha habido traumas específicos en la vida del cliente, y para el proceso de integración y plenitud cuando se han desapropiado o rechazado aspectos del yo debido a los fracasos del contacto en la relación.

Constructos Psicológicos

La Psicoterapia Integrativa correlaciona constructos de muchas corrientes teóricas diferentes que dan como resultado una organización única de ideas teóricas y métodos correspondientes de intervención clínica. Los conceptos de contacto-en-la-relación, Estados del Yo y Guión de Vida son fundamentales para nuestra teoría integradora.

Estados del Yo y transferencia

El concepto original de los Estados del Yo de Eric Berne (1961) ofrece un constructo global que unifica numerosas ideas teóricas (Erskine 1987,

1988). Berne definió los Estados del Yo Niño como un yo arcaico que se forma por las fijaciones de las etapas evolutivas anteriores, como "reliquias de la propia infancia de la persona" (1961. 77). Los Estados del Yo Niño se corresponden con la personalidad completa del individuo cuando se encontraba en un período evolutivo anterior (Berne 1961, 1964). Cuando la persona funciona desde un Estado del Yo Niño, percibe las necesidades, las sensaciones internas y el mundo externo como lo hacía a una edad previa de desarrollo evolutivo. Esto incluye las necesidades, los deseos, los impulsos y las sensaciones, los mecanismos de defensa, y los procesos de pensamiento, percepciones, sentimientos y comportamientos de la fase de desarrollo en la que se produjo la fijación. Las fijaciones en el Estado del Yo Niño ocurrieron cuando las necesidades infantiles cruciales para el contacto no se satisficieron y se volvió habitual en el niño la utilización de defensas contra el malestar de las necesidades no satisfechas.

Los Estados del Yo Padre son las manifestaciones de la introyección de las personalidades de gente real tal y como fueron percibidas por el niño en el momento de la introyección (Loria 1988). La introyección es un mecanismo de defensa (incluyendo la desapropiación, la negación y la represión) que se utiliza con frecuencia cuando hay una falta de contacto psicológico pleno entre el niño y los adultos responsables de sus necesidades psicológicas. Al internalizar al progenitor con el que existe el conflicto, ese conflicto se hace parte del self y se experimenta internamente, en lugar de ser experimentado con ese padre tan necesario. *La función de la introyección es dar la impresión de mantener la relación, pero a expensas de una pérdida del self.*

Los contenidos del Estado del Yo Padre pueden ser introyectados en cualquier momento de la vida y, si no se re-examinan durante el proceso evolutivo posterior, permanecen sin asimilarse ni integrarse en el Estado del Yo Adulto. Los Estados del Yo Padre constituyen una parte ajena de la personalidad imbricada en el yo y que se experimenta fenomenológicamente como si fuera propia; pero en realidad, forma una personalidad adoptada que, potencialmente, estaría en situación de producir influencias intrapsíquicas sobre los Estados del Yo Niño.

El Estado del Yo Adulto consiste en el desarrollo emocional, cognitivo y moral actual en consonancia con la edad, la capacidad de ser creativo y la capacidad para involucrarse en las relaciones significativas con un contacto pleno. El Estado del Yo Adulto explica e integra lo que está ocurriendo, momento a momento, interna y externamente, las experiencias pasadas y sus efectos resultantes, y las influencias e identificaciones psicológicas con personas significativas en la vida.

Las teorías de las relaciones objetales del apego, la regresión y el objeto internalizado (Bollas 1979, 1987; Fairbairn 1952; Guntrip 1971; Winnicott 1965) resultan más relevantes cuando se integran con los conceptos de Estados del Yo Niño como fijaciones de un período evolutivo anterior, y de Estados del Yo Padre como manifestaciones de la introyección de la personalidad de gente real como fue percibida por el niño en el momento de la introyección (Erskine 1987, 1988, 1991).

El concepto psicoanalítico de la Psicología del Self de función del objeto del self (Kohut 1971, 1977) y el concepto de la terapia Gestalt de interrupciones defensivas del contacto (Perls, Hefferline y Goodman 1951) se pueden combinar dentro de una teoría de los Estados del Yo para explicar la presencia continua de estados separados del yo que no se integran en el Estado del Yo Adulto (Erskine 1991).

La teoría del Estado del Yo también sirve para definir y unificar los conceptos psicoanalíticos tradicionales de transferencia (Brenner 1979; Friedman 1969; Lang 1976) y de transacciones no transferenciales (Berne 1961; Greenson 1967; Lipton 1977).

La transferencia, dentro de una perspectiva de Psicoterapia Integrativa de los Estados del Yo, puede considerarse como:

1. el medio con el que el cliente puede describir su pasado, las necesidades evolutivas que han sido frustradas y las defensas que se crearon para compensarlas;
2. la resistencia a recordar completamente y, paradójicamente, una puesta en acción inconsciente de las experiencias infantiles;
3. la expresión de un conflicto intrapsíquico y el deseo de lograr satisfacción en las necesidades relacionales e intimidad en las relaciones;
4. la expresión del esfuerzo psicológico universal para organizar la experiencia y otorgarle sentido.

Esta visión integradora de transferencia proporciona la base para honrar continuamente la comunicación inherente dentro de la transferencia, así como el reconocimiento y el respeto de que las transacciones pueden ser, asimismo, no-transferenciales (Erskine 1991).

Guión

El concepto de guión sirve de tercer constructo unificador y describe cómo, desde que somos infantes y niños pequeños, comenzamos a desarrollar las reacciones y expectativas que definen para nosotros la clase de mundo en que vivimos y el tipo de personas que somos. Codificadas físicamente en los tejidos corporales y en las actividades bioquímicas, y codificadas emocional y cognitivamente en forma de creencias, actitudes y valores, estas respuestas conforman un plan de acción que guía la manera en la que vivimos nuestras vidas (Erskine 1980, 2010a).

Eric Berne denominó a este plan de acción "guión" (1961, 1972) y Fritz Perls, innovador de la terapia Gestalt, lo describió como un patrón repetitivo auto-cumplido (1944) y lo denominó "Guión de Vida" (1975). Alfred Adler se refirió a esto como "estilo de vida" (Ansbacher y Ansbacher 1956); Sigmund Freud utilizó el término "compulsión de repetición" para describir fenómenos similares (1920g), y recientes autores psicoanalíticos se han referido a un patrón de desarrollo preformado como "fantasía inconsciente" (Arlow 1969b. 8) y como "esquemas" (Arlow 1969a, 29; Slap 1987). En la Psicología psicoanalítica del Self la expresión "sistema del self" se utiliza para denominar los patrones recurrentes de baja autoestima e interacciones contraproducentes (Basch 1988. 100) que son el resultado de los "principios de organización inconsciente" denominado "inconsciente pre-reflexivo" (Stolorow y Atwood 1989. 373). Stern (1985), en el análisis de la investigación sobre el desarrollo de infantes y niños pequeños conceptualiza estos patrones aprendidos como "representaciones de las interacciones que han sido generalizadas (RIG)" (ibíd. 97).

La literatura de psicoterapia ha descrito dichos planes de acción como "teoría de la auto-confirmación" (Andrews 1988, 1989) y como un sistema de auto-refuerzo o "un plan de autoprotección" denominado "Sistema de Guión" (Erskine y Moursund 1988; O'Reilly-Knapp y Erskine 2010). El Sistema de Guión se divide en tres componentes principales: creencias de guión, manifestaciones de guión y experiencias reforzantes.

Creencias de guión. En esencia, el guión responde a la pregunta, "¿Qué hace una persona como yo, en un mundo como éste, con gente como tú?". Las respuestas conscientes e inconscientes a esta pregunta conforman las creencias de guión —la compilación de reacciones de supervivencia, conclusiones experienciales implícitas y esquemas procedimentales, decisiones explícitas, medidas de autoprotección y de refuerzos que se produjeron bajo estrés, durante el proceso de crecimiento. Las creencias de guión se pueden describir en tres categorías: las creencias sobre sí mismo, las creencias sobre los otros y las creencias acerca de la calidad de la vida. Una vez adoptadas, las creencias de guión influyen sobre los estímulos (internos y externos) a los que se va a prestar atención, sobre la forma de interpretarlos, y sobre si se responderán o no. Se convierten en profecía auto-cumplida a través de la cual se demuestra inevitablemente que las expectativas de la persona son ciertas (Erskine y Zalcman 1979).

Las creencias de guión se mantienen con el fin de: a) evitar la re-experimentación de las necesidades no satisfechas y de los correspondientes sentimientos reprimidos en el momento de la formación de guión, y b) proporcionar un modelo predictivo sobre la vida y las relaciones interpersonales (Erskine y Moursund 1988). La predicción es importante, sobre todo cuando hay una crisis o un trauma. Aunque el guión es a menudo personalmente destructivo, sí es cierto también que proporciona equilibrio psicológico, homeostasis: brinda una falsa ilusión de predictibilidad (Bary y Hufford 1990; Perls 1944). Cualquier interrupción en el modelo predictivo produce ansiedad: para evitar tal incomodidad, organizamos nuestras percepciones y experiencias a fin de mantener nuestras creencias de guión (Erskine 1981).

Manifestaciones de guión. Cuando se encuentra bajo estrés o cuando las necesidades presentes en la vida adulta no se satisfacen, una persona tiende a practicar conductas que verifican las creencias de guión. Estas conductas se conocen como las manifestaciones de guión y pueden incluir cualquier comportamiento observable (la elección de palabras, las estructuras de las frases, el tono de voz, el despliegue de emociones, gestos y movimientos corporales) todo lo que son las demostraciones directas de las creencias de guión y de las necesidades y sentimientos reprimidos (el proceso intrapsíquico). Una persona puede actuar de una manera determinada en base a las creencias de guión, como decir "no sé" cuando cree que "soy tonto". O puede actuar de una forma que socialmente le defiende contra esas creencias de guión, por ejemplo, sobresaliendo en la escuela y adquiriendo numerosos títulos con el propósito de mantener oculta a los demás la creencia "soy tonto".

Como parte de la demostración del guión, las personas a menudo tienen reacciones fisiológicas, además de (o en vez de) conductas manifiestas. Estas experiencias internas no son fácilmente observables aunque la persona puede ofrecer un auto-informe: nudos en el estómago, tensión muscular, dolores de cabeza, colitis o cualquiera de la infinidad de respuestas somáticas a las creencias de guión. Las personas que padecen muchos malestares o enfermedades somáticas con frecuencia creen que "algo está mal en mí" y utilizan los síntomas físicos para reforzar la creencia —una defensa cognitiva que sirve para mantener intacto el Sistema de Guión.

Las manifestaciones de guión también incluyen fantasías en las que el individuo imagina comportamientos, ya sean propios o de otra persona, que sustentan las creencias de guión. Estos comportamientos fantaseados funcionan tan eficazmente como las conductas evidentes para reforzar creencias/sentimientos de guión —en algunos casos, incluso de manera más eficaz. Actúan sobre el sistema como si se tratara de acontecimientos que realmente se hubieran producido.

Experiencias reforzantes. Cualquier manifestación de guión puede provocar una experiencia reforzante —un acontecimiento posterior que "demuestra" que la creencia de guión es válida y por lo tanto justifica la conducta de esa manifestación de guión. Las experiencias reforzantes son una recopilación de recuerdos cargados de emoción, reales o imaginarios, de la conducta propia o de otra persona, una evocación de experiencias corporales internas, o los remanentes conservados de las fantasías, sueños o alucinaciones. Las experiencias reforzantes sirven como mecanismo de retroalimentación para fortalecer las creencias de guión. Sólo aquellos recuerdos que apoyan las creencias de guión son aceptados y mantenidos. Los recuerdos que niegan las creencias de guión tienden a ser rechazados u olvidados porque desafían la creencia y todo el proceso defensivo.

Las creencias de guión de cada persona constituyen un marco distorsionado para percibirse a uno mismo, a los demás y a la calidad de la vida. Cuando emplean la manifestación de guión, las personas deben descartar otras opciones; con frecuencia mantendrán que su conducta es la manera "natural" o "única" de responder. Cuando se usan socialmente, las manifestaciones de guión generan probablemente experiencias interpersonales que, a su vez, se rigen por las creencias de guión y contribuyen a su refuerzo.

Por lo tanto, el Sistema de Guión de cada persona está distorsionado y auto-reforzado mediante el funcionamiento de sus tres subsistemas que están interrelacionados y son interdependientes: las creencias/sentimientos de guión, las manifestaciones de guión y las experiencias reforzantes. El Sistema de Guión sirve como defensa frente a la consciencia de las experiencias pasadas, las necesidades y las emociones asociadas del pasado, siendo al mismo tiempo una repetición de ese pasado.

Principios y ámbitos

Dos principios guían toda Psicoterapia Integrativa. El primero es nuestro compromiso hacia el cambio vital positivo. La Psicoterapia Integrativa pretende hacer algo más que enseñar a un cliente algunos comportamientos nuevos o unas cuantas habilidades de afrontamiento diseñadas para conseguir que supere la crisis actual. Tiene que afectar de algún modo al Guión de Vida del cliente. Sin un cambio de guión, la terapia sólo proporciona un alivio temporal. Queremos ayudar a cada cliente a integrar sus perspectivas fijadas, dentro de una aceptación flexible y abierta de aprendizaje y crecimiento con cada experiencia.

El segundo principio rector es el de respetar la integridad del cliente. A través del respeto, la bondad, la compasión, y el mantenimiento del contacto, establecemos una presencia personal y permitimos una relación interpersonal que proporciona una afirmación de la integridad del cliente. Este respeto puede describirse mejor como una constante invitación al contacto interpersonal entre cliente y terapeuta, con apoyo simultáneo al cliente para contactar con su experiencia interna y recibir reconocimiento por esa experiencia.

Las cuatro dimensiones del funcionamiento humano descritas con anterioridad —afectiva, conductual, cognitiva y fisiológica— indican también los ámbitos en los que se realiza el trabajo terapéutico.

El trabajo cognitivo tiene lugar principalmente a través de la alianza terapéutica entre el Estado del Yo Adulto del cliente y el terapeuta. Esto incluye aspectos tales como el contrato de cambio, la planificación de estrategias para ese cambio, y la búsqueda de *insights* acerca de los patrones antiguos.

El trabajo conductual supone la involucración del cliente en nuevas conductas que contrarresten el antiguo Sistema de Guión y que evocarán respuestas en los demás incompatibles con la colección de recuerdos reforzantes del guión. Algunas veces asignamos "tareas" para que la experiencia terapéutica se pueda ampliar más allá de las sesiones de terapia formales; y durante las sesiones invitamos a los clientes a comportarse de manera diferente con nosotros, con los miembros del grupo y en fantasía con las personas que propiciaron la creación y el mantenimiento del Guión de Vida a lo largo de los años.

El trabajo afectivo, si bien puede involucrar sentimientos actuales, es más probable que esté relacionado con experiencias arcaicas y/o introyectadas. Con frecuencia esto se experimenta como si se reviviera la época en la que se asumieron dichas introyecciones originales, se crearon las reacciones fisiológicas de supervivencia o se tomaron decisiones del Guión de Vida, o en la que se reforzaron considerablemente esas introyecciones o decisiones. En este estado de regresión, los clientes sienten y piensan como si fueran una versión más joven de sí mismos, mostrando muchas de las actitudes y decisiones que dieron paso a la creación de sus Guiones de Vida. Durante esta regresión guiada hay una oportunidad de expresar los sentimientos, las necesidades y los deseos que habían sido reprimidos, y de experimentar con un tipo de contacto que no podría haber sido posible antes. Las decisiones restrictivas de edades previas se recuerdan vívidamente y pueden ser reevaluadas y re-decididas (Erskine y Moursund 1988).

La cuarta vía importante para el trabajo del guión es la relativa al ámbito físico: el trabajo directo con las estructuras corporales. Como señalaba Wilhelm Reich (1945), los individuos reflejan sus estructuras de carácter en sus cuerpos físicos. Las decisiones, conclusiones y reacciones fisiológicas del Guión de Vida implican inevitablemente cierta distorsión del contacto y estas distorsiones muchas veces acarrean un grado de tensión muscular. Con el tiempo, la tensión se convierte en habitual y se refleja finalmente en la estructura corporal real. Al trabajar directamente con esta estructura mediante el masaje muscular, la modificación de los patrones de respiración y/o alentando o inhibiendo movimientos, a menudo podemos ayudar al cliente a acceder a los recuerdos y a los antiguos patrones, y a experimentar así la posibilidad de opciones nuevas.

Rara vez limitamos un trabajo terapéutico a un solo ámbito, la mayoría de las sesiones incluyen en última instancia varios ámbitos o todos ellos. Este es otro aspecto de la naturaleza integradora de nuestro trabajo. Cuando una persona no se defiende de su propia experiencia interna, es capaz de integrar el funcionamiento psicológico en todos los ámbitos, asimilando, procesando y enviando mensajes a través de cada vía y traduciendo fácilmente la información (de forma interna) de una vía a otra.

Otra forma de considerar la Psicoterapia Integrativa es en términos de cuál es el Estado del Yo principal en el que enfocamos el trabajo terapéutico. Un segmento determinado puede tratar principalmente con el Niño, con el Padre, con el diálogo Niño-Padre, o con los Estados del Yo Adulto. El trabajo con el Estado del Yo Niño normalmente comienza con una especie de invitación al cliente, ya sea para recordar o para revivir una antigua experiencia de la niñez. En el Estado del Yo Niño, el cliente tiene acceso directo a antiguas experiencias y es capaz de revivir esos recuerdos, que pueden ser reales o simbólicos.

A través del proceso de recordar, de re-experimentar las necesidades y los sentimientos de aquel momento (a veces mediante la expresión de lo que no se expresó), y de satisfacer esas necesidades y sentimientos, la experiencia temprana fijada puede llegar a ser integrada. La invitación podría ser algo así como: "Vuelve a una época anterior en la que te sentías así", o puede conllevar la invocación de señales visuales, auditivas y cinestésicas que ayuden al cliente a trasladarse a viejos recuerdos que no están disponibles en la consciencia del Estado del Yo Adulto. A veces, el movimiento físico o el masaje estimularán la catexis de experiencias tempranas. El terapeuta normalmente marca el ritmo y conduce al cliente hacia experiencias de la infancia mediante una serie de intercambios verbales durante los cuales se activa cada vez más el Estado del Yo Niño. En alguna ocasión podría utilizarse un ejercicio estructurado de relajación.

Una vez que el cliente está metido en la experiencia necesitada, el terapeuta es capaz de ayudar al Niño (con la observación del Adulto) a descubrir el modo en que se formó el Guión de Vida y cómo se expresó a través de los años. El cliente recuerda o revive el trauma temprano, las primeras necesidades insatisfechas, y vuelve a experimentar el proceso junto con las reacciones o decisiones que permitieron un cierre artificial defensivo para hacer frente a esas necesidades. Esta recreación de una escena antigua, es a la vez igual que la experiencia original (los sentimientos, los deseos y las necesidades se sienten de nuevo, junto con las restricciones que condujeron a la resolución anticipada) y diferente de la original, porque la presencia del Estado del Yo Adulto observador y el apoyo del terapeuta brindan nuevos recursos y opciones que no estaban disponibles previamente. Son estos nuevos recursos los que hacen posible tomar una decisión diferente en esta ocasión (Erskine y Moursund 1988; Goulding y Goulding 1979).

Debido a que el self-en-el-mundo se experimenta, literalmente, de una manera diferente en la regresión terapéutica, provocando un cambio en la reacción fisiológica de supervivencia arcaica, esquema relacional, o decisión, se puede romper el antiguo patrón de Guión de Vida. El cliente se ve, se oye y se siente a sí mismo y al mundo de una forma nueva y, por lo tanto, puede responderse a sí mismo y a los otros de modo diferente. La experiencia del Estado del Yo Niño queda integrada en el yo Adulto, y el Niño se integra mediante el contacto constante y continuo del terapeuta en sintonía, que responde a las necesidades del cliente con reconocimiento, validación y normalización. Este contacto-en-la-relación ofrece un espacio terapéutico donde el cliente puede abandonar las defensas que interrumpen el contacto y renunciar a las creencias de guión. Esto es, en esencia, la integración del Estado del Yo Niño en el Estado del Yo Adulto.

Cuando el patrón de guión está asociado principalmente a un Estado del Yo Padre influyente internalizado (introyecto), se pide al cliente que catectice al Padre: "ser" mamá o papá y entrar en una conversación con el terapeuta como mamá o papá lo podría haber hecho (Erskine 2003; Erskine y Trautmann 2003; McNeel 1976). El terapeuta primero se familiariza con el Padre introyectado, como si en realidad una persona nueva y desconocida hubiera entrado en la habitación. Cuando el Estado del Yo Padre comienza a experimentar y responder al acompañamiento del terapeuta, la calidad de la interacción cambia gradualmente a una modalidad más terapéutica y se anima al Padre a tratar sus propios problemas. Esto es: trabajar con los temas de guión de la figura parental que el cliente ha asumido como propios.

Muchos de los métodos utilizados para tratar el Estado del Yo Niño pueden usarse aquí en el caso de que el Padre tenga que lidiar con experiencias reprimidas. O el terapeuta puede intervenir a favor del Niño involucrado —el cliente— para defender y proporcionar protección cuando el Padre introyectado sea inflexible o continúe siendo de alguna manera destructivo. A medida que el Padre comienza a responder a los desafíos de su Guión de Vida, la introyección pierde su calidad compulsiva y vinculante. Los patrones de pensamiento, las actitudes, las reacciones emocionales, las defensas y los patrones conductuales que fueron introyectados de otras personas significativas, ya no se mantienen como un Estado del Yo sin asimilar o *exteropsíquico*, sino que se desactivan como un Estado del Yo separado e integrado en un yo *neopsíquico* consciente o yo Adulto (Erskine y Moursund 1988; Moursund y Erskine 2004).

Los patrones de guión más perdurables y que generan más problema son los mantenidos simultáneamente tanto por los Estados del Yo Padre como por los Estados del Yo Niño —es decir, contienen elementos de las decisiones del Niño y de las introyecciones del Padre. Para facilitar la integración completa, un determinado trabajo terapéutico puede implicar ambos Estados del Yo: Padre y Niño, ya sea en secuencia (cuando el terapeuta trata primero con el Padre, proporciona a ese segmento un cierre, y luego ayuda al Niño a explorar y responder a la nueva información) o en forma de diálogo entre los Estados del Yo Padre y Niño.

Nuestro trabajo también incorpora la interacción directa con el Estado del Yo Adulto del cliente. Esto es particularmente importante a la hora de hacer contacto, aclarar objetivos, y servir como observador y aliado cuando se trabaja con los Estados del Yo Niño o Padre. Algunos clientes requieren que la psicoterapia no se centre en los mecanismos de defensa fijados, ni en la regresión a traumas de la infancia que no se han resuelto, ni en la desactivación definitiva de la introyección, sino más bien en las preocupaciones del ciclo vital adulto. Evaluamos lo que el cliente presenta a la luz de las transiciones en el desarrollo evolutivo, las crisis, las tareas relacionadas con la edad y las experiencias existenciales. Cuando las transiciones del ciclo vital y las crisis existenciales son respetadas como significativas y el cliente tiene la oportunidad de explorar sus emociones, pensamientos, ideales y opiniones asumidas, y de detallar sus posibilidades, emerge entonces una sensación de tener sentido o propósito en la vida y en sus acontecimientos.

Métodos

Indagación

La indagación es un foco constante de atención en una psicoterapia orientada al contacto y basada en la relación. Se inicia con la suposición de que el terapeuta no sabe nada acerca de la experiencia del cliente y, por lo tanto, debe esforzarse continuamente para comprender el significado subjetivo de la conducta del cliente y de su proceso intrapsíquico. A través de una investigación respetuosa acerca de su experiencia fenomenológica, el cliente se vuelve cada vez más consciente de sus necesidades actuales y de las arcaicas, de los sentimientos y de las conductas. Las necesidades y los sentimientos que están fijados debido a las experiencias pasadas pueden ser integrados en un yo Adulto con total funcionamiento mediante la consciencia plena y la ausencia de defensas internas.

Cabe destacar que el *proceso* de indagar es tan importante, o incluso más, que el contenido. La indagación del terapeuta debe ser empática con la experiencia subjetiva del cliente para que resulte eficaz a la hora de descubrir y revelar los fenómenos internos (sensaciones físicas, sentimientos, pensamientos, significados, creencias, decisiones, esperanzas y recuerdos) y también para que pueda desvelar las interrupciones internas y externas al contacto.

La indagación comienza con un interés genuino por las experiencias subjetivas del cliente y su construcción de significados. Continúa con las preguntas del terapeuta sobre lo que sienten los clientes, cómo se vivencian a sí mismos y a los demás (incluyendo el psicoterapeuta) y qué conclusiones sacan. Podría seguir con cuestiones históricas relacionadas con cuándo sucedió una experiencia y qué era entonces importante en la vida de la persona. La indagación se utiliza también en la fase preparatoria de la terapia para incrementar el conocimiento del cliente acerca de cuándo y cómo interrumpe el contacto.

Es esencial que el terapeuta comprenda la necesidad particular de cada cliente de encontrar una persona que estabilice, valide y repare y que asuma algunas de las funciones relacionales que el cliente está tratando de gestionar por sí mismo. Una terapia orientada al contacto requiere que el terapeuta esté atento a esas necesidades relacionales y que se implique, a través de la validación empática de los sentimientos y de las necesidades, proporcionando así seguridad y apoyo.

Sintonía

La sintonía es un proceso de dos partes: la percepción de ser plenamente consciente de las sensaciones de la otra persona, sus necesidades o sentimientos y la comunicación de esa consciencia a la otra persona. Sin embargo, es más que la mera comprensión; la sintonía es una percepción cinestésica y emocional del otro, es conocer su experiencia estando metafóricamente en su piel. La sintonía efectiva requiere además que el psicoterapeuta mantenga simultáneamente los límites entre cliente y terapeuta.

La comunicación de la sintonía valida las necesidades y los sentimientos del cliente y sienta las bases para la reparación de los fracasos relacionales anteriores. La sintonía se demuestra por lo que decimos, por ejemplo, "eso duele", "pareces asustado", "necesitabas a alguien que estuviera allí contigo". Con frecuencia se comunica por medio de los gestos faciales o de los movimientos corporales del terapeuta que indican al cliente que su afecto existe, que le está percibiendo, que es importante, y que hace impacto en el terapeuta.

La sintonía a menudo es experimentada por el cliente como si el terapeuta atravesara suavemente las defensas que le han protegido de la consciencia de fracasos relacionales y de las necesidades y los sentimientos asociados, haciendo contacto con partes muy olvidadas del Estado del Yo Niño. Con el tiempo, esto da lugar a una disminución en las interrupciones externas del contacto y a la correspondiente disolución de las defensas internas. Las necesidades y los sentimientos se expresan cada vez más con la comodidad y la seguridad de que serán acogidos con una respuesta empática. Con frecuencia, la sintonía proporciona una sensación de seguridad y estabilidad que permite al cliente empezar a recordar y soportar la regresión a la experiencia infantil, llegando a ser totalmente consciente del dolor de los traumas, del fracaso de las relaciones y del self perdido.

Sin embargo, no es inusual para el terapeuta, al transmitir esta sintonía, encontrarse con una reacción de rabia intensa, retraimiento o incluso una mayor disociación. La *yuxtaposición* entre la sintonía del terapeuta y el recuerdo de la falta de sintonía que había en las relaciones significativas anteriores, produce intensos recuerdos emocionales de necesidades no satisfechas. En vez de experimentar esos sentimientos, los clientes pueden reaccionar a la defensiva con miedo o con rabia hacia el contacto que ofrece el terapeuta. El contraste entre el contacto disponible con el terapeuta y la falta de contacto en sus primeros años de vida es a menudo más de lo que pueden tolerar, por lo que se defienden contra el contacto presente para evitar los recuerdos emocionales (Erskine 1993).

Es importante que el terapeuta trabaje la yuxtaposición con sensibilidad. El afecto y la conducta manifestados por el cliente son un intento de desapropiarse de los recuerdos emocionales. Los psicoterapeutas que no tienen en cuenta las reacciones defensivas, pueden identificar erróneamente esta respuesta de yuxtaposición como transferencia negativa y/o experimentar intensos sentimientos contra-transferenciales en respuesta a la evitación del cliente al contacto interpersonal. Este concepto ayuda a los terapeutas a comprender la intensa dificultad que siente el cliente ante el contraste del contacto actual ofrecido por el terapeuta, con la consciencia de que en el pasado esas necesidades de relación con pleno contacto no fueron satisfechas.

Las reacciones de *yuxtaposición* pueden indicar que el terapeuta está avanzando más rápidamente de lo que el cliente puede asimilar. Con frecuencia es conveniente volver al contrato terapéutico y aclarar el propósito de la terapia. Explicar el concepto de yuxtaposición puede ser beneficioso en algunas situaciones. La mayoría de las veces, una cuidadosa indagación acerca de la experiencia fenomenológica relativa a la interrupción actual del contacto, revelará recuerdos emocionales de decepciones y de relaciones dolorosas.

Con la disolución de las interrupciones del contacto, la relación ofrecida por el terapeuta proporciona al cliente una sensación de validación, cuidado, apoyo y comprensión —"alguien está ahí para mí". Esta implicación del terapeuta es una característica esencial en la disolución total de las defensas y en la resolución e integración de los traumas y de las relaciones no correspondidas.

Implicación

La implicación se entiende mejor a través de la percepción del cliente —la sensación de que el terapeuta muestra un contacto pleno. Evoluciona desde la indagación empática del terapeuta sobre la experiencia del cliente y se desarrolla a través de la sintonía del terapeuta con los afectos del cliente y la validación de sus necesidades. La implicación es fruto de la completa presencia del terapeuta, con y para la persona, de una forma apropiada para el nivel evolutivo de funcionamiento del cliente. Incluye un interés genuino en su mundo intrapsíquico e interpersonal y una comunicación de ese interés mediante la atención, la indagación y la paciencia.

La implicación comienza con el compromiso del terapeuta hacia el bienestar del cliente y el respeto por sus experiencias fenomenológicas. El contacto pleno es posible cuando el cliente experimenta que el terapeuta 1) respeta cada defensa; 2) se mantiene en sintonía con sus afectos y sus necesidades; 3) es sensible al funcionamiento psicológico de las etapas evolutivas pertinentes, y 4) está interesado en comprender su forma de construir significado.

La implicación terapéutica que enfatiza el reconocimiento, la validación, la normalización y la presencia disminuye la descalificación interna que forma parte de un proceso defensivo arcaico.

Estas intervenciones permiten que los sentimientos previamente desapropiados y las experiencias negadas sean accesibles a la consciencia plena. El *reconocimiento* del terapeuta de los sentimientos del cliente empieza con una sintonía hacia sus afectos, incluso si éste no ha sido expresado.

Mediante la sensibilidad hacia la expresión fisiológica de las emociones, el terapeuta puede guiar al cliente a expresar sus sentimientos o a reconocer que los sentimientos y las sensaciones físicas podrían ser el recuerdo —el único recuerdo disponible. En algunas situaciones, puede que el niño haya sido demasiado joven para disponer de memoria lingüística accesible. En muchos casos de fracaso relacional, los sentimientos de la persona no se reconocieron y puede ser necesario durante la psicoterapia ayudar a adquirir un vocabulario y a expresar esos sentimientos. El reconocimiento de las sensaciones físicas y de los afectos ayuda al cliente a reivindicar su propia experiencia fenomenológica. El reconocimiento incluye a un otro receptivo que sabe y es capaz de comunicar la existencia de movimientos no verbales, tensión muscular, afecto, o incluso fantasía.

Hay momentos en la vida de los clientes en los que sus sentimientos fueron reconocidos, pero no fueron validados. La *validación* transmite al cliente que sus afectos o sus sensaciones físicas están relacionadas con algo significativo de sus experiencias. Validar es encontrar una relación de causa y efecto. La validación disminuye la posibilidad de que el cliente descalifique internamente la relevancia de los afectos, la sensación física, la memoria o los sueños. Proporciona al cliente un mayor valor de su experiencia fenomenológica y, por tanto, supone una mayor sensación de autoestima.

La *normalización* consiste en "despatologizar" la categorización o definición del cliente, o de otros, de su experiencia interna o de sus tentativas conductuales de afrontamiento. Puede ser esencial que el terapeuta contrarreste los mensajes sociales o parentales, tales como: "Estás loco por sentir miedo" con "Cualquiera se asustaría en esa situación". Muchos recuerdos, fantasías extrañas, pesadillas, confusión, pánico, actitud defensiva, son fenómenos normales de afrontamiento en situaciones anormales. Es imperativo que el terapeuta transmita que la experiencia del cliente es una reacción defensiva normal, no patológica.

La *presencia* se proporciona a través de las respuestas empáticas sostenidas del psicoterapeuta a las expresiones verbales y no verbales del cliente. Tiene lugar cuando la conducta y la comunicación del psicoterapeuta respetan y potencian la integridad del cliente en todo momento. La presencia incluye la receptividad del terapeuta hacia los afectos del cliente —ser influido por sus emociones, estar conmovido, y aun así permanecer presente, con el impacto de esas emociones, sin mostrarse ansioso, deprimido o enfadado. La presencia es una expresión del pleno contacto interno y externo del psicoterapeuta. Transmite responsabilidad, confianza y fiabilidad por su parte.

La implicación terapéutica se mantiene gracias a un cuidado constante del psicoterapeuta para proporcionar un entorno y una relación de protección y seguridad. Es necesario que el terapeuta esté continuamente en sintonía con la capacidad del cliente para tolerar la consciencia emergente de sus experiencias pasadas, de manera que no se sienta abrumado esta vez en la terapia, como podría haber sucedido en una situación anterior. Cuando la indagación de experiencias fenomenológicas del cliente y las regresiones terapéuticas se producen en un entorno que contiene y tranquiliza, las defensas fijadas se relajan más y se hace posible integrar las necesidades y los sentimientos que provienen de las experiencias pasadas.

La implicación del psicoterapeuta a través de transacciones que reconocen, validan, normalizan las experiencias fenomenológicas del cliente y mantienen una presencia empática, fomenta una *potencia terapéutica* que permite que el cliente dependa de forma segura en la relación con él. La potencia es el resultado de las intervenciones que comunican al cliente que el terapeuta está totalmente dedicado a su bienestar. Reconocimiento, validación y normalización otorgan al cliente un permiso para conocer sus propios sentimientos, valorar la importancia de sus afectos, y asociarlos con hechos actuales o anticipados. Por lo tanto, dicho *permiso terapéutico* para disminuir las defensas, conocer sus sensaciones físicas, sentimientos y recuerdos, y revelarlos, debe venir sólo después de que el cliente experimente protección en el entorno terapéutico.

Dicha *protección terapéutica* puede ser prestada adecuadamente sólo después de una evaluación exhaustiva del potencial castigo intrapsíquico y cuando el cliente tenga la seguridad de que el terapeuta se dedica consistentemente a su bienestar. El *castigo intrapsíquico* conlleva la percepción del niño de una pérdida del vínculo o del apego, de la vergüenza, o de la amenaza de represalias. Las intervenciones protectoras pueden incluir: apoyar una dependencia regresiva, proporcionar un ambiente de confianza y seguridad en el que el cliente pueda redescubrir lo que no se encontraba accesible a la consciencia, y adaptar el ritmo de la terapia para que las experiencias puedan ser totalmente integradas.

Hay momentos en los que un cliente intentará obtener sintonía y comprensión mediante un *acting out,* la exteriorización de un problema que no puede relatar o expresar de otro modo. Tales expresiones de acting out son tanto una deflexión defensiva arcaica de los recuerdos emocionales como un intento de comunicar sus conflictos internos. Las confrontaciones o las explicaciones podrían intensificar las defensas arcaicas, provocando que el conocimiento de las necesidades y los sentimientos resulten menos accesibles a la consciencia. La implicación incluye una delicada y respetuosa indagación en la experiencia interna del acting out. El interés genuino y el respeto del terapeuta a la comunicación, que a menudo puede ejercerse sin el uso de lenguaje, es un aspecto esencial de la implicación terapéutica.

La implicación puede incluir que el terapeuta sea activo para facilitar que se deshagan las retroflexiones represivas del cliente y para poner en acción las respuestas que fueron inhibidas, tales como pedir ayuda a gritos o pelear. Otras expresiones de implicación son la revelación considerada del terapeuta sobre sus reacciones internas o su demostración de compasión. También puede incluir la respuesta a necesidades evolutivas previas, de una forma que simbólicamente represente la satisfacción de esas necesidades; pero el objetivo de una terapia orientada al contacto no está en la satisfacción de las necesidades arcaicas. Ésa es una tarea innecesaria e imposible. Más bien, el objetivo se encuentra en la disolución de las defensas fijadas en la interrupción del contacto, que interfieren en la satisfacción de las necesidades presentes y en el pleno contacto con uno mismo y con los demás en la vida actual. Esto se logra a menudo trabajando dentro de la transferencia, para permitir que el conflicto intrapsíquico sea expresado dentro de la relación terapéutica y sea respondido con transacciones empáticas apropiadas.

Una psicoterapia orientada al contacto a través de la Indagación, la Sintonía y la Implicación, responde a las necesidades actuales de los clientes de tener una relación emocionalmente enriquecedora que es reparadora y brinda apoyo. El objetivo de este tipo de terapia es la integración de las experiencias cargadas de afecto y una reorganización intrapsíquica de las creencias del cliente sobre sí mismo, los otros y la calidad de la vida.

Conclusión

El contacto facilita la disolución de las defensas y la integración de las partes escindidas de la personalidad. A través del contacto, las experiencias desapropiadas, inconscientes y no resueltas pasan a ser parte de un yo cohesionado. En Psicoterapia Integrativa, el concepto de contacto es la base teórica a partir de la cual se derivan las intervenciones clínicas. La transferencia, la regresión del Estado del Yo, la activación de la influencia intrapsíquica de la introyección, la presencia de mecanismos de defensa, se conciben como indicadores de déficits en contactos significativos previos.

Las cuatro dimensiones del funcionamiento humano —afectiva, conductual, cognitiva y fisiológica— son una guía importante para determinar en qué punto una persona está abierta o cerrada al contacto y, por tanto, nuestra dirección terapéutica. Un objetivo importante de la Psicoterapia Integrativa es usar la relación terapeuta-cliente —la capacidad de crear un contacto pleno en el presente— como trampolín para unas relaciones más saludables con los demás y un sentido del self satisfactorio. Con la integración se hace posible que el cliente se enfrente a cada momento con espontaneidad y flexibilidad en la resolución de problemas cotidianos y en sus relaciones con los demás.

Nota

1. *N. de T.*: ABC y P corresponden a las iniciales en inglés de **A**ffective, **B**ehavioural, **C**ognitive y **P**hysiological.

CAPÍTULO DOS

Una terapia de contacto-en-la-relación

En *Más allá de la Empatía: una Terapia de Contacto-en-la-Relación* (Erskine, Moursund y Trautmann 1999/2012), describimos la destreza de la indagación y las cualidades de la sintonía y de la implicación como los pilares centrales de una psicoterapia efectiva. La empatía constituye la base para la Indagación, la Sintonía y la Implicación. Sin embargo, cada una de ellas va, en cierto modo, "más allá de la empatía" —o al menos, más allá de las definiciones de empatía que encontramos en la literatura general de psicoterapia. Es probable que los terapeutas verdaderamente empáticos sean también hábiles indagadores, que estén sintonizados con sensibilidad hacia sus clientes y que, asimismo, se impliquen adecuadamente en el proceso terapéutico. Si es así, entonces la Sintonía, la Indagación y la Implicación no son tanto una mera extensión de la empatía, sino subdivisiones: aspectos o facetas del encuadre empático global del que se nutren el cambio y el crecimiento.

Sean lo que sean, extensiones o subdivisiones, la Sintonía, la Indagación y la Implicación son fundamentales en el proceso terapéutico. Dependiendo del grado en que podamos ofrecerlas, nuestra terapia será probablemente más efectiva y satisfactoria para nuestros clientes y para nosotros mismos.

Como ocurre con casi todos los demás esfuerzos para describir o definir algún aspecto importante de la psicoterapia, analizar la Sintonía, la Indagación o la Implicación por separado, requiere una división artificial y poco realista de lo que es esencialmente indivisible. La Indagación sin Sintonía ni Implicación sería estéril e inquisitorial; la Implicación y la Sintonía sin Indagación carecerían de un sentido de dirección o propósito. Las tres, además, son útiles sólo cuando están guiadas por la intención terapéutica: un compromiso con el crecimiento y la sanación del cliente como prioritarios sobre lo que pueda ocurrir en la sesión de terapia.

De todas las intervenciones que realizan los terapeutas, hacer preguntas y escuchar las respuestas son posiblemente las más comunes. Las preguntas se formulan en todas las etapas de la terapia, desde el diagnóstico inicial hasta la finalización del proceso. Por "preguntas", no nos referimos sólo a aquellas frases que terminan con un signo de interrogación; las preguntas incluyen cualquier tipo de intervención que requiera que el cliente realice una búsqueda interna dirigida a descubrirse a sí mismo. Responder con un "¡Oh!" o un "Humm", repetir lo que el cliente acaba de decir, levantar una ceja o sonreír alentadoramente, incluso esperar con paciencia lo que pudiera venir después —todo esto, son formas de indagación. De hecho, en la medida en que la esencia de la terapia es ayudar al cliente a explorar su mundo interno y a restablecer el contacto consigo mismo y con los demás, la mayor parte de lo que hacemos como terapeutas puede considerarse una especie de indagación.

Hacer preguntas es fácil. Las preguntas surgen de forma natural en las conversaciones entre amigos, en las consultas con otros profesionales, en el aula y en el trabajo. Los niños aprenden a hacer preguntas en cuanto aprenden a hablar, como podría decirnos cualquiera que se haya enfrentado a la interminable etapa del "¿por qué?" en un niño de edad preescolar. Indagar terapéuticamente, por otro lado, requiere habilidad. Requiere, entre otras cosas, que sepamos —y recordemos— el propósito de nuestra indagación.

Las preguntas pueden formularse por diversas razones: para proporcionar cierta información al interlocutor ("¿Dónde guardas las servilletas?"), para continuar una disputa ("¿Por qué no me dejas el coche esta noche?"), para expresar una crítica implícita ("¿Por qué estás viendo la televisión cuando tienes deberes?"), o simplemente para reclamar atención ("¿Qué haces, mamá?"). En una psicoterapia integrativa centrada-en-la-relación, la indagación tiene un solo objetivo: ayudar al cliente en la expansión de su consciencia, en la intensificación del contacto interno y externo y en el enriquecimiento de su sentido del self-en-relación.

Si el propósito de la indagación es expandir la consciencia del cliente, se desprende que lo que el terapeuta pueda descubrir de la respuesta del cliente es secundario. Aunque ciertamente escuchamos sus respuestas (verbales y no verbales) a nuestras preguntas, y aprendemos de esas respuestas, lo que el cliente averigua es mucho más importante. Parte de la habilidad que conlleva la indagación terapéutica es la de apartarse y permitir al cliente que encuentre su propia trayectoria, posponiendo nuestra necesidad de comprender plenamente con el fin de no interrumpir su propio proceso de descubrimiento. También se deduce que la pregunta contestada fácilmente, la pregunta de la que el cliente ya sabe la respuesta, es por lo general menos valiosa que aquélla que le exige buscar una respuesta.

Los clientes no aprenden mucho de confirmar lo que ya saben; aprenden cuando les desafiamos a descubrir algo nuevo o algo que estaba olvidado. La incertidumbre y la ambigüedad estimulan a las personas a averiguar más, a resolver el problema y a aclarar lo que está sucediendo. Las preguntas que interrogan sobre lo que no se conoce todavía, dirigen al cliente hacia sus áreas de incertidumbre y ambigüedad, y le desafían a explorar esas áreas. Una indagación bien ejecutada es un proceso en espiral: cada respuesta guía hacia una nueva pregunta, y cada pregunta abre la puerta a una respuesta que previamente estaba fuera de la consciencia.

Características de una indagación eficaz

La característica más básica de la indagación terapéutica es la del respeto. Las preguntas que el terapeuta formula, y su forma de preguntar, deben ser respetuosas —respetuosas con las necesidades del cliente, con sus esfuerzos por resolver sus problemas, con su sabiduría interna. Su respeto brota de lo que Rogers (1951) ha denominado "mirada positiva incondicional", una convicción fundamental de que cada cliente está haciendo, y ha hecho, todo lo que puede en cada momento. Sin este tipo de respeto, la indagación es probable que se convierta en un interrogatorio, el terapeuta se convierte en "el-que-más-sabe", y todo el proceso puede desintegrarse en consejos o sermones. Respetar la sabiduría y las intenciones del cliente, por el contrario, conduce a un genuino interés y a una sana curiosidad acerca de cómo el cliente experimenta su mundo. Interés y curiosidad, a su vez, son vitales para ayudar al terapeuta a encuadrar el tipo de preguntas que fomentarán las exploraciones del cliente.

La indagación debe ser un proceso abierto. Las preguntas del terapeuta, y su modo de proceder al realizarlas, invitan al cliente a buscar respuestas, no restringen o exigen que la respuesta satisfaga las expectativas del terapeuta. De hecho, la voluntad de abandonar las expectativas y dejar de lado las ideas preconcebidas es otro sello distintivo de una indagación eficaz. Aunque la formación teórica del terapeuta y su experiencia clínica puedan conducirle a esperar un cierto tipo de respuesta (y podrían haber sugerido su pregunta o comentario en un primer momento), se alegra cuando se ve sorprendido. Obtener una respuesta que no esperaba, despierta su curiosidad, le coloca fuera del estancamiento convencional, y también permite a ambos, terapeuta y cliente, descubrir algo nuevo.

Neimeyer (1995) recomienda "una disposición a emplear el sistema personal de conocimiento del cliente, para ver el problema y el mundo a través de sus ojos, aunque no necesariamente encapsularse por ello. A esto se añade ... una curiosidad o fascinación por la perspectiva del cliente y sus conclusiones" (114). Las expectativas teóricas y clínicas del terapeuta proporcionan una base previa a esta fascinación, pero no deben cegarle ante lo que el cliente realmente dice. Las preguntas abiertas le ayudan a mantenerse dispuesto a descubrir algo nuevo sobre el cliente, algo no previsto desde su experiencia previa.

¿Qué hace un terapeuta cuando el cliente le cuenta algo que le resulta difícil de creer? ¿Cuando cambia de tema e insiste en contar siempre historias farragosas o cuando simplemente dice "no sé" y después espera? Este tipo de comportamiento sugiere que el cliente puede estar retirándose a un viejo sistema defensivo, en vez de ser honesto consigo mismo. La primera regla de la buena indagación es: no discutas. El terapeuta nunca debe tratar de convencer al cliente de que su respuesta es incorrecta. ¿Cómo podría ser "incorrecta" cuando proviene de él? Esa es su respuesta, y el trabajo del terapeuta es ayudarle a que la entienda. Puede expresar curiosidad o confusión, puede preguntarle acerca de lo que quiere decir o sobre lo que subyace en su respuesta. "Me has sorprendido, ayúdame a entender cómo has llegado a esa conclusión", "¿Qué te ocurrió por dentro, justo antes de decirlo?", "¿Cómo se relaciona esta historia con los problemas de los que hablabas antes?".

La indagación surge de una atención constante al contacto. Su objetivo es potenciarlo; todas las preguntas del terapeuta están diseñadas para ayudar al cliente a establecer y mantener algún tipo de contacto. En un momento dado, puede enfocarse en su contacto interno: "¿Qué estás experimentando?". En otro instante, centrarse en su contacto externo: "Dime lo que estás notando y a qué le estás prestando atención ahora". A menudo tratamos el contacto entre terapeuta y cliente: "¿Cómo es para ti oírme decir eso?". El contacto conduce a la salud y al crecimiento, y la falta de contacto a la fragmentación y a la constricción, y también al cierre. En la medida en que nuestra indagación promueva lo primero, y se distancie de esto último, resultará terapéutica.

Áreas de indagación

Prestar atención al contacto, y recordar que su objetivo es mejorarlo, ayuda al terapeuta a construir y plantear su indagación. Sin embargo, debe ser cuidadoso para no desatender un aspecto del contacto mientras se dedica a otro. La indagación terapéutica es como una red, tejida de muchas hebras; el terapeuta sigue primero esta hebra, después esa otra, pero al final todo debe estar entretejido en un patrón. Echemos un vistazo, durante un momento, a estas hebras.

Una de las hebras más evidentes es la de los afectos: los terapeutas están acostumbrados a preguntar a los clientes acerca de sus sentimientos, ayudándoles a explorar y a profundizar en sus respuestas emocionales. Muchos clientes, sin embargo, están relativamente cerrados a los afectos. No saben lo que están sintiendo; han aprendido a rechazar o a bloquear en su consciencia las emociones dolorosas y no saben cómo abrir esas puertas. Para estos clientes, puede ser útil indagar sobre sus sensaciones físicas y sobre sus reacciones. El terapeuta puede invitar a su cliente a ser consciente de su cuerpo y de lo que su cuerpo está haciendo: ¿Está respirando superficialmente? ¿Cómo es esa respiración superficial? ¿Es consciente del balanceo de un pie o de su puño cerrado? Las experiencias físicas son un primer paso hacia un mayor contacto con uno mismo, simplemente notándolas y hablando de ellas.

La cognición es otro ámbito natural de indagación: ¿Qué piensa el cliente? ¿Con qué se conectan esos pensamientos? ¿Cómo va pasando de un pensamiento a otro? ¿Qué recuerda? ¿Qué decisiones asume, y cómo lo hace? Los pensamientos, los recuerdos y las decisiones (pasadas y presentes) a menudo están entretejidas con los afectos, de la misma forma que los afectos puede trasladarle al pensamiento y al recuerdo.

La indagación sobre las fantasías ofrece otra ventana al mundo fenomenológico del cliente. Las fantasías suponen pensamiento, sentimiento, sensación. No son sólo las ensoñaciones y los sueños nocturnos del cliente, incluyen también sus esperanzas, sus temores y sus expectativas. Son lo que imagina que ha sucedido en el pasado y lo que aún queda por venir. Debido a que se basan en la experiencia pasada, una experiencia que a menudo ha sido bloqueada de la consciencia, pueden ayudarle a reconectar consigo mismo, con pensamientos y sentimientos enterrados largo tiempo. Las fantasías y las expectativas determinan la forma en que establece y mantiene las relaciones con los demás y conforman también la relación terapéutica. Los clientes emplean la fantasía para transformar las experiencias internas dolorosas en algo que puedan sobrellevar, para proporcionar una gratificación sustitutiva de las necesidades que no se pueden satisfacer en la realidad y para gestionar los comportamientos que ellos temen que puedan quedar fuera de control. Se trata de un rico filón de información, y su extracción puede conducir a abundantes recompensas.

La indagación es una importante base para establecer la relación terapéutica. La experiencia de estar en una relación que es cualitativamente diferente a las del pasado (construidas desde el guión), es un factor clave en la disolución de ese guión. El impacto de esta experiencia relacional es reforzado cuando la indagación se utiliza para llamar la atención sobre eso. Preguntas tales como "¿Qué necesitas de mí en este momento?" o "¿Cómo te sientes acerca de lo que acabo de decir?" o "¿Cuál crees que sería mi respuesta si me contases toda la historia?" invitan al cliente a explorar sus reacciones sobre lo que está ofreciendo el terapeuta. ¿Se está defendiendo contra un nivel de contacto que sería demasiado amenazante? Cliente y terapeuta pueden hablar de la amenaza, y también de los mecanismos de defensa. ¿Está en desacuerdo con lo que dice el terapeuta, o no se lo cree, o lo descuenta? El terapeuta le pregunta entonces sobre su desacuerdo o incredulidad o descuento. Está abierto a la crítica del cliente, se preocupa por su incredulidad, se interesa por las razones en las que él fundamenta el descuento. También está interesado en cómo el cliente experimenta su apoyo y preocupación. El terapeuta pregunta acerca de todo ello.

A medida que el terapeuta mejora sus habilidades en la indagación, aprende a recopilar las distintas hebras de la vivencia y a ayudar al cliente a explorar sus interrelaciones; adoptará como guía la sintonía, dándose cuenta de los ritmos del cliente, de su forma de pensar y de sentir, de su nivel de desarrollo y de sus necesidades relacionales de cada momento. Lo que percibe determina su pregunta y condiciona también cómo realizarla. Pero aquí hay otro elemento que interviene: los terapeutas no son simplemente máquinas cualificadas que asimilan información y que formulan intervenciones. El proceso terapéutico es una relación, establecida entre dos seres humanos vivos, que sienten y piensan.

Sintonía

La sintonía supone sensibilizarse uno mismo para estar con el cliente y responder en consecuencia. Kohut (1977) define la empatía como una especie de "introspección vicaria", en la que el terapeuta entiende al cliente encontrando dentro de sí mismo algo similar a las respuestas de ese cliente. La sintonía conlleva el empleo de la sincronización, tanto consciente como inconsciente, del proceso del terapeuta y su cliente, y así las intervenciones del terapeuta se adaptan a las necesidades continuas y estables del cliente y a las necesidades y procesos que aparecen momento a momento. Es más que simplemente sentir lo que siente el cliente: incluye el reconocimiento de su experiencia y además conmoverse —cognitiva, afectiva y físicamente— con el fin de complementar la experiencia de un modo tal que el contacto se refuerce (Erskine y Moursund 1988). En cierta manera, la sintonía no es una subdivisión de la empatía sino que amplía el concepto.

La sintonía va más allá de la empatía: es un proceso de comunión y de unidad en el contacto interpersonal. Es un proceso de dos partes que comienza con la empatía —ser sensible e identificarse con las sensaciones, las necesidades o los sentimientos de la otra persona, e incluye la comunicación de esa sensibilidad a la otra persona. Más que la comprensión o la introspección vicaria, la sintonía es un sensor cinestésico y emocional del otro —conocer su ritmo, afecto y experiencia al ponerse metafóricamente en su piel, e ir más allá de la empatía, para crear una experiencia bi-personal de una sensación inquebrantable de conectividad al proporcionar un afecto recíproco y/o una respuesta resonante (Erskine 1998a. 236).

El terapeuta sintónico lidera mientras va siguiendo al otro en su proceso. A menudo el cliente experimenta sus intervenciones más como confirmaciones que como preguntas: éstas dirigen su atención a lo que está preparado para conocer, pero aún no ha comprendido completamente. El terapeuta anticipa y observa los efectos de su conducta en el cliente, se descentra de su propia experiencia con el fin de enfocarse en el proceso del cliente. Sin embargo, también es consciente de sus propias respuestas internas, de sus pensamientos, de sus sentimientos y de sus asociaciones. Es un profesional "multi-tarea", sigue al mismo tiempo tanto al cliente como a sí mismo, y también percibe las interacciones complejas entre el propio self y el otro. Y comunica esta sincronía: tanto con el lenguaje corporal y el tono de voz como (o incluso más que) con las palabras, entreteje un tapiz de comprensión e interés y al mismo tiempo transmite su creencia en la capacidad del cliente para crecer y cambiar. Parece estar diciendo "sé dónde estás y desde ahí viajaremos juntos".

En la medida en que el terapeuta está sintonizado con el cliente y transmite esa sintonía, el cliente se siente respetado. "Este terapeuta no sólo me entiende … ¡está realmente conmigo! ¡Tal vez las cosas que pienso/siento/hago/quiero no son tan desesperadas después de todo!". La sintonía transmite interés: una forma de saber si importamos a alguien es ver que muestra interés, así como su comprensión e implicación, la suma atención a nuestra historia y también su reconocimiento a nuestras necesidades y deseos.

Respeto e interés, a su vez, crean un clima de seguridad: "El terapeuta que me respeta, no se volverá contra mí, no se reirá de mí, no sentirá repulsa. Está lo suficientemente interesado como para tomarse el tiempo y hacer el esfuerzo de entender, hasta el final, lo que estoy tratando de decir; no va a lanzarse a conclusiones erróneas ni a guiarme en la dirección equivocada. Está bien estar aquí, está bien ser quién soy, está bien (tal vez sólo un poco) bajar las defensas y tener un atisbo de las cosas que realmente no he querido ver".

Un cliente que se siente respetado y seguro en presencia de su terapeuta puede seguir adelante con el objetivo principal de la terapia: recuperar lo que se ha bloqueado, sanar lo que ha sido fragmentado, establecer contacto interno y externo allí donde el contacto se había interrumpido. La sintonía se extiende más allá de la preocupación del cliente por un problema inmediato, desglosando las esperanzas, los temores y las creencias que impiden que el problema sea resuelto en su totalidad. La sintonía anima al cliente a enfrentarse a esas esperanzas, creencias profundas y temores, a explorarlos y actualizarlos a la luz de aprendizajes más recientes. Y la sintonía ofrece una constante invitación a ponerse en contacto, un "estoy aquí" suave, pero firme y fiable, cuando el cliente se siente abrumado y desesperanzado.

Una última ventaja de la sintonía: cuando el terapeuta malinterpreta y comete uno de esos errores inevitables, su nivel previo de sintonía facilitará el proceso de re-sincronización y el restablecimiento de un clima de confianza. El nivel general de sintonía sensibiliza al terapeuta con la reacción del cliente por no sentirse comprendido, y le permite captar el error rápidamente, reconocerlo y pedir aclaraciones. Reconocer y disculparse por un error suelen ser, de hecho, una muestra más de la sintonía; cuando el terapeuta se desvía de la trayectoria, lo que el cliente más necesita y quiere es que el terapeuta lo admita, se disculpe, y restablezca el contacto (Guistolise 1997).

Sintonía afectiva

La mayoría de los terapeutas están preparados para reconocer, e incluso fomentar, los afectos de los clientes. Aprendemos a sentirnos cómodos con las lágrimas, el enfado, el miedo y la alegría de nuestros clientes. Les ayudamos a profundizar en sus afectos (o a intensificarlos, dependiendo del vocabulario que estemos empleando), y a acceder a las respuestas emocionales que se habían bloqueado y ocultado previamente a los demás e incluso a ellos mismos. La capacidad del terapeuta para responder empáticamente ayuda al cliente a realizar este trabajo afectivo. Ya hemos hablado mucho sobre la empatía —así pues ¿qué añade la sintonía afectiva?

En una respuesta empática, el terapeuta siente lo que el cliente está sintiendo. Metafóricamente, se "desliza" dentro de la piel del cliente y comparte la experiencia afectiva de ese cliente. El terapeuta afectivamente sintonizado va más allá de la empatía, satisfaciendo los afectos del cliente con su propia respuesta afectiva, personal y genuina (Erskine, Moursund y Trautmann 1999).

Además, la sintonía afectiva requiere que el terapeuta preste atención no sólo a la emoción propiamente dicha, sino también al mensaje que se envía con la manifestación emocional. La emoción es un fenómeno bi-personal, es una forma de comunicarse con otros que están físicamente presentes o bien en fantasía. La sintonía —estar en resonancia con el cliente— nos permite distinguir, por ejemplo, entre las lágrimas que imploran "por favor cuida de mí y haz que las cosas mejoren" y las lágrimas que expresan "me da vergüenza que esto me afecte tanto", y responder apropiadamente.

Una respuesta sintonizada, por cierto, es realmente un fenómeno en tres fases—aunque esas fases pueden sucederse tan rápidamente que a veces resultan difíciles de distinguir. La primera fase de una respuesta sintonizada es la de percibir, reconocer y empatizar con los afectos del cliente: sus ojos se llenan de lágrimas, por ejemplo, y el terapeuta reconoce y se conmueve con la tristeza de ese cliente. La segunda fase conlleva la reacción interna del terapeuta: quizá primero sintiendo vicariamente la emoción del cliente (o un eco menos intenso de ella) y después desplazando su respuesta, única y personal, a esa emoción. Al reconocer que el cliente está triste, el terapeuta se descubre a sí mismo sintiendo compasión, deseando poder hacer que las cosas mejoren, y al mismo tiempo contento de que la tristeza del cliente esté finalmente atravesando la barrera defensiva que lo ha mantenido bloqueado y desdichado durante tanto tiempo. Por último, la tercera fase de la respuesta del terapeuta es lo que él comunica al cliente. Podría reflejar simplemente que el cliente parece triste, o podría compartir algunos de sus propios sentimientos —o puede que sólo espere en silencio, o tienda su mano como gesto de consuelo.

La sintonía afectiva se logra de diversas formas. Una de ellas es sencillamente prestando atención a las señales que indican una respuesta emocional en nuestros clientes. Es fácil quedarse tan inmerso en el contenido de la historia del cliente, o en nuestro ímpetu por encontrar una solución a su problema, que no nos damos cuenta de los pequeños cambios en el tono de voz, gestos, o expresiones faciales que con frecuencia acompañan a una respuesta emocional. Es igualmente fácil atender sólo a la manifestación de los afectos e ignorar el mensaje que la emoción está enviando. Cuando cometemos cualquiera de estos errores, el resultado habitual es que los afectos quedan escondidos: el cliente o bien decide que no era apropiado (porque no validamos), o decide que el terapeuta no es sensible y por lo tanto no ofrece seguridad para mostrarse emocionalmente vulnerable con él. No sólo se pierde la oportunidad presente, sino que el terapeuta podría tener que demostrar de nuevo su valía antes de recuperar la confianza del cliente.

Lee (1998) ha sugerido que la sintonización emocional entre dos individuos comporta una persona que imita inconscientemente la expresión facial de la otra y, al hacerlo, establece una respuesta afectiva similar en ella misma. Los terapeutas sintonizados afectivamente hacen probablemente parte de este tipo de imitación inconsciente, pero la imitación cede paso rápidamente a una respuesta más auténtica y personal hacia lo que se ha percibido en el cliente. Sintonizarse con uno mismo es tan importante como sintonizar con el cliente: el contacto interno se combina con el contacto externo para llevar la sintonía afectiva hacia un importante paso más allá de la empatía.

Algunas respuestas internas a los sentimientos de otra persona podrían, por supuesto, no ser terapéuticas. Las parejas que se enfurecen entre ellas, o los progenitores que son demasiado críticos o sobreprotectores con sus hijos, puede que estén captando las emociones de la otra persona con bastante precisión y responder con bastante autenticidad —y que hieran a la otra persona al hacerlo. Para que la sintonía afectiva sea terapéuticamente útil, debe ser combinada con la intención terapéutica y con la competencia clínica. La intención terapéutica nos mantiene centrados en el bienestar del cliente, y la competencia nos ayuda a entender qué tipo de intervención podría necesitar de nosotros en un momento dado y cómo crear una respuesta a esa necesidad. Juntas, la intención terapéutica y la competencia clínica, proporcionan un marco para nuestra respuesta interna al cliente, asegurando (en la mayoría de los casos) que esa respuesta será de ayuda —o al menos, no será destructiva.

Cada categoría general de afecto parece corresponderse con un cierto tipo de respuesta recíproca, ya sea un terapeuta la persona que responde al "emisor" del mensaje emocional o alguien con una relación estrecha. La tristeza, por ejemplo, requiere compasión —no un "oh, pobrecito" efusivo y compasivo, sino una verdadera aflicción porque la otra persona siente dolor. El enfado conlleva una petición de ser tomado en serio: el terapeuta sintonizado prestará atención, será respetuoso, no subestimará ese enfado, ni tratará de difuminarlo o de justificar las cosas. El enfado es un tema de envergadura, y con el fin de tomarlo en serio, el terapeuta debe ver el mundo desde la perspectiva del cliente enfadado y permitir ser impactado por su enfado. No es necesario que también se sienta enfadado, pero sin duda es de poca ayuda (y relacionalmente destructivo) divertirse o asustarse de lo que el cliente está experimentando.

La respuesta terapéutica sintonizada más apropiada con el miedo del cliente es la sensación de protección. Esto no significa que el terapeuta actúe para proteger al cliente —en la mayoría de los casos, este tipo de comportamiento interferiría con el modo propio del cliente de atravesar su miedo— sino que se despierta un impulso de defensa en él. El impulso de proteger, que surge de la sensibilidad del terapeuta a los matices de los sentimientos de su cliente. Al considerar importantes esos sentimientos, el terapeuta se estimula y activa sus habilidades clínicas, intenta averiguar qué tipo de intervención será más útil para ayudar al cliente a enfrentarse a su temor. Estos esfuerzos también transmiten al cliente que está disponible al contacto, que ha recibido su mensaje y que está respondiendo.

Hemos hablado de los tres afectos más comunes e incómodos—¿Qué pasa con los agradables? ¿Cómo podemos sintonizarnos apropiadamente con los sentimientos de felicidad, alegría y triunfo de nuestros clientes? Aquí la respuesta es simple: compártelos. Nosotros mismos sentimos la alegría, pero con una intensidad ligeramente menor que la del cliente. Es la alegría del cliente, no la nuestra, el cliente conduce y nosotros le seguimos (Erskine 1998b).

Sintonía cognitiva

Los seres humanos somos criaturas pensantes. La forma en que experimentamos nuestro mundo está determinada en gran parte por lo que pensamos de él, por el sentido que le vamos otorgando. Un evento dado puede ser experimentado como divertido, aterrador, aburrido o emocionante —observa a la gente que sale de "el pasaje del terror" en un parque de atracciones y podrás ver variantes de todas esas reacciones. Nuestras emociones afectan a nuestro modo de pensar, sin lugar a dudas, pero igual de poderoso es el efecto de nuestros pensamientos sobre cómo nos sentimos. Las cogniciones, según Lee, interactúan con los afectos para así aumentar o atenuar los procesos afectivos (1998. 145). Podemos hablar de nosotros mismos desconectados de la experiencia de una emoción fuerte ("no voy a pensar en ello, realmente no es tan malo... me sentiré mejor por la mañana") o, como Ellis y los terapeutas racional-emotivos (Ellis 1997) suelen señalar, podemos "horribilizar" una situación y hacer que nos sintamos realmente mal.

La sintonía cognitiva supone comprender y tomar prestado temporalmente el proceso con el que un cliente construye su significado —no sólo el modo en que aquellos significados afectan a sus emociones, sino cómo influyen en su forma integral de establecer el contacto interno y externo. ¿Cómo "resuelve" su mundo? ¿Con qué claridad distingue sus diferentes percepciones, suposiciones y recuerdos? ¿Cómo procede en la resolución de problemas? ¿Cómo los evita? ¿Cuáles son las reglas que determinan lo que le está permitido pensar, y lo que es terreno prohibido? En *Más allá de la Empatía: una Terapia de Contacto-en-la-Relación* (Erskine, Moursund y Trautmann 1999/2012), describimos la sintonía cognitiva de esta forma:

> La sintonía cognitiva consiste en algo más que simplemente ocuparse del contenido. No es lo mismo que "entender las cogniciones del cliente", ya que va más allá de la mera comprensión. Se trata de prestar atención a la lógica del cliente, al proceso de hilar sus ideas, a la clase de razonamiento que utiliza el cliente para dotar de significado la cruda experiencia. Se trata de lo que él está pensando, pero más importante aún, *cómo* lo está pensando. A medida que nos sintonizamos con las cogniciones del cliente, entramos en su espacio cognitivo, avanzando en una especie de resonancia con él empleando nuestros propios pensamientos y respuestas como caja de resonancia para amplificar las pequeñas señales que está emitiendo. Nos armonizamos con las palabras del cliente y con sus expresiones no verbales; adoptamos sus significados, sus implicaciones y sus conexiones; experimentamos en nosotros mismos esta forma de pensar ... un "como si" interno. (ibíd. 54)

Así como la sintonía afectiva requiere una especie de alternancia entre prestar atención al afecto del cliente y prestar atención a nuestra propia respuesta afectiva, también la sintonía cognitiva requiere que alternemos entre la forma de pensar del cliente y la nuestra. Adoptamos el proceso de pensamiento del cliente, en la medida de nuestras posibilidades, con el fin de ver el mundo a través de sus ojos, experimentar sus circunstancias como lo hace él, descubrir lo que es vivir con sus puntos ciegos y con sus defensas. Pero no nos podemos permitir quedarnos en ese lugar, es el contraste entre su proceso cognitivo y el nuestro lo que nos permite notar esas distorsiones y defensas. Sin dicho contraste, seríamos tan ciegos como él a su proceso y, por tanto, igual de incapaces de poder concebir otra forma de pensar. Nos movemos adelante y atrás, reflexionando acerca del marco de referencia del cliente, después pensando desde ese marco de referencia y, a continuación, imaginando lo que es estar dentro del mismo.

Al estar en sintonía con el proceso cognitivo del cliente, podemos comprender y responder mejor a lo que él está tratando de decirnos. De hecho, a veces le entenderemos incluso antes de que lo verbalice: al pensar de la misma manera, a menudo sabemos hacia dónde va y qué conclusiones puede extraer. Con la confianza y la sensación de seguridad que provienen de ser comprendido de este modo, el cliente se muestra cada vez más abierto a expandir sus límites, tanto explorando nuevas áreas por sí mismo como resultado de nuestras invitaciones y sugerencias a que revise un recuerdo, considere una nueva posibilidad o explore una interacción.

A veces, por supuesto, nos equivocaremos. La sintonía cognitiva nunca puede ser perfecta, nunca podremos entrar de lleno en la corriente de pensamiento de otra persona. Constantemente debemos recordarnos a nosotros mismos que nuestra comprensión del mundo cognitivo del cliente es una hipótesis, no un hecho, y que nuestra prueba de su proceso de construcción de significados es un experimento que requiere la validación del propio cliente antes de que sea de plena confianza. Si nos equivocamos, lo más importante que podemos hacer es reconocer nuestro error y pedir al cliente que nos ayude a reconducirnos. A veces esta clase de secuencias error-corrección es extraordinariamente útil: señala la voluntad del terapeuta de respetar la sabiduría del cliente y de admitir su propia falibilidad, e invita así al cliente a un proceso de exploración compartida en la que él y el terapeuta realizan cada uno una contribución valiosa y única (Guistolise 1997).

Sintonía evolutiva

"En todas las terapias, incluyendo el psicoanálisis y el psicodrama", escriben James y Goulding (1998), "la regresión puede producirse planeada por el terapeuta o por el cliente, o bien de manera espontánea" (ibíd. 16). La regresión se ha definido de diversas maneras; para nuestro propósito, vamos a definirla como un retorno a los patrones de pensamiento, sentimiento y/o conducta que estaban presentes en un periodo anterior de la vida del cliente. No sólo se da en psicoterapia, también aparece en la vida cotidiana: cada vez que nos encontramos respondiendo como lo hicimos en una etapa evolutiva anterior, estamos en regresión. Es un fenómeno común, se presenta con más frecuencia bajo estrés, pero también se puede observar durante estados de alegría infantil o de entusiasmo.

Desde un punto de vista psicoterapéutico, la regresión es de interés terapéutico cuando representa un retorno a los viejos patrones de enfrentarse al mundo, patrones que se aprendieron temprano en la vida y permanecen a nuestra disposición cuando las estrategias actuales no funcionan. El terapeuta podría invitar a un cliente a hacer una regresión ("vuelve a una época en la que …") con el fin de facilitar el descubrimiento de cuáles son esos viejos patrones y cómo están relacionados con las dificultades actuales del cliente. Otras regresiones terapéuticas se dan de forma espontánea, en respuesta a la "situación de emergencia" (Perls 1973) de la sesión terapéutica. El cliente puede ser consciente de que está regresado, y de hecho estar cooperando activamente en la consecución y mantenimiento de la regresión, o puede desconocer su proceso. En cualquier caso, es importante que el terapeuta esté en sintonía con el nivel de regresión y que responda en consecuencia. Nos referimos a este tipo de sintonía como "sintonía evolutiva", ya que requiere una sensibilidad con el nivel de desarrollo evolutivo al que el cliente ha regresado, cognitiva, emocional o conductualmente.

Dependiendo de la teoría de psicoterapia propia de cada uno, la regresión puede ser percibida como provechosa, como irrelevante, o como un impedimento para el logro de los objetivos del cliente. Los terapeutas que adoptan una posición conductual o cognitivo-conductual estricta pueden desalentar la regresión, considerándola como una interferencia con la capacidad del cliente para evaluar, resolver problemas y cumplir con un plan para el cambio. Otras líneas terapéuticas orientadas psicodinámicamente, consideran que la regresión es útil, ya que permite a los clientes acceder a recuerdos de los que se defienden y experimentar afectos de otro modo prohibidos. Creemos que el valor de la regresión depende de cuándo y cómo ocurra, y de cómo el terapeuta elija emplearla. Aquí la clave es el contacto: una regresión en la que se pierde el contacto entre cliente y terapeuta (por lo general debido a que el terapeuta aún responde al cliente adulto en el aquí-y-ahora, en vez de responder a una persona "psicológicamente más joven"), es probable que interfiera con el proceso terapéutico. En cambio, el cliente que experimenta la capacidad de contacto del terapeuta a través de una regresión, es probable que se sienta profundamente comprendido. La sintonía evolutiva nos ayuda a mantener el contacto con un cliente regresado y, o bien le invitamos de vuelta a un nivel de funcionamiento evolutivo más apropiado al aquí-y-ahora, o bien le apoyamos y animamos a que continúe explorando su experiencia de regresión.

Reconocer que un cliente está regresado e identificar en qué nivel de regresión se encuentra, es esencial para mantener el contacto. Emplear un lenguaje adulto y esperar respuestas adultas de una persona que está experimentando el mundo como lo haría alguien de cuatro, ocho o doce años de edad, probablemente no mejorará la sensación de conexión del cliente o su confianza. Los niños, igual que los adultos, anhelan ser entendidos; el niño fenomenológico ante el terapeuta, que es el producto de la regresión de un cliente, quiere ser visto y escuchado y respetado, no completamente ignorado o pasado por alto. Entonces ¿cómo, podemos reconocer e identificar el nivel de regresión de un cliente? ¿Cómo nos podemos mantener evolutivamente sintonizados?

Obviamente, para sintonizarnos con el nivel de desarrollo evolutivo de un cliente, hay que tener una idea de cuál es ese nivel. Eric Berne (1961) ha sugerido cuatro formas en las que un terapeuta puede valorar el nivel evolutivo de funcionamiento de su cliente. El primero de ellos es la propia fenomenología del cliente. Podemos preguntarle qué edad siente que tiene en este momento, o el cliente nos puede relatar de forma espontánea su regresión: "Me siento como un niño de cinco años de edad" o "Tengo miedo, parecido a cuando mi papá solía venir borracho a casa". Una segunda ayuda para identificar la regresión y mantener la sintonía evolutiva es el conocimiento sensible del terapeuta sobre la historia evolutiva única de su cliente. Si sabemos que le violaron cuando estaba en el instituto, o que le enviaron a vivir con su abuela cuando tenía diez años, nos puede ayudar a interpretar el significado de la comunicación verbal y no verbal, y del nivel evolutivo del que surgen. También podemos recurrir a nuestro conocimiento general sobre desarrollo infantil para asociar el comportamiento actual del cliente con los comportamientos característicos de una etapa más temprana; y nos corresponde a nosotros como profesionales tener un buen conocimiento de las etapas y fases típicas por las que pasan los niños pequeños. Esto es particularmente importante cuando el cliente está retrocediendo a una etapa relativamente temprana de la vida y su capacidad (y el deseo) de comunicarse verbalmente podría verse limitada en dicho proceso.

Pero probablemente, el conjunto más importante de directrices proviene de nuestra propia respuesta intuitiva y emocional ante la conducta del cliente: ¿Qué edad percibimos nosotros que tiene el cliente? ¿Qué tipo de persona más joven parece estar asomándose en sus ojos? Si dejamos a un lado el cuerpo del adulto que se encuentra delante de nosotros, ¿cuál sería el modo más natural de responder a lo que está haciendo y diciendo? A menudo somos capaces de captar diminutas señales, señales que desconocemos conscientemente, del comportamiento no verbal de nuestros clientes; tales señales pueden añadirse a nuestra consciencia y manifestarse en forma de corazonada general sobre cómo responder más eficazmente. Pasar tiempo con niños, aprender a interactuar con ellos a su nivel y sensibilizarse uno mismo con las reacciones propias de ellos, es una buena forma de perfeccionar la capacidad para sintonizar evolutivamente.

La sintonía evolutiva, para resultar útil, debe ser comunicada. Puede que sepas que tu cliente está, en ese momento, percibiendo el mundo y respondiendo a él como lo hacía cuando era un niño pequeño; pero este conocimiento será de poca utilidad a menos que el cliente sienta tu comprensión y tu apoyo. Al mismo tiempo, el cliente también necesita saber que eres consciente del adulto, el self del aquí-y-ahora que también está participando en el proceso. El mantenimiento de la sintonía con un cliente en regresión requiere una especie de "doble visión" terapéutica, la capacidad de reconocer y de acoger tanto a la persona regresada a la infancia (o a la adolescencia o a la juventud) como al adulto auto-observador. Ambas están presentes, ambas precisan contacto, y ambas juegan un papel importante en el crecimiento del cliente.

Una de las formas más potentes para mantener la sintonía evolutiva es utilizar los patrones lingüísticos y emplear el propio lenguaje del cliente. A medida que avanza la regresión, su vocabulario probablemente se transformará también —y el terapeuta en sintonía evolutiva irá cambiándolo con él. Si el terapeuta detecta que el cliente se está moviendo en el mundo psicológico de un niño de seis años de edad, le hablará como lo haría a un niño seis años. Su lenguaje corporal se acompasará con él: no imitándolo, sino respondiéndole como un adulto responde físicamente a un niño. El terapeuta puede facilitar la regresión de un cliente fomentando los gestos y movimientos infantiles; por el contrario, puede invitarle a salir de la regresión pidiéndole que asuma una postura más adulta y empleando en sus respuestas con él una estructura lingüística y un lenguaje más adultos.

Hemos descubierto, a lo largo de años de trabajo con los clientes, que la regresión terapéutica es una herramienta poderosa para mejorar el contacto con uno mismo y, a la larga, también con los demás. Es útil para superar las defensas inconscientes que impiden la plena toma de consciencia de los pensamientos, de los sentimientos y de los recuerdos. La sintonía evolutiva es el factor único y más esencial para desarrollar y facilitar terapéuticamente la regresión de un cliente. Sin sintonía evolutiva, es probable que las regresiones sean efímeras y terapéuticamente estériles; mediante la sintonía evolutiva, se puede llegar a la experiencia emocional correctora que se encuentra en el corazón de la Psicoterapia Integrativa centrada en la relación.

Sintonía rítmica

En cierto sentido, es extraño otorgar a la sintonía rítmica una sección especial propia, ya que sintonizarse con el ritmo del cliente es un aspecto esencial de la sintonía cognitiva, afectiva y evolutiva. Cuando estamos desincronizados con el ritmo y el tempo del cliente, no va a experimentar que estemos en sintonía alguna. Pero hay algunos aspectos particularmente interesantes de la sintonía rítmica, y abordarla como un tema aparte es una forma de asegurar que nos mantenemos sensibles a esos aspectos.

El término "sintonía rítmica" se define realmente por sí mismo: ser sensible y responder dentro de los patrones rítmicos del cliente. El ritmo es uno de los principales medios por el que las personas, fuera del plano consciente, evalúan la calidad de su contacto con los demás. Cuando dos personas están en sintonía rítmica, sus transacciones se "ensamblan" juntas fácilmente. Sus silencios resultan cómodos, no hay competencia sobre quién y cuándo hablará. Incluso cuando se interrumpen uno a otro, es como si uno de ellos se estimulara con el pensamiento del otro, y la interrupción no sobresalta ni "descarrila" el proceso. En cambio, cuando no están en sintonía rítmica, su conversación es errática y sus silencios tensos. Tampoco es probable que se sientan a gusto el uno con el otro, aunque a menudo no puedan explicar su malestar.

En conversaciones normales, cada persona es responsable de la adaptación al ritmo de la otra, del mantenimiento de una cadencia y de un estilo que sean cómodos para ambos. En la terapia, la responsabilidad principal de la sintonía corresponde al terapeuta. El terapeuta debe sintonizar con su cliente y no al revés. Esperar que el cliente coincida con el ritmo del terapeuta es forzarlo a una forma artificial de hablar, de pensar y de sentir que interferirá con su trabajo personal. Ajustarse e igualar el ritmo de un cliente requiere, en primer lugar, que el terapeuta preste atención a ese ritmo y a cómo puede ser diferente al suyo. ¿Hace pausas largas para ordenar sus pensamientos? ¿Se impacienta el terapeuta con esas pausas? ¿Cambia el cliente de una idea a otra, ilustrando sus palabras con gestos rápidos, y pareciendo incómodo si el terapeuta habla despacio o tiene que buscar las palabras?

Es relativamente fácil (al menos en teoría) frenarse a uno mismo con el fin de sintonizar con el ritmo de un cliente que está procesando su experiencia más lentamente de lo que normalmente hacemos nosotros. Acelerar nuestra velocidad para ajustarnos a un cliente rítmicamente rápido es en cambio más difícil: ¿cómo puede un terapeuta pensar y sentir con más rapidez, sin perder información importante? Más que tratar de presionarse a sí mismo para mantener el ritmo, a riesgo de distorsionar o interrumpir el contacto consigo mismo y/o con el cliente, lo mejor para el terapeuta es reconocer las diferencias, y pedir abiertamente tiempo para digerir lo que el cliente le ha estado diciendo: "estás planteando estas ideas muy rápidamente, y no quiero perderme nada. Dame un momento para pensar en lo que me has contado …".

Si bien cada persona desarrolla su propio ritmo exclusivo, hay algunos patrones rítmicos generales que parecen ser similares. La mayoría de ellos suponen ralentización, más que aceleración. Un objetivo importante de la terapia es prestar atención a lo que se ha pasado por alto, explorar frente a qué se construyen defensas, y esto, generalmente, requiere que nos movamos más despacio de lo normal. De hecho, apresurarse de una asociación a la siguiente es una manera de no percatarse, y de no notar los propios sentimientos. Una de las paradojas de nuestro trabajo es que ralentizar, probablemente, acelere el proceso terapéutico, mientras que ir demasiado rápido puede que disminuya el progreso global del cliente.

El trabajo afectivo, en general, avanza a un ritmo más lento que el trabajo cognitivo. No es que experimentemos las emociones más despacio que nuestros pensamientos, todo lo contrario, las emociones brotan rápidamente y pueden cambiar y desplazarse a la velocidad del rayo. Un ruido intenso inesperado puede crear una sensación inmediata de sobresalto-susto. Se tarda muy poco tiempo en experimentar la ternura y el amor cuando miramos a nuestro nieto pequeño, pero poner esos sentimientos en palabras puede resultar un proceso lento y laborioso. Hablar sobre los sentimientos requiere traducción, desde una experiencia general sin palabras, mediatizada principalmente por la química del cuerpo, hasta un proceso verbal lineal. Por otra parte, muchos clientes se han entrenado a ellos mismos para no prestar atención a sus sentimientos, y lo consiguen al precipitarse y pasar a un nuevo pensamiento con rapidez. Dar a estos clientes el permiso para ir más despacio, para que puedan sentir, pensar y hablar de su experiencia interna, fomentará su capacidad para establecer y mantener pleno contacto con ellos mismos y con los demás.

El nivel de regresión evolutiva también afecta al ritmo de cada uno, y los terapeutas evolutivamente sintónicos perciben que a medida que los clientes se mueven a niveles psicológicos más y más tempranos, sus ritmos tienden a ralentizarse. De hecho, una ralentización del ritmo puede ser un indicador importante de que el cliente está en regresión. Del mismo modo que tendemos a hablar más despacio a un niño pequeño, el terapeuta tiene que sintonizarse a sí mismo al ritmo más lento del cliente que está en este momento experimentando el mundo desde una posición de menor edad y de menor sofisticación verbal.

Es más fácil revisar lo que ya sabemos que explorar lo desconocido. Los clientes que presentan un ritmo bastante rápido cuando comparten un material bien ensayado, es probable que reduzcan la velocidad a medida que comiencen a explorar nuevos pensamientos y emociones previamente bloqueados. Necesitan tomarse tiempo para averiguar lo que está ahí, para examinarlo completamente, tal como lo haría alguien encontrando su camino en una habitación oscura y desconocida (y a menudo aterradora). Necesitan tiempo para integrar lo nuevo con lo viejo, para averiguar cómo sus descubrimientos encajan con los aspectos que les resultan familiares y estables acerca de sí mismos y que ya han conocido en su trayectoria.

Por todas estas razones, los errores cometidos en la sintonía rítmica supondrán posiblemente ir demasiado rápido más que ir demasiado lento. Como terapeutas, nos enorgullecemos de tener la mente ágil, de ser buenos recopilando y elaborando, hemos sido recompensados en nuestra educación por encontrar las respuestas correctas con rapidez. Ahora tenemos que dejar esa habilidad a un lado, reducir nuestra velocidad, deslizarnos suavemente con el ritmo en el diálogo y en el movimiento del cliente. Cuando lo hacemos, es probable que el cliente se sienta acompañado, unido, en contacto. Nuestros ritmos ajustados crearán una sensación de avance al unísono, disminuirá la necesidad de largas explicaciones. El cliente se sentirá protegido por nuestra voluntad de estar a la par en su camino.

La sintonía rítmica se prolonga más allá del tipo de ritmos marcados transacción por transacción que hemos estado describiendo. Las personas difieren en la cantidad de tiempo con la que se sienten cómodas hablando de un tema o de una idea antes de pasar al siguiente. Se diferencian en la cantidad de tiempo de "caldeamiento" que necesitan al inicio de una sesión, antes de entrar en pleno contacto consigo mismo y con el terapeuta. Incluso hay diferencias en el ritmo durante los períodos de tiempo más largos: los clientes difieren a menudo en el tiempo que necesitan entre sesiones para procesar su trabajo. Algunos responden mejor con sesiones más cortas, planificadas con una mayor frecuencia; otros prefieren las sesiones más largas con intervalos de espacio más amplios. La sesión semanal de cincuenta minutos es conveniente para el terapeuta, pero puede que no se ajuste al ritmo del cliente (Efron, Lukins y Lukins 1990). Si un cliente pudiera beneficiarse de cambiar la duración o la frecuencia de sus sesiones, resultaría aconsejable hacerlo; cuando tales cambios no son posibles, al menos se puede reconocer dicha necesidad. Si el terapeuta transmite al cliente que ha captado su ritmo preferido, y comparte sus razones para no adaptarse a esa preferencia, la ausencia de sintonía en este caso será menos discordante.

Como decíamos al principio de este apartado, la sintonía rítmica fluye a través de todos los demás aspectos de la sintonía. Para que el cliente experimente sintonía cognitiva, evolutiva o afectiva, el terapeuta debe estar interviniendo dentro del ritmo de ese cliente, y su ritmo es una parte de su cognición, de su afecto, y de su nivel de desarrollo evolutivo.

Errores en la sintonía

Los mensajes verbales y no verbales emitidos por el terapeuta son como las voces instrumentales de una sinfonía. Cuando una o más de esas voces van a destiempo, toda la melodía suena mal. Además, así como respondemos a una u otra pieza musical en función del humor o estado de ánimo en que nos encontramos, el cliente responderá de modo distinto a las diferentes "sinfonías" del terapeuta dependiendo de su propio estado (abordando afectos o cognición, regresado o no, activado o fatigado, y así sucesivamente). No es casualidad que una metáfora musical como ésta encaje con la noción de "sintonía". Escuchar todos los matices de la melodía y del ritmo del cliente y responder, verbal y no verbalmente, desde y con la armonía de la orquesta terapéutica al completo, es de lo que trata la sintonía (Erskine, Moursund y Trautmann 1999).

Los afectos, el estado de ánimo y el comportamiento del cliente cambian de un instante a otro. Estar en sintonía con esos cambios requiere prestar mucha atención a cómo responde el cliente ante la conducta del terapeuta. Lo que comienza como una respuesta sintonizada, por ejemplo, con la necesidad de mutualidad o con la necesidad de que otro inicie, o incluso con el nivel evolutivo o con la necesidad de autodefinición, podría transformarse en un fallo para lidiar con la necesidad de seguridad. Debido a que los terapeutas somos humanos e imperfectos, estos errores son inevitables; cuando se producen, uno simplemente retrocede y habla de ese fallo. "Retroceder y hablar de ello" es un buen consejo para los errores en cada faceta de la sintonía. Pasar por alto un giro afectivo, no entender un proceso cognitivo, calcular mal el nivel de desarrollo psicológico del cliente, moverse demasiado rápido o demasiado despacio —todos ellos, están destinados a ocurrir tarde o temprano.

El terapeuta que se castiga internamente por su error, o intenta encubrirlo para que el cliente no note que ha sucedido, se distancia de su cliente y distorsiona el contacto entre ellos. Este tipo de distorsión del contacto, a su vez, es susceptible de originar en el cliente una repetición del mismo tipo de experiencias relacionales que refuerzan su guión y le colocan en la situación que le trajo a terapia en un primer momento. Por el contrario, el reconocimiento del terapeuta sobre lo que ha sucedido y re-sintonizar (consigo mismo y con el cliente) permitirán que el proceso terapéutico siga adelante y progrese.

CAPÍTULO TRES

Sintonía e implicación: respuestas terapéuticas a las necesidades relacionales

Los protocolos estandarizados y los manuales de tratamiento definen la práctica de la psicoterapia, o bien desde un modelo conductual basado en la investigación cuantitativa o desde un modelo médico centrado en el síntoma. En este tipo de manuales prácticos, la relación terapéutica no se considera fundamental. En esta era de industrialización de la psicoterapia, resulta esencial que los psicoterapeutas permanezcan atentos a la relación interpersonal única entre terapeuta y cliente como un factor central y esencial en la psicoterapia. Este capítulo describe varias dimensiones de dicha relación terapéutica que han surgido en una evaluación cualitativa de la práctica de la psicoterapia realizada por el Instituto de Psicoterapia Integrativa en la ciudad de Nueva York.

Una de las premisas principales de la psicoterapia orientada a la relación es que la necesidad de relación constituye una motivación primaria de la conducta humana (Fairbairn 1952). El contacto es el medio por el cual se satisface esa necesidad de relación. En lenguaje coloquial, "contacto" se refiere a la calidad de las transacciones entre dos personas: la consciencia tanto de sí mismo como del otro, un encuentro sensible con la otra persona y el reconocimiento auténtico de uno mismo.

Desde un significado teóricamente más exacto, "contacto" se refiere a la plena consciencia de sensaciones, sentimientos, necesidades, procesos sensorio-motores, pensamientos y recuerdos que existen en cada individuo, junto con un desplazamiento hacia la plena consciencia de los acontecimientos externos a medida que son registrados por cada órgano sensorial. Conlleva también la capacidad de oscilar entre el contacto interno y el externo, de forma que las experiencias se integren continuamente en el sentido del self (Perls, Hefferline y Goodman 1951).

Cuando se interrumpe el contacto, las necesidades no se satisfacen. Si la experiencia de activación de una necesidad no se cubre o cierra de forma natural, se produce un cierre artificial que distrae del malestar creado por las necesidades insatisfechas. Estos cierres artificiales son la esencia de las reacciones de supervivencia que se convierten más tarde en patrones defensivos fijados o en comportamientos habituales y que se derivan de creencias mantenidas rígidamente sobre sí mismo, sobre los otros o sobre la calidad de la vida. Son evidentes en la desapropiación de los afectos, la pérdida de consciencia (ya sea interna o externa), las inhibiciones neurológicas del cuerpo, o la falta de espontaneidad y flexibilidad en la resolución de problemas, en el mantenimiento de la salud y en las relaciones con la gente. Las interrupciones defensivas del contacto impiden la satisfacción de las necesidades actuales (Erskine 1980).

La literatura sobre desarrollo humano también refleja el conocimiento de que el sentido del self y la autoestima surgen del contacto en la relación (Stern 1985).

Las etapas del desarrollo de Erikson (1950) durante todo el ciclo vital, describen la formación de la identidad como resultado de las relaciones interpersonales (confianza vs desconfianza, autonomía vs vergüenza y duda, etc.). La descripción de las etapas del desarrollo infantil temprano de Mahler (1968; Mahler, Pine y Bergman 1975) concede importancia a la relación entre madre e hijo. Bowlby (1969, 1973, 1980) hace hincapié en la relevancia tanto del vínculo físico temprano, como del vínculo prolongado en la creación de un núcleo visceral del que emergen todas las experiencias acerca de uno mismo y de los demás. Cuando ese contacto no se produce de acuerdo con las necesidades relacionales del niño, se establece una defensa fisiológica contra la pérdida del contacto, conmovedoramente descrita por Fraiberg en "Pathological Defenses of Infancy" (1982). Todas estas perspectivas evolutivas fomentan un profundo reconocimiento de la necesidad de conexión interpersonal y de la construcción activa de significado, que constituye una parte muy importante de quién es nuestro cliente.

En una psicoterapia orientada a la relación, el self del psicoterapeuta se emplea de forma dirigida y comprometida para ayudar al cliente en su proceso de desarrollar e integrar un contacto pleno y de satisfacer sus necesidades relacionales. El proceso de la sintonía adquiere una relevancia crucial no sólo para discernir pensamientos, sentimientos, conductas o sensaciones físicas, sino también lo que Stern (1985. 156) denomina "afectos de vitalidad", de tal manera que se crea una experiencia ininterrumpida de una sensación de conectividad.

El sentido del self del cliente y la sensación de estar en relación que se adquieren son esenciales para el proceso de sanación y crecimiento, sobre todo cuando ha habido traumas específicos en la vida del cliente y cuando se han desapropiado o negado aspectos del self debido al fracaso acumulativo de contacto-en-la-relación (Erskine 1997a).

Sintonía

La sintonía va más allá de la empatía: es un proceso de comunión y de unidad en el contacto interpersonal. Es un proceso de dos partes que comienza con la empatía (ser sensible a las sensaciones, las necesidades o los sentimientos de la otra persona e identificarse con ellos), e incluye la comunicación de esa sensibilidad a la otra persona. Más que una simple comprensión (Rogers 1951) o una introspección vicaria (Kohut 1971), la sintonía es una sensación cinestésica y emocional del otro, conociendo su ritmo, sus afectos y sus vivencias al ponerse metafóricamente en su piel; y va más allá de la empatía para generar una experiencia de un sentimiento ininterrumpido de conexión entre dos personas, proporcionado por un afecto recíproco y/o una respuesta resonante.

La sintonía se transmite por lo que se dice, así como por los gestos faciales o movimientos corporales del terapeuta que le indican al cliente que sus necesidades y sus afectos son percibidos, son significativos y causan impacto en el terapeuta. Esto se ve facilitado por la capacidad del psicoterapeuta para anticipar y observar los efectos de su propio comportamiento en el cliente, y para des-centrarse de su experiencia y centrarse ampliamente en el proceso del cliente. Sin embargo, una sintonía efectiva requiere también que el terapeuta sea consciente al mismo tiempo del límite entre cliente y terapeuta, además de de sus propios procesos internos.

La comunicación de la sintonía valida las necesidades y los sentimientos del cliente y sienta las bases para la reparación de los fracasos en las relaciones anteriores (Erskine 1998a). La *sintonía afectiva*, por ejemplo, brinda un contacto interpersonal esencial para las relaciones humanas. Supone la resonancia de los afectos de una persona con los afectos de la otra. La sintonía afectiva se inicia valorando los afectos de la otra persona como una forma muy importante de comunicación, estando dispuesto a ser afectivamente impactado por la otra persona y respondiendo con el afecto recíproco. Cuando un cliente se siente triste, el afecto recíproco de compasión y los actos compasivos del terapeuta completan el contacto interpersonal. De forma relacional, el enfado requiere afectos recíprocos relacionados con la atención, la seriedad y la responsabilidad, junto con posibles acciones correctivas. El cliente que siente miedo, necesita que el terapeuta responda con afecto y con una acción que transmita seguridad y protección. Cuando los clientes expresan alegría, la respuesta por parte del terapeuta que completa la unidad de contacto interpersonal es la vitalidad recíproca y la expresión de agrado. Simbólicamente, la sintonía puede ser descrita como el yin de una persona al yang de la otra, que en su conjunto forman una unidad en la relación.

A menudo, el cliente experimenta la sintonía mientras el terapeuta atraviesa cuidadosamente las defensas que han impedido la consciencia de los fracasos en las relaciones, y de las necesidades y sentimientos asociados. Con el tiempo, esto se traduce en una disminución de las interrupciones internas del contacto y la correspondiente disolución de las defensas externas. Las necesidades y los sentimientos se pueden expresar cada vez más, con la comodidad y la seguridad de que recibirán una cuidadosa respuesta de conexión. Con frecuencia, el proceso de sintonización proporciona una sensación de seguridad y estabilidad que permite al cliente empezar a recordar y a ser capaz de soportar la regresión a experiencias de la infancia. Esto puede provocar una consciencia más plena del dolor de los traumas del pasado, de las experiencias humillantes, de los fracasos de relaciones previas y de la pérdida de aspectos del self (Erskine 1994).

Necesidades relacionales

La sintonía también incluye responder a las necesidades relacionales a medida que surgen en la relación terapéutica. Las necesidades relacionales son necesidades exclusivas dirigidas al contacto interpersonal. No son las necesidades básicas de la vida tales como la comida, el aire o la temperatura adecuada, sino que constituyen los elementos esenciales que mejoran la calidad de vida y un sentido del self-en-relación. Las necesidades relacionales son los componentes del deseo humano universal de mantenerse en relación.

Las necesidades relacionales descritas en este capítulo han surgido de un estudio sobre la transferencia y de una investigación cualitativa sobre los factores cruciales en las relaciones significativas, llevados a cabo en el Instituto de Psicoterapia Integrativa de la ciudad de Nueva York. Aunque puede haber un número infinito de necesidades relacionales, las ocho que se describen en este capítulo representan aquellas necesidades que, en mi experiencia, los clientes describen con más frecuencia mientras hablan sobre sus relaciones significativas.

Otras experiencias intersubjetivas cliente-terapeuta podrían revelar un grupo diferente de necesidades relacionales además de las ocho que se describen aquí. Esto pone también de manifiesto que la relación cliente-terapeuta es irreproducible. No hay dos terapeutas que realicen el mismo proceso terapéutico.

Algunas de las necesidades relacionales detalladas aquí, también se describen en la literatura de psicoterapia como necesidades fijadas de la primera infancia, indicadores de psicopatología o transferencia problemática. Si bien existe en la literatura de psicoterapia la tendencia a patologizar la dependencia o la transferencia, Kohut (1971/1977), dentro del contexto de la época y del ambiente teórico, trató de relacionar la transferencia con las necesidades asociadas al desarrollo evolutivo. Kohut distingue las necesidades relacionales evolutivas que han sufrido una alteración o una ruptura, de la transferencia clásica basada en el modelo pulsional del psicoanálisis. Aunque identifica la transferencia en espejo, la transferencia gemelar y la transferencia idealizada como transferencias problemáticas, también las relaciona con las necesidades esenciales.

Sin embargo, sus métodos siguen siendo psicoanalíticos y no utiliza al completo un modelo de psicoterapia integrativa orientada a las relaciones. Bach (1985), Basch (1988), Stolorow, Brandchaft y Atwood (1987) y Wolf (1988) han expandido los conceptos de Kohut, haciendo hincapié cada uno de ellos en la importancia de una perspectiva relacional para entender la transferencia. La perspectiva integradora de Clark (1991) sobre las transacciones empáticas tiende un puente entre los conceptos de transferencia y las necesidades relacionales, y además enfatiza la terapia con implicación.

Las necesidades relacionales están presentes a lo largo de todo el ciclo vital, desde la primera infancia hasta la vejez. Aunque existen desde la infancia temprana, estas necesidades relacionales no son sólo las necesidades de la infancia o las necesidades que surgen en una jerarquía evolutiva: son los componentes reales de la relación que están presentes cada día de nuestras vidas. Cada necesidad relacional puede ser figura en primer plano o aparecer en la consciencia en forma de anhelo o deseo, mientras que las demás necesidades permanecen como fondo fuera de la consciencia. Recibir una respuesta satisfactoria por parte de otra persona a la necesidad relacional de un individuo, permite a la necesidad apremiante retroceder al fondo, y que otra necesidad relacional se convierta en figura, en forma de un nuevo interés o deseo.

Con frecuencia, en ausencia de satisfacción de la necesidad, un individuo se vuelve más consciente de la presencia de las necesidades relacionales. Cuando las necesidades relacionales no se cubren, la necesidad se hace más intensa y se experimenta fenomenológicamente como anhelo, vacío, soledad persistente, o un intenso impulso a menudo acompañado de nerviosismo. La ausencia continuada de satisfacción de las necesidades relacionales puede exteriorizarse como frustración, agresión o rabia. Cuando se prolongan las interrupciones en la relación, la falta de satisfacción de la necesidad se manifiesta como una pérdida de energía o de esperanza y se muestra en *creencias de guión* como "Nadie está ahí para mí" o "¿Qué sentido tiene?" (Erskine y Moursund 1988). Estas creencias de guión son la defensa cognitiva frente a la consciencia de las necesidades y los sentimientos presentes cuando las necesidades no reciben una respuesta satisfactoria por parte de otra persona (Erskine 1980).

La satisfacción de las necesidades relacionales requiere una presencia de pleno contacto, que otra persona sea sensible y esté en sintonía con esas necesidades relacionales y también que proporcione una respuesta recíproca a cada una de ellas. La *seguridad* es la experiencia visceral de tener nuestras vulnerabilidades físicas y emocionales protegidas. Implica la vivencia de que nuestra diversidad de necesidades y sentimientos son humanos y naturales. La seguridad es la sensación de ser vulnerable y, al mismo tiempo, de estar en armonía con el otro.

La sintonía conlleva el conocimiento empático de la necesidad de seguridad de la otra persona dentro de la relación, además de una respuesta recíproca a esa necesidad. Incluye transacciones respetuosas no avergonzantes y la ausencia de incidencias o de peligros reales o anticipados. La respuesta que se requiere es la provisión de seguridad física y afectiva, donde la vulnerabilidad del individuo es honrada y preservada. Se comunica a menudo de manera no verbal: "tus necesidades y sentimientos son normales y aceptables para mí".

La sintonía terapéutica a la necesidad relacional de seguridad ha sido descrita por los clientes como la "total aceptación y protección" y como una comunicación de la "mirada positiva incondicional" o "Yo estoy bien (OK) en esta relación". La sintonía con la necesidad de seguridad supone que el terapeuta se muestra sensible a la importancia de esta necesidad y que se conduce emocional y conductualmente de tal manera que la aporta a la relación.

Las necesidades relacionales incluyen la necesidad de *sentirse validado, confirmado* e *importante* dentro de una relación. Es la necesidad de que la otra persona valide la importancia y la función de los procesos intrapsíquicos de afectos, fantasía y construcción de significado, y de que nuestras emociones sean una comunicación intrapsíquica e interpersonal significativa. Incluye la necesidad de tener todas nuestras necesidades relacionales confirmadas y aceptadas como naturales. Esta necesidad supone una demanda relacional a la otra persona para que se implique proporcionando una calidad de contacto interpersonal que valide la legitimidad de las necesidades relacionales, la importancia de los afectos y la función de los procesos intrapsíquicos.

La sintonía con la necesidad de validación de un cliente se transmite mediante la indagación fenomenológica del psicoterapeuta y la presencia con contacto pleno. La reciprocidad afectiva del terapeuta con los sentimientos del cliente valida sus afectos y proporciona la afirmación y la normalización de sus necesidades relacionales.

Si el terapeuta mantiene su foco de atención sobre las funciones psicológicas de estabilidad, continuidad, identidad y predictibilidad —de las creencias y las conductas mantenidas rígidamente— disminuirá la probabilidad de que el cliente sienta vergüenza al validar el significado psicológico de sus creencias o de sus comportamientos. Esta validación es un requisito previo y necesario para todo cambio cognitivo o conductual duradero.

La aceptación por otra persona estable, fiable y protectora es una necesidad relacional esencial. Todos nosotros, cuando éramos pequeños, teníamos la necesidad de admirar y confiar en nuestros mayores, padres, maestros y mentores. Necesitamos contar con otras personas significativas de las que obtenemos protección, estímulo e información. La necesidad relacional de aceptación por parte de otra persona que es consistente, fiable y segura es la búsqueda de protección y de orientación, que se puede manifestar como una idealización hacia el otro. En psicoterapia, dicha idealización es también la búsqueda de protección frente al efecto intrapsíquico de un yo introyectado humillante y controlador que amenaza la vulnerabilidad en los Estados del Yo Niño (Erskine y Moursund 1988; Fairbairn 1952; Guntrip 1971). También puede ser la búsqueda de protección ante la propia escalada de los afectos o ante las exageraciones de las fantasías. El terapeuta protege y facilita la integración de los afectos, proporcionando una oportunidad para expresar, contener y/o entender la función de dichas dinámicas. El grado en que un individuo mira a alguien, esperando que sea fiable, consistente y responsable, es directamente proporcional a la búsqueda de protección intrapsíquica, de expresión segura y contención, o de un *insight* beneficioso. Idealizar o depender de alguien no es necesariamente patológico como implicaba el término de psicología popular "co-dependiente", o la incorrecta interpretación de la "transferencia idealizada" (Kohut 1977), o del juego psicológico de Berne de "¡Es usted maravilloso, doctor!" (1964). Cuando nos referimos a los clientes que expresan esta necesidad de ser aceptados y protegidos, como "una Víctima que busca a un Salvador", despreciamos o incluso patologizamos una necesidad de relación, humana y esencial, que proporciona una sensación de estabilidad, seguridad y fiabilidad.

En psicoterapia, la sintonía supone el reconocimiento por parte del terapeuta de la importancia y de la necesidad de idealizar como una demanda inconsciente de protección intrapsíquica. Este reconocimiento y sintonía del terapeuta a la necesidad relacional del cliente, surge a menudo cuando se acepta y se respeta la naturaleza del contacto interpersonal y la implicación terapéutica, y podría ser innecesario que se comente de forma explícita. Dicha implicación terapéutica incluye la sensación del cliente (pues éste capta el interés del psicoterapeuta por su bienestar) y además incluye la herramienta terapéutica más eficaz: el uso del sentido-del-self-integrado del psicoterapeuta (Erskine 1993; Erskine y Moursund 1988). Esta necesidad relacional de ser aceptado por otra persona estable, fiable y protectora es lo que proporciona una razón, centrada-en-el-cliente, para actuar en nuestra vida y en nuestra práctica profesional de forma ética y moral.

La *confirmación de la experiencia personal* es también una necesidad relacional esencial. La necesidad de tener una experiencia confirmada se manifiesta por el deseo de estar en presencia de alguien que es similar, que entiende porque ha tenido una vivencia parecida, y cuya experiencia compartida sirve como confirmación de la experiencia personal. Es la búsqueda de mutualidad, una sensación de recorrer el mismo camino en la vida junto a un compañero que es "como yo". Es la necesidad de tener a alguien que aprecie y valore nuestra experiencia porque sabe, a nivel fenomenológico, cómo es esa experiencia.

La afirmación de la experiencia del cliente puede incluir que el terapeuta tome parte o valore las fantasías de dicho cliente. En lugar de definir su narración interna como "simplemente una fantasía", es esencial acompañar al cliente en la expresión de las necesidades, esperanzas, conflictos relacionales, y estrategias protectoras que pueden constituir el núcleo de esas fantasías. La sintonía con la necesidad de afirmación de la experiencia puede lograrse mediante la aceptación por parte del terapeuta de todo lo que dice el cliente, incluso cuando se entrelazan fantasía y realidad, igual que el relato de un sueño revela el proceso intrapsíquico. Las imágenes o los símbolos de la fantasía tienen una función intrapsíquica e interpersonal transcendente. Cuando la *función* de la fantasía es reconocida, apreciada y valorada, la persona se siente reafirmada en su experiencia.

Cuando la necesidad relacional de confirmación de la experiencia personal está presente en la comunicación de un cliente, éste podría estar anhelando un modelo con una experiencia similar. Una psicoterapia sintonizada puede incluir el intercambio de las propias experiencias del terapeuta: comentando cómo resolvió un conflicto similar al del cliente y aportándole una sensación de mutualidad.

La sintonía se aporta con la valoración que hace el terapeuta de la necesidad de confirmación, revelando experiencias personales cuidadosamente seleccionadas, con atención plena (centradas-en-el-cliente), compartiendo vulnerabilidades o sentimientos y fantasías similares, y con su presencia y vitalidad personal. El cliente que necesita confirmación de su experiencia personal, requiere una respuesta recíproca única y diferente de la del cliente que necesita aprobación de los afectos o de la del que necesita ser aceptado por un otro fiable y protector. En ninguna de estas dos últimas necesidades relacionales, compartir la experiencia personal o crear una atmósfera de mutualidad sería una respuesta sintonizada a la necesidad del cliente.

La *autodefinición* es la necesidad relacional de conocer y expresar la propia singularidad y de recibir reconocimiento y aceptación por parte del otro. La autodefinición es la comunicación de la identidad elegida de uno mismo mediante la expresión de preferencias, intereses e ideas, sin humillación ni rechazo.

En ausencia de aceptación y reconocimiento satisfactorios, la expresión de la autodefinición puede tomar formas antagónicas inconscientes, como la persona que empieza sus frases con un "no" incluso cuando está de acuerdo, o quien constantemente se enzarza en discusiones o en rivalidades. Las personas, a menudo, compiten para definirse como alguien distinto de los demás. Cuanto más parecidas son las personas, mayor es el impulso hacia la competencia por la autodefinición.

La sintonía comienza con la sensibilidad del terapeuta, con su comprensión de que la rivalidad y la competición en las relaciones pueden ser una expresión de la necesidad de autodefinición, y con el reconocimiento y la aceptación hacia la persona. La sintonía terapéutica se muestra con el apoyo consistente por parte del terapeuta a la expresión de identidad del cliente y con la normalización de su necesidad de autodefinición. Requiere la presencia consistente, el contacto pleno y el respeto del terapeuta incluso cuando el cliente se muestra en desacuerdo.

Otra necesidad relacional esencial es *causar impacto en la otra persona*. El impacto se define como tener una influencia que afecte al otro de alguna forma deseada. La sensación de competencia de un individuo en una relación surge de la gestión de sus acciones y de la eficacia —lograr atraer la atención e interés del otro, influir en lo que pueda ser de interés para la otra persona, y producir cambios en sus afectos o en su conducta.

La sintonía con la necesidad del cliente de causar impacto se da cuando el psicoterapeuta se permite ser impactado emocionalmente por el cliente y reacciona con compasión cuando el cliente está triste, proporciona una respuesta de seguridad cuando el cliente está asustado, toma al cliente en serio cuando está enfadado, y se entusiasma cuando el cliente está contento. La sintonía puede incluir solicitar la crítica del cliente sobre la conducta del terapeuta y hacer los cambios oportunos para que el cliente tenga la experiencia de hacer impacto dentro de la relación terapéutica.

Las relaciones se vuelven más significativas y satisfactorias a nivel personal cuando la necesidad de *que el otro tome la iniciativa* está cubierta. La iniciativa se refiere al ímpetu de hacer contacto interpersonal con otra persona. Es el contacto con el otro de tal manera que reconoce y valida la importancia de uno en la relación.

El psicoterapeuta puede estar sujeto a una contratransferencia inducida por la teoría cuando aplica universalmente los conceptos teóricos de no-satisfacción, rescate, o al abstenerse de hacer más del 50% del trabajo terapéutico. Mientras espera que el cliente inicie, el psicoterapeuta puede no estar considerando el hecho de que una conducta que parece pasiva podría ser, en realidad, una expresión de la necesidad relacional de que el otro tome la iniciativa.

La sintonía terapéutica con esta necesidad relacional requiere una sensibilidad ante la inacción del cliente y la iniciación de contacto interpersonal por parte del terapeuta. Para responder a la necesidad del cliente, puede ser necesario que el terapeuta empiece un diálogo, se mueva de su silla y se siente cerca del cliente, o que le llame por teléfono entre una sesión y otra. La predisposición del terapeuta a iniciar el contacto interpersonal o a asumir la responsabilidad de una parte considerable del trabajo terapéutico, normaliza la necesidad relacional del cliente de tener a alguien que invierte energía en contactar con él. Tal acción comunica al cliente que el terapeuta está implicado en la relación.

La necesidad de *expresar amor* es un componente importante de las relaciones. El amor se expresa a menudo a través de la gratitud silenciosa, mostrando afecto, agradecimiento o haciendo algo por la otra persona. La importancia de la necesidad relacional de dar amor —ya se trate de hijos a padres, hermanos o profesores, o de un cliente a un terapeuta— con frecuencia se subestima en la práctica de la psicoterapia. Cuando se obstaculiza la expresión de amor, la expresión del self-en-relación se frustra. Muchas veces los psicoterapeutas han tratado la expresión de afecto de los clientes como si fuese una manipulación, una transferencia o una vulneración del límite terapéutico neutral.

La sintonía con la necesidad relacional del cliente de expresar amor se refleja en la gentil aceptación, por parte del terapeuta, de la gratitud del cliente y de sus expresiones de afecto, y en el reconocimiento de la función normal del amor en el mantenimiento de una relación significativa.

Aquellos clientes para quienes la ausencia de satisfacción de las necesidades relacionales es acumulativa, requieren una sintonía consistente y fiable, y la implicación de un psicoterapeuta que reconozca, valide y normalice las necesidades relacionales y los afectos asociados.

A través de la presencia con pleno contacto sostenido del psicoterapeuta, se podrá abordar ahora el trauma acumulativo (Khan 1963; Lourie 1996) basado en la falta de satisfacción de necesidades, y las necesidades serán respondidas dentro de la relación terapéutica.

Implicación

La implicación se entiende mejor a través de la percepción del cliente —una sensación de que el terapeuta ofrece contacto pleno y que está de verdad dedicado al bienestar del cliente. Evoluciona a partir de las preguntas respetuosas del terapeuta sobre la experiencia del cliente y se desarrolla mediante la sintonía del terapeuta con los afectos y el ritmo del cliente, así como con la validación de sus necesidades. La implicación incluye estar completamente presente, con y para la persona, de una forma que sea apropiada a su nivel evolutivo de funcionamiento y a la necesidad actual de relación que tenga el cliente. Incluye un interés genuino por su mundo intrapsíquico e interpersonal, y una comunicación de ese interés a través de la atención, la indagación y la paciencia.

La implicación terapéutica se mantiene mediante un cuidado constante del psicoterapeuta para proporcionar un entorno y una relación de protección y seguridad. Es necesario que el terapeuta esté continuamente sintonizado con la capacidad del cliente para tolerar la consciencia emergente de sus vivencias del pasado y así, durante la terapia, no se sentirá abrumado otra vez, como pudo haberle ocurrido en alguna experiencia anterior. La implicación terapéutica que enfatiza el reconocimiento, la validación, la normalización y la presencia, disminuye el proceso defensivo interno.

El *reconocimiento* del terapeuta hacia el cliente comienza con una sintonía con sus afectos, necesidades relacionales, ritmo y nivel evolutivo de funcionamiento. A través de la sensibilidad a las necesidades relacionales o a la expresión fisiológica de las emociones, el terapeuta puede guiar a su cliente a hacerse consciente y a expresar necesidades y sentimientos, o a reconocer que los sentimientos o las sensaciones físicas pueden ser una memoria, el único modo de recordar que puede estar disponible. En muchos casos de fracaso en la relación, no se reconocieron las necesidades relacionales o los sentimientos de la persona, y puede ser necesario ayudarle durante la psicoterapia a adquirir un vocabulario para aprender a expresar esos sentimientos y necesidades. El reconocimiento de las sensaciones físicas, las necesidades relacionales y los afectos ayuda al cliente a reivindicar su propia experiencia fenomenológica. Incluye a un otro receptivo que conoce y comunica la existencia de gestos no verbales, tensión muscular, afectos o incluso fantasía.

Puede que haya habido momentos en la vida de un cliente en los que se reconocieron sus sentimientos o necesidades relacionales, pero estos no se validaron. La *validación* comunica al cliente que sus afectos, defensas, sensaciones físicas o patrones conductuales están relacionados con algo significativo de su experiencia. La validación establece una relación entre causa y efecto, valora la idiosincrasia del individuo y su manera de estar en relación. Minimiza la posibilidad de que el cliente se desapropie internamente o niegue la relevancia de los afectos, la sensación física, el recuerdo o los sueños; y apoya al cliente valorando su experiencia fenomenológica y la comunicación transferencial de la relación necesaria … de este modo incrementa su autoestima.

La intención de la *normalización* es influir en el modo en que los clientes o los demás pueden categorizar o definir sus experiencias internas o sus tentativas conductuales al abordarlas desde una perspectiva patológica de "hay-algo-mal-en-mí". La normalización introduce una perspectiva que respeta sus intentos arcaicos de resolución de conflictos. Puede que sea esencial para el terapeuta contrarrestar los mensajes de la sociedad o de los padres, como el mensaje de "eres un estúpido por sentirte asustado" sustituyéndolo por el de "cualquiera se asustaría en esa situación". Muchos flashbacks, fantasías extrañas, pesadillas, confusión, pánico y actitudes defensivas son fenómenos normales de afrontamiento en situaciones anómalas. Es imprescindible que el terapeuta transmita que la experiencia del cliente es una reacción defensiva normal, una reacción que muchas personas tendrían si se enfrentaran a experiencias vitales similares.

La *presencia* se brinda con las respuestas sintonizadas y sostenidas del psicoterapeuta tanto a las expresiones verbales como no verbales del cliente. Tiene lugar cuando el comportamiento y la comunicación del psicoterapeuta respetan y potencian la integridad del cliente en todo momento. La presencia incluye la receptividad del terapeuta a los afectos del cliente, ser impactado por sus emociones, ser conmovido y, sin embargo, permanecer sensible a los efectos de sus emociones sin sentirse ansioso, deprimido o enfadado.

La presencia es una expresión de pleno contacto interno y externo del psicoterapeuta. Transmite su responsabilidad, seguridad y fiabilidad. Mediante la presencia total del terapeuta, se hace posible el potencial transformador de una psicoterapia orientada a la relación. La presencia describe la provisión del terapeuta de una conexión interpersonal segura. Más que la simple comunicación verbal, la presencia es una comunión entre cliente y terapeuta.

La presencia se potencia cuando el terapeuta se descentra de sus propias necesidades, sentimientos, fantasías o ilusiones y, en lugar de eso, se centra en el proceso del cliente. La presencia también incluye lo contrario a descentrarse: es decir, que el terapeuta tenga contacto pleno con su propio proceso interno y sus reacciones. La historia del terapeuta, sus necesidades relacionales, sensibilidades, teorías, experiencia profesional, su propia psicoterapia y sus lecturas de interés conforman reacciones únicas con el cliente. Cada uno de estos pensamientos y sentimientos del psicoterapeuta es una parte esencial de la presencia terapéutica. El repertorio de conocimientos y experiencias del psicoterapeuta es un rico recurso para la sintonía y la comprensión. La presencia conlleva aportar la riqueza de las experiencias del psicoterapeuta a la relación terapéutica, así como descentrar el self del psicoterapeuta y centrarse en el proceso del cliente.

La presencia también incluye dejarse manipular y moldear por el cliente de tal manera que permita a dicho cliente su propia forma de auto-expresión. Como psicoterapeutas eficaces con los que se interactúa, nos convertimos genuinamente en la arcilla que se modela y esculpe para ajustarse a las expresiones del mundo intrapsíquico del cliente, y a la creación de un nuevo sentido del self y del self-en-relación (Winnicott 1965). La presencia sintonizada y fiable del terapeuta contrarresta la sensación de vergüenza y el descuento de la propia valía del cliente. La calidad de la presencia crea una psicoterapia que es única con cada cliente: sintonizada e implicada con las necesidades relacionales emergentes del cliente.

Lo que otorga a la psicoterapia su efecto transformador en la vida de las personas es el enfoque del psicoterapeuta sobre las necesidades relacionales del cliente y la relación entre cliente y terapeuta. Este tipo de relación no puede ser estandarizada ni formulada, ni siquiera puede cuantificarse en la investigación. La singularidad de cada relación terapéutica surge de la sintonía y la implicación que responde al cúmulo de necesidades relacionales del cliente: una terapia de contacto-en-la-relación.

CAPÍTULO CUATRO

Psicoterapia de la experiencia inconsciente

El planteamiento teórico de Sigmund Freud de que el inconsciente determina la motivación y la conducta, fue revolucionario en su época. Hoy en día ese mismo planteamiento teórico puede ser igualmente preciso para comprender la motivación y la conducta. Pero las conceptualizaciones contemporáneas de las dinámicas de la experiencia "inconsciente" han cambiado el foco de atención, han dado un giro desde un énfasis en la represión defensiva hacia una perspectiva neurológica y evolutiva. En respuesta a la investigación neurológica actual y a la teoría psicológica contemporánea, ya no creo que la dinámica inconsciente esté formada exclusivamente en base a la represión defensiva, más bien la considero como una expresión del procesamiento evolutivo y neurológico de experiencias significativas (Bucci 1997; Fosshage 2005; Howell 2005; Kihlstrom 1984; Lyons-Ruth 1999; Orange, Atwood y Stolorow 1997; Siegel 2003).

Freud postuló que "el inconsciente" era como una cámara acorazada de la mente donde se almacenaban y se olvidaban experiencias emocionalmente conflictivas. Tal "inconsciente dinámico" era el resultado de la actividad defensiva de la represión (Freud 1900a, 1915e). Ian Suttie (1935), uno de los primeros psicoanalistas teórico de las relacionales objetales, describió dicha represión como un "proceso totalmente inconsciente" y lo distinguió de la "supresión", que es una reacción consciente a la coerción (ibíd. 97). Con la represión, las experiencias cargadas de afecto particularmente incómodas, o las experiencias traumáticas del self con otras personas son psicológicamente evitadas para no hacerse conscientes. Otras reacciones autoprotectoras y defensivas —tales como la desensibilización, la negación, la disociación y la escisión psicológica— pueden acompañar y reforzar la represión.

Al trabajar con varios clientes en psicoterapia, especialmente con aquellos que han experimentado trauma agudo o trauma acumulativo, me resultó evidente que determinados recuerdos, fantasías, sentimientos y reacciones físicas pueden ser reprimidos porque podrían traer a la consciencia experiencias de relaciones en las cuales las necesidades físicas y las necesidades relacionales habían quedado insatisfechas reiteradamente, y los afectos asociados no se habían podido integrar porque hubo (hay) un fallo en la respuesta sintonizada por parte de la otra persona significativa (Erskine 1993; Erskine, Moursund y Trautmann 1999; Lourie 1996; Stolorow y Atwood 1989; Wallin 2007).

Cuando Winnicott (1974) escribió acerca del "miedo al colapso" de los clientes y su potencial regresión a una experiencia infantil con carga emocional, partía de una teoría psicoanalítica clásica que postulaba que el inconsciente dinámico está compuesto de energía reprimida y de experiencias conflictivas. Describió el inconsciente como la inhabilidad del ego para abarcar experiencias emocionales intensas. A la luz de los descubrimientos actuales en neurología y desarrollo infantil, la premisa de Winnicott sobre la formación de la experiencia inconsciente parece acertada. Ahora es evidente que la corteza frontal del cerebro a veces no puede procesar reacciones intensas emocionales y psicológicas que están teniendo lugar en la formación reticular ascendente (Cozolino 2006; Damasio 1999; Siegel 2007) y la consciencia es directamente el resultado de la habilidad del cerebro para simbolizar la experiencia (Bucci 2001; Lyons-Ruth 2000).

La teoría de la terapia Gestalt (Perls, Hefferline y Goodman 1951) prescindió del concepto psicoanalítico "inconsciente" y lo reemplazó por el concepto "pérdida de la consciencia". En la terapia Gestalt, "el inconsciente" se convierte en un proceso, más que un espacio de la mente. Una pérdida de la consciencia en una persona es el resultado de tener percepciones fijadas (gestalts) que inhiben o impiden modos alternativos de percibir la experiencia. La pérdida de consciencia es mantenida por los mecanismos de interrupción del contacto de retroflexión, confluencia, introyección, proyección y egotismo. La terapia Gestalt postula que a través de la integración de la consciencia del aquí-y-ahora, las gestalts fijadas se disuelven y la personase vuelve consciente de su experiencia actual.

Aunque la mayoría de publicaciones de Análisis Transaccional no trata el inconsciente *per se*, Berne hizo varias referencias al proceso inconsciente con muy poca alusión al término o concepto de "inconsciente". En su conceptualización original de los Estados del Yo, tanto la formación como la influencia de los Estados del Yo Padre y Niño, no son conscientes para el Estado del Yo Adulto (1961). Adoptó el concepto psicoanalítico inconsciente pero cambió la terminología. En sus artículos sobre catexis psicológica, se refirió al inconsciente, al subconsciente y al consciente como energía atada, energía desatada y energía libre. En la metáfora del "mono en el árbol", está claro que la descripción de Berne de la energía atada se refería a la experiencia emocional que está confinada y excluida de la consciencia, similar a la represión de Freud. La energía desatada aludía a la experiencia que es subconsciente o preconsciente y que, con el estímulo correcto, se encuentra disponible a la consciencia. Y la energía libre hace referencia a la experiencia que es consciente (ibíd. 40–41).

En la descripción de Berne sobre las transacciones ulteriores, se refirió a ellas como procedentes del nivel psicológico más que del nivel social. En el caso de las transacciones ulteriores de los Estados del Yo Padre y Niño, el Estado del Yo Adulto del individuo podría no ser consciente de la comunicación psicológica —una comunicación desconocida o inconsciente. Aquí, el nivel psicológico parece equipararse al inconsciente (ibíd. 103–105, 124). Tal vez los ejemplos más claros sobre el proceso inconsciente en los textos de Berne se encuentran en su descripción del protocolo de guión y del palimpsesto. El protocolo de guión y el palimpsesto hacen referencia a las formas pre-simbólicas, subsimbólicas y procedimentales de la memoria que conforman los patrones relacionales inconscientes y las conclusiones experienciales implícitas que constituyen el núcleo del Guión de Vida (ibíd. 116–126).

Berne abordó específicamente la experiencia inconsciente en su descripción de los "juicios primarios" e "imágenes primarias" del cliente: "Parece que los juicios más importantes e influyentes que los seres humanos establecen sobre sí mismos, son el producto de procesos pre-verbales —cognición sin *insight*— que funcionan de manera casi automática por debajo del nivel de consciencia" (1955. 72). Continuó describiendo los procesos simbólicos-no verbales del terapeuta en conexión con la expresión inconsciente de la experiencia del cliente y se refirió a ella como la "imagen del yo" del terapeuta —la imagen que el psicoterapeuta tiene en su mente cuando visualiza al niño atribulado que el cliente fue en el pasado (1957b). Berne también utilizó el término "intuición" para describir la conexión inconsciente del terapeuta con la comunicación inconsciente del cliente: "la intuición es el conocimiento subconsciente sin palabras, basado en observaciones subconscientes sin palabras" (1947. 35).

Rogers (1951) enfatizó la importancia de la empatía —sentir lo que el cliente siente— como una forma no verbal, aunque significativa, de conectarse con la comunicación inconsciente del cliente. Reik (1948) y Heimann (1950) fueron dos de los primeros escritores psicoanalíticos que enfatizaron la respuesta emocional del psicoterapeuta al cliente como uno de los instrumentos más importantes de estudio sobre la experiencia inconsciente del cliente. Más tarde, Kohut (1977) describió la empatía como una introspección vicaria, como una manera de conocer los procesos de pensamiento inconsciente del cliente imaginando estar en su experiencia relacional y afectiva. En los últimos años, la literatura sobre Análisis Transaccional se ha enfocado cada vez más en la importancia de los procesos inconscientes tanto del cliente como del terapeuta, centrales en la relación terapéutica (Erskine y Trautmann 1996; Hargaden y Sills 2002; Novellino 1984, 2003).

Psicoterapia profunda

Cuando existe un contrato psicoterapéutico para hacer psicoterapia profunda orientada a un cambio esencial en el guión del cliente, a la desconfusión y resolución de los conflictos del Estado del Yo Niño, y a la desactivación de la influencia del Estado del Yo Padre, el objetivo terapéutico es facilitar la consciencia de lo que ha permanecido inconsciente. Esto implica traer a la consciencia del cliente los recuerdos, los sentimientos, los pensamientos, las sensaciones y las asociaciones que fueron previamente no conscientes. Tal recuperación de la consciencia permite al cliente darse cuenta de su motivación, historia personal, mecanismos de afrontamiento y necesidades relacionales, proporcionando así la oportunidad de que el comportamiento sea determinado por una elección actual en vez de estar predeterminado por compulsión, miedo o por una obediencia programada.

En la práctica de la psicoterapia profunda, creo que es fundamental tener en cuenta que los recuerdos concretos de experiencias, relaciones, sentimientos o fantasías, pueden ser activamente reprimidos porque traen a la consciencia conflictos emocionales dolorosos provenientes de las relaciones y de las necesidades insatisfechas. Esto concuerda con la premisa original de Freud. Semejante funcionamiento inconsciente es mantenido por la negación cognitiva, la desapropiación emocional, la desensibilización fisiológica, la disociación psicológica y la distancia esquizoide. Estas interrupciones del contacto auto-protectoras y defensivas contribuyen a la elaboración y al mantenimiento de la experiencia inconsciente. Sin embargo, la experiencia que es inconsciente no es sólo el resultado de defensas psicológicas. La experiencia que es inconsciente puede también resultar de una reacción fisiológica de supervivencia en respuesta a un trauma o puede reflejar niveles de funcionamiento evolutivo fijados. El trauma puede ser definido como la intensa sobre-estimulación de la amígdala y del sistema límbico del cerebro, de manera que los centros psicológicos del cerebro son activados en la dirección de huir, paralizarse o luchar. Hay poca estimulación en la corteza frontal o poca integración con el cuerpo calloso, por lo que el pensamiento, la secuencia temporal, el lenguaje, los conceptos, la narrativa y la capacidad para calcular causa y efecto no están formados (Cozolino 2006; Damasio 1999; Howell 2005). A menudo, dicho trauma da lugar a la disociación y/o al aislamiento esquizoide (Erskine 2001a).

La experiencia puede ser inconsciente porque ambos, el trauma severo y la negligencia prolongada, no son grabados como memoria explícita ni simbólica sino que son grabados como reacciones fisiológicas de supervivencia, afectos intensos e indiferenciados, memoria subsimbólica, memoria implícita y memoria procedimental de patrones relacionales que pueden llegar a manifestarse como evitación, ambivalencia o agresión (Wallin 2007). La mayoría de lo que coloquialmente llamamos "inconsciente", puede describirse mejor como pre-simbólico, subsimbólico, simbólico no verbal, implícito o expresiones procedimentales de experiencias de la infancia temprana que son formas significativas de la memoria (Bucci 2001; Kihlstrom 1984; Lyons-Ruth 2000; Schacter y Buckner 1998). Estas formas de memoria no son conscientes, ya que no se transponen al pensamiento, al concepto, al lenguaje o a la narrativa. Tales memorias subsimbólicas o implícitas son fenomenológicamente comunicadas a través de tensiones fisiológicas, afectos indiferenciados, anhelos y repulsiones, tono de voz y patrones relacionales que pueden estimular resonancias fisiológicas y afectivas en el psicoterapeuta. La díada transferencia-contratransferencia es un desarrollo inconsciente de dos historias vitales intersubjetivas y un abanico de oportunidades hacia la experiencia inconsciente de ambos, cliente y terapeuta.

Es nuestra labor como psicoterapeutas estar en sintonía con los afectos, el ritmo, el nivel de funcionamiento evolutivo y con las necesidades relacionales del cliente mientras indagamos en su experiencia fenomenológica. La indagación fenomenológica otorga al cliente la oportunidad de exponer sus recuerdos, afectiva y fisiológicamente cargados, en un diálogo con una persona interesada e implicada —quizás por primera vez. Lo que nunca fue "consciente", tiene ahora una oportunidad de volverse consciente a través de una relación terapéutica comprometida.

Me parece importante pensar no solo en términos de proceso inconsciente como un reflejo del trauma o de la represión, sino también pensar evolutivamente. En general, conceptualizo la memoria subsimbólica o la implícita como compuesta por seis niveles evolutivos y experienciales: preverbal, nunca verbalizado, nunca reconocido en la familia, carente de recuerdo, verbalización evitada activamente y patrones relacionales pre-reflexivos. Describiré brevemente cada forma de memoria subsimbólica e implícita, pero primero, quiero ofrecer el ejemplo de un caso que ilustra cómo la memoria arcaica e inconsciente se transforma en consciente a través de una relación terapéutica con implicación.

El trauma acumulativo de Kay.

Kay era una mujer de 54 años de edad que trabajaba como contable. Vino a psicoterapia por un profundo sentimiento de soledad y también por una sensación de rabia hacia las personas que ella percibía como controladoras. Nunca se había casado y nunca había tenido novio, aunque en el instituto y en la universidad se había sentido secretamente atraída hacia algunos jóvenes. Había estado en terapia con dos terapeutas anteriores. El primer terapeuta le había ayudado a establecer algunas metas educativas y profesionales y a conseguir un buen trabajo, mientras que la segunda terapia había terminado de forma "desastrosa" porque había percibido al terapeuta como "controlador" y "confrontativo".

En nuestras primeras sesiones, se mostraba muy comunicativa cuando se trataban los acontecimientos actuales, pero se sumía en el silencio cuando yo indagaba en sus experiencias fenomenológicas

—tales como sentimientos, sensaciones físicas, fantasías o esperanzas. Yo trataba de conectar con su profundo sentimiento de soledad, al que ella con frecuencia hacía una referencia sutil, pero siempre se las arreglaba para distraerme hablando de lo que decían las noticias o de la situación en su trabajo. Las transferencias obvias conmigo entrañaban su constante temor a que la abandonara y su constante anticipación de que me volvería controlador. Kay desconfiaba de mi indagación fenomenológica. Parecía carecer de los conceptos o, incluso del vocabulario, para describir sus sentimientos y su experiencia interna. Sólo tenía vagos recuerdos de su infancia temprana y de sus años escolares y la mayoría de esos recuerdos se centraban en las actividades religiosas de su familia.

En el segundo año de terapia, se produjo un acontecimiento extraordinario cuando una araña descendió lentamente del techo en un largo hilo plateado y luego procedió a subir de nuevo y a bajar una y otra vez. Reaccionó con la ilusión y la fascinación de una niña pequeña, y pude sentirme emocionalmente conmovido en resonancia con su entusiasmo por las actividades de la araña. Pero a los quince minutos aproximadamente se volvió distante y se quedó en silencio. Mientras yo me ajustaba a su ritmo pausado y a su distancia psíquica, comentó que, desde que estuvo en el hospital, siempre le habían gustado las arañas. Me sorprendí, porque en nuestra entrevista inicial y en nuestras sesiones de terapia durante los años previos, en ningún momento había mencionado su estancia en un hospital. Kay nunca había pensado en contarme a mí, ni a los dos terapeutas anteriores, que pasó dos años de recuperación por la polio en un "pulmón de acero" cuando tenía entre dos y cuatro años de edad. Cuando me enteré de sus dos años de hospitalización, mi corazón se compadeció de ella. En las siguientes sesiones, a menudo me imaginaba sacando a esa niña del "pulmón de acero" y sosteniéndola en mis brazos. Muchas veces Kay describía cómo su única "amiga" durante ese largo tiempo había sido una araña que había tejido su telaraña en el techo, por encima del "pulmón de acero", muy lejos de su alcance. Se entretenía durante horas con sus movimientos, y yo pasaba horas en sintonía con la importancia de esa araña en la vida de esta niña pequeña.

Más tarde, en medio de largos silencios, Kay habló de cómo las enfermeras entraban, la sacudían y la pinchaban y de cómo odiaba ser manipulada por ellas. Antes de cada sesión, me encontraba a mí mismo deseando hablar con esa pequeña que estaba en el "pulmón de acero".

Lloramos juntos por su soledad. Me tomé en serio su rabia cuando ella describía ser una "prisionera". Kay habló de cómo pasaba las horas del día mirando un reloj del gran hospital marcando los segundos. En varias sesiones, describió cómo la segunda manecilla producía un tic-tac diferente hacia abajo (de doce a seis) que cuando el tic-tac iba hacia arriba (de seis a doce). Con el tiempo, recordó que se imaginaba las manecillas del reloj extendiéndose desde la pared para acariciarle la cabeza y la cara.

A medida que la terapia avanzaba, ella se volvió menos descriptiva verbalmente sobre la experiencia del hospital y no parecía disponer del vocabulario necesario para expresar sus sentimientos ni sus necesidades. Hubo muchos períodos de silencio y de tristeza. Me sentaba cerca de ella dónde podíamos tener contacto y juntar nuestros dedos. Con el contacto dedo a dedo parecía más viva. Jugábamos al juego de la arañita pequeñita con los dedos una y otra vez. Reíamos juntos con nuestras tonterías. Después ella lloraba al experimentar la yuxtaposición entre nuestra alegría y sus años de soledad.

Kay usaba con frecuencia sus dedos y los músculos de la cara para describir la agonía de estar confinada en el "pulmón de acero". Ella se enfurecía conmigo en silencio a través de sus expresiones faciales y con los gestos de sus manos cuando yo no podía seguir su ritmo o cuando no respondía con los afectos apropiados. Me estaba contando de forma no verbal la historia de sus necesidades evolutivas, de su soledad y de su abandono. Juntos co-creamos una narrativa verbal y no verbal de experiencias entre los dos y los cuatro años de edad. Mi implicación terapéutica consistió en validar repetidamente su tristeza, su rabia y su vivencia de abandono como expresiones afectivas de acontecimientos reales. Desarrollamos un vocabulario y generamos un sentido para la experiencia fisiológica y afectiva de su trauma acumulativo. Normalizamos tanto sus necesidades evolutivas como sus necesidades actuales, y exploramos cómo ella podía satisfacer sus necesidades relacionales adultas con personas de su vida presente. Mi sensación de presencia personal se expresaba mediante la combinación de sintonía afectiva, rítmica y evolutiva que resultaba clave en nuestra relación. En los diez años de terapia transcurridos, Kay aún no ha establecido una relación romántica con un hombre. Pero ella dice que está "enamorada de los niños" del hospital en el que participa como voluntaria tres veces por semana.

Formas de memoria inconsciente

Pre-verbal. La memoria de la infancia temprana es pre-simbólica y no lingüística. No está disponible a la consciencia a través del lenguaje porque la experiencia es pre-verbal. Dicha memoria puede ser expresada en patrones de autorregulación, reacciones emocionales, inhibiciones fisiológicas, y estilos de apego y de relaciones. Posteriormente en la vida, los patrones relacionales pre-verbales son experimentados, pero en general no se piensa en ellos. La sintonía del terapeuta a los afectos, al ritmo y al nivel de desarrollo evolutivo es esencial para formar una conexión emocional que facilite la comunicación de la experiencia pre-verbal. La historia del cliente puede ser expresada en actuaciones no verbales y/o creada por inferencia terapéutica. Esta es la situación habitual cuando se trata con la experiencia inconsciente, pero sentida, del cliente de ser un bebé, un niño pequeño o incluso un niño en edad preescolar. Por ejemplo, en la terapia de Kay, la niña de tres a cuatro años de edad en el hospital se regresó a una edad pre-verbal mucho más temprana dónde sólo sus gestos físicos y el toque dedo a dedo podían expresar la agonía, la soledad, la irritación y el deseo de tener una relación. Ambos, mi atención constante mientras ella estaba en silencio y nuestro contacto dedo a dedo, permitieron que la memoria pre-verbal se expresara.

Nunca verbalizada. La memoria pre-simbólica y la implícita reflejan experiencias de la infancia que no fueron verbalizadas en la situación original. El niño podía haber tenido algún grado de lenguaje, como sustantivos y verbos, pero carecía de los conceptos para describir sentimientos y necesidades y/o no disponía de una persona receptiva que estuviera interesada, de manera que diera significado y sentido a la experiencia infantil. La narrativa de la experiencia del niño nunca fue configurada porque no hubo una relación que fomentara la auto-expresión del niño y la formación de conceptos.

Cuando un niño tiene la oportunidad de hablar de su experiencia, cada experiencia adquiere un vocabulario y una descripción, se vuelve comprensible porque los conceptos están formados. Se vuelve consciente. Cuando hay ausencia de diálogo interpersonal, es menos probable que la experiencia se vuelva consciente o que se formen conceptos utilizables y un relato auto-expresivo. La indagación fenomenológica y la sintonía afectiva son dinámicas importantes para una persona que expresa su experiencia emocional. Un otro sintonizado e interesado ayuda a proporcionar un lenguaje dialógico que permita que la experiencia fenomenológica sea formada, expresada y que tenga sentido como memoria autobiográfica. En el caso de Kay, ella nunca le había contado a nadie, ni a sus amigos ni a sus anteriores terapeutas, su experiencia en el hospital. Juntos, nosotros co-creamos una historia que facilitó la consciencia y otorgó sentido a su nunca-verbalizada experiencia emocional previa.

No reconocida. Algunas experiencias evolutivas pueden ser inconscientes porque las emociones, los comportamientos o las necesidades relacionales del niño nunca fueron reconocidos dentro de la familia. Cuando no hay una conversación que otorgue sentido a las experiencias del niño, su experiencia queda sin lenguaje social. Cozolino (2006) describe los efectos, tanto del reconocimiento como de la falta de reconocimiento, en la experiencia infantil:

> La preocupación parental y la curiosidad hacen que los niños se den cuenta de que tienen una experiencia interior propia. ... Cuando esta experiencia interior puede ser entendida, discutida y organizada a través de una narrativa co-construida, ésta queda disponible para una consideración consciente. ... Cuando a un niño se le deja en silencio debido a la inhabilidad parental para verbalizar la experiencia interna, el niño no desarrolla la capacidad para entender y manejar su propio mundo. ... Cuando las interacciones verbales incluyen referencias a sensaciones, sentimientos, conductas y pensamientos, éstas proveen un medio por el cual el cerebro del niño es capaz de integrar los diversos aspectos de la experiencia de un modo coherente. (ibíd. 232)

La psicoterapia ofrece la oportunidad de abordar lo que nunca fue reconocido. Por ejemplo, los padres de Kay rezaban constantemente por su recuperación mientras estaba hospitalizada y, una vez en casa, agradecían continuamente a Dios que Kay no hubiera muerto. Pero nunca hablaron con ella de su experiencia hospitalaria de soledad, de agonía física y de miedo intenso. En el hospital no entabló apenas conversación con las enfermeras. Allí estaba sola con su experiencia. Como resultado, estas memorias no reconocidas dominaban inconscientemente su vida.

Si la araña no hubiese descendido del techo de mi consulta, posiblemente Kay nunca me habría hablado de su hospitalización. La araña brindó un momento especial y lleno de emoción en el que resoné con vitalidad con el entusiasmo de Kay, y luego, desde una tranquila paciencia, con su silencio y con su distanciamiento. Este fue un punto de inflexión crucial en nuestro trabajo terapéutico. Finalmente fui capaz de formar una imagen evolutiva (i.e., la "imagen del yo" de Berne) de una niña hospitalizada y tal vez traumatizada, que me permitió comenzar a comunicarme tanto con la niña hospitalizada desde los dos a los cuatro años, como también con la pequeña que se había regresado a un estado emocional más infantil. Más tarde, cuando procesamos nuestro trabajo terapéutico sobre su experiencia regresiva, Kay me dijo que nunca le había hablado a nadie de su hospitalización porque había supuesto que "nadie estaría interesado" —una transferencia de la falta de reconocimiento de sus padres puesta en todos los demás, incluyendo los dos terapeutas.

Carente de recuerdo. La ausencia de recuerdos puede parecer inconsciente porque no se ha dado un contacto relacional significativo. Cuando no han tenido lugar experiencias relacionales importantes, es imposible ser consciente de ellas. Si la amabilidad, el respeto y la gentileza han estado ausentes, el cliente no tiene esos recuerdos; hay un vacío de experiencia. Esto es frecuentemente lo que ocurre en casos de negligencia infantil. Lourie (1996) describe la ausencia de memoria en clientes con trauma acumulativo, que refleja la carencia de cuidado vital y un caso omiso a las necesidades relacionales. La historia de Kay ilustra el "inconsciente" como carente de recuerdos —un toque reconfortante, la validación de sus necesidades afectivas, unas explicaciones clarificadoras y tener una compañía activa, todo esto faltó en los años que Kay estuvo hospitalizada. La yuxtaposición entre el contacto físico conmigo, mi validación, mis explicaciones y mi compañía, y la carencia de estos importantes elementos relacionales, estimularon su consciencia de aquello que estuvo ausente en su vida temprana y de que sus reacciones inconscientes de compensación ante la falta de conexiones relacionales dominaban su vida presente.

La historia de Kay refleja cuatro tipos de procesos inconscientes: lo nunca verbalizado, lo no reconocido, lo carente de recuerdo y la regresión a un período pre-verbal. En la psicoterapia de Kay, la resolución de su trauma acumulativo es también un ejemplo del terapeuta proporcionando una psicoterapia relacional que permite a las experiencias inconscientes previas volverse conscientes a través de una conexión intersubjetiva y afectiva. Durante muchos años, Kay vivió y exteriorizó recuerdos y diversas memorias inconscientes subsimbólicas e implícitas. El relato de su viaje terapéutico describe su toma de consciencia, pre-verbal y nunca verbalizada, sobre sus experiencias vividas. Ella no era consciente de las relaciones que nunca ocurrieron (carente de recuerdo), necesarias para un desarrollo sano, tales como la necesidad de contar con una persona fiable y consistente que respondiera a sus sentimientos y a sus necesidades. Parte de la psicoterapia estuvo orientada a ayudarle a reflexionar y a apreciar sus diferentes patrones relacionales arcaicos y sus conductas autorreguladoras como intentos de comunicar y buscar una reparación por las numerosas necesidades relacionales no correspondidas. Junto con el concepto de Freud de inconsciente como resultado de la represión, mi perspectiva de la terapia incluye la posibilidad de que el cliente pueda tener experiencias evolutivas inconscientes y no expresadas que son pre-verbales, que nunca fueron verbalizadas ni reconocidas o que carecen de recuerdo —todo ello está en la base de los patrones relacionales fijados.

Verbalización evitada. Cuando la experiencia está activamente desprovista de diálogo, puede volverse inconsciente, o sea, no ser recordada como una serie de eventos específicos y no estar ya disponible para la narrativa. Esto es similar a la dinámica inconsciente de Freud (1915e), en donde las experiencias avergonzantes o la culpa pasan a ser inconscientes porque la persona se siente demasiado incómoda como para hablar con alguien sobre su experiencia. Por ejemplo, Andrew vino a terapia con una serie de obsesiones intensas, e incluso sintiendo vergüenza por obsesionarse. Me centré en varias dimensiones del tratamiento de la obsesión, incluyendo la comprensión de las funciones psicológicas, las creencias de guión y específicamente, las formas en que sus obsesiones eran un intento por contar una historia perdida pero importante. Exploramos cómo su vergüenza por obsesionarse era una evitación de un sentimiento más profundo de vergüenza. Con el tiempo, Andrew fue capaz de hablarme del maravilloso verano que había vivido a la edad de doce años. Su familia pasó el verano en una casa pequeña junto al lago, otro niño de su edad vivía cerca. Los dos niños empleaban el tiempo jugando a la pelota, nadando y montando en sus bicicletas. Pero la parte más emocionante del verano fue el juego sexual entre ellos. Exploraron mutuamente sus penes y se realizaron felaciones el uno al otro. A Andrew le encantó la experiencia sexual, y adoraba al otro chico a quien añoró intensamente cuando el verano se acabó. Se sentía demasiado asustado como para contarle a alguien su maravillosa experiencia sexual. Los dos chicos nunca hablaron de su juego sexual o de lo que sentían. Andrew se deleitaba silenciosamente en el placer, pero no podía decírselo a sus padres porque "Padre me golpearía si se enterara y Madre se pondría histérica". No se lo podía contar a las monjas o a los sacerdotes de la escuela porque sabía que "era un pecado". Y, muy importante, no les podía decir a ninguno de los niños lo que había vivido ese verano porque temía que le llamaran "homo". La emocionante historia de Andrew se mantuvo como un secreto durante veinticuatro años, un secreto incluso para él mismo. A pesar de todo, la narración activamente evitada de su historia se representaba en sus intensas y variadas obsesiones, obsesiones de las que se sentía profundamente avergonzado y que le distraían de la vergüenza impuesta por la sociedad acerca de su experiencia sexual.

Patrones pre-reflexivos. Muchas dinámicas psíquicas operan fuera de la consciencia del individuo. Son patrones pre-reflexivos del self-en-relación (Stolorow y Atwood 1989). Los cinco patrones pre-reflexivos descritos aquí —estilo de apego, autorregulación, necesidades relacionales, creencias de guión e introyección —no resultan claramente conscientes para la mayoría de los clientes en la etapa inicial de la psicoterapia, aunque a menudo hablan de sus creencias de guión, de su autorregulación y de sus reacciones ante las relaciones. Incluso llegan a ser inconscientes de la influencia dominante que tales patrones tienen en sus vidas. Un importante aspecto de la psicoterapia es crear la calidad de relación en el marco de la cual estos patrones pre-reflexivos puedan tornarse conscientes, comprendidos y vividos como una elección.

Los estilos de apego son formas procedimentales pre-simbólicas inconscientes de la memoria basados en patrones relacionales tempranos (Bowlby 1988a). En la psicoterapia profunda a menudo hablo con clientes sobre los estilos de apego desde los que se relacionan tanto conmigo como con otras personas significativas. Examinamos si sus relaciones son seguras, ambivalentes, evitativas, desorganizadas o aisladas, y exploramos las dinámicas familiares tempranas y las conclusiones experienciales implícitas que les llevaron a estos patrones. El conocimiento que tienen los clientes sobre los estilos de apego y sus recursos para construir relaciones significativas se convierten en un aspecto importante de nuestro diálogo. Por ejemplo, en la psicoterapia de Kay, con el tiempo, ella empezó a apreciar cómo se había formado su estilo de apego ambivalente y cómo lo estaba manteniendo en su vida adulta. El apego aislado de Andrew era compensado con varios tipos de obsesión. Al final, fue capaz de identificar cómo cada obsesión creaba aislamiento en las relaciones.

Las personas, con frecuencia, no son conscientes de sus patrones de auto-estabilización y autorregulación que se desarrollaron para reducir afectos intensos. Los clientes normalmente establecen gestos concretos, comportamientos repetitivos o creencias de guión para calmar reacciones emocionales sobre-estimulantes ante la ausencia de relaciones satisfactorias. Es imprescindible que el psicoterapeuta finalmente traiga a la consciencia del cliente estos patrones autorreguladores e investigue qué es lo que está pasando fenomenológicamente en su interior como respuesta a la relación terapéutica, o en su memoria en los momentos previos a la acción autorreguladora. Dichos comportamientos pueden adoptar formas tales como la de acariciarse el pelo, retorcerse las manos o terminar las frases con "¿sabes?".

El lenguaje corporal es un importante transmisor de comunicación inconsciente, por lo tanto, es esencial en psicoterapia centrarse en que los clientes se den cuenta de la comunicación inherente a sus movimientos físicos, gestos y posturas. Por ejemplo, me llevó casi dos años percatarme de que el movimiento constante de dedos contra dedos de Kay era un intento inconsciente de contar la historia del abandono emocional y físico. En el caso de Andrew, durante un momento pero de manera frecuente, me apartaba la vista para regular sus afectos cuando el contacto entre nosotros se volvía intenso. Juntos aprendimos a usar estos momentos de retraimiento auto-confortante para comprender su sensación de aislamiento y mi falta de sintonía.

El concepto de necesidades relacionales (Erskine y Trautmann 1996) no es por lo general consciente en la mayoría de los clientes. La falta de satisfacción de las necesidades relacionales se expresa como nerviosismo, irritación, preocupación o malestar prolongado. Tales sensaciones conforman las interacciones o la evitación de interacciones con las personas. Las necesidades relacionales son dinámicas inherentes, aunque con frecuencia inconscientes, en la transferencia de la vida cotidiana y en los compromisos terapéuticos intersubjetivos. La labor del psicoterapeuta es ayudar al cliente a darse cuenta de su necesidad de seguridad en las relaciones, a lograr una sensación de validación de sus afectos y de su experiencia interna, a conseguir una sensación de dependencia, confianza y consistencia con una persona significativa, a experimentar una experiencia compartida, a tener la oportunidad de autodefinirse, a adquirir la capacidad de hacer impacto en la relación, a permitir que el otro tome la iniciativa, y a reflejar la expresión de aprecio y gratitud. En la terapia de Kay y

Andrew, la necesidad de seguridad, validación y confianza en el otro fueron extremadamente importantes. Ninguno de los dos clientes era consciente de la importancia de estas necesidades cuando iniciaron la terapia.

Las creencias de guión acerca de sí mismo, de los otros y de la calidad de la vida del cliente (Erskine y Zalcman 1979) son normalmente inconscientes, aunque a menudo resultan evidentes en las conversaciones sociales. Estas series pre-reflexivas de creencias de guión proporcionan un marco de autorregulación mental y representan conclusiones experienciales implícitas que se han formulado durante varios períodos evolutivos. Una vez formuladas y adoptadas, las creencias de guión influyen y determinan a qué estímulo (interno y externo) se va a prestar atención, cómo son interpretados y si se va a pasar o no a la acción. Las creencias de guión sirven como distracción contra la consciencia de experiencias pasadas, necesidades relacionales y emociones asociadas. Al principio de la terapia, ni Kay ni Andrew eran conscientes de sus creencias de guión ni de cómo esas creencias organizaban sus experiencias en la vida. Las creencias de guión de Andrew eran "Hay algo mal en mí", "No tengo a nadie" y "Nadie me entiende". Las creencias de guión de Kay eran "Estoy sola en el mundo", "Mis sentimientos no son importantes" y "La gente va a controlarme". Cada una de estas creencias de guión determinó inconscientemente sus comportamientos, sus fantasías y la calidad de sus relaciones.

La introyección, por definición, es una identificación defensiva inconsciente con elementos de la personalidad de un otro significativo que ocurre en ausencia de contacto relacional pleno (Erskine 2003). Aunque a veces los clientes son conscientes de una voz interna crítica, no perciben la influencia dominante del Estado del Yo Padre. En la Psicoterapia Integrativa profunda, puede ser esencial investigar y hasta desactivar la introyección de las actitudes, los comportamientos o las emociones de personas significativas que fueron inconscientemente identificadas como propias (Erskine y Trautmann 2003). Con Kay y Andrew, no nos enfocamos en la psicoterapia del Estado del Yo Padre, no parecía pertinente al tratamiento. Para otros clientes, los afectos, las actitudes, las reacciones corporales y/o los patrones defensivos introyectados de personas significativas pueden influir internamente o incluso pueden dominar sus vidas. La consciencia y la resolución de la introyección son aspectos importantes de la Psicoterapia Integrativa profunda.

El proceso de la psicoterapia

¡Nuestra tarea psicoterapéutica es ayudar a nuestros clientes a hacer consciente lo que es "inconsciente"! Lo que la mayoría de la gente considera generalmente "memoria consciente", normalmente está compuesta de memoria explícita —el tipo de memoria que se describe como simbólica: una imagen fotográfica, una pintura impresionista o una grabación de lo que se dijo en ocasiones anteriores. Tal memoria explícita o declarativa está por lo general anclada en la capacidad de utilizar lenguaje social y conceptos para describir la experiencia. La experiencia inconsciente normalmente carece de la memoria explícita de un evento porque es subsimbólica o pre-simbólica, fisiológica o procedimental, reprimida o el resultado del trauma (Bucci 2001; Fosshage 2005; Howell 2005; Lyons-Ruth 1999). Dicha memoria inconsciente es potencialmente "sentida" como tensiones fisiológicas, afectos indiferenciados, anhelos o repulsiones y manifestada como patrones relaciones pre-reflexivos y autorreguladores. Estos son los síntomas que traen los clientes a la psicoterapia.

Clientes como Kay y Andrew requieren de un psicoterapeuta que tenga en cuenta las variadas dimensiones de las memorias implícitas, pre-simbólicas, subsimbólicas y procedimentales. En una psicoterapia relacional e integrativa es necesario que el terapeuta permanezca sensible a la comunicación inconsciente inherente en las expresiones transferenciales, tanto en la relación terapéutica como, y de manera importante, en las transferencias de la vida cotidiana (Freud 1912b). Las escaladas afectivas, los conflictos relacionales, las preocupaciones y los miedos habituales, la ausencia de afectos, y algunas dolencias pueden representar una forma de expresión inconsciente de una memoria implícita y emocional. La memoria procedimental inconsciente puede ser expresada en estilos de apego marcados por ambivalencia, evitación o agresión (Main 1995; Wallin 2007).

Es a través del propio conocimiento del psicoterapeuta sobre sus reacciones emocionales personales y sobre sus alianzas con el cliente (junto con la comprensión sobre el desarrollo infantil y las reacciones autoprotectoras), que el terapeuta puede sentir la comunicación inconsciente del cliente sobre sus conflictos relacionales o sobre sus experiencias traumáticas de la infancia temprana. Con la sintonía rítmica y afectiva, y la consciencia de la importancia de las necesidades relacionales, el psicoterapeuta puede crear una indagación fenomenológica e histórica sensible que permita a la memoria emocional pre y subsimbólica inconsciente ser comunicada simbólicamente a través de un lenguaje compartido con un oyente que está implicado y en sintonía (Erskine, Moursund y Trautmann 1999).

Por ejemplo, Kay no pudo poner en palabras con su primer terapeuta, quien se centró en metas educativas y en su carrera, su experiencia en el hospital; ni con su segundo terapeuta, cuyos métodos enfatizaban la confrontación y el comportamiento correcto. Cuando un terapeuta se centra principalmente en un cambio conductual, proveyendo explicaciones y alentando a la redecisión, o se siente obligado a seguir una perspectiva teórica, podría estar ignorando en la psicoterapia la oportunidad para que el proceso inconsciente de comunicación del cliente sea recibido, entendido y transformado en lenguaje. Nosotros percibimos la naturaleza inconsciente del desarrollo de las experiencias pre y subsimbólicas a través de una sintonía afectiva y rítmica sostenida. Mediante nuestra empatía, notamos las necesidades relacionales que no fueron correspondidas, y cómo responder terapéuticamente a dichas necesidades no correspondidas y a los estilos de compensación y de apego resultantes.

Kay necesitó un psicoterapeuta que pudiese responder emocionalmente a su miedo al abandono, a su profunda soledad y a su enfado por ser controlada. Ella necesitaba una sintonía tanto con la agonía de la niña de dos a cuatro años, como con la niña en regresión a un nivel evolutivo pre-verbal —una regresión que conllevaba un intento desesperado de autorregulación. Requirió un psicoterapeuta que se sintonizase con su silencio, con su ritmo y con su desesperación; alguien que jugase con ella y pudiera ayudarle a reflejar sus experiencias inconscientes pre-verbales, nunca verbalizadas, no reconocidas y carentes de recuerdo, en una comunicación interactiva y en lenguaje. Kay necesitó un terapeuta que supiese descodificar sus experiencias no verbales siendo, a la vez, sensible al significado subyacente en sus comentarios de distracción, en sus silencios, en sus gestos con el rostro y con las manos, y en sus necesidades evolutivas; un terapeuta quien, a través de su reciprocidad afectiva y de su inferencia terapéutica, pudiera suplir los vocablos necesarios y los conceptos que posibilitaran poner sus experiencias en palabras —y hacer así consciente la experiencia inconsciente del hospital.

Andrew requirió un terapeuta sensible a su abrumador sentido de vergüenza y a su terror al castigo, así como a sus funciones psicológicas y a las creencias de guión latentes en sus numerosas obsesiones. Necesitó también una combinación de protección terapéutica contra el castigo, y una comprensión de sus patrones pre-reflexivos inconscientes de apego previos, de su autorregulación y de sus necesidades relacionales (Moursund y Erskine 2004). La evitación de Andrew a relatar su experiencia sexual tuvo como resultado que la experiencia se volviera inconsciente. Con el empleo consistente por parte del terapeuta de la indagación fenomenológica, las memorias inconscientes de Andrew se transformaron en memoria explícita y en una narrativa simbólica. Ya no se obsesionaba para distraerse de su miedo original al castigo.

Las historias de Kay y Andrew reflejan la importancia de la sintonía y de la implicación del psicoterapeuta para descodificar los diferentes aspectos de la comunicación inconsciente pre-simbólica y subsimbólica. El objetivo de la Psicoterapia Integrativa profunda es proveer en la relación terapéutica la calidad, la comprensión y la habilidad que faciliten al cliente hacer consciente lo que era previamente inconsciente, para que finalmente pueda tener una relación íntima con otros, mantener una buena salud y poder involucrarse en las tareas de la vida cotidiana sin restricciones preconcebidas.

CAPÍTULO CINCO

Guiones de Vida y patrones de apego: integración teórica e implicación terapéutica

Los Guiones de Vida son sistemas inconscientes de organización psicológica y autorregulación desarrollados como resultado de fallos acumulativos en relaciones de dependencia importantes. Los infantes, niños, e incluso adolescentes y adultos, conforman guiones inconscientemente como estrategia creativa para afrontar las perturbaciones en las relaciones que reiteradamente no lograron satisfacer las necesidades evolutivas y las relacionales esenciales. A menudo los patrones organizadores inconscientes que componen un Guión de Vida se establecieron por primera vez en la infancia como modelos relacionales internos y sub-simbólicos basados en la calidad de la relación infante-cuidador. Estos primeros modelos se refuerzan después, y se elaboran durante varias etapas evolutivas. Y el resultado son los patrones inconscientes relacionales que conforman un Guión de Vida.

Inicialmente, Eric Berne (1961) describió el guión como un "plan de vida amplio e inconsciente" (ibíd. 123) que refleja los "dramas primordiales de la infancia" (ibíd. 116). Este plan de vida está formado por el "protocolo del guión" y los "palimpsestos", la memoria procedimental pre-verbal, sub-simbólica y pre-simbólica que configuran los patrones relacionales inconscientes, y las conclusiones experienciales implícitas que conforman el núcleo de los Guiones de Vida (Bucci 2001; Erskine

2008). El protocolo y los palimpsestos son las reacciones fisiológicas pre-verbales de supervivencia, con carga afectiva. Son las formaciones más tempranas de patrones relacionales inconscientes —los modelos de funcionamiento interno que son, por su naturaleza evolutiva, exclusivamente fisiológicos y afectivos. Berne (1972) escribió, "la primera programación del guión tiene lugar durante el periodo de lactancia, en la forma de protocolos cortos que después pueden operar en complicados dramas" (ibíd. 83).

Aunque Cornell y Landaiche (2006) han subrayado la importancia clínica del protocolo del guión y la necesidad psicoterapéutica de pensar y trabajar evolutivamente, la literatura de Análisis Transaccional no hace suficiente hincapié en el papel central de los "dramas primordiales" que componen el protocolo del guión —la falta de sintonía parental y las negligencias acumuladas en periodos de infancia sub-simbólica/ pre-verbal y en la niñez temprana aún pre-simbólica. La literatura, más bien, ha enfatizado cómo los guiones se forman a partir de los mensajes parentales, las decisiones explícitas y las historias significativas durante los años de escuela infantil y escuela primaria, a una edad en la que el niño tiene capacidad para la mentalización simbólica (Berne 1972; English 1972; Goulding y Goulding 1979; Steiner 1971; Stuntz 1972; Woolams 1973).

Este énfasis en la literatura de Análisis Transaccional acerca de la formación del guión que se da entre los cuatro años y la adolescencia, puede deberse, en parte, a la declaración de Berne (1972), publicada de manera póstuma en la que hace referencia al guión como "un plan de vida basado en decisiones adoptadas en la infancia, reforzado por los padres, justificado por los acontecimientos posteriores y que culmina con la elección de una alternativa" (ibíd. 446). En este comentario Berne insinúa que los guiones son decisiones conscientes que se producen una vez que el niño ha alcanzado la edad del desarrollo del lenguaje, cuando es posible el razonamiento simbólico, las operaciones concretas de causa y efecto, y la consciencia de opciones alternativas (Bucci 2001; Piaget 1954).

El énfasis de la literatura en Análisis Transaccional sobre la formación del guión en la infancia intermedia también puede deberse al hecho de que en esta etapa evolutiva sean posibles la memoria simbólica y la memoria explícita, y así resulten disponibles a la consciencia los recuerdos de muchas decisiones de guión, mensajes parentales y esfuerzos infantiles para adaptarse a la familia, a los iguales y a las exigencias escolares. Además, las decisiones de guión, los mensajes parentales y los patrones conductuales que son simbólicos, conscientes y están disponibles para el lenguaje, son más susceptibles de explicación cognitiva, modificación de conducta y métodos redecisionales breves de psicoterapia.

La literatura de Análisis Transaccional de ámbito clínico a menudo ha omitido enfatizar la relevancia de las reacciones fisiológicas de supervivencia sub-simbólicas y pre-verbales de la infancia y de la niñez temprana, y de las conclusiones experienciales implícitas que configuran los mapas procedimentales inconscientes o modelos de funcionamiento interno del self-en-relación (Erskine 2008). La literatura reciente sobre neurociencia y desarrollo infantil, y las investigaciones del apego temprano niño-progenitor, han resultado ser como un canto de sirena al poner de nuevo el énfasis sobre la importancia que tiene el hecho de que los psicoterapeutas focalicen la relación terapéutica en las experiencias relacionales pre-verbales de la infancia temprana del cliente (Beebe 2005; Cozolino 2006; Damasio 1999; Hesse 1999; LeDoux 1994; Schore 2002; Siegel 1999; Weinberg y Tronick 1998).

Las reacciones fisiológicas de supervivencia y las experiencias afectivas y procedimentales de los infantes y de los niños —el protocolo del Guión de Vida y los palimpsestos que componen los dramas primordiales de la infancia— conforman los modelos de autorregulación internos sub-simbólicos y de interacción relacional (Bowlby 1973). Posteriormente en la vida, esta memoria sub-simbólica inconsciente de reacciones fisiológicas, afectos y experiencias procedimentales se expresa a través de malestar fisiológico, escalada o minimización de los afectos, conocimiento implícito, y transferencias de la vida cotidiana. Estos patrones relacionales inconscientes influyen en las reacciones y en las expectativas que definen para nosotros la clase de mundo en el que vivimos, las personas que somos y la calidad de las relaciones interpersonales que estableceremos con los demás. Codificadas físicamente en el tejido corporal y en la actividad bioquímica, codificadas afectivamente como estimulación cerebral subcortical, y también cognitivamente en forma de creencias, actitudes y valores, estas respuestas constituyen un plan de acción que guía la manera de vivir nuestras vidas.

Los Guiones de Vida suponen una compleja red de vías neuronales constituida por pensamientos, afectos, reacciones fisiológicas y bioquímicas, fantasía, patrones relacionales y el importante proceso de autorregulación homeostática del organismo. Los guiones conformados por las reacciones fisiológicas de supervivencia, conclusiones experienciales implícitas, fallos relacionales, negligencia y falta de sintonía prolongadas, así como por shock crónico y trauma agudo, requieren todos ellos, una psicoterapia centrada en el desarrollo evolutivo en donde la relación terapéutica se vuelve central y evidente por medio del respeto, la fiabilidad y la confiabilidad de una persona real, cualificada y cuidadosamente implicada (Erskine 1993).

Revisión de la literatura

Fritz Perls describió las conclusiones repetitivas auto-confirmantes y los patrones como un "Guión de Vida" (Perls 1944; Perls y Baumgardner 1975) compuesto tanto por una "escena temprana" como por el "plan de vida" resultante (Perls, Hefferline y Goodman 1951, 305–306). Alfred Adler se refirió a estos patrones infantiles recurrentes como "estilo de vida" (Ansbacher y Ansbacher, 1956), mientras que Sigmund Freud (1920g) utilizó el término "compulsión de repetición" para describir un fenómeno similar. Los autores psicoanalíticos contemporáneos hacen referencia a un fenómeno análogo cuando escriben sobre la influencia determinante que tienen en la vida, los patrones relacionales inconscientes formados evolutivamente, aunque ellos no emplean el término "guión" o "Guión de Vida" (Arlow 1969; Basch 1988; Slap 1987; Stolorow y Atwood 1989).

La literatura sobre psicología general ha descrito dichos sistemas relacionales inconscientes como estructuras cognitivas que representan la organización individual del mundo en un sistema unificado de creencias, conceptos, actitudes y expectativas (Lewin 1951) que reflejan algún aspecto de los patrones relacionales inconscientes o Guiones de Vida (Andrews 1988, 1989; Beitman 1992; Kelly 1955; Thelen y Smith 1994).

La literatura de Análisis Transaccional sobre los guiones comenzó con la descripción de Berne (1961) acerca de la importancia de la experiencia primordial o protocolo del infante con los cuidadores, "la versión más temprana del guión" (Berne 1972. 447), las "experiencias dramáticas originales sobre los que se basa el guión" (ibíd. 446). Berne dedicó sólo algunas páginas a este importante tema, abriendo las puertas a que otros analistas transaccionales investigaran, pulieran y ampliaran los conceptos, y los desarrollaran con la perspicacia clínica de una psicoterapia eficaz del Guión de Vida.

Steiner (1971) ilustró un aspecto de la teoría de los guiones con su matriz de los Estados del Yo, que trazaba la influencia parental. Puso un énfasis especial en el poder coercitivo de los mensajes explícitos y ulteriores de los progenitores para conformar, de una forma perniciosa, la vida del niño. Robert y Mary Goulding (1978) describieron otro aspecto de la teoría con una lista de mandatos que componían la base para las decisiones de guión que adopta un niño. Sus modelos de decisiones de guión son ejemplos de recuerdos explícitos en donde una escena real de la infancia se recuerda conscientemente, se identifica el mandato parental correspondiente y se articula la decisión del niño para cumplir con ese mandato.

En su último escrito, Berne (1972) hizo hincapié en tres precedentes del Guión de Vida: la programación parental, la decisión del niño y la influencia de las historias. Detalló cómo los niños, especialmente en los "años mágicos" de los cuatro a los siete, utilizan los cuentos de hadas y la mitología como fuente de inspiración sobre la que plasmar su propia vida (Fraiberg 1959). Tales historias infantiles, con frecuencia, son una culminación y una elaboración de mensajes parentales, experiencias de la infancia temprana y decisiones que determinan su vida. Sirven para proporcionar una sensación sobre el sentido y la definición de sí mismo, de los otros y de la calidad de la vida. En su libro de 1972, escrito para un público general más que profesional, Berne no destacó su visión de que el origen de los Guiones de Vida se encontraba en los dramas primordiales, el protocolo y los palimpsestos de la infancia temprana; más bien aportó sólo una definición parcial de guión: "Un guión es una programa continuo, desarrollado en la infancia temprana bajo la influencia parental, que guía la conducta del individuo en los aspectos más importantes de su vida" (ibíd. 418).

Fue Cornell (1988) quien enfatizó la transcendencia del protocolo de guión en la infancia —las reacciones fisiológicas de supervivencia y el "nivel tisular" de los Guiones de Vida. El artículo de Cornell concienció a los analistas transaccionales para que pensaran de nuevo en términos evolutivos y para centrar nuestra atención terapéutica en la relevancia fundamental de las primeras relaciones en la vida.

Aunque Berne y otros autores de Análisis Transaccional describieron diferentes modos en los que puede formarse un guión, no facilitaron una definición exhaustiva. En un artículo de 1980, "La Cura del Guión: Conductual, Intrapsíquica y Fisiológica", proporcioné la primera definición operativa. Definí el guión como un plan de vida basado en decisiones adoptadas en cualquier etapa evolutiva que inhiben la espontaneidad y limitan la flexibilidad en la resolución de problemas y en la relación con las personas. Dichas decisiones de guión normalmente se adoptan cuando la persona se encuentra bajo presión y su consciencia sobre las opciones alternativas se encuentra limitada. Las decisiones de guión afloran posteriormente en la vida como creencias de guión restrictivas sobre sí mismo, sobre los demás y sobre la calidad de la vida.

Estas creencias de guión, junto con los sentimientos reprimidos cuando la persona se encuentra bajo presión, se manifiestan en conductas internas y externas y, junto con los recuerdos seleccionados, conforman un sistema cerrado de experimentar la propia vida. Este sistema cerrado es el guión (ibíd. 102). Esta definición, como las descripciones de otros autores de Análisis Transaccional, parece dar la impresión de que el guión está formado por decisiones conscientes, como si el niño tuviera los conocimientos necesarios para hacer una elección. Si el término "decisiones" hace referencia a una experiencia explícita y a una elección consciente, entonces los efectos en la formación del guión de los dramas primordiales sub-simbólicos e implícitos de la infancia, el protocolo y el palimpsesto, con base afectiva y fisiológica, no serían parte de una decisión explícita ya que se producen antes del razonamiento simbólico. Sin embargo, si utilizamos una definición más amplia de "decisiones" para incluir las reacciones sub-simbólicas, pre-lingüísticas y corporales de la infancia y de la niñez temprana que no están disponibles a la mentalización simbólica, entonces el término "decisión" puede contener estas primeras experiencias vitales autorreguladoras, implícitas y pre-simbólicas que se componen de afectos indiferenciados, reacciones fisiológicas y patrones relacionales.

Recientemente, he retocado esta definición anterior y he aportado una definición detallada de los guiones que incluye las profundas influencias de la infancia y la niñez temprana. "Los Guiones de Vida son una compleja serie de patrones relacionales inconscientes basados en reacciones fisiológicas de supervivencia, conclusiones experienciales implícitas, decisiones explícitas y/o introyecciones autorreguladoras, adoptadas bajo estrés, en cualquier etapa del desarrollo evolutivo, que inhiben la espontaneidad y limitan la flexibilidad en la resolución de problemas, el mantenimiento de la salud y en las relaciones con las personas" (Erskine 2007. 1). Las reacciones fisiológicas de supervivencia y las conclusiones experienciales implícitas que describo son los intentos sub-simbólicos y pre-simbólicos del niño para gestionar la falta de sintonía, la negligencia acumulativa, los traumas y los dramas familiares de la infancia y la niñez temprana pre-conceptuales.

Bowlby (1969, 1973, 1980) también escribió sobre los patrones relacionales inconscientes y describió el imperativo biológico de una vinculación física y afectiva prolongada en la creación de un núcleo visceral del que emergen todas las experiencias sobre uno mismo y sobre los otros. Se refirió a estos patrones como "modelos de funcionamiento interno" que se generalizan a partir de las experiencias de la infancia y de la niñez temprana. Bowlby propuso que el desarrollo saludable surgía de la reciprocidad del gozo mutuo, tanto del niño como del cuidador, de su conexión física y de su relación afectiva. Sus colaboradores de investigación (Ainsworth, Behar, Waters y Wall 1978) descubrieron que las madres de infantes seguros estaban sintonizadas con el afecto y el ritmo de sus bebés, eran sensibles a la falta de sintonía y prestas a corregir sus errores en esa sintonización. Estas cualidades de reparación, contacto interpersonal y comunicación del afecto, son de suma importancia en la formación de relaciones seguras, de una sensación de competencia y de la resiliencia en la vida futura.

Bowlby continuó con la descripción del apego inseguro como resultado psicológico de las interrupciones en la vinculación de las relaciones de dependencia. Sus ideas influyeron en varios investigadores y escritores centrados en el desarrollo evolutivo quienes identificaron además patrones específicos de apego inseguro como resultado de interrupciones repetidas en las relaciones de dependencia. Se refieren a estos patrones inseguros como estilos de apego ambivalente, evitativo, desorganizado y aislado (Ainsworth, Behar, Waters y Wall 1978; Doctors 2007; Main 1995; O'Reilly-Knapp 2001). La teoría de Bowlby permite comprender cómo las reacciones fisiológicas de supervivencia y las conclusiones experienciales implícitas de un bebé o de un niño pequeño pueden configurar modelos de funcionamiento interno, los antecedentes de un Guión de Vida inconsciente.

Cada uno de estos autores que acabo de citar sugiere un tipo de terapia que incluye una combinación de análisis, interpretación, explicación, relación interpersonal, y/o modificación de conducta. En mi opinión, para hacer una minuciosa cura del Guión de Vida, es necesario proporcionar una terapia relacional centrada en el desarrollo evolutivo que integre las dimensiones afectivas, conductuales, cognitivas y fisiológicas de la psicoterapia, mientras presta especial atención a la comunicación inconsciente del cliente acerca de sus experiencias relacionales pre-simbólicas y sub-simbólicas que se revelan a través de su estilo de autorregulación, creencias centrales, metáforas, evitaciones, historias y estilo narrativo, y transferencias con el terapeuta y también transferencias de la vida cotidiana. Es tarea del terapeuta descodificar las experiencias afectivas y fisiológicas de la infancia y la niñez temprana del cliente y facilitarle que se haga consciente de sus patrones relacionales implícitos.

Patrones de apego

La literatura sobre apego psicológico es relevante para entender los Guiones de Vida, ya que proporciona una perspectiva alternativa sobre cómo los patrones de afrontamiento en las relaciones, durante la primera infancia, pueden estar activos años después en la edad adulta (Hesse 1999). El modelo de funcionamiento interno de apego de cada persona (es decir, un patrón de guión) se revela en sus patrones característicos de conducta y transacciones con los otros, en sus creencias centrales, en sus fantasías y en la narrativa personal sobre su vida. Bowlby (1973) descubrió cómo el modelo de funcionamiento interno de un niño brinda "un sentido de lo aceptable o inaceptable que él mismo resulta a los ojos de las figuras de apego" (ibíd. 203). Estos modelos de funcionamiento interno determinan la anticipación, las respuestas emocionales y conductuales hacia otros, la naturaleza de las fantasías y la calidad de las transacciones interpersonales. Son evidencias sutiles en las conversaciones y en la narrativa, a menudo como prefijo o sufijo de una historia o como una frase parentética tal como "no me vas a creer, pero ..." o "no sirve de nada intentarlo ..." o "¿qué se puede esperar de la gente?"

Las reacciones fisiológicas de supervivencia inducidas por el miedo, la prolongada negligencia en las necesidades relacionales, el trauma acumulativo y las conclusiones inconscientes, se quedan grabadas en el tronco encefálico como memorias procedimentales del self-en-relación (Damasio 1999). Los patrones de apego —lo que Bowlby (1973) define como modelos de funcionamiento interno— aportan un reflejo del protocolo de guión, las memorias procedimentales que constituyen el núcleo del Guión de Vida: "Los modelos de funcionamiento interno organizan la cognición, los afectos y las expectativas del niño sobre las relaciones de apego" (Howell 2005. 150). Estos modelos de funcionamiento interno emergen de un conglomerado de conclusiones experienciales implícitas, reacciones afectivas y procedimientos inconscientes de relacionarse, en respuesta a las repetitivas interacciones entre niño y cuidador(es). Son una adaptación y una acomodación a los estilos relacionales significativos de los otros para asegurarse en apariencia que satisface las necesidades. Los patrones de apego se componen de formas procedimentales de memoria sub-simbólica e inconsciente basadas en las primeras reacciones fisiológicas y afectivas de autoprotección (Bowlby 1988a).

Los patrones de apego seguro proveen regulación afectiva, reducen la ansiedad y potencian los sentimientos de bienestar. Se desarrollan cuando los cuidadores están regularmente en sintonía, se encuentran disponibles y son responsivos al niño pequeño (Doctors 2007). La seguridad evoluciona por medio de la continua disponibilidad del cuidador y su capacidad de respuesta emocional, consistencia y fiabilidad, donde dichos cuidadores se perciben como "más fuertes y/o más sabios" (Bowlby 1988a. 12). Los niños y los adultos que están apegados de forma segura lidian con las alteraciones emocionales y la aflicción expresando y/o reconociendo lo que está aflorando, y después tratando de conseguir consuelo (Mikulincer, Florian y Tolmatz 1990). Los niños con apego seguro desarrollan la habilidad de auto-reflexionar, recordar su historia personal y hacer comentarios acerca de sus propios procesos de pensamiento (Main, Kaplan y Cassidy 1985). Fonagy y colegas (1996) afirman que los niños con apego seguro hacen comentarios auto-reflexivos espontáneos y disponen de narrativas complejas y coherentes. Pueden juzgar su impacto en los demás y evaluar su propio comportamiento.

En el resumen de su investigación sobre los patrones de apego, Ainsworth y sus colegas (1978) concluyeron que la seguridad del niño pequeño o la falta de ella, viene generalmente determinada por la calidad de la comunicación emocional, física y no verbal en las principales relaciones de dependencia. Tasca, Balfour, Ritchie y Bissada (2007) afirman que ambos, el patrón de apego inseguro ansioso-ambivalente y el patrón de apego evitativo, se desarrollan en respuesta a cuidadores no disponibles o insensibles del infante o del niño. Los niños que adquieren patrones de apego ansioso-ambivalente suelen tener progenitores que eran impredeciblemente responsivos, mientras que aquéllos con patrones de apego evitativo tenían padres que eran predeciblemente no responsivos (Main 1995). Otros autores señalan que el apego evitativo se origina cuando un niño (o quizás incluso un adolescente o un adulto) percibe a las principales figuras de apego como rechazadoras y punitivas (Cozolino 2006; Wallin 2007). En cada una de estas situaciones, lo que afecta a la capacidad de la persona para reflexionar sobre las experiencias de la vida y para comunicar esas experiencias emocionales dentro de una narrativa coherente, es la calidad de las relaciones de la infancia temprana.

Los individuos que están apegados de forma ansiosa-ambivalente expresan intenso afecto y malestar de un modo híper-vigilante y/o angustiado. Tienden a formar relaciones dependientes y aferradas, y a hacer desproporcionadas demandas emocionales de seguridad, reafirmación y atención afectiva (Bartholomew y Horowitz 1991) aunque también se muestran pasivos o desbordados en las relaciones íntimas. Si, en el desarrollo temprano, los otros significativos se viven como inconsistentes o impredeciblemente responsivos, esto podría derivar en un excesivo hincapié hacia una dependencia exagerada y en un apego físico. Sus relaciones pueden llegar a sobrevalorarse, y la persona podría estar sobre-adaptada a los demás como resultado de un patrón de apego ansioso-ambivalente (Main 1990). Los Guiones de Vida de dichos individuos suponen una escalada y/o una minimización inconscientes tanto de la presencia como de la expresión de necesidades relacionales y sentimientos de apego (Main 1995).

La investigación de Hesse (1999) reveló que los adultos con patrones de apego ansioso-ambivalente pueden alternar entre expresiones afectivas confusas/pasivas y narrativas temerosas/desbordadas acerca del transcurso de sus vidas. Emplean jerga psicológica y frases imprecisas o irrelevantes para describir sus experiencias vitales. Los patrones relacionales histéricos o histriónicos reflejan un estilo de apego ansioso-ambivalente (Schore 2002). En mi práctica clínica, he descubierto que los clientes con un Guión de Vida basado en los patrones de apego ansioso-ambivalente, tienen una gran capacidad de adaptación en las relaciones importantes, tales como el matrimonio o una amistad estrecha. A menudo se sienten descontentos por la falta de reconocimiento y atención emocional por parte de la otra persona, sin embargo permanecen incómodamente dependientes en la relación, siempre apegados a la falta de sintonía del otro pero incapaces de separarse. Quizás en lugar de considerar a esas personas como "ambivalentes", sería útil considerarlas desesperadas por una conexión y ansiosas ante la pérdida. Tienen un miedo implícito al abandono.

Los individuos con patrones de apego evitativo expresan su aflicción descontando o infravalorando la importancia de las relaciones, ya sea por la inhibición o exageración de la expresión emocional, o con la evitación de la intimidad (Kobak y Sceery 1988; Main 1990). Pueden desdeñar la vulnerabilidad y las expresiones tiernas de afecto, y/o mostrarse propensos al enfado. La investigación de Main (1995) muestra que las madres de infantes con un estilo de apego evitativo no se encontraban emocionalmente disponibles, tendían a retraerse cuando su hijo estaba triste y se sentían incómodas con el contacto físico. Como reacción de supervivencia adaptativa ante la predecible falta de respuesta del cuidador ante los afectos y las necesidades relacionales del infante, el niño aprendió a inhibir la comunicación de sus emociones, necesidades y experiencias internas. En consecuencia, las personas con una historia de patrones de apego evitativo generan inconscientemente un Guión de Vida en el que anticipan el rechazo. Elaboran estrategias de relación interpersonal en las que no expresan, o pueden incluso no ser conscientes de sus sentimientos ni de sus necesidades relacionadas.

La Entrevista de Apego Adulto de Hesse (1999) desvela que los patrones evitativos de apego en los adultos (y por lo tanto, un posible indicio de un Guión de Vida problemático) son evidentes en las declaraciones contradictorias de los clientes sobre sus experiencias infantiles y sobre la calidad del contacto con sus padres o en otras relaciones significativas. Emplean la negación y la desapropiación de las experiencias relacionales nocivas y carecen de recuerdos sobre interacciones relacionales dependientes. Minimizan la relevancia del castigo y del rechazo en sus vidas y se reafirman en la importancia de la autosuficiencia. Durante la edad adulta, pueden expresar este estilo de apego evitativo mostrándose dominantes o fríos en las relaciones interpersonales (Horowitz, Rosenberg y Bartholomew 1993).

Schore (2002) ha sugerido que los estilos de apego evitativo son evidentes en la calidad del contacto interpersonal realizado por personas que están sumidas en la obsesión o en el auto-ensalzamiento narcisista. Las personas que se obsesionan se encuentran profundamente solas debido a sus patrones de apego evitativo. Llenan el vacío de relación con preocupación habitual constante y fantasías repetitivas. Aquellas personas con grandiosidad o devaluación narcisista también se sienten profundamente solas como consecuencia de sus patrones de apego evitativo, pero se distraen temporalmente centrándose en sí mismas y demandando atención. En mi propia práctica psicoterapéutica, he descubierto que los clientes que actúan principalmente desde un patrón de apego evitativo se desapropian de sus afectos y suelen mostrarse desensibilizados de sus sensaciones corporales. Pueden centrarse en cómo se ve su cuerpo desde fuera, pero carecen del sentido necesario para la percepción de sensaciones internas y la comunicación fisiológica interna. La psicoterapia eficaz conlleva, por lo general, ayudarles a identificar y reconocer como propias sus sensaciones corporales y los afectos relacionados. Tienen un miedo implícito a la vulnerabilidad.

Los patrones de apego desorganizado ponen de manifiesto la profunda desorientación psicológica causada por un trauma no resuelto y la pérdida significativa de contacto relacional reparativo. En respuesta a una sensación de ruptura relacional, los niños emplearán conductas autoprotectoras de congelación, agitación, alejamiento y transposición del afecto (Fraiberg 1982). Con el uso reiterado, estas maniobras de autoprotección pueden convertirse en fijadas y formar, parcialmente, los patrones de apego específicos que contribuyen a la desorganización del sentido del self. Los patrones de apego desorganizado afloran cuando los cuidadores se viven como la única fuente de satisfacción de necesidades y, al mismo tiempo, como una fuente de peligro. Los niños con patrón de apego desorganizado perciben a sus cuidadores como previsiblemente negligentes y/o punitivos.

La desorganización infantil es el resultado no sólo de profundas perturbaciones psicológicas con los progenitores, cuyo enfado o abuso son aterradores, sino también con los progenitores que, a su vez, están asustados. También se considera que los patrones relacionales desorganizados surgen y permanecen fijados como respuesta a los abusos físicos o sexuales repetitivos o a los cuidadores que, a su vez, están disociados o padecen episodios psicóticos (Bloom 1997). Cuando los infantes o los niños pequeños se encuentran en medio de discusiones violentas continuas dentro de una familia, se vuelven emocionalmente confusos y sus lealtades se despedazan, sus afectos y apegos relacionales podrían llegar a ser desorganizados. En mi experiencia clínica he descubierto que los clientes con patrones de apego inseguro desorganizado pueden disociarse cuando se encuentran bajo estrés y pueden fragmentarse en estados de *álter ego* o fragmentarse en distintas personalidades. Cada Estado del Yo o personalidad puede expresar alguno de los otros patrones de apego inseguro, como el ambivalente, el evitativo o el aislado (Doctors 2007).

Muchos individuos *borderline*, reflejan una historia de apego desorganizado en sus narrativas emocionalmente confusas sobre sus experiencias relacionales tempranas (Schore 2002). En mi experiencia, una forma empática para entender a los clientes *borderline* es considerarles niños pequeños que sufren una confusión temprana relacional y emocional que es profundamente desorganizadora. Carecen de capacidad para encontrar una regulación consistente de los afectos, consuelo, estabilización o una mejora en las relaciones íntimas. Requieren una psicoterapia que aporte una regulación tranquilizadora de los afectos y una coherencia en la relación. Varios autores han demostrado que el apego desorganizado es un factor crucial en el desarrollo de la disociación en niños y adultos (Blizard 2003; Liotti 1999; Lyons-Ruth, Dutra, Schuder y Bianchi 2006; Muller, Sicoli y Lemieux 2000). Cuando algunos clientes con patrones de apego desorganizado no utilizan la disociación como un proceso de autorregulación, parecen desbordados por reacciones corporales dolorosas. Esto es especialmente evidente en mis clientes que han sufrido un trauma físico y sexual. Sus recuerdos emocionales se transmiten por medio del dolor, la tensión física y una intensa inquietud. Cuando estos recuerdos fisiológicos son demasiado intensos, tales clientes pueden o bien desensibilizar su cuerpo o disociarse por completo como un modo de escapar de los recuerdos emocionales y corporales. Putnam (1992) describe dicha disociación como "la huida cuando no hay escapatoria" (ibíd. 104). Los clientes con un apego desorganizado sienten un miedo fisiológicamente intenso e implícito a la vulneración.

Nuestra tarea terapéutica es aportar una calidad de implicación profesional que proporcione a este tipo de clientes una sensación de seguridad, estabilidad, y fiabilidad en la relación. Esta consistencia, con frecuencia, ayuda al cliente emocionalmente desorganizado a conocer la historia que se está transmitiendo a través del dolor, la tensión o la inquietud. Los patrones de apego desorganizado pueden cambiar como resultado de una continua relación terapéutica sintonizada e implicada de manera fiable (Cozolino 2006).

El apego aislado es consecuencia de una serie de experiencias en las que los cuidadores se viven como reiteradamente negligentes, poco fiables, y/o invasivos (O'Reilly-Knapp 2001). La natural dependencia física del niño hacia los progenitores combina una acumulación de carencias de sintonía rítmica y, alternativamente, unos cuidadores invasivos y/o negligentes. Ser vulnerable es percibido como peligroso. El niño puede entonces desarrollar patrones de relación marcados por una fachada social, retraimiento psicológico, intensa crítica interna y ausencia de expresión emocional (Erskine 2001a). Un estilo de apego aislado se refleja en la calidad del contacto interpersonal realizado por las personas que usan el retraimiento esquizoide para gestionar las relaciones. En mi práctica terapéutica he descubierto que los clientes que utilizan el retraimiento emocional para gestionar las relaciones, declaran que sus cuidadores más significativos estaban desintonizados constantemente con sus ritmos fisiológicos, malinterpretaban sus expresiones emocionales y eran controladores o invasivos con el sentido de identidad del cliente. En algunos casos, sus cuidadores se mostraban a su vez retraídos y no disponibles emocionalmente. Los clientes con un patrón de apego aislado tienen un miedo implícito a la invasión.

Consideraciones generales

Los niños pueden desarrollar más de un patrón de apego. En la relación con las madres, se pueden conformar patrones específicos de apego que son únicos y diferentes de los patrones conformados por las interacciones con los padres. Si un niño dispone de varias relaciones de dependencia alternativas (como un abuelo, tía o tío, hermano o hermana mayor, niñera ...), pueden surgir otros modelos alternativos del self-en-relación y ser transcendentales en el establecimiento y mantenimiento de las relaciones durante toda la vida. Por ejemplo, las personas pueden tener un patrón relacional con las mujeres y otro muy diferente con los hombres. O bien, una persona puede tener un patrón con aquellos que pertenecen al mismo rango de edad y un patrón notablemente diferente con alguien que es mucho más mayor. En las historias de un cliente o en sus fantasías acerca de sus miembros de la familia, amigos o compañeros de trabajo, puede estar codificado más de un patrón relacional o de apego. Estos múltiples patrones también pueden ser actuados o generados en la relación terapéutica.

A lo largo de este capítulo he utilizado el término generalizado de "patrones de apego". Tanto en mi práctica clínica como en mi enseñanza sobre psicoterapia, hago una distinción entre estilo de apego, patrones de apego y trastorno de apego. Hago referencia a estas tres categorías según el alcance, la profundidad y la calidad de los encuentros relacionales inherentes al Guión de Vida del cliente. Considero estas tres categorías como un continuo que va desde una expresión leve, a otra moderada y a una más severa de un Guión de Vida influido por la experiencia infantil temprana.

El "estilo" de apego se refiere al modo general en que un apego inseguro, generado desde la infancia temprana, puede afectar al cliente en su forma de posicionarse en el mundo. Un "estilo" no es particularmente problemático para el individuo o para otros, excepto cuando esa persona se encuentra bajo estrés extremo y puede revertir a los patrones infantiles de autorregulación. Los clientes desvelarán este nivel de su Guión de Vida en las descripciones de cómo se las arreglaron en una crisis o en una reunión familiar, a través de sueños o de un imaginado futuro, y por medio de sutiles puestas en acción transferenciales.

El "patrón" de apego se refiere a un nivel más problemático de funcionamiento en las relaciones que se reflejan día a día con los demás. El "patrón" de apego repetitivo de un individuo es, con frecuencia, más incómodo para los familiares y allegados que para la persona en sí, porque a menudo ve su propio comportamiento como algo natural y normal. A medida que aumenta su nivel de cansancio o de estrés, es posible que estos individuos reviertan a los patrones arcaicos de aferramiento, evitación, desorganización o aislamiento. Cuando el estrés interno resulta demasiado intenso, buscarán psicoterapia con la esperanza de encontrar algún alivio para los síntomas de depresión, ansiedad, conflictos y fracasos relacionales, baja autoestima y tensiones fisiológicas. Los patrones de apego se hacen pronto evidentes en la psicoterapia a través de las historias "codificadas" de los clientes, las transferencias explícitas exteriorizadas tanto en la terapia como en la vida cotidiana, y las respuestas fisiológicas y afectivas generadas en el psicoterapeuta.

Un "trastorno" de apego se refiere a la constante dependencia en modelos de funcionamiento interno de la primera infancia a la hora de relacionarse y en los métodos arcaicos de afrontamiento ante las perturbaciones relacionales. Las formas arcaicas de autorregulación y afrontamiento del individuo son dominantes en casi todas las relaciones con las demás personas y en casi todos los aspectos de su vida. Los clientes con un "trastorno" de apego a menudo escenifican dramáticamente algún elemento de su Guión de Vida en sus primeras sesiones y también en las siguientes. La evidencia de la gravedad del guión puede estar imbricada en su problema actual, plasmada en sus gestos físicos y en una fuerte reacción física y emocional generada en el psicoterapeuta.

Implicación terapéutica

Cada uno de los cuatro patrones de apego inseguro —ambivalente, evitativo, desorganizado y aislado— es el resultado de una acumulación de experiencias emocionales y de la consecuente formación de creencias de guión sobre sí mismo, los otros y la calidad de la vida, que sirven para moldear las consiguientes percepciones y afectos acerca de las relaciones. Siegel (1999) sugiere que la relación de apego de un niño con una persona distinta de sus progenitores —tales como un abuelo, una tía, un hermano mayor, un maestro o un amigo adulto— proporciona un patrón de apego alternativo a los que puedan desarrollarse con los progenitores que producen miedo, descuidan, están deprimidos, son abusivos o son invasivos. Un psicoterapeuta afectivo y rítmicamente sintonizado, proporciona al cliente esa otra persona significativa que es sensible, respetuosa, validadora, consistente y fiable. La sintonía del psicoterapeuta brinda al cliente la seguridad de las transacciones que regulan los afectos (Erskine, Moursund, y Trautmann 1999). Tal regulación de los afectos se encuentra entonces dentro de una relación cuidadosa y sensible y no en los intentos arcaicos del cliente de autorregulación a través del aferramiento y la sobre-adaptación, del distanciamiento físico y emocional, de la confusión emocional y la fragmentación, o de la fachada social y el retraimiento emocional. Los patrones de apego inseguro pueden convertirse en seguros a través de una relación terapéutica cuidadosa.

Cuando hago psicoterapia, a menudo trabajo mediante inferencia terapéutica, abordando la descodificación de la diminuta y sutil transferencia cliente/terapeuta en los afectos y actuaciones, en las interrupciones del contacto, y en las sensaciones y los movimientos corporales, así como la descodificación de las historias relatadas por los clientes que reflejan sus transferencias con otras personas. Una indagación fenomenológica e histórica delicada a menudo revela un esbozo de las experiencias relacionales tempranas del cliente. Ejemplos de tal indagación son: "¿Cómo era tu experiencia cuando tu padre o tu madre te acostaban por la noche?" "Imagínate cómo te alimentaba tu madre con la cuchara" "¿Qué calidad de cuidado y atención recibías cuando estabas enfermo o herido?" "¿Cómo te saludaban al volver del colegio?" Aunque esta indagación puede que no evoque recuerdos explícitos, casi todos los clientes tienen una reacción emocional que desvela memorias procedimentales y proporciona indicios de la calidad de sus experiencias relacionales tempranas. La respuesta a cada cuestión puede conducir a una indagación más a fondo sobre la calidad de la relación actual entre terapeuta y cliente, para después volver a una extensa indagación sobre las reacciones fisiológicas de supervivencia temprana del cliente y sobre sus formas procedimentales implícitas de relacionarse.

Los patrones relacionales inconscientes pueden ser "percibidos" por el cliente como tensiones fisiológicas, confusión de los afectos, anhelos y repulsiones. Los recuerdos inconscientes de relaciones anteriores pueden determinar la interpretación de una persona sobre los acontecimientos actuales, orientar o distraer de lo que está ocurriendo ahora, y dar forma a cualquier anticipación o inhibición de los futuros acontecimientos. La memoria procedimental sub-simbólica que conforma los patrones de apego, puede ser revelada a través de exageraciones o minimizaciones de los afectos, en las historias o metáforas, en la fantasía y los sueños, y/o en las respuestas emocionales hacia los demás. Cada uno de estos aspectos de la díada transferencia-contratransferencia es un despliegue inconsciente de dos historias vitales intersubjetivas y un abanico de posibilidades para las experiencias inconscientes tanto del cliente como del psicoterapeuta.

En un intento por comprender las dinámicas del guión que son pre-verbales, sub-simbólicas e implícitas, presto atención a las diversas formas en que los dramas de la infancia temprana o los protocolos de guión subsisten en las relaciones actuales. Cada una de las siguientes preguntas sobre la relación transferencial-contratransferencial ofrece un abanico de posibilidades para ver las interacciones familiares que pueden constituir los "dramas primordiales" y las experiencias emocionales tempranas del Guión de Vida del cliente. Hay varias formas en que el protocolo original se expresa de manera inconsciente cuando el cliente se involucra con personas íntimas, incluido el psicoterapeuta. Continuamente estoy interesado en la historia inconsciente de la infancia temprana del cliente.

1. *Actuada en la conducta del cliente:* ¿Qué dramas primordiales de la infancia temprana —tales como abandono emocional, negligencia, abuso, mofa, temor, rabia o desesperación— se están posiblemente reviviendo en el comportamiento del cliente y en las transacciones con el terapeuta y/o con otras personas?
2. *Trenzada en el afecto del cliente:* ¿Qué privación de sintonía se manifiesta en la escalada o en la minimización de las emociones del cliente?
3. *Entretejida en la fisiología del cliente:* ¿Qué está experimentando el cliente dentro de su cuerpo? ¿Qué revela el cuerpo del cliente sobre su historia relacional?

4. *Codificada en los relatos y las metáforas del cliente:* ¿Qué experiencias relacionales se están desvelando a través del contenido y el estilo en la narrativa del cliente?
5. *Visualizada en las fantasías, esperanzas y sueños del cliente:* ¿Qué necesidades evolutivas y relacionales no fueron correspondidas y puede que requieran de la sensibilidad y/o validación del terapeuta?
6. *Imbricada en las interrupciones del contacto interno y externo, del cliente:* ¿En qué etapa evolutiva sería esta interrupción en el contacto una forma "normal" de gestionar los fallos acumulativos en las relaciones de dependencia significativas?
7. *Generada en la respuesta emocional de otra persona:* ¿Qué respuestas fisiológicas y afectivas, concordantes o complementarias, se estimulan en mí o en otras personas de la vida de este cliente?

Los patrones de apego —el protocolo y el palimpsesto de un Guión de Vida— no son "conscientes", ya que no se trasladan al pensamiento, a los conceptos, al lenguaje social o al relato y, por lo tanto, permanecen como experiencias no formuladas. Es nuestra tarea como psicoterapeutas sintonizar con los afectos, ritmos, niveles de funcionamiento evolutivo y necesidades relacionales del cliente, mientras prestamos atención a su narrativa. La narrativa del cliente proporciona la base para una mayor indagación sobre sus experiencias fenomenológicas. Como psicoterapeutas, nuestra destreza y nuestra sintonía al proveer una nueva y reparadora relación a nuestros clientes es lo que permite cambiar sus patrones relacionales inseguros arcaicos e inconscientes.

En la psicoterapia de los Guiones de Vida, es importante que el psicoterapeuta entienda y aprecie que los patrones de apego, los principios de organización inconsciente y los propios Guiones de Vida constituyen intentos desesperados y creativos de autorregulación, para gestionar y ajustarse ante los fracasos ocurridos en las relaciones de dependencia significativas a lo largo de la vida. Los guiones son formas de autoprotección para compensar lo que falta/faltaba en la relación a la vez que garantizan una apariencia de relación. El proceso de formación del guión es relacionalmente interactivo y personalmente creativo —es una acomodación, una asimilación y una adaptación (Piaget 1954) a las negligencias, faltas de sintonía, exigencias relacionales o incluso a las demandas de los otros significativos. Supone una generalización, con base neurológica, de experiencias específicas cargadas de afectos y una anticipación inconsciente de que estas experiencias generalizadas se repetirán durante toda la vida (Stern 1985).

La psicoterapia del Guión de Vida hace necesaria la comprensión y el aprecio del temperamento único de cada individuo, así como de estos ajustes creativos, estilos de afrontamiento y adaptación, y también de las resultantes interrupciones del contacto interno y externo. La sensibilidad del psicoterapeuta y su conocimiento sobre las conclusiones experienciales inconscientes, las interrupciones del contacto y la singular naturaleza relacional de la implicación terapéutica, son esenciales para una psicoterapia profunda de los patrones relacionales arcaicos, las perturbaciones relacionales actuales y los sistemas fijados de organización psicológica.

CAPÍTULO SEIS

Guiones de Vida: patrones relacionales inconscientes e implicación psicoterapéutica

Los Guiones de Vida son una compleja serie de patrones relacionales inconscientes basados en reacciones fisiológicas de supervivencia, conclusiones experienciales implícitas, decisiones explícitas y/o introyecciones autorreguladoras adoptadas bajo estrés, en cualquier etapa del desarrollo evolutivo, que inhiben la espontaneidad y limitan la flexibilidad en la resolución de problemas, en el mantenimiento de la salud y en la relación con otras personas (Erskine 1980).

Los guiones son desarrollados con frecuencia por infantes, niños pequeños, adolescentes e incluso adultos, como medio para afrontar las interrupciones en las relaciones de dependencia significativas que repetidamente no lograron satisfacer las necesidades básicas cruciales en el desarrollo. Estos patrones inconscientes del guión probablemente han sido formulados, reforzados y elaborados durante una serie de etapas evolutivas, como resultado de repetidas rupturas en las relaciones con las personas significativas. Los Guiones de Vida son el resultado de fallos acumulativos en las relaciones de dependencia relevantes. Tales Guiones de Vida son sistemas inconscientes de organización psicológica y de autorregulación formados principalmente por memoria implícita (Erskine 2008; Fosshage 2005) y expresados a través de malestares fisiológicos, de escaladas o minimizaciones del afecto y de las transferencias que se producen en la vida cotidiana.

Estos patrones relacionales inconscientes, esquemas o planes de vida influyen en las reacciones y expectativas que definen para nosotros la clase de mundo en el que vivimos, la persona que somos y la calidad de las relaciones interpersonales que mantendremos con otros. Codificado fisiológicamente en los tejidos corporales y en los procesos bioquímicos, afectivamente como estimulación cerebral sub-cortical, y cognitivamente en forma de creencias, actitudes y valores, estas respuestas constituyen un proyecto que guía la forma de vivir nuestras vidas. Dichos guiones incluyen una compleja red de circuitos neuronales formada por pensamientos, afectos, reacciones bioquímicas y fisiológicas, fantasías, patrones relacionales y el importante proceso de autorregulación homeostática del organismo. Los guiones moldeados por reacciones de supervivencia fisiológica, conclusiones experienciales implícitas, fallos relacionales, negligencias y falta de sintonía prolongada, así como por una conmoción crónica y un trauma severo, requieren una psicoterapia donde la relación terapéutica sea central y se haga evidente a través del respeto, la fiabilidad y la dependencia de una persona afectuosa, involucrada, cualificada y auténtica (Erskine 1993).

Revisión de la literatura

Eric Berne, en la articulación de la teoría del Análisis Transaccional, calificó a estos patrones inconscientes, esquemas o proyectos arcaicos como "guión" (1961). Berne definió originalmente el guión como un "amplio plan de vida inconsciente" (ibíd. 23) que refleja los "dramas primordiales de la infancia", los guiones "son derivaciones o, de forma más precisa, adaptaciones de las reacciones y experiencias infantiles" (ibíd. 116). Posteriormente, se refirió al guión como un "proyecto de vida basado en las decisiones tomadas en la infancia y reforzadas por los padres, justificado por los acontecimientos posteriores y culminando en una alternativa elegida" (1972. 446).

Fritz Perls, quien co-desarrolló la terapia Gestalt, también describió tales conclusiones y patrones repetitivos auto-confirmantes (1944) y los denominó "Guión de Vida" (Perls y Baumgardner 1975) compuesto por una "escena temprana" y por un "proyecto de vida" resultante (Perls, Hefferline, y Goodman 1951. 305–306). Alfred Adler se refirió a estos patrones o esquemas como "estilo de vida" (Ansbacher y Ansbacher

1956); Sigmund Freud utiliza el término "compulsión de repetición" para describir fenómenos similares (1920g); y escritores psicoanalíticos contemporáneos se han referido a un patrón preformado evolutivamente como "fantasía inconsciente" (Arlow 1969a. 8) y como "esquemas" (Arlow 1969b. 29; Slap 1987). En la Psicología psicoanalítica del Self, el término "sistema del self" se utiliza como referencia a los patrones recurrentes de baja autoestima y a las interacciones contraproducentes (Basch 1988. 100), que son el resultado de "principios organizadores inconscientes" denominados "inconsciente pre-reflexivo" (Stolorow y Atwood 1989. 373). En la teoría de sistemas dinámicos, el término "estados de atracción preferidos" se utiliza para describir los patrones repetitivos de la organización de las experiencias afectivas y cognitivas y de la relación con los demás (Thelen y Smith 1994).

John Bowlby (1969, 1973, 1980) también escribió acerca de los patrones relacionales inconscientes, y describió el imperativo biológico del vínculo físico y afectivo prolongado en la creación de un núcleo visceral del que emergen todas las experiencias de uno mismo y de los demás. Bowlby se refirió a estos patrones como modelos de funcionamiento interno que son generalizaciones de las experiencias pasadas. La teoría de Bowlby proporciona un modelo para entender cómo las reacciones fisiológicas de supervivencia y las conclusiones implícitas experienciales de un bebé o de un niño pequeño pueden conformar un "modelo de funcionamiento interno," los antecedentes de un Guión de Vida inconsciente.

La literatura de psicología general ha descrito dichos esquemas, planes inconscientes, o Guiones de Vida como "estructuras cognitivas" que reflejan la organización del mundo de un individuo en un sistema unificado de creencias, conceptos, actitudes y expectativas (Lewin 1951). Los "constructos personales" (Kelly 1955), las "teoría de la auto-confirmación" (Andrews 1988, 1989), los "patrones relacionales interiorizados" (Beitman 1992) y el sistema de auto-refuerzo o "plan de autoprotección" se refieren tanto al "sistema de rackets" (Erskine y Zalcman 1979) y como al "Sistema de Guión" (Erskine y Moursund 1988). Cada uno de los autores citados anteriormente describe algún aspecto de los patrones relacionales inconscientes o Guiones de Vida. Cada autor sugiere una terapia consistente en una combinación de análisis, interpretación, explicación, relaciones interpersonales o cambio conductual. En mi opinión, con el fin de hacer una exhaustiva "cura del guión", es necesario proporcionar una psicoterapia relacional que integre las dimensiones afectiva, conductual, cognitiva y fisiológica para que la experiencia inconsciente pueda llegar a ser consciente (Erskine 1980).

Proceso inconsciente

El propósito de una psicoterapia profunda y responsable, es la resolución de las inhibiciones o compulsiones del guión inconsciente del cliente en su relación con las personas, en la inflexibilidad de la solución de problemas y en las deficiencias en el cuidado de la salud. Tal "cura del guión" supone una reorganización y una nueva integración interna de estructuras afectivas y cognitivas, deshacer las retroflexiones psicológicas, desactivar las introyecciones y escoger conscientemente un comportamiento que tenga sentido y que sea apropiado en las relaciones y en las tareas actuales, en vez de una conducta que esté determinada por compulsión, por miedo o por reacciones arcaicas de afrontamiento. El objetivo de una psicoterapia integrativa y profunda es proveer la calidad de una relación terapéutica, la comprensión y las habilidades que faciliten al cliente la toma de consciencia de lo que previamente fue inconsciente, para que pueda tener intimidad con los demás, mantener una buena salud y participar en las tareas de la vida diaria sin restricciones preformadas.

Lo que la mayoría de la gente considera un "recuerdo consciente" está habitualmente compuesto por memoria explícita —el tipo de memoria que es descrita como simbólica: una imagen fotográfica, una pintura impresionista o una grabación de lo que se dijo en eventos pasados. Tal memoria explícita o declarativa está en general anclada en la capacidad para usar el lenguaje social y los conceptos para describir experiencias. La experiencia "inconsciente" generalmente carece de los recuerdos explícitos de un acontecimiento porque es sub-simbólica, implícita y carece de lenguaje. La memoria sub-simbólica o implícita, que resulta conflictiva y permanece inconclusa, es potencialmente "sentida" como tensiones fisiológicas, afectos indiferenciados, deseos o repulsiones, y patrones pre-reflexivos relacionales y autorreguladores (Erskine 2008; Fosshage 2005; Kihlstrom 1984).

Bucci (2001) describe tales sensaciones psicológicas como la comunicación inconsciente del procesamiento de la información emocional. Dichos recuerdos afectivos, percibidos fisiológicamente, son modalidades de experiencia que no son ni lingüísticamente descriptivas ni verbalmente narrativas. Las experiencias fisiológicas y afectivas se pueden manifestar en el lenguaje corporal que revela la historia inconsciente de la persona.

Me parece importante pensar en términos y conceptos de desarrollo, no sólo en términos de proceso inconsciente como reflejo de un trauma o de una represión. Generalmente conceptualizo el proceso inconsciente (memoria pre-simbólica, sub-simbólica, procedimental o implícita) como un proceso compuesto por varios niveles evolutivos y experienciales: pre-verbal, nunca conceptualizado, nunca reconocido dentro de la familia, ausencia de recuerdo porque no se produjeron experiencias relacionales significativas, verbalización activamente evitada como consecuencia del castigo, la culpa o la vergüenza, patrones pre-reflexivos del self-en-relación que están conformados por estilos de apego, estrategias de autorregulación, necesidades relacionales, creencias de guión e introyecciones (Erskine 2008).

Cuando definimos el guión como una compleja serie de patrones relacionales inconscientes basados en reacciones fisiológicas de supervivencia, conclusiones experienciales implícitas y/o decisiones explícitas, y/o introyecciones autorreguladoras, adoptadas bajo estrés, estamos incluyendo patrones de guión que están formados por la memoria explícita que se imbrica en decisiones conscientes o preconscientes de una etapa previa del desarrollo. Además, también estamos describiendo el resultado estructurado de la memoria pre-simbólica e implícita así como las formas procedimentales inconscientes de relacionarse, los procesos corporales inconscientes, los aspectos inconscientes del trauma acumulativo y de la disociación, los efectos inconscientes de la falta de sintonía acumulativa y la negligencia, la introyección inconsciente y/o la organización inconsciente pre-reflexiva de estilos de apego, necesidades relacionales y autorregulación. Cada uno de estos precedentes de un Guión de Vida requiere una forma específica de terapia, para posibilitar que las experiencias inconscientes se vuelvan conscientes y para facilitar la aparición de nuevos patrones de pensamientos, sentimientos, procesos corporales, conductas y contacto interpersonal.

Mandatos y decisiones: memoria explícita

Berne (1972), English (1972), Steiner (1971), Stuntz (1972) y Woolams (1973) han descrito cada uno de ellos el guión como formado por los mandatos parentales y por la aquiescencia del niño a los mensajes parentales. Sus ideas difieren en cómo se comunican los mandatos, los períodos críticos del desarrollo evolutivo en los que un niño es más susceptible a dichos mensajes, y el perjuicio psicológico tanto de los mandatos como de la conformidad resultante. Básicamente, cada uno de estos teóricos ve el guión como una interacción entre mandatos, contramandatos, conformidad y protocolo de desarrollo temprano. En general, la terapia de estas dinámicas de guión es descrita por estos autores como aquélla que consta de explicación, ilustración, confirmación e interpretación.

Steiner (1971) destacó especialmente el poder coercitivo de los mensajes manifiestos y ulteriores de los padres para determinar perniciosamente la vida de un niño, mientras que Bob y Mary Goulding (1978) describieron una lista de esos mandatos que conforman la base de las decisiones infantiles que generan el guión. Sus ejemplos de decisiones de guión son ejemplos de memorias explícitas donde se recuerda conscientemente una escena real de la niñez, se identifica el mandato parental correspondiente y se expresa la decisión original del niño de cumplir con el mandato. Ya que estos recuerdos, y las decisiones de guión resultantes son formas explícitas de memoria, pueden ser susceptibles a una terapia de redecisión. Como resultado de esta percepción consciente de cómo el guión fue originalmente decidido, con el conocimiento de las consecuencias en el presente y, además, con el apoyo del terapeuta, resulta posible una redecisión que cambiará la vida (Erskine 1974). En el libro de Bob y Mary Goulding *Changing Lives Through Redecision Therapy* (1979) y su video *Redecision Therapy* (1987), además de en el libro de Erskine y Moursund *La Psicoterapia Integrativa en acción* (1988/2014) se encuentran varios ejemplos de cómo las redecisiones son una forma efectiva de terapia del guión cuando las dinámicas del guión y las decisiones se pueden recordar explícitamente.

Allen y Allen (1972) sugirieron que, al contrarrestar o alterar los efectos de ese recuerdo que da forma al guión, el permiso del terapeuta para vivir de modo diferente a los mandatos parentales impuestos es un elemento importante, porque los permisos proporcionan nuevas memorias explícitas de una persona involucrada que está dedicada al bienestar del cliente. En un artículo de 1980, identifiqué las dimensiones conductuales, intrapsíquicas y fisiológicas de una "cura del guión" y establecí las bases teóricas para el Sistema de Guión, originalmente referidas como Sistema de Racket (Erskine y Zalcman 1979).

El Sistema de Guión provee un modelo de cómo un Guión de Vida se forma a partir de decisiones explícitas, conclusiones experienciales implícitas y pre-simbólicas, patrones fijados de autorregulación y/o introyecciones. El Sistema de Guión, de hecho, se hace realidad en la vida actual donde se refleja a través de la conducta, la calidad de las relaciones, las fantasías, las sensaciones físicas internas y la memoria explícita seleccionada (Erskine y Moursund 1988). El Sistema de Guión describe cómo el Guión de Vida está operativo en el presente como creencias básicas sobre uno mismo, sobre los demás y sobre la calidad de la vida. El Sistema de Guión se compone de experiencia interna, percepción, imaginación y conceptualización que resultan incrementadas por las generalizaciones y las elaboraciones que construyen una "realidad" de nosotros mismos, de los demás y de la calidad de la vida. Esto nos conduce a sentirnos asustados o enfadados por lo que puede que nunca suceda; a sentirnos profundamente heridos por nuestras anticipaciones; y a sufrir innecesariamente en las relaciones actuales debido a la naturaleza auto-reforzante de las creencias de guión. El capítulo siete de este libro, titulado "el Sistema de Guión: una organización inconsciente de la experiencia", explica los componentes del Sistema de Guión, proporciona un esquema útil e ilustra, a través de un ejemplo de caso, cómo un guión inconsciente se encuentra operativo en el día a día del cliente.

Memoria implícita: falta de sintonía acumulativa y conclusiones experienciales

No todos los Guiones de Vida están basados en mandatos parentales o decisiones de guión, contrariamente a lo que se ha se enfatizado en mucha de la literatura sobre la teoría del Guión. Las conclusiones inconscientes basadas en las experiencias vividas representan una proporción importante de los Guiones de Vida. Las conclusiones experienciales implícitas están compuestas por afectos inconscientes, reacciones físicas y relacionales que carecen de conceptos, sin disponer de lenguaje ni secuencia de eventos, ni tampoco de pensamientos conscientes. Las conclusiones experienciales implícitas pueden representar experiencias pre-verbales o nunca verbalizadas de la infancia temprana que, a causa de la falta de relación, carencia de conceptos y ausencia de un lenguaje adecuado, permanecen inconscientes (Erskine 2008). Posteriormente en la vida, estas conclusiones inconscientes son sentidas y expresadas a través de una sensación de anhelo insatisfecho o de repulsión, y de afectos indiferenciados o no expresados. También pueden sentirse como confusión, vacío, sensaciones corporales incómodas y/o un conocimiento procedimental de cautela en las relaciones. Estas sensaciones fisiológicas son memorias afectivas no verbales sub-simbólicas o pre-simbólicas.

En mi experiencia clínica, muchos de los Guiones de Vida de los clientes son una expresión de las memorias procedimentales, sub-simbólicas e implícitas de respuestas afectivas y sensoriomotoras condicionadas, conductas autorreguladoras repetitivas, y perentorias reacciones inhibidoras y anticipatorias que culminan en conclusiones inconscientes. Dichas conclusiones implícitas experienciales aportan una variedad de funciones psicológicas, tales como orientación, autoprotección y categorización de las experiencias. La memoria implícita se refiere al procesamiento de estímulos subliminales, sensaciones fisiológicas y afectos, así como a la experiencia vivida que, en vez de hacerse consciente como una memoria explícita, permanece no simbolizada y, por lo tanto, inconsciente hasta que haya una persona involucrada e interesada que facilite el contacto interno, la formación de conceptos y la expresión lingüística.

Las conclusiones implícitas del guión pueden expresar inconscientemente las necesidades evolutivas que no fueron satisfechas, las interacciones relacionales cruciales que no ocurrieron nunca, o que ocurrieron muy pocas veces, y el fracaso repetitivo de la capacidad de respuesta óptima de los cuidadores primarios. Cuando los cuidadores primarios se muestran repetidamente angustiados, ansiosos o enfadados, las interacciones relacionales cruciales de la infancia y de la primera niñez podrían no haber ocurrido nunca. Ejemplos de tales interacciones cruciales progenitor–hijo son el vital contacto visual, el toque tranquilizador o el reflejo especular en la cara de los progenitores cuando el niño está alegre o angustiado (Beebe 2005; Field, Diego, Hernandez-Reif, Schanberg y Kuhn 2003; Weinberg y Tronick 1998). Tal fracaso parental repetitivo para sintonizar y responder a las necesidades evolutivas del niño pequeño constituye una negligencia psicológica. Estos fracasos no son necesariamente, ni habitualmente, el resultado de elecciones deliberadas y conscientes por parte de los cuidadores. Con frecuencia son causados por ignorancia parental, fatiga o la preocupación por otros asuntos, o puede que los padres se encuentren deprimidos y estén enredados con patrones de su propio guión que son incompatibles con la satisfacción de las necesidades del niño. El niño, sin embargo, no puede entender la preocupación del adulto, la depresión, la fatiga o las manifestaciones de guión, y puede que fantasee intencionalmente cuando nadie está presente: "Mamá no tiene tiempo para mí", "No soy lo suficientemente importante", "Papá ni siquiera me ve, debe de estar muy enfadado conmigo porque soy tan malo". Tales conclusiones experienciales implícitas, con el tiempo, forman un Guión de Vida inconsciente.

Los niños que crecen o asisten a un colegio donde hay un ambiente de negligencia psicológica, falta de sintonía afectiva prolongada o burlas reiteradas, a menudo no logran desarrollar una sensación de competencia, de autodefinición o de capacidad para lograr hacer impacto en otros. Su necesario sentido de seguridad, auto-valoración, eficacia y gestión, o autodefinición, pueden ser lenta y repetidamente minados con comentarios despectivos, burlas o declaraciones humillantes de los padres, los profesores, los hermanos o los otros niños. El resultado podría ser una permanente sensación de vergüenza y la convicción de que "algo está mal en mí" (Erskine 1994). En algunas situaciones, los niños y los adolescentes lo sobre-compensan inconscientemente siendo extremadamente competentes, exigentes en su auto-determinación o mostrándose insistentes en hacer impacto sobre los demás. Los recuerdos afectivos de esa negligencia repetitiva, de la falta de sintonía o de las críticas (aunque implícitos y/o procedimentales más que explícitos o conscientes), conforman las conclusiones sobre sí mismos y un estilo de apego que puede persistir durante varios años. El resultado de tal negligencia hace referencia a un trauma acumulativo. El trauma acumulativo es una reacción retardada a multitud de memorias implícitas y/o memorias procedimentales de importantes interrupciones relacionales y a conclusiones repetitivas no verbales sobre sí mismo, los otros y la calidad de la vida (Erskine, Moursund y Trautmann 1999; Lourie 1996).

Muchos sentimientos personalmente turbadores y muchas creencias de guión acerca de la auto-valoración, la pertenencia a un grupo o la capacidad para aprender, tienen su origen en las respuestas inconscientes físicas y afectivas a la crítica acumulativa, a la desatención y a los rechazos que pudieron haber ocurrido en el colegio o en el patio de recreo. Además de las interacciones tempranas niño-padres-hermanos, las dinámicas interpersonales entre compañeros, desde preescolar hasta la Universidad, tienen una influencia significativa en la formación de patrones procedimentales inconscientes y creencias de guión acerca de sí mismo, de otros y de la cualidad de pertenencia a un grupo. Las actitudes y conductas de los profesores pueden ser también relevantes en la configuración de la identificación inconsciente y/o de las conclusiones experienciales.

Trauma acumulativo

Berne (1961) diferenció entre "neurosis traumática", causada por un trauma específico en un momento concreto de la vida, y "psiconeurosis", que surge de una falta de apego continuado durante un largo período de tiempo. Khan (1963), que acuñó el término "trauma acumulativo" para describir el efecto inconsciente de los acontecimientos negativos o negligentes repetitivos, reconoció que el fracaso relacional es la causa principal. Escribe: "el trauma acumulativo es el resultado de las brechas en el rol de la madre como escudo protector durante todo el transcurso del desarrollo evolutivo del niño, desde la infancia a la adolescencia" (ibíd. 290).

A pesar de que puede originar la misma clase de patrones de apego típicos en los casos de trauma agudo, el trauma acumulativo se desarrolla en su inicio de una manera diferente. En lugar de tener que protegerse del dolor originado por un incidente específico, la persona debe hacer frente a una acumulación lenta pero constante de pequeñas, casi insignificantes, faltas de sintonía, heridas, negligencias o críticas. Con el tiempo, la persona llega a aceptar este patrón simplemente como parte de lo que ella/otros/ la vida tienen que ser. Igual que el lento goteo del agua cargada de calcio que se acumula con los años en una estalactita o en una estalagmita, el goteo de resultados traumáticos acumulativos da lugar a la construcción lenta de creencias de guión en las cavernas de la mente de cada uno. A menudo hay muy poco que señalar después en la vida, no hay un modo de expresar "Eso es lo que me pasó a mí, y así es cómo reaccioné". Cada negligencia y cada falta de sintonía en la primera infancia pueden no ser traumáticas en sí mismas, pero conducen a las consecuencias asumidas y acumuladas desde el guión, que son reconocidas (si finalmente el cliente se hace consciente de la pauta y entiende la influencia) sólo en retrospectiva.

Lourie (1996) define el trauma acumulativo como "la totalidad de los errores psicológicos, o carencias de apego que un niño sufre desde la infancia hasta la adolescencia y posteriormente" (ibíd. 277). Cuando los padres no establecen consistentemente un contacto pleno o no resuenan con la expresión afectiva de su hijo, fracasan al no reconocer o validar las necesidades relacionales de ese niño. Los niños cuyas expresiones afectivas y necesidades relacionales no son reconocidas y validadas, no disponen de un espejo social en el que verse a sí mismos y por lo tanto, carecen del compañero relacional necesario cuya respuesta en espejo o explicación puede proporcionar una articulación y una posible reversión de las conclusiones emergentes del guión. La falta de sintonía acumulativa con las expresiones emocionales del niño, con las necesidades evolutivas, y con los patrones relacionales emergentes y las conclusiones, interfieren en la oportunidad del niño para descubrirse y formarse a sí mismo como un individuo único con soporte emocional dentro de una matriz de relaciones sociales (Trautmann y Erskine 1999).

"Una consecuencia grave del trauma acumulativo", dice Lourie (1996), "es la pérdida de confianza y del conocimiento de sí mismo como resultado del vasto surtido de falta de sintonía parental … que el niño sobrelleva" (ibíd. 277). Estos niños pueden concluir que en esencia son inadecuados y no dignos de ser amados. Esconden esta conclusión, y la creencia derivada, de los demás —y de sí mismos— y el resultado puede ser una incapacidad para establecer una relación íntima duradera y satisfactoria. Pueden retraerse de la compañía de otros o pueden encadenarse a sí mismos a una rutina de interminables actividades sociales superficiales, pueden exigir constantemente atención y cuidado, o pueden responsabilizarse en exceso de las necesidades de los que les rodean. Como resultado, hay una pérdida tanto de contacto interno como de contacto interpersonal (Erskine y Moursund 1988; Perls, Hefferline y Goodman 1951). La persona podría perder el contacto con sus propias sensaciones, sentimientos, necesidades, pensamientos o recuerdos, así como interrumpir el contacto interpersonal con los demás.

Todas estas manifestaciones cognitivas y/o conductuales de las conclusiones experienciales que interrumpen el contacto, servirán para distraer a la persona de la memoria implícita de soledad, vacío y falta de sintonía que el niño puede haber experimentado realmente. Estas creencias basadas en el guión, fantasías y comportamientos no satisfacen las necesidades relacionales infantiles no correspondidas —y, a largo plazo, en realidad impiden la satisfacción de las necesidades— pero las interrupciones del contacto interno y externo distraen momentáneamente de la consciencia de dichas necesidades, mitigando el dolor y proporcionando un alivio temporal (Moursund y Erskine 2004).

Las interrupciones del contacto (como negación, desapropiación, desensibilización, retroflexión, introyección, desapego relacional) reducen la consciencia y la angustia de la ausencia de relación. Pueden aliviar temporalmente la ansiedad y los recuerdos de acontecimientos negligentes o traumáticos, mientras distraen de la sensación de pérdida interpersonal. Resultan "normales", ya que son reacciones adaptativas humanas frente a las necesidades biológicas y relacionales insatisfechas reiteradamente. Cuando se utilizan de forma repetitiva, o en grado extremo, las interrupciones del contacto interfieren con la integración sustancial del afecto, la fisiología y la memoria mediante la creación de una distorsión perceptiva, de la confusión emocional, de las limitaciones en el procesamiento de la información, y de la falta de consciencia de las necesidades relacionales.

Las necesidades relacionales incluyen varias dimensiones del contacto interpersonal y del apego tales como la sintonía afectiva y rítmica, la influencia mutua y la validación, y el uso compartido del lenguaje para comunicar la experiencia fenomenológica. Algunas de las múltiples dimensiones de las necesidades relacionales son: la sensación de seguridad en la relación, la validación del afecto propio y de la experiencia interna, la sensación de confianza, fiabilidad y consistencia de otra persona significativa, la experiencia compartida, la autodefinición, la capacidad de impactar en la relación, tener a otro que inicie, y la expresión de agradecimiento y gratitud (Erskine 1998a; Erskine, Moursund y Trautmann 1999; Erskine y Trautmann 1996). La experiencia de insatisfacción prolongada de estas necesidades relacionales interrumpe el contacto interno y conforma el núcleo de las conclusiones implícitas del guión.

Guión corporal

Los Guiones de Vida con frecuencia se codifican bioquímicamente dentro del tejido corporal. En casi todos los casos de elaboración del guión, ya sea formado por decisiones explícitas, conclusiones experienciales inconscientes o reacciones de supervivencia, puede haber una respuesta bioquímica y fisiológica correspondiente dentro del cuerpo. Debido a la intensa estimulación cerebral sub-cortical y a la actividad bioquímica en el momento de la conclusión o decisión de guión, la persona podría ser incapaz de expresar libremente las emociones y/o de actuar de acuerdo con sus necesidades (Damasio 1999). La amígdala y el sistema límbico del cerebro se encuentran desbordados y la expresión natural fisiológica y afectiva puede que se active hacia adentro, en forma de retroflexión fisiológica (Perls, Hefferline y Goodman 1951). Esta retroflexión fisiológica que se asocia a una falta de seguridad, a una protesta no emitida, a un miedo no expresado o a una paralización de la acción natural del cuerpo, con frecuencia se mantiene durante años como una estructura fisiológica, como un acto habitual o como una inhibición de la expresión. Cuando la falta de sintonía y la negligencia de otros significativos persisten en el tiempo, estas retroflexiones inhibidoras se convierten, de hecho, en la sensación fisiológica de la persona de "éste soy yo". El cuello rígido, el dolor muscular de los hombros, el rechinar de los dientes, el puño cerrado, son lo que el cliente siempre ha conocido. Estas manifestaciones de guiones corporales son codificadas como estructuras fisiológicas y también psicológicas.

Los Guiones de Vida que tienen su origen bien en un trauma agudo o crónico, o bien en una negligencia acumulativa, son casi siempre fisiológicos —el guión está en el cuerpo— como resultado de reacciones de supervivencia dentro del eje hipotalámico-pituitario-adrenal del cerebro y la correspondiente tensión muscular (Cozolino 2006). Estas reacciones psicológicas de supervivencia con frecuencia vuelven a surgir como respuestas automáticas y repentinas que incluyen varios órganos, grupos de músculos o incluso al cuerpo entero, por la estimulación cerebral de neurotransmisores y hormonas que afectan a cada sistema de órganos (Van der Kolk 1994). La súbita reactivación de reacciones fisiológicas de supervivencia no es consciente (hasta después de haber ocurrido) porque las redes asociativas del cerebro se han vuelto "condicionadas al miedo" y se han asociado a otras dinámicas del guión tales como las creencias centrales de guión, los patrones conductuales y un conglomerado de recuerdos emocionales (LeDoux 1994).

Cuando el estrés o la negligencia ocurren prematuramente en la vida y son prolongados o extremos, el funcionamiento del cerebro y la conducta se organizan en torno al miedo, a la rigidez y en torno a una evitación de estimulación y exploración (Cozolino 2006). Varios escritos e informes de investigación sobre desarrollo infantil temprano, apoyan la idea de que el guión está formado por reacciones de supervivencia sub-simbólicas fisiológicas y conclusiones inconscientes en respuesta a la calidad tanto de las primeras relaciones como de las relaciones actuales (Beebe 2005; Bloom 1997; Field et al. 2003; Lyons-Ruth, Zoll, Connell y Grunebaum 1986; Tronick y Gianino 1986; Weinberg y Tronick 1998). Cuanto más tempranos sean la falta de sintonía, la negligencia o el trauma físico y emocional, más probable será que el guión se encuentre en el cuerpo y que no sea accesible a través del lenguaje ni a una forma de terapia narrativa y, en muchos casos, que no esté disponible a la consciencia.

Una psicoterapia completa y efectiva, dirigida a una cura del guión, tiene que identificar y aliviar las restricciones fisiológicas, las inhibiciones y las tensiones corporales que interfieren con los afectos, con la expresión de necesidades relacionales actuales o con el mantenimiento de la buena salud. Cuando abordo una terapia de guión corporal, el objetivo del tratamiento se centra en energizar el tejido corporal que se ha tornado inhibido y rígido a causa de las necesidades relacionales y físicas del desarrollo evolutivo que han quedado insatisfechas y a la represión de los sentimientos originales. La terapia de guión corporal puede servir de entrada para hacer una terapia afectiva o cognitiva, o podría ser además un paso concluyente en el tratamiento de una restricción específica del guión. Las intervenciones a nivel de guión corporal incluyen aquellos enfoques que conducen a cambios somáticos, tales como una atenta consciencia al proceso corporal, contacto físico suave, trabajo profundo de masaje, relajación de las tensiones, dieta adecuada, y actividades deportivas y lúdicas que aumenten el flujo de energía y el movimiento del cuerpo.

La cura del guión a un nivel fisiológico consiste en liberar las tensiones, la coraza corporal y las restricciones internas que impiden a la persona vivir la vida plenamente y con facilidad dentro de su propio cuerpo. Los cambios en los Guiones de Vida son a menudo evidentes para un observador, ya que puede percibirse un aspecto más relajado, una mayor libertad de movimiento, un aumento de la energía y un nivel de peso establecido apropiado para la complexión de la persona. Después de experimentar una psicoterapia efectiva orientada a resolver las restricciones fisiológicas, las inhibiciones y la retroflexión, los clientes comentan tener una mayor sensación de vitalidad, más facilidad de movimiento y un acrecentado sentimiento de bienestar.

Una descripción de los métodos que son útiles en la cura de los aspectos fisiológicos del Guión de Vida, está fuera del ámbito de este capítulo. Sin embargo, es responsabilidad del psicoterapeuta centrarse en los procesos corporales, en las retroflexiones, en las reacciones fisiológicas de supervivencia y en las estrategias de afrontamiento de la infancia temprana (tales como la paralización, la agitación, la separación) e incluso en los minúsculos movimientos o en los silencios. Cada uno de ellos, podría ser una expresión de una respuesta fisiológica a las interrupciones relacionales que están imbricadas en un Guión de Vida.

Introyección: ¿de quién es el guión?

Una introyección es una identificación, autoprotectora e inconsciente, con aspectos de la personalidad de otros significativos que se produce en ausencia de contacto pleno, cuando las necesidades fundamentales en una relación de dependencia no se han satisfecho. La introyección proporciona una compensación psicológica para las necesidades relacionales insatisfechas y para las interrupciones en el contacto interpersonal esencial. Se evita un conflicto relacional externo, pero este conflicto es en cambio internalizado, donde aparentemente resulta más fácil de gestionar (L. Perls 1978). Por lo tanto, la introyección a menudo va acompañada por reacciones fisiológicas de supervivencia y de retroflexiones (Perls, Hefferline y Goodman 1951).

Muchos aspectos del Guión de Vida de una persona pueden ser, en realidad, el resultado de introyectar los sentimientos, las reacciones corporales, las actitudes, las creencias de guión, las conductas y los patrones relacionales de los padres, los profesores o de otras personas significativas. Podría ser indispensable, en un tratamiento exhaustivo del Guión de Vida, identificar el origen de la depresión del cliente, sus decepciones, su amargura, su resentimiento o su crítica interna. ¿Son tales actitudes, creencias, anticipaciones y conductas, el resultado de su propia experiencia vital, de sus conclusiones y de sus decisiones? ¿O son éstos los pensamientos, sentimientos, conductas y sistemas de afrontamiento asumidos que ha introyectado de un otro significativo? ¿Es el guión el resultado de una defensa auto-crítica contra la consciencia de la influencia interna de una introyección? (Erskine 1988). La explicación terapéutica y la identificación de los muchos aspectos de la introyección, y la psicoterapia necesaria, son importantes en la planificación del tratamiento y en la selección de los métodos que conducen a la cura del guión. Métodos específicos en el tratamiento de la introyección o de la auto-crítica extrema y ejemplos de casos reales, se detallan en otros textos (Erskine 2003; Erskine y Moursund 1988; Erskine, Moursund y Trautmann 1999; Erskine y Trautmann 2003; Moursund y Erskine 2004). En una psicoterapia minuciosa dirigida a la cura del guión, puede ser esencial que el terapeuta aborde los elementos internalizados de la personalidad de los otros significativos y, o bien provea una interposición terapéutica, o una completa desactivación de la introyección (Berne 1961).

Transferencias de la vida cotidiana

Aunque los Guiones de Vida pueden formarse en cualquier etapa evolutiva, en mi experiencia clínica los Guiones de Vida tenaces no son formados por decisiones explícitas aisladas sino que normalmente se generan a partir de una composición de conclusiones experienciales implícitas, reacciones de supervivencia e introyecciones. Las memorias implícitas de estas conclusiones que conforman el guión, las reacciones de supervivencia y las introyecciones, no están directamente disponibles a través de la memoria explícita del cliente ni en una narración organizada sobre sus experiencias de vida temprana. Dichas memorias tempranas y conclusiones implícitas son reveladas a través de las reacciones corporales, patrones relacionales pre-reflexivos, transferencia dentro de la relación terapéutica y, más comúnmente, en la transferencia de la vida cotidiana (Freud 1912b). El dolor y el enfado con la familia o amigos, o las temidas reacciones anticipadas de los compañeros de trabajo, el descuido por la propia salud o el bienestar en general, y la preocupación habitual, las fantasías repetidas o las obsesiones, son ejemplos de la transferencia inconsciente del recuerdo emocional temprano a la actualidad de la vida cotidiana.

Berne define los guiones como un "fenómeno de transferencia" que puede ponerse en acción durante toda la vida y que son derivados y adaptados de "experiencias y reacciones infantiles" y de "los dramas primordiales de la niñez" (1961. 116). En una psicoterapia efectiva, a menudo es necesario que el psicoterapeuta ayude al cliente a construir la narrativa de sus experiencias tempranas emocionales y relacionales con el fin de conseguir un entendimiento y una resolución de sus reacciones transferenciales. Esto se logra con frecuencia a través del método terapéutico de la implicación en donde el terapeuta co-construye con el cliente el significado de su experiencia y proporciona tanto los conceptos como la ayuda para otorgar sentido y percibir la importancia de los recuerdos afectivos y fisiológicos. La transferencia, tanto dentro de la relación terapéutica como en el transcurso de la vida diaria, es muchas veces una expresión de "la primera experiencia traumática, el protocolo" y de las "versiones posteriores o palimpsestos" acumulativas del guión (ibíd. 124), es decir, las conclusiones experienciales inconscientes.

La transferencia dentro de una relación terapéutica y, aún más común y frecuente, en las relaciones y actividades de la vida cotidiana, es una expresión de los efectos de fracasos y de interrupciones en las relaciones previas, además de una expresión de necesidades relacionales y del deseo de alcanzar la intimidad en las relaciones. Es una actuación inconsciente de experiencias pasadas cargadas de emoción y de funciones psicológicas tales como autorregulación, compensación o autoprotección (Brenner 1979; Erskine 1993; Langs 1976). La transferencia es una manifestación y una expresión de las dinámicas inconscientes de los Guiones de Vida.

Elizabeth: una búsqueda inconsciente de amor

El siguiente ejemplo del caso de Elizabeth en su búsqueda inconsciente del amor de su madre, es una ilustración de cómo su Guión de Vida es el resultado de conclusiones experienciales implícitas, de la falta de sintonía acumulativa de los padres a sus afectos y a sus necesidades relacionales, y de una decisión de guión explícita. En la psicoterapia de Elizabeth exploramos sus sensaciones corporales y sus reacciones fisiológicas de supervivencia y cómo ella podría haber introyectado la depresión de su madre cuando era una infante y una niña de edad preescolar. Mi indagación fenomenológica e histórica, mi sintonía afectiva, evolutiva y rítmica, y la inferencia terapéutica, revelaron que la pequeña Elizabeth se había visto profundamente afectada por la depresión de su madre. Una de nuestras tareas terapéuticas consistió en separar su propia depresión infantil temprana, reactiva e inconsciente, de la depresión introyectada de su madre, y proveer una terapia sensible a ambos aspectos de la depresión. Nuestra psicoterapia se centró en hacer conscientes su afecto inconsciente y su experiencia fisiológica, así como en prestar atención a sus necesidades evolutivas de tener una relación de confianza, consistente y comprometida. Reflejados en este caso hay algunos ejemplos de cómo el guión se puso de manifiesto en la vida diaria y de la necesidad de una psicoterapia integrativa relacional encaminada a lograr una cura del guión.

Elizabeth parecía una niña perdida cuando comenzó la psicoterapia. Se describía a sí misma como "vacía, perdida y confusa". En sus primeras sesiones, se planteaba si tenía una "depresión heredada", porque a menudo se sentía "muy vacía por dentro". Vestía mal, aunque tenía un trabajo bien remunerado. Su ropa nunca le sentaba bien, ni tampoco combinaba los colores o el diseño de las prendas. Su pelo a menudo parecía despeinado y necesitado de un corte. Mis impresiones iniciales sobre Elizabeth fueron las de estar ante alguien que había sido una niña no querida y desatendida.

Estaba casada y describía la relación con su marido comentando que "prácticamente nos limitamos a vivir juntos", sin mucho contacto físico. Elisabeth no veía problema en su matrimonio, ya que ella y su marido a menudo hacían cosas juntos, tales como asistir al cine, y estaba encantada porque él solía hacer la compra y preparaba la comida.

Su padre le dijo en cierta ocasión muy enfadado que su madre estaba "deprimida" y que la depresión había sido el motivo por el que ella "había abandonado" a la familia cuando Elizabeth tenía cinco años. Su padre se irritaba y se volvía crítico si Elizabeth le planteaba cualquier cuestión acerca de su madre. No había ninguna foto de ella, ni tampoco contacto alguno con la familia de la Madre. La Madre había dejado de existir. Nunca hubo ningún tipo de conversación entre Elizabeth y su padre sobre la desaparición de su madre. El padre de Elizabeth jamás reconoció la pérdida emocional de su hija por la situación de su madre y ciertamente no ofreció validación de su profundo duelo y de su necesidad de ser amada. Ella inconscientemente llegó a la conclusión, desde su infancia, de que sus sentimientos, su vacío y su anhelo significaban "soy un estorbo para la gente".

Elizabeth no era capaz de recordar conscientemente nada acerca de su madre. No podía evocar cómo era. El padre admitió que había destruido todas las fotografías, incluyendo las fotos de la boda, y las fotos donde aparecía Elizabeth con su madre cuando era un bebé y en edad preescolar. El resultado fue que Elizabeth caminaba por las calles de Nueva York buscando un rostro que pudiera ser el de su madre. Su deseo de amor era inconsciente. Sólo tenía consciencia de su vacío interior y de una "búsqueda" desesperada.

Ella no percibía sus necesidades de cuidado maternal y de amor. Cuando yo indagaba sobre cualquier necesidad relacional que Elizabeth pudiera tener, o indagaba acerca de su madre, inconscientemente se acariciaba los labios o el pelo. Yo reconocí esos gestos inconscientes como una señal de su necesidad de seguridad y de maternaje temprano a pesar de que ella no podía ni considerar, ni verbalizar ninguna de esas necesidades. Sus gestos de auto-consuelo al principio no tenían ningún significado para ella hasta que hablamos muchas, muchas veces, de esos gestos de acariciarse los labios y el pelo, y finalmente los relacionó con la necesidad de afecto maternal y de un contacto físico reconfortante. Aunque ella no tenía consciencia de esta necesidad de ser cuidada, externalizaba sus necesidades inconscientes en la transferencia a través de su indefensión y de su porte descuidado.

Elizabeth encontraba incomprensible que yo pensara en ella entre las sesiones. No tenía ninguna sensación de que pudiera hacer impacto alguno en mí. A diferencia de otros clientes, Elizabeth no me echaba de menos cuando yo viajaba. Con frecuencia decía que no sabía de qué hablar en nuestras sesiones. Esperaba que fuera crítico con ella. En las primeras sesiones, fue capaz de identificar esta expectativa sobre mi potencial criticismo y la relacionó con recuerdos específicos de las "constantes críticas de su padre hacia todos". Durante esta fase de la terapia, tomó consciencia de haber asumido, entre los diez y doce años de edad, una decisión explícita de guión de ser cautelosa con los demás porque "las personas son críticas".

Elizabeth consiguió recordar algunas historias y recuerdos concretos de interacciones con su padre, especialmente de acontecimientos especiales o de vacaciones en donde realizaron actividades juntos, como asistir a partidos de fútbol o ir a nadar. Pero Elizabeth no tenía la capacidad de conceptualizar o de hablar sobre sentirse cuidada en una relación, ni tampoco tenía consciencia de sus necesidades relacionales. Durante la psicoterapia, las memorias implícitas de Elizabeth se transformaron en historias explícitas.

Elizabeth describió cómo ponía en tensión su cuerpo en la cama en vez de acurrucarse con su marido. A través de la continua indagación fenomenológica sobre sus sensaciones, afectos e imágenes internas, finalmente dijo: "Creo que no podía acurrucarme con mi padre. Su abrazo era tenso y siempre tenía prisa o criticaba". Este comentario fue la oportunidad para que examináramos varias reacciones transferenciales en su matrimonio y también para que comprendiera la desapropiación de la rabia hacia su padre por la ausencia de amor en su familia. Ella empezó a preguntarse la causa de la supuesta depresión de su madre y la razón por la que pudo haber abandonado a la familia.

Nunca hice con Elisabeth terapia alguna con la posible introyección de las actitudes o de los sentimientos de su padre. Si hubiera tenido la oportunidad, habría investigado si también era él quien estaba deprimido, especialmente después de que su esposa le dejara cuando Elizabeth tenía cinco años. Es posible que su "constante crítica a todo el mundo", su destrucción de todas las fotografías y su no hablar jamás acerca de la madre de Elizabeth fuesen una expresión de su depresión o de su amargo resentimiento, o de ambas cosas.

En el tercer año de terapia, indagué delicada y persistentemente en la relación temprana de Elizabeth con su deprimida madre. Sentí una intensa ternura por la niña pequeña que fue una vez y pude sintonizar con sus necesidades, como bebé y como niña de preescolar que había sido desatendida y tratada con negligencia. Me doy cuenta ahora de que solía mantener una mirada atenta sobre ella, todo el tiempo, y especialmente en sus ojos, sobre todo cuando vislumbraba que ella bajaba la mirada o se sumía en su propia introspección. Noté su natural inocencia y su disposición a "complacer a toda costa". Mis sensibles observaciones y mis reflexiones sobre sus posibles necesidades infantiles fueron recibidas con confusión y/o comentarios no asociados con su vulnerabilidad, sus necesidades o la relación con su madre. Estas reacciones de yuxtaposición incluyeron una indiferencia a mi mirada afectuosa, a mis palabras de ternura o a mis descripciones de las necesidades relacionales de una niña pequeña —la yuxtaposición entre lo que había necesitado desesperadamente de sus dos progenitores, que no se encontraba disponible a la memoria. Su deflexión y comentarios distantes también expresaban la inconsciente creencia de guión "no necesito nada".

Elizabeth no disponía de memoria explícita ni de memoria implícita asociadas con su madre o con su padre, o sobre el contacto visual tan vital con ellos, ni recordaba gestos o palabras de cariño, ni tampoco ninguna atención a su pérdida, a su vulnerabilidad o a sus necesidades. Elizabeth no tenía el concepto de necesidades relacionales, sólo el anhelo, la búsqueda vana de "algo". Su modelo de funcionamiento interno, una memoria implícita —o, en este caso, su carencia de recuerdo porque los acontecimientos nunca habían ocurrido— conformó su sensación de confusión, aflicción y vacío en respuesta a cada uno de mis comprensivos comentarios. No podía ser consciente del trauma acumulativo que se había producido por lo que nunca sucedió, pero que debería haber sucedido en una relación familiar amorosa. En lugar de eso, su conclusión inconsciente forjada durante muchos años de negligencia era "no soy digna de amor".

La psicoterapia que llevé a cabo con Elizabeth se centraba con frecuencia en sus sensaciones físicas como expresión inconsciente de posibles necesidades relacionales que no fueron reconocidas y que permanecieron insatisfechas cuando ella era una niña. Tuve especial cuidado con las necesidades que expresaba inconscientemente de búsqueda de seguridad, de validación y de confianza en alguien que fuese consistente, fiable y estuviese en sintonía con sus afectos. La necesidad relacional de hacer impacto en otra persona significativa o de tener a alguien que iniciara cualquier gesto de cariño, brillaban por su ausencia en su dispersa narrativa sobre su familia. Cada una de estas necesidades se convirtió en parte integral de nuestra psicoterapia. Repetidamente identifiqué, validé y aprecié estas necesidades esenciales.

Nuestra psicoterapia incluía una cuidadosa atención terapéutica a la sensación de vergüenza de Elizabeth —una vergüenza que sentía con sus compañeros de colegio por provenir de una familia monoparental y por la desaparición de su madre. Elizabeth describió cómo a menudo había mentido a los otros niños hablándoles de un parto dramático en el que su madre habría muerto heroicamente.

Mediante una gran dosis de indagación fenomenológica y de explicaciones sobre las necesidades normales de una niña -y por inferencia, sobre sus propias necesidades- Elizabeth y yo co-creamos una historia que le empezó a otorgar sentido a sus anhelos y a su propia negligencia, a sus frecuentes gestos para calmarse, a su malestar emocional con el contacto visual y físico, y a su interminable búsqueda del amor de una madre.

Mi sintonía afectiva y evolutiva sirvió para informarnos continuamente a ambos sobre las necesidades no correspondidas de una niña pequeña. La ternura, la bondad y la delicadeza que yo me esforzaba por traer a la terapia proporcionaron una relación terapéutica involucrada —una relación que facilitó a Elizabeth valorar por primera vez en su vida su vulnerabilidad y sus necesidades. Al mismo tiempo, yo estaba facilitando que identificara y entendiera la conclusión inconsciente de guión "la vida es una búsqueda vana". Poner esta conclusión inconsciente en palabras se convirtió, durante varias sesiones, en algo importante para Elizabeth porque le otorgó sentido a sus anhelos, a su vacío y a la búsqueda de su madre. Poco a poco, se sintió lo suficientemente segura en nuestra relación terapéutica como para, finalmente, llorar por la pérdida de su madre y reconocer su rabia ante las críticas y la distancia emocional de su padre. Su apariencia mejoró gradualmente con el tiempo. Periódicamente, se vestía con algo nuevo que le sentaba bien, y parecía más atractiva. Un día, en el quinto año de terapia, me sorprendió con un nuevo estilo de corte y de color de pelo —era una forma adulta de reconfortarse a sí misma. Experimentó pidiéndole a su marido que hiciera cosas por ella y que fuera más afectivo. Como resultado, fue obteniendo una creciente intimidad con él. Ya no buscaba más a su madre por las calles de Nueva York, su búsqueda inconsciente de amor se había vuelto consciente. Elisabeth había aprendido a ser amada.

Implicación psicoterapéutica

Para los clientes que son similares a Elizabeth, la cura del guión necesita una psicoterapia relacional que aborde los afectos y la cognición, las necesidades evolutivas y las actuales, la transferencia de la vida cotidiana, el comportamiento y la fantasía, las reacciones fisiológicas y el mantenimiento de la salud, y las funciones psicológicas que perpetúan el constante refuerzo de las creencias de guión. A lo largo de la psicoterapia de Elizabeth me centré en muchos de sus intentos de evitación. Exploramos cómo cada interrupción de contacto interpersonal indicaba una interrupción significativa de contacto interno con sus sentimientos, sus sensaciones corporales, sus necesidades, sus recuerdos o sus anhelos. Mi implicación terapéutica incluyó la identificación de cuándo y cómo en algunos momentos yo tenía falta de sintonía con ella. Se sorprendía cuando yo asumía la responsabilidad de mis errores terapéuticos (Guistolise 1997). Tanto el contenido como el afecto de mi comunicación provocaban reacciones de yuxtaposición por el modo en que su padre se había relacionado con ella (Erskine 1993).

Mi impresión inicial de Elizabeth como niña abandonada y no amada, y sus descripciones de la relación con su marido, son sólo dos ejemplos de la comunicación inconsciente de un Guión de Vida reflejado a través de las transferencias de la vida cotidiana. Su marido representaba la anhelada madre buena que hacía la compra y cocinaba, sin hacer además demandas sexuales. Durante las primeras fases de la psicoterapia no parecía haber ninguna transferencia conmigo. No se molestaba cuando yo me marchaba de viaje. Sin embargo, ¡esa aparente ausencia de transferencia era la transferencia! La evitación del contacto interpersonal de Elizabeth conmigo era una repetición de cómo se había enfrentado a los sentimientos, a las necesidades relacionales y al diálogo sustancial que estaban ausentes en la relación con su padre. Elizabeth necesitaba un psicoterapeuta implicado que fuera sensible, auténtico y que estuviera plenamente presente.

En una psicoterapia relacional e integrativa es necesario que el psicoterapeuta proporcione una continua indagación sobre la experiencia fenomenológica del cliente acerca de las relaciones de dependencia en cada fase evolutiva. Esto incluye la influencia de los padres, familiares, maestros y compañeros, en la formación de sus patrones relacionales y de las creencias de guión. Esta útil indagación fenomenológica sólo puede darse en la terapia dentro de un ambiente de sintonía sostenida al ritmo, al afecto, al nivel de desarrollo evolutivo de funcionamiento, al estilo cognitivo y a las necesidades relacionales del cliente. En el caso de Elizabeth, el padre no había reconocido ni validado su dolor por la pérdida de su madre. No había entablado conversaciones, ni gestos de consuelo, por lo que Elizabeth no había podido resolver su duelo ni conservar recuerdos preciosos de su madre. Las fotos habían sido destruidas y no existía ninguna relación con la familia de la madre. Como resultado de no reconocer la relación madre-hija y el duelo que había provocado la pérdida de esa relación, Elizabeth carecía de memoria consciente sobre todo lo referente a su madre. Durante la psicoterapia, yo continuamente sacaba el tema de la ausencia de su madre y le preguntaba acerca de su duelo y de las oportunidades perdidas entre madre e hija. A menudo le explicaba lo que una chica que va creciendo necesita de una madre y entonces indagaba más acerca de sus sentimientos, sensaciones corporales, asociaciones y fantasías. Empezamos a co-crear una narración sobre la historia de su vida previamente inconsciente y no contada —una historia que se había actuado en la búsqueda del rostro de la madre.

Conclusión

En la psicoterapia del Guión de Vida, es importante que el psicoterapeuta comprenda y valore que los Guiones de Vida son un intento desesperado y creativo de autorregularse y poder gestionar y ajustarse ante los errores que habían tenido lugar en las relaciones significativas y dependientes durante toda la vida. Los guiones son una forma de autoprotección para compensar lo que se echaba de menos, y todavía puede echarse de menos en las relaciones, al tiempo que se garantiza una apariencia de relación. El proceso de formación del guión es relacionalmente interactivo y personalmente creativo —una asimilación y una acomodación (Piaget 1954) a las negligencias, las faltas de sintonía, las exigencias relacionales, o incluso a las demandas de los otros significativos (Block 1982). Se trata de una generalización de experiencias concretas y de una anticipación inconsciente de que estas experiencias generalizadas se repetirán a lo largo de la vida.

La psicoterapia del Guión de Vida requiere una comprensión y una valoración del temperamento único de cada individuo, así como de estos ajustes creativos, estilos de afrontamiento y de adaptación, y de las interrupciones internas y externas de contacto resultantes. La sensibilidad del psicoterapeuta y la comprensión de las reacciones fisiológicas de supervivencia, de las conclusiones experienciales inconscientes, de las interrupciones de contacto y de la naturaleza relacional única de la intervención terapéutica, son esenciales para una psicoterapia profunda que se centra en la resolución de los patrones relacionales arcaicos, de los trastornos relacionales actuales y de los sistemas fijados de organización psicológica.

En una terapia relacional e integrativa es necesario que el psicoterapeuta proporcione una continua indagación en la experiencia fenomenológica del cliente sobre cada una de sus relaciones evolutivas de dependencia, que incluyen la influencia de los padres, los miembros de la familia, los profesores y los compañeros, para conformar sus patrones relacionales y sus creencias de guión. Tal indagación fenomenológica, terapéuticamente útil, solo puede tener lugar en una atmósfera de sintonía sostenida del terapeuta a los afectos, ritmo, nivel de funcionamiento evolutivo, estilo cognitivo y necesidades relacionales del cliente.

Una psicoterapia relacional efectiva incluye el reconocimiento, por parte del terapeuta, de las experiencias psicológicas del cliente, así como la validación de sus afectos y de sus intentos por dar sentido a lo vivido. Incluye también la normalización de las tentativas evolutivas del cliente por adaptarse y lidiar con la familia, y con los factores de estrés de la escuela, y, además, ofrece una presencia interesada, cuidadosa y comprometida de una persona auténtica que comunica al cliente que es apreciado y valorado.

La cura del guión es la meta principal de una Psicoterapia Integrativa. La cura del guión es, asimismo, el resultado de la integración del afecto, la cognición y la fisiología, para que estos aspectos tan importantes de la vida de una persona estén disponibles a la consciencia y para que la conducta, la salud y las relaciones sean finalmente el resultado de una elección flexible en lugar de ser resultado de una compulsión o una inhibición.

Las personas que ya no están funcionando en un Guión de Vida restrictivo declaran que tienen la capacidad de expresarse con pleno contacto en una relación, internamente se encuentran estables a nivel emocional porque están liberadas de una predeterminada y restrictiva creencia del guión, y además son conscientes de sus necesidades actuales en las relaciones. Tienen una sensación de autodefinición, de capacidad para la gestión de sus acciones y de autenticidad, su conducta es tanto contextual como sensible a las necesidades relacionales de otras personas. Interpersonalmente, son detallistas, afables, curiosos, atentos y entrañables.

Los guiones formados por una composición de reacciones fisiológicas de supervivencia, conclusiones experienciales implícitas, fracasos relacionales, negligencias y falta de sintonía prolongada, requieren una psicoterapia donde la relación terapéutica sea central y evidente a través del respeto, la fiabilidad y la confianza de una persona auténtica, involucrada, cuidadosa y cualificada. Estos Guiones de Vida son el resultado de fracasos acumulativos en las relaciones significativas de dependencia y, por lo tanto, es necesaria una psicoterapia relacional involucrada para la cura del guión.

CAPÍTULO SIETE

El Sistema de Guión: una organización inconsciente de la experiencia

En sus primeros escritos sobre Guiones de Vida, Berne (1958, 1961) describe el guión como una compleja serie de transacciones que determinan la identidad y el destino del individuo. Considera el guión similar a la compulsión de repetición de Freud y más bien a su compulsión de destino (Berne 1966. 302). La mayor parte de la bibliografía de Análisis Transaccional relacionada con los guiones se ha centrado en la perspectiva histórica. Esta bibliografía aborda cómo los guiones se transmiten a través de los mensajes parentales y los mandatos, y aborda también las reacciones de un niño, tales como las conclusiones inconscientes y las decisiones explícitas. Además, algunos analistas transaccionales contemporáneos han examinado varios procesos, entre ellos el apego temprano niño-progenitor, la adquisición del idioma común y la expresión de la narrativa, como ejes centrales en la formación de guiones. Cada una de estas perspectivas históricas ha provisto al profesional de teorías y conceptos que guían una gran variedad de intervenciones clínicas.

El Sistema de Guión

El Sistema de Guión fue diseñado para proporcionar un modo de analizar cómo el guión permanece activo en la vida actual. En vez de adoptar una perspectiva histórica, el Sistema de Guión identifica la forma en la que las decisiones, las conclusiones, las reacciones y/o las introyecciones se mantienen inconscientemente operativas en la vida presente mediante creencias nucleares, conductas manifiestas, fantasías y obsesiones, sensaciones físicas internas y recuerdos reforzantes. Las dinámicas intrapsíquicas del Sistema de Guión sirven para mantener fuera de la consciencia las necesidades y los sentimientos originales que estuvieron presentes en el momento de la formación del guión, mientras se mantiene al mismo tiempo una apariencia de apego con los demás. El Sistema de Guión clasifica la experiencia humana en cuatro componentes primarios: las creencias de guión, las manifestaciones conductuales, fisiológicas y de las fantasías, las experiencias reforzantes, y el proceso intrapsíquico de las necesidades y los sentimientos reprimidos (Erskine 1982; Erskine y Moursund 1988; Erskine y Zalcman 1979; Moursund y Erskine 2004).

Las creencias de guión son la recopilación de las reacciones de supervivencia, las conclusiones experienciales implícitas, las decisiones explícitas, los procesos de autoprotección, las fantasías autorreguladoras, las estrategias de afrontamiento relacionales y los refuerzos que han ocurrido en el proceso de relacionarse con los demás durante el transcurso de la propia vida. Las creencias de guión son, con frecuencia, una expresión condensada de una historia vital no expresada. Representan en una frase un elaborado relato a menudo no expresado. Las creencias de guión, en general no conscientes, son la comprensión y la interpretación particular que la persona concibió sobre el valor de sí misma, sus relaciones significativas y los acontecimientos de su vida. Las creencias de guión, en sí, no son patológicas, más bien representan un desesperado y creativo proceso de otorgar sentido. Funcionan para proporcionar una sensación de autorregulación, compensación, orientación, autoprotección, y una predicción que garantiza las futuras interacciones relacionales. También autodefinen la propia integridad. En esencia, las creencias de guión brindan una organización inconsciente de la experiencia.

Estas creencias pueden describirse en tres categorías: creencias sobre sí mismo, creencias sobre los otros y creencias sobre la calidad de la vida. Una vez formuladas y adoptadas, las creencias de guión influyen en la selección de estímulos (internos y externos) a los que prestamos atención, en cómo los interpretamos y si reaccionaremos o no a ellos. Se convierten en profecías autocumplidas con las que se demuestra inevitablemente que las expectativas de la persona son ciertas, ya que crean una secuencia de "experiencias relacionales repetitivas" (Fosshage 1992. 34).

El Sistema de Guion se mantiene inconscientemente con el fin de: (a) evitar re-experimentar necesidades no satisfechas y los sentimientos correspondientes reprimidos en el momento de la formación del guion, (b) generalizar la experiencia inconsciente de sí mismo en la relación con los otros, (c) crear una fórmula de autorregulación homeostática, y (d) proporcionar un modelo predictivo de vida y de las relaciones interpersonales (Erskine y Moursund 1988; Moursund y Erskine 2004). Supresión, generalización, autorregulación y predicción son procesos psicológicos importantes en los que confiamos especialmente cuando hay incertidumbre, crisis o trauma. Aunque un Guion de Vida previamente creado es a menudo personal y relacionalmente destructivo, proporciona equilibrio psicológico y homeostasis, mantiene la continuidad con el pasado mientras también proporciona la falsa ilusión de predictibilidad (Bary y Hufford 1990; Berne 1964; Perls 1944). Cualquier alteración de la autorregulación, las interrupciones en la continuidad o el cambio del modelo predictivo en el Sistema de Guion produce ansiedad. Para evitar ese malestar, las personas organizan sus percepciones actuales y sus experiencias para mantener el Guion de Vida y justificar su comportamiento (Erskine 1981; Erskine y Trautmann 1993).

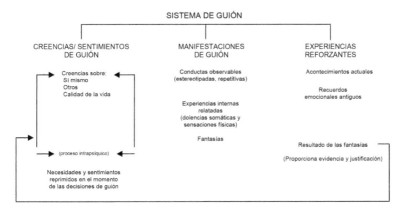

Figura 1. Sistema de Guion.

En el siguiente ejemplo de caso, la historia de la vida de John ilustra cómo su Sistema de Guión era una repetición de su pasado y también nos muestra cómo su guión determinó su identidad y sus relaciones con las personas. Además, su historia dilucida cómo la calidad del contacto interpersonal en la relación terapéutica facilitó que el cliente pudiera darse cuenta de sus creencias de guión y realizar así cambios significativos en su vida. Con el desarrollo de este relato sobre John, se pueden encontrar las diferentes formas en las que sus cinco creencias centrales de guión son representadas en sus conductas, fantasías, tensión corporal, transferencia y recuerdos reforzantes. Cada una de estas expresiones de un Guión de Vida se evidencian con frecuencia en la relación terapéutica, bien sea mediante la observación o a través de la transferencia, mucho antes de que las palabras concretas de las creencias de guión sean puestas en un lenguaje social.

Las creencias de guión son con frecuencia expresadas por medio de prefijos inconscientes que el cliente utiliza, frases explicativas o afirmaciones contundentes acerca de una historia actual o antigua. Las creencias de guión inconscientes a menudo son observables en varias de estas manifestaciones, por ejemplo en la postura corporal y el movimiento, citas olvidadas, objetos extraviados, daños físicos repetidos o errores de razonamiento. Es una tarea esencial del psicoterapeuta descodificar las expresiones conductuales, imaginativas, transferenciales y fisiológicas de un Guión de Vida. La descodificación se logra por medio de la indagación fenomenológica e histórica, por la inferencia terapéutica dentro de una perspectiva evolutiva y con el diálogo relacional (Erskine, Moursund y Trautmann 1999). Cuando el relato de la vida del cliente se revela en la relación terapéutica, las creencias de guión se manifiestan, a menudo fuera de la consciencia, como una manera de contar la versión condensada de una historia emocionalmente significativa y llena de relaciones personales.

La soledad de John

Cuando John vino por primera vez a terapia, desconocía por completo lo determinante que había sido su Sistema de Guión en el transcurso de su vida. No era especialmente consciente de sus creencias centrales, de sus comportamientos y reacciones fisiológicas, ni de sus sentimientos y necesidades. Sólo disponía de un conocimiento general acerca de sus experiencias infantiles. Se acordaba de la casa en la que había vivido y de los bosques donde pasaba mucho tiempo jugando con su perro. Su padre había sido guarda en una gran finca y los escasos momentos con otros niños os había compartido en la escuela. Recordaba pasarse horas caminando por los bosques. El único sentimiento que lograba identificar era el de pasar solo mucho tiempo. Decía esto como una declaración de hechos sin aparente presencia de afectos. John no podía recordar interacciones familiares sensibles, como gestos de cariño, palabras de ánimo o conversaciones sobre sus emociones.

John había visitado a su médico de cabecera, quien le había derivado a psicoterapia. Los ojos de John se dirigían al suelo o a la pared mientras describía las dos pérdidas principales sufridas durante el pasado año —el divorcio de su esposa y la muerte de su padre. Comentó que se mantenía ocupado en el trabajo "para no despertar mi imaginación, ni malos pensamientos o sentimientos". Me dijo: "Esto es lo que siempre he hecho durante toda mi vida, me permitía seguir adelante". Cuando le pregunté su motivo para venir a verme, dijo que era porque su médico pensaba que podría servirle de ayuda hablar con alguien sobre sus pérdidas. Pregunté también a John cómo entendía que funcionaba la psicoterapia y contestó: "tengo que desarrollar algo de fuerza que me sirva". Continuó describiendo el lema de su padre "Mantente impasible y simplemente ¡hazlo!". En varias sesiones se hizo evidente que John, en el proceso de su crecimiento, había tomado la decisión de hacer todo aquello que necesitara ser hecho, había asumido la determinación de ser fuerte y seguir el consejo de su padre.

En la primera entrevista, formulé varias preguntas sobre la historia de John y sus relaciones familiares. Sus respuestas eran simples y directas en cuanto a sus años adolescentes pero eran vagas o inexistentes cuando preguntaba sobre su etapa escolar y preescolar. Aunque sus respuestas en la entrevista inicial no aparentaran ser desorganizadas ni contradictorias, parecía existir una carencia significativa en su capacidad para dar forma a un relato consistente acerca de sus experiencias de vida temprana y sus primeras relaciones. Me pregunté por la calidad de sus relaciones interpersonales con cada uno de sus progenitores. Terminé nuestra sesión inicial planteándome qué imágenes internas podría tener John de otras personas importantes (incluyendo miembros de su familia extensa y profesores) y qué influencia interna tendrían todavía en su vida aquellas personas significativas.

En nuestra segunda sesión, pedí a John que describiese cómo concebía la relación terapéutica conmigo. Habló de su desconfianza respecto a los terapeutas en general y de sus dudas de que algún profesional pudiera ayudarle. Indagué en cómo se sentía cuando hablaba conmigo. Dijo que pensaba que "podría llegar a ser capaz de confiar" en mí, pero que probablemente yo no pudiera "ser de ayuda" para algunas cosas que ya habían pasado. Su cuerpo parecía muy tenso y me miraba periódicamente para después, de forma rápida, apartar la mirada. Le dije que entendía su reticencia a confiar en mí y le aseguré que, si él me lo permitía, yo probablemente podría ayudarle a resolver las pérdidas emocionales de su esposa y de su padre.

Le expliqué a John que, conforme me contara más sobre sí mismo, la relevancia de sus pérdidas llegaría a ser más clara para ambos. En mi mente se suscitaron varias preguntas sobre pérdidas infantiles previas que pudieron haber ocurrido y que todavía no estaban disponibles a la consciencia, ya fuera por ser tan tempranas o porque nunca pudieron ser habladas con alguien interesado e involucrado. Más adelante, en el progreso de nuestra psicoterapia, indagué exhaustivamente en su infancia temprana y en la calidad de sus relaciones significativas.

En nuestras primeras sesiones me di cuenta de la profunda soledad de John que se retrataba en las descripciones de su infancia, en su pugna por estar conmigo y en la información fragmentada que me daba de su vida familiar durante sus años escolares y preescolares. La falta de narrativa sobre su vida familiar me dejó una sensación de vacío y me pregunté sobre la negligencia emocional que pudiera haber existido en su familia. Mi contratransferencia ya estaba formándose y aportando información. Durante las siguientes sesiones establecimos nuestra relación psicoterapéutica. Me concentré en las cualidades que yo podría aportar a nuestro trabajo terapéutico: respeto incondicional por John, mi compromiso por mantener una relación de calidad entre él y yo, presencia cuando le ayudaba a regular sus afectos y mi interés por el desarrollo del relato de John sobre su vida.

En sesiones posteriores continuó hablando acerca de lo difícil que le resultaba entender que alguien pudiera estar interesado en escucharle. No tenía un marco de referencia que incluyese a alguien que estuviera ahí para él, y desde luego no a alguien interesado e implicado en su bienestar. Cuando le animé a expresar con palabras sus experiencias con las personas dijo: "las personas sólo están interesadas en sí mismas". A menudo cuando me sentaba y escuchaba atentamente, él decía que no podía entender cómo yo podía escuchar su "retórica". Yo respondía diciéndole que quería escuchar todo lo que me contaba, sus emociones e incluso sus silencios. Quería oír sus experiencias. Deseaba estar allí con él y para él.

En la sesión siguiente animé a John a contarme más sobre el significado de su término "retórica". Mi indagación fenomenológica e histórica le llevó a un recuerdo de estar en la mesa del comedor con sus padres. John recordó que había empezado a hablarles de que iba a pronunciar un discurso en su clase de tercer curso ese día. Su padre respondió "eso es sólo un montón de retórica" y su madre permaneció en silencio. Se sintió desolado por el comentario de su padre así como por la no implicación de su madre. John, al igual que su madre, se quedó callado, nunca había hablado con alguien sobre este recuerdo. Cuando respondí compasivamente, John, de forma espontánea, recordó otro momento: cuando iban en el coche a la casa de sus abuelos, había comenzado a contar a sus padres que tenía un nuevo amigo que había conocido ese día en el colegio. La respuesta inmediata de su padre fue que "los amigos no se quedan, así que no te entusiasmes tanto". En ambos casos, sus experiencias de entusiasmo y de alegría habían sido descontadas.

Al terminar estas dos historias, le pregunté qué sentía. Me contestó lo que más tarde descubrí que era su respuesta típica: un "BIEN". Dijo que los comentarios de su padre no le habían molestado. Yo le comenté que me sentía triste al pensar en un niño pequeño que tuvo que compensarse respondiendo que estaba "BIEN" cuando no lo estaba. Reiteré que él se había entusiasmado con su exposición y por hacer un nuevo amigo. Expresé que yo estaba emocionado por él y por el niño pequeño que había sido. Después de unos minutos de silencio, John respondió con el anhelo de que su madre pudiera haberle dicho esas palabras. Dijo "nadie está ahí nunca para mí". De nuevo comenté que yo estaba contento por él como el niño pequeño que se entusiasmaba con su discurso y que se entusiasmaba al encontrar un nuevo amigo. También le dije que me sentía bastante triste al oír que nadie se había emocionado con él. Al hacerlo, identifiqué la tristeza de la que John no podía hablar. Juntos reconocimos su sensación de que en estos dos casos no había habido nadie emocionalmente presente para él y de que se había sentido profundamente triste.

En la última mitad de la sesión facilité una fantasía dirigida en la que se imaginara dando su discurso delante de su grupo de tercero. Describió que mostraba el dibujo de un oso a su clase. De nuevo se entusiasmó fantaseando que hablaba a sus compañeros sobre el modo en que los osos hibernan durante el invierno. Este niño de ocho años tenía información interesante sobre los hábitos de los osos y quería compartirla con la clase. También imaginé que yo estaba en su clase escuchando con interés su presentación, como un padre orgulloso o un buen profesor podría hacer.

Cuando terminó, expresé mi emoción por su entusiástica presentación. Aunque no pude satisfacer sus necesidades arcaicas de autodefinición, de hacer impacto en otros y/o de ser reconocido por sus logros, validé éstas como necesidades relacionales importantes para el niño de ocho años, además de las necesidades actuales de un hombre maduro. Me miró y sonrió. Su postura corporal se relajó mientras suspiraba.

La indagación fenomenológica, la sintonía evolutiva y mi implicación emocional estaban facilitando una conexión profunda y le proporcionaban una oportunidad para hablar de sus recuerdos, sentimientos y sensaciones físicas. Estaba comprendiendo el sentido que tenían estos recuerdos para John y cómo inconscientemente organizaba sus experiencias vitales.

Durante las siguientes sesiones se hizo evidente que las experiencias infantiles de John se organizaban en torno a sus creencias sobre sí mismo: "Nadie está ahí nunca para mí", "Tengo que hacerlo todo yo" y "Mis sentimientos no importan". Su lema, que manifestaba en sus actividades cotidianas, era "Trabaja mucho y no te quejes". Me di cuenta que este lema era una derivación del de su padre "Mantente impasible y simplemente hazlo". Juntos seguimos identificando lo activas que estaban estas tres creencias centrales a la hora de determinar su comportamiento, tanto cuando estaba solo como cuando estaba con otras personas. En cualquier situación se convencía de que tenía que hacer las cosas por sí mismo porque nadie estaría allí para ayudarle, "la gente sólo está interesada en ella misma". Su orientación del self-en-relación-con-otros, que se había originado en las relaciones con sus padres, se repetía con todas las personas en su vida adulta.

Yo indagaba continuamente sobre su vida. Sin emoción, John hablaba de cómo su padre nunca había mostrado ningún interés en jugar o en conversar con él. John no tenía hermanos y los únicos niños con los que había pasado algún tiempo eran sus compañeros del colegio. Pasaba mucho tiempo en los columpios o con su perro. Relató que pasaba horas solo en los bosques de la finca. Cuando le pregunté sobre cada una de estas experiencias no pudo identificar ningún sentimiento. Su afecto era, en el mejor de los casos, plano y a menudo inexistente. A medida que avanzaba la terapia, comenzó a hablar con más frecuencia de sus recuerdos.

A través de mi indagación fenomenológica, fue capaz de descubrir sus sentimientos de tristeza y soledad. Varias veces se sorprendió por la magnitud de sus sentimientos y de que me estuviera hablando sobre cómo manejaba su soledad. De pequeño nunca había pensado en acudir a sus padres, estaba seguro de que ellos no estarían ni emocionalmente presentes, ni interesados en él. Nunca se enfadó ni se quejó. De forma reiterada había experimentado que protestar o quejarse "sólo empeoraba las cosas". No tenía ningún recuerdo de su madre quejándose alguna vez por la crítica constante de su padre hacia todo el mundo o por su falta de interés, tanto hacia ella como hacia John. "Ella parecía triste la mayor parte del tiempo" pero ni ella ni su padre hablaban de lo que ella sentía. En muchas ocasiones vio a su padre "cerrarse cuando comenzaba a emerger algún sentimiento", "nunca se habló de sentimientos". Aprendió pronto que cualquier tristeza que expresara sería identificada por su madre como cansancio. La rabia no debía expresarse. ¡La soledad era su secreto!

John recordó que incluso con su ex-esposa nunca había hablado de su soledad. Varias veces indagué sobre su experiencia en el matrimonio. Describió cómo su esposa sólo estaba "interesada en ella misma" y remarcó su creencia "mis sentimientos no importan". Más tarde conectó estas dos creencias de guión con su madre cuando le decía de pequeño que él era "una carga". Ella nunca le había explicado en qué sentido era una carga, esto quedaba abierto su imaginación. Imaginaba que él había sido demasiado activo y demasiado emocional para ella. Se dio cuenta de que siempre había esperado que su esposa le dijera también que era demasiado emocional para ella, así que no le había comentado nada sobre sus sentimientos.

Mientras continuaba el proceso terapéutico de John, me esforcé por establecer una relación sintonizada e involucrada que le proporcionase seguridad para recordar los numerosos recuerdos infantiles sobre los que nunca había hablado, que le invitase a sentir sus tensiones físicas y las experiencias asociadas, que le ayudara a identificar las necesidades relacionales y que facilitara la expresión de una gama completa de sentimientos. Me convertí en "uno que está ahí" para contrarrestar su creencia, "nadie está nunca ahí para mí". Para facilitar que John se hiciera consciente de sus experiencias infantiles, nos implicamos en un diálogo que brindaba validación a sus sentimientos, reacciones y mecanismos de afrontamiento que había empleado siendo pequeño. Como niño de edad preescolar y escolar no había tenido ni los conceptos, ni las habilidades de lenguaje necesarias, ni el estímulo parental para hablar de sus sentimientos. Su madre y su padre no habían entablado diálogos donde pudiera expresarse. Al no existir ningún lenguaje relacional en la familia, sus experiencias emocionales nunca habían sido reconocidas, habían permanecido inconscientes.

Antes de la psicoterapia, las memorias explícitas de John eran escasas. Sus sentimientos, fantasías, sensaciones corporales y experiencias significativas no eran parte de ninguna conversación. En nuestra psicoterapia, yo constantemente indagaba sobre las sensaciones corporales de John y sobre la magnitud de sus creencias sobre sí mismo, los otros y la calidad de su vida. Escuchaba los matices de su tristeza y le reconfortaba con compasión y validación. Le animé a respirar profundamente y a dejar salir los sonidos y las lágrimas de su tristeza. Repetidamente se lamentaba de que "la vida es solitaria". Cuando se enfadaba yo mantenía un espacio para que hablara de su rabia y prestase atención seriamente a cómo lo experimentaba en su cuerpo y a cómo también intentaba "cerrarse" igual que su padre.

John contaba con mi atención constante mientras se esforzaba por articular la narrativa de su vida, era validado y aceptado por mí. A menudo nos centrábamos en cómo John empleó sus creencias de guión a modo de esquema organizativo para dotar de sentido y también para reafirmar su identidad infantil. Identificamos sus conductas repetitivas, exploramos sus fantasías y clarificamos la función de sus diferentes experiencias reforzantes del guión. Como resultado, John era cada vez más capaz de admitir sus sentimientos, identificar sus necesidades relacionales y expresar su propia singularidad.

John pasaba muchas horas sin compañía de pequeño, se imaginaba a sí mismo haciendo todas las cosas completamente solo, pero cosechando el reconocimiento de los demás por sus logros. En sus juegos con soldados de juguete, fantaseaba que volvía de la guerra como un héroe, enormemente admirado y aclamado por todos. Como adulto, siempre que hacía algo esperaba las aclamaciones que nunca llegaban. Un sueño frecuente y repetido incluía escenas de John caminando con su padre a un lado y su madre al otro. Todos llevan las manos cogidas y escuchan a John mientras pasean juntos por el bosque. El sueño terminaba bruscamente y él se veía inundado de tristeza. Cada una de estas fantasías fallidas y sueños interrumpidos reforzaban sus creencias de guión y la sensación infantil de estar completamente solo.

Cuando hablamos de su soledad y de la falta de contacto emocional de su madre con él, John recordó a Ted, un hombre que trabajaba con su padre. Ted tenía ojos amables y estaba interesado en lo que John hacía. Cuando dejaba de trabajar, hablaba con John. A veces Ted compartía su almuerzo con él y le entretenía con historias de su experiencia en el ejército durante la guerra. Entonces, un día, John se enteró de que Ted había resultado gravemente herido en el trabajo y no iba a volver a su empleo. Nunca volvió a verlo. En respuesta a John sobre la ausencia de Ted, su padre le contestó con rudeza que era perezoso y que merecía hacerse daño. John lloraba cuándo describía cómo Ted le escuchaba. Continuó llorando mientras hablaba de la pistola de madera que Ted había tallado para él.

En la siguiente sesión exploramos cómo su más temprana conclusión de guión, formulada como reacción al comportamiento de sus padres y a la carencia de emociones, se había reforzado con la desaparición de su amigo Ted. Esa temprana conclusión infantil, "Nadie está NUNCA ahí para mí", cimentó de forma impresionante su Guión de Vida como resultado de esta experiencia reforzante. Cuestioné el "Nadie estará NUNCA ahí para mí" con la pregunta "¿nunca?". Entonces le hice cerrar los ojos, mirar la imagen de Ted y hablarle de lo significativo que había sido en su vida. Después de esta experiencia llena de emoción, John fue capaz de conservar un recuerdo de su conexión con Ted. Más tarde se refirió a su relación con Ted señalando que "al menos alguien estuvo una vez ahí para mí". El Guión de Vida de John estaba cambiando.

Un día llegó a la sesión y dijo que tenía un nuevo sueño: se encontraba en un bosque cerca de mi oficina y esta vez estaba con alguien. Hablaban y se reían juntos. No sabía quién estaba en el sueño, sin embargo, sabía que le gustaba. Le pregunté qué significaba el sueño para él y contestó: "tal vez sea eso lo que se encuentra en el futuro para mí". Sonrió ligeramente y luego dio un gran suspiro relajante. Pregunté "¿qué experimentas cuando suspiras así?". "Lo he pasado muy mal", contestó John, "pero ahora ya no me siento ni tan loco ni tan solo. Mi cuerpo no está tan tenso como solía estarlo". A continuación empezó a hablar de su padre y de su deseo de que estuviese todavía vivo para que él pudiera "tener ahora una verdadera relación".

A medida que la terapia de John continuaba, desarrolló un nuevo sentido de sí mismo. Después de dos años, fue capaz de articular la narrativa de su Guión de Vida. Sus creencias de guión ya no se encontraban activas, había cambiado muchas de sus conductas y expresaba sus sentimientos. Entendía y valoraba las funciones autoprotectoras de afrontamiento de sus creencias de guión que una vez le habían servido. John adoptó la calidad de nuestra relación interpersonal terapéutica como modelo para dar forma a sus relaciones sociales y profesionales significativas. Comenzó a reunirse con regularidad con su madre y su nueva relación se volvió cada vez más satisfactoria. Ya no se sentía impulsado a permanecer ocupado todo el tiempo para evitar sus sentimientos. Después de unas vacaciones, relató que había disfrutado completamente de relajarse y no hacer nada. Dijo: "ya no me siento solo".

La teoría en la práctica

Cuando se está bajo estrés, o cuando las necesidades relacionales actuales no son respondidas o satisfechas en la vida adulta, se produce a menudo una estimulación de la memoria explícita y/o implícita, de las reacciones fisiológicas o de las decisiones explícitas. Es probable que entonces una persona quede inmersa en conductas compensatorias y/o fantasías que, a su vez, distraerán de la experiencia interna, cargada de emociones, confirmando las creencias de guión. Estas conductas compensatorias y fantasías se conocen como *manifestaciones de guión*. Estas manifestaciones de guión incluyen cualquier comportamiento observable, como la elección de las palabras, las estructuras de las oraciones, el tono de la voz, las demostraciones de emoción y/o los gestos y los movimientos corporales, que son las manifestaciones directas de las creencias de guión y de las necesidades y los sentimientos reprimidos (lo cual constituye un proceso intrapsíquico).

Las personas, por lo general, actúan de una forma que está definida por sus creencias de guión; al igual que John, que nunca pedía ayuda a los amigos ni siquiera en situaciones donde era necesaria, con la creencia de "tengo que hacerlo todo yo". La consecuencia es que sus amigos no sabían lo que él necesitaba, ni ofrecían su ayuda. La ausencia, una vez más, de sus amigos ofreciendo o prestando ayuda reforzaba las creencias de guión "tengo que hacerlo todo yo" y "la gente sólo está interesada en sí misma".

Las creencias de guión pueden también manifestarse a través de la carencia de comportamientos apropiados a la situación, tales como la falta de contacto visual o de la expresión socialmente típica de las emociones en las comunicaciones interpersonales íntimas. La falta de contacto visual de John en las primeras sesiones y la ausencia de expresiones emocionales naturales son dos ejemplos de cómo una creencia de guión interna se manifiesta externamente. Las dos conductas emanan de las creencias de guión "Nadie está nunca ahí para mí" y "Mis sentimientos no importan". Cada uno de estos comportamientos también sirve para reforzar las creencias de guión, ya que interrumpieron el contacto interpersonal que era tan importante.

La figura 2 es un diagrama de la dinámica intrapsíquica y conductual del Sistema de Guión de John:

Como parte de la manifestación de guión, los individuos pueden tener reacciones fisiológicas además de, o en lugar de, conductas

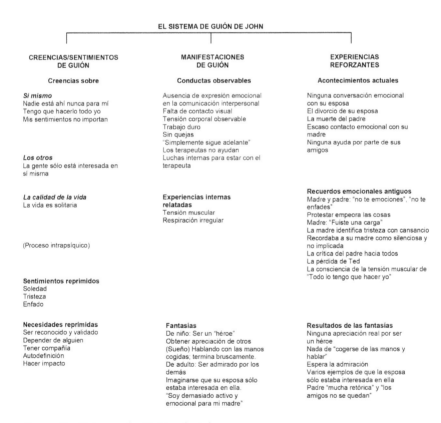

Figura 2. Sistema de Guión de John.

manifiestas. A menudo, estas experiencias internas no son fácilmente observables, sin embargo, la persona puede dar un auto-informe sobre sensaciones corporales, tales como: nudos en el estómago, tensión muscular, dolores de cabeza, colitis o cualquiera de una miríada de respuestas somáticas suscitadas por las creencias de guión. En la situación de John, su tensión corporal era fácilmente observable y reflejaba sus tres creencias centrales de guión. Una atención cuidadosa a las sensaciones corporales de John, (su respiración irregular y su tensión muscular), resultó esencial para ayudarle a experimentar la existencia y la profundidad de sus afectos.

Las manifestaciones de guión también incluyen fantasías en las cuales el individuo imagina conductas, ya sean propias o de otra persona. Estas interacciones interpersonales fantaseadas y la calidad del resultado, sustentan las creencias de guión. Los comportamientos fantaseados funcionan con tanta eficacia como las conductas manifiestas (en algunos casos incluso más eficazmente) al reforzar las creencias de guión y mantener las necesidades originales y los sentimientos fuera de la consciencia. Al inicio de su psicoterapia, John relató que se mantenía ocupado en el trabajo para evitar "su imaginación y sus malos pensamientos y sentimientos". Con una indagación fenomenológica consistente sobre la naturaleza íntegra de su imaginación y de sus "malos pensamientos", se hizo evidente más tarde que el contenido de sus fantasías sobre su ex esposa y su padre realmente funcionaba como confirmación de sus creencias "Nadie está nunca ahí para mí", "Mis sentimientos no importan" y "La gente sólo está interesada en sí misma". Sus fantasías eran una elaboración de lo que él ya tenía asumido.

Las fantasías actúan dentro del Sistema de Guión exactamente como si fueran acontecimientos que realmente hubieran ocurrido. La comprensión de cómo la fantasía refuerza las creencias de guión es en particular útil para los psicoterapeutas en la organización de la psicoterapia con clientes que están sumidos en obsesión, preocupación habitual y/o en fantasías de abandono, persecución o grandeza (Erskine 2002). Cuando exploramos las fantasías infantiles de John de ser un héroe y sus fantasías actuales de ser admirado, observamos que el contenido de estas fantasías no reforzaba directamente sus creencias de guión. Sin embargo, cuando comparaba sus fantasías maravillosas con su realidad actual en la que nadie le aclamaba o le escuchaba, el contraste le proporcionaba la evidencia de que "Nadie está nunca ahí para mí".

Cualquier manifestación de guión puede dar lugar a una *experiencia reforzante* —un acontecimiento posterior que "demuestra" que la creencia de guión es válida y, por lo tanto, justifica el comportamiento. Las experiencias reforzantes son una colección de memorias cargadas de afectos, implícitas o explícitas, reales o imaginarias, del comportamiento propio o del de otra persona, un recuerdo de experiencias corporales internas, y pueden ser también los remanentes conservados de fantasías o sueños. John se aferraba al recuerdo del silencio de su madre y de la crítica de su padre sobre su experiencia escolar considerada "un montón de retórica". A menudo recordaba aquel acontecimiento tanto en el trabajo como durante su terapia cuando estaba a punto de decir algo importante. Conservar aquel recuerdo seleccionado y repetirlo muchas veces había servido para reforzar su creencia de guión "Mis sentimientos no importan". Los recuerdos frecuentes de John sobre la pérdida de Ted y el comentario pesimista de su padre "Los amigos no se quedan" estaban a menudo en su mente. Estos recuerdos reiterados servían para reforzar continuamente su creencia de guión "Nadie está ahí para mí".

Debido a la función homeostática auto-estabilizadora de los Guiones de Vida, las experiencias reforzantes sirven como un mecanismo de retroalimentación para fortalecer aún más las creencias de guión y evitar la disonancia cognitiva (Festinger 1958). Sólo aquellos recuerdos que apoyan las creencias de guión son fácilmente aceptados y conservados. Los recuerdos que niegan las creencias de guión tienden a ser rechazados u olvidados porque cuestionarían las creencias y todo el proceso homeostático autorregulador.

El proceso intrapsíquico de *necesidades y sentimientos reprimidos* es una acumulación inconsciente de afectos intensos experimentados a lo largo del tiempo cuando las necesidades relacionales y fisiológicas cruciales han sido repetidamente insatisfechas. Estos sentimientos y necesidades no son, por lo general, conscientes porque la memoria es implícita, está disociada traumáticamente y/o refleja una experiencia explícita reprimida. Además, el imperativo biológico de ambas necesidades (fisiológicas y relacionales) no es consciente, en particular en lactantes y niños de corta edad. A menudo, los clientes en psicoterapia ganan consciencia de estas necesidades y sentimientos con la segura, fiable y respetuosa relación terapéutica, donde hay suficiente sintonía afectiva y rítmica acompañada de una indagación fenomenológica sin prejuicios (Erskine 1993).

John fue capaz de hablar de su soledad al inicio del tratamiento pero pasó bastante tiempo antes de que pudiera expresar la profundidad de su tristeza o incluso hablar de su enfado por el rechazo de sus padres a hablar sobre las emociones, además de por la ausencia de intimidad. Finalmente fue capaz de identificar y articular sus necesidades en su relación con las personas. Las cinco necesidades relacionales no correspondidas eran evidentes en el relato de John: ser validado y reconocido, confiar en alguien, tener compañía, y hacer impacto en otros. La consciencia de estas necesidades y sentimientos cruciales ya no se encontraba reprimida por sus creencias de guión, ni alterada por sus comportamientos o fantasías.

Las creencias de guión son una intento creativo de otorgar sentido a las conclusiones experienciales (por lo general no conscientes), a las decisiones explícitas y a las reacciones de afrontamiento. Las creencias de guión sirven para mediar cognitivamente ante la consciencia de los sentimientos intensos que la persona vivió durante la formación del guión. Esta mediación cognitiva distrae de una toma de consciencia, tanto de las necesidades relacionales actuales como de las necesidades relacionales y fisiológicas evolutivamente esenciales. Los intensos afectos y necesidades pueden permanecer como memorias implícitas fijadas, hasta que las experiencias de cambio vital o una relación terapéutica eficaz faciliten la integración. Antes de la psicoterapia, John permanecía constantemente inmerso en su soledad. El sueño en el que estaba caminando con un amigo cerca de la oficina de su terapeuta demuestra el eficaz cambio vital de una relación terapéutica involucrada. El Guión de Vida de la soledad en John estaba llegando a su fin.

El conjunto de creencias de guión de cada persona proporciona un marco mental autorregulador subjetivo sobre la visión de sí mismo, de los otros y de la calidad de vida. Para actuar una manifestación de guión, los individuos deben descontar otras opciones, con frecuencia sostienen que su comportamiento es la forma "natural" o "única" en la que pueden responder. Cuando se usan socialmente, las manifestaciones de guión probablemente producirán experiencias interpersonales que, a su vez, se rigen por las creencias de guión y contribuyen a su refuerzo. Este sistema cibernético cerrado proporciona una homeostasis, así el Sistema de Guión de cada persona es autorregulador y auto-reforzador por el funcionamiento de sus cuatro subsistemas interrelacionados e interdependientes: las creencias de guión, las manifestaciones conductuales, fisiológicas y de las fantasías, las experiencias reforzantes, y las necesidades y sentimientos reprimidos.

El Sistema de Guión inconsciente sirve como distracción de la consciencia de experiencias pasadas, de las necesidades relacionales y de las emociones asociadas, y es, al mismo tiempo, una repetición del pasado. El Sistema de Guión representa la organización inconsciente de la experiencia del cliente y proporciona un plan de acción útil para ayudar al psicoterapeuta y al cliente a entender cómo se plasma el guión en la vida actual.

Un sistema cibernético, tal como el Sistema de Guión, está constituido por "un conjunto de componentes o partes que interactúan para formar un todo organizado" (Piers 2005. 230). Por lo tanto, un cambio en una de las partes o subsistemas provocará un cambio dinámico del sistema entero. Al ocuparse terapéuticamente de las sensaciones fisiológicas y de las experiencias corporales, de las conductas y de las funciones de esas conductas, de las fantasías y de los sueños, de las memorias conscientes e inconscientes (implícitas), de los afectos y de las necesidades relacionales, y de las creencias centrales del cliente sobre sí, sobre los otros y sobre la calidad de la vida, el psicoterapeuta facilita cambios en los diversos subsistemas que comprenden el Guión de Vida. Por lo tanto, cuantas más áreas sean atendidas en el proceso de la psicoterapia, mayor probabilidad existirá de que facilitemos "la cura del guión" (Erskine 1980).

CAPÍTULO OCHO

Funciones psicológicas del Guión de Vida

Las reacciones de supervivencia con carga afectiva y fisiológica, las conclusiones experienciales pre-simbólicas e implícitas sobre sí mismo, los otros y la calidad de la vida, e incluso las decisiones de guión explícitas, en su conjunto, producen distintos patrones de apego relacionales que son mantenidos por varias *funciones psicológicas* (Erskine, Moursund y Trautmann 1999).

Los Guiones de Vida son una estrategia creativa para gestionar el estrés psicológico, o incluso controlar el shock causado por relaciones problemáticas repetitivas que se producen en la interacción de la primera infancia con los padres, en las reacciones hacia los maestros o cuidadores, e incluso en las interacciones con otros niños o adolescentes; y, a veces, también para manejar el estrés originado dentro de una relación adulta, como el matrimonio, el ámbito laboral, o situaciones sociales.

Esta estrategia creativa en realidad no es tanto una defensa contra alguien o contra algo, sino un intento desesperado de generar *autorregulación, compensación, autoprotección u orientación*, y de establecer un *"seguro" contra eventuales situaciones de más estrés, shock psicológico o nuevas perturbaciones en la relación.* El Guión de Vida también funciona para mantener una sensación de *integridad* —una continuidad de la lucha interna por definirse y valorarse dentro de una diversidad de relaciones.

Estos seis ejemplos de funciones psicológicas del Guión de Vida reflejan el intento de la persona por generar y mantener una sensación de equilibrio psicológico tras las abrumadoras interrupciones afectivas en las relaciones significativas. Constituyen una serie de estrategias homeostáticas que proporcionan previsibilidad, identidad, consistencia y estabilidad (ver el Capítulo 10).

Las seis dimensiones de la función psicológica que se describen en este capítulo, y que con frecuencia se evidencian en la práctica de la psicoterapia, justifican en parte por qué un Guión de Vida es un desesperado "ajuste creativo" (Perls, Hefferline y Goodman 1951) para manejar el dolor y el miedo.

Estas funciones psicológicas también explican cómo se mantiene el Guión de Vida a lo largo del tiempo, a menudo de por vida, a menos que se interpongan relaciones interpersonales importantes y acontecimientos vitales significativos o que la persona, de forma voluntaria, se involucre en una relación terapéutica profunda con un psicoterapeuta experto, que pudiera transformar su vida.

La función psicológica de *autorregulación* es un proceso de adecuación biológicamente determinado. El eje adrenal-pituitario-hipotalámico del cerebro humano está involucrado en el proceso homeostático emocional y fisiológico de auto-estabilización, auto-confort y regulación interna (Cozolino 2006. 60). La capacidad para confortarse a sí mismo y autorregularse está presente desde la primera infancia (Beebe 2005) y se intensifica en gran medida (y a menudo se vuelve rígida) en respuesta a un trauma, a la ausencia de contacto interpersonal significativo, a la falta de satisfacción de necesidades, o ante la interrupción y la pérdida de la relación primaria.

La autorregulación conlleva la reducción de un afecto intenso y el consiguiente apaciguamiento de reacciones fisiológicas sobreestimulantes en ausencia de satisfacción de la necesidad de contacto con otras personas significativas. Supone una re-estabilización y un intento de relajar el organismo, a menudo a través de gestos físicos, de la retirada del estímulo externo, de los patrones conductuales repetitivos, de las fantasías gratificantes, y por medio de un proceso de mediación cognitiva que conduce al establecimiento de las creencias de guión (Erskine 1980; Erskine y Moursund 1988). Por ejemplo, la creencia de guión "algo está mal en mí" refleja tanto una respuesta de mediación cognitiva que trata de explicar la humillación, como una desapropiación de los afectos y de las necesidades. Esta creencia de guión es un ejemplo de un intento de autorregular la interrupción en una conexión relacional y de calmarse y distraerse a sí mismo de la rabia contra la persona que provoca la humillación. La creencia de guión facilita la desapropiación del dolor por no haber sido aceptado "como soy" y del miedo al rechazo por "quién soy" —una forma de autorregulación (Erskine 1994).

Otra función psicológica del Guión de Vida es la *compensación de las necesidades relacionales que fueron consistentemente insatisfechas en las relaciones primarias significativas*. Las necesidades relacionales sólo pueden ser satisfechas a través de relaciones de pleno contacto. Un Guión de Vida es un intento de compensar la falta de contacto interpersonal y las necesidades no cubiertas bien omitiendo la necesidad o, alternativamente, intentado satisfacer la necesidad uno mismo por sus propios medios.

Sin embargo, ya que las necesidades relacionales son relacionales, con el tiempo nunca pueden ser cubiertas de manera adecuada por uno mismo. Muchas conclusiones experienciales o decisiones de guión originan las creencias "no necesito nada de nadie" o "no soy importante", como un intento de compensar, a través de la mediación cognitiva, las interrupciones significativas en las relaciones. A menudo, estas creencias van acompañadas por fantasías, como la de ser autosuficientes o como la de imaginar que otras personas reciben el valioso reconocimiento deseado para uno mismo —una forma de compensación.

Una tercera función psicológica es el establecimiento y mantenimiento de una *autoprotección ante el recuerdo del dolor y del miedo por los fracasos relacionales y por la pérdida de conexión interpersonal*. Las creencias de guión constituyen intentos cognitivos para distraerse y distanciarse del dolor y del miedo mediante la creación de una mediación cognitiva que, o bien anestesia la intensidad de los afectos o bien reproduce supuestamente esos afectos a niveles de menor significancia (Erskine y Zalcman 1979). Dicha negación de los afectos hace que las relaciones decepcionantes, emocionalmente dolorosas, y atemorizantes resulten más manejables al eliminar el miedo, el dolor y la rabia de la memoria consciente.

"No sirve de nada" o "nada importa" son sólo dos ejemplos de cómo esas creencias de guión son estrategias de autoprotección que sirven para desapropiarse del afecto, desensibilizarse físicamente y negar cognitivamente la consciencia del dolor, el miedo y la tensión física ante los constantes fracasos relacionales, el rechazo, o incluso la crueldad. En vez de recordar y sentir el dolor y el miedo una vez más, al percatarse del contraste entre la situación actual y las relaciones previas disruptivas, una persona procurará mantener y reforzar las creencias de guión, y por lo tanto, tener una ilusión de protección frente a ese dolor y a ese miedo.

Estas creencias de guión son, por tanto, impedimentos sustanciales para alcanzar la consciencia de las necesidades relacionales actuales y asimismo, son un impedimento para la satisfacción de esas necesidades relacionales por medio de las relaciones presentes. Diversos afectos, fantasías, tensiones corporales o comportamientos repetitivos también podrían ser usados como autoprotección. Dado que reflejan una experiencia previa en la que la autoprotección parecía necesaria, se crea una interrupción del contacto en el ahora que interfiere con la satisfacción de las necesidades físicas y/o relacionales existentes. Estos afectos, fantasías, tensiones corporales o comportamientos repetitivos autoprotectores, interrumpen el contacto a nivel interno, externo o ambos. La interrupción del contacto es un elemento transcendental para que una persona mantenga su Guión de Vida.

Una cuarta función psicológica de los Guiones de Vida, evidente con frecuencia en la práctica clínica, es el *posicionamiento* de uno mismo en relación a los demás. Las creencias de guión "nadie está ahí para mí" y/o "todo lo tengo que hacer solo" son ejemplos de cómo un individuo puede posicionarse con las demás personas. Son las creencias fundamentales que justifican un estilo de apego evitativo y definen la actitud tanto en las relaciones actuales como en las futuras. La manera en la que nos vinculamos psicológicamente con otros, el modo en que establecemos la permanencia, y la forma en la que encajamos con los demás, son elementos del imperativo biológico para conformar la relación. Los sistemas de espejo y de resonancia, dentro de las redes neuronales del cerebro en el córtex pre-frontal medial orbital y en la amígdala, aportan a las personas la capacidad de interpretar la conducta, las intenciones, y las emociones internas de los otros, y la capacidad de desarrollar una vinculación emocional, conectar patrones de apego, y el posicionamiento social de uno mismo con respecto a los otros (Nelson y Panksepp 1998).

Cuando, reiteradamente, no se satisfacen el imperativo biológico de relación física o emocional de un niño ni las necesidades relacionales evolutivas correspondientes, el hambre de relación puede volverse excesivamente estructurado y podrían generarse una actitud y un patrón conductual rígidos en el posicionamiento frente las actitudes, comportamientos y patrones relacionales de los otros significativos (Erskine 1997b).

Un Guión de Vida ofrece un *"seguro" contra el posible shock ante potenciales interrupciones y pérdidas de relaciones*. Esta quinta función psicológica conlleva la estructuración de la anticipación y de la expectativa, a modo de amortiguador frente a la futura decepción y el impacto del posible fracaso en las relaciones significativas. "Siempre saldré perdiendo", "no se puede confiar en la gente" y "la vida está llena de sufrimiento", son tres ejemplos de la cualidad predictiva de las creencias de guión y el "seguro" de que nunca volverá a ocurrir una sorpresa sobrecogedora. La retrospectiva se convierte creativamente en prospectiva con el fin de no experimentar nunca el dolor en las relaciones interpersonales futuras.

El mantenimiento de la *integridad* es otra función de los Guiones de Vida. La autodefinición y la capacidad de causar impacto son necesidades relacionales importantes y necesarias desde el inicio y durante toda la vida. La sensación de la propia integridad es un reflejo de cómo los demás responden a esas necesidades cruciales. "No valgo" o "mis necesidades no serán satisfechas" son dos ejemplos de una autodefinición excesivamente estructurada y rígida.

Debido al imperativo biológico del ser humano de crear estructura, las personas luchan por mantener una continuidad en la autodefinición, manteniendo, reforzando e incluso defendiendo una autodefinición formada en un período de tiempo previo, *una integridad obsoleta o arcaica*. Estas explicaciones o autodefiniciones desfasadas fueron, en su momento, mediaciones cognitivas eficaces que distraían del intenso estrés de las perturbaciones relacionales originales. Puesto que alguna vez resultaron muy eficaces para mediar en la consciencia y para desapropiarse de los afectos, se emplean repetidamente hasta que conforman una única autodefinición.

En una psicoterapia efectiva, a menudo es necesario que el psicoterapeuta valide las funciones psicológicas de autorregulación, compensación, auto-protección, posicionamiento, protección e integridad arcaica con el fin de entender el Guión de Vida como una estrategia creativa para amoldarse a las perturbaciones dolorosas y atemorizantes en las relaciones significativas. Es importante abordar en la psicoterapia del cliente cada una de estas funciones psicológicas. Podría ser necesario investigar cada función psicológica por separado y que ambos, cliente y terapeuta, comprendieran su relevancia e incluso que la apreciaran; de esta misma forma, se exploran en la psicoterapia los pensamientos, las actitudes, los comportamientos nuevos y los movimientos físicos.

Tal investigación supone una gran dosis de indagación fenomenológica e histórica, así como una indagación sobre los detalles de los diversos sistemas de afrontamiento y de autogestión del cliente. Para ser eficaz al facilitar una cura del guión, la indagación debe producirse dentro de una relación terapéutica de calidad que afirme y valide la experiencia fenomenológica del cliente, normalice el proceso de ajuste creativo y las funciones psicológicas en la formación del guión, y aporte un otro sintonizado y comprensivo que brinde tanto su habilidad profesional como todo su ser a la relación.

CAPÍTULO NUEVE

Integrando los métodos expresivos en la psicoterapia relacional

La implicación terapéutica es una parte integral de toda psicoterapia efectiva. Este capítulo tiene como finalidad ilustrar el concepto de implicación terapéutica en el marco de trabajo de una relación terapéutica —dentro de la transferencia— para la resolución de las experiencias traumáticas, las perturbaciones relacionales y las decisiones que conforman la vida, incluyendo la aplicación de métodos expresivos y experienciales activos.

Los debates recientes entre colegas se han centrado en dos perspectivas diferentes respecto a la implicación terapéutica en psicoterapia. Una perspectiva enfatiza la eficacia del psicoterapeuta que trabaja sólo en el "momento presente" de la relación terapéutica —el trabajo exclusivo dentro de la matriz de transferencia-contratransferencia.

Este primer enfoque se denomina "terapia bipersonal", por el énfasis en la centralidad del diálogo terapéutico entre cliente y psicoterapeuta para facilitar el cambio en los patrones relacionales disfuncionales de los clientes. Desde este punto de vista, el factor más importante en el proceso terapéutico es la presencia empática sostenida del psicoterapeuta. Las heridas arcaicas fijadas, los traumas, las conclusiones de guión y las perturbaciones relacionales se resuelven por medio de una relación terapéutica, plenamente implicada persona-a-persona.

La segunda perspectiva describe un enfoque en el que el psicoterapeuta hace uso, principalmente, de métodos experienciales y expresivos que facilitan la resolución del conflicto intrapsíquico del cliente y de sus decisiones arcaicas. Ha sido calificado por algunos teóricos como "terapia unipersonal" ya que se percibe como si el psicoterapeuta estuviera "haciendo algo" en el cliente. Las sesiones de psicoterapia se centran aquí en el empleo de métodos expresivos y técnicas emocionalmente evocadoras, la expresión activa del diálogo intrapsíquico y/o la experimentación de nuevas conductas y expresiones fisiológicas.

La implicación reside en el psicoterapeuta que está plenamente presente e indagando activamente sobre la perspectiva fenomenológica del cliente y que participa con él en la creación de experiencias que ayudan a tomar consciencia del material inconsciente. Desde este punto de vista, el compromiso activo del psicoterapeuta con el cliente en la utilización de diversos métodos expresivos y experienciales, es el factor más importante que conduce al cambio tanto de la percepción del cliente sobre sí mismo, como de sus relaciones con los demás.

Las dos preguntas clave en este debate son: "¿Estamos en una *relación terapéutica involucrada y de pleno contacto* con nuestro cliente cuando empleamos métodos expresivos, experienciales o intrapsíquicos que facilitan la toma de consciencia, la expresión y el cambio de las experiencias arcaicas fijadas en nuestro cliente?" y "¿Es la psicoterapia relacional en sí misma suficiente para sanar los efectos determinantes de la vida, consecuencia de la negligencia, traumas y fallos relacionales acumulativos?".

Creo que las respuestas dependen de la calidad de la relación terapéutica, utilicemos o no métodos expresivos. La cura se produce a través de una relación terapéutica de pleno contacto. Una relación sanadora depende de la buena disposición del terapeuta para estar en contacto y totalmente presente con y para el cliente, de un modo tal que co-descubren la función de sus patrones relacionales inconscientes a medida que emergen, tanto dentro de la propia relación terapéutica como en las transferencias de la vida cotidiana.

Igualmente importante es la presencia emocional del psicoterapeuta y su total implicación, que ofrece al cliente una respuesta nueva y única a sus patrones arcaicos de relación, a sus afectos, a su nivel evolutivo de funcionamiento y a sus estilos cognitivos de otorgar sentido y significado a su experiencia. Dicha relación reparadora incluye la sintonía con el ritmo único y personal del cliente y también una capacidad de respuesta a sus necesidades relacionales, tanto arcaicas como actuales. Gran parte del poder curativo de una relación terapéutica depende de la autenticidad, fiabilidad y voluntad del psicoterapeuta para responsabilizarse de los errores terapéuticos que pudiera cometer.

He descubierto que un terapeuta implicado está entregado de forma consistente al bienestar del cliente y dedica una considerable cantidad de tiempo a construir y a mantener la calidad de esa relación por medio de la indagación fenomenológica, el reconocimiento, la validación y la empatía sostenida —no como una serie de técnicas, sino como un genuino interés por conocer al cliente mientras le ayuda a conocerse y a expresarse.

La transcripción que aparece en este capítulo ofrece un ejemplo de la aplicación de ambas perspectivas: trabajar dentro de la díada transferencia-contratransferencia —enfocándose en una auténtica relación persona-a-persona— y también, hacer un uso eficaz de métodos expresivos, experienciales e intrapsíquicos para cambiar las decisiones que influyen y/o limitan la vida de nuestro cliente.

En vez de pensar en términos de una terapia unipersonal o bipersonal, me parece más útil profesionalmente pensar en la implicación terapéutica, esa experiencia única del cliente y el psicoterapeuta trabajando en armonía, co-creando una experiencia de transformación mutua.

Te invito a ti, lector, a unirte a este interesante debate, a leer esta transcripción con ojo crítico, a reflexionar sobre tus propios clientes y también a articular tus propias perspectivas. ¿Qué habrías hecho de manera diferente? ¿Por qué? ¿Qué experiencia tienes de la implicación terapéutica como cliente y como psicoterapeuta? A medida que analicemos juntos estas cuestiones profesionales, el resultado bien podría ser que todos aprendiéramos a ser terapeutas totalmente implicados. Nuestros clientes se beneficiarán.

Paul es un psicoterapeuta de 40 años que ha participado conmigo en un par de talleres de formación previos. En este taller en particular, yo acababa de terminar una larga presentación sobre teoría cuando Paul solicitó hacer una sesión de terapia personal. Por lo general, tiene un buen conocimiento de sí mismo, sin embargo, este día estaba preocupado por pensamientos y sentimientos no resueltos. La sesión comienza con Paul y yo sentados en sillas frente a frente. Paul se sienta con las piernas cruzadas, y su lenguaje corporal es relajado y cómodo.

RICHARD: Paul, ¿qué estás experimentando?
PAUL: Me acabas de sonreír. Me has conmovido y me siento emocionado.
RICHARD: ¿Qué tipo de emoción?
PAUL: Tristeza. Mejor dicho, tristeza y dolor. Mi intención es trabajar contigo ahora precisamente porque me he dado cuenta de que entro fácilmente en transferencia contigo.
RICHARD: Por favor, cuéntame tu historia sobre la transferencia.
PAUL: Me doy cuenta de que en algunos momentos tengo dificultades para relacionarme contigo de una manera natural. Yo no es culpa tuya. Soy lo suficientemente consciente para saber que estoy teniendo fantasías. Noto que tengo una gran desconfianza hacia ti y que quiero retirarme. Entonces me digo a mí mismo: "Busca el contacto".
RICHARD: En estas fantasías, ¿cuáles son las formas en que yo podría herirte … hasta el punto de que retirarse se convierta en algo absolutamente necesario?
PAUL: Deja que te cuente mi película interna: el primer día me hiciste un comentario sobre lo que yo había dicho tras la demostración terapéutica con Martin. Sí, entendí que querías que yo reflexionara acerca de por qué había dicho eso, pero al día siguiente estaba descentrado y sentí que tenía problemas contigo.
RICHARD: Así que te he hecho sentir vergüenza.

Esta es la quinta transacción que he realizado. Contiene bastantes elementos de una relación terapéutica implicada: reconocimiento, empatía vicaria, responsabilidad por los errores terapéuticos y mi introducción del concepto de vergüenza, que posiblemente puedan mejorar la comprensión de Paul sobre su experiencia. Todo ello sienta una base sobre el modo en que sería posible continuar el trabajo: podríamos construirlo sobre cualquiera o quizás sobre todos estos elementos. Y … tal vez sea demasiado pronto … lo más probable es que Paul tenga mucho que decir antes de que nos centremos en uno o dos elementos en particular.

Este diálogo continúa con cuatro transacciones más que ejemplifican la indagación fenomenológica. No todas son preguntas, pero cada una de estas indagaciones fenomenológicas invita a una búsqueda interior —al descubrimiento y la expresión de lo que es interno— a una revelación de la experiencia subjetiva propia. Todas juntas, estas cuatro indagaciones forman una unidad de implicación que servirán de apoyo a Paul para describir más a fondo su proceso interno.

PAUL: (Pausa de varios segundos) La fantasía que tuve es lo que llamo "una fantasía negra" … me imagino que tú consideras o … incluso que comentas a otras personas que lo que yo hago no está bien. Dices "Paul no se comporta bien".
RICHARD: ¿Quieres decir que durante la cena o en un paseo por la tarde yo estoy cotilleando sobre ti?
PAUL: No cotilleando, pero quizás haciendo un comentario a alguien.
RICHARD: ¿Cuál es la diferencia? En cualquier caso yo estaría menospreciándote … en cualquier caso, estaría haciendo un comentario humillante.
PAUL: O al menos un comentario de desaprobación.
RICHARD: Lo que parece que hace dolorosa tu fantasía es que yo estaría haciéndolo a tus espaldas y no a la cara.

En estas tres transacciones previas estoy clarificando e identificando el sentido y la importancia del malestar de Paul. Esta transacción y la siguiente son ejemplos de dos clases de empatía: empatía vicaria y empatía emocional.

En primer lugar estoy utilizando la introspección vicaria —ya que empleo mi propia experiencia para identificar y explorar cognitivamente las posibles experiencias subjetivas de menosprecio o humillación de Paul. Esto va emparejado con la siguiente transacción, un segundo aspecto de la empatía —una expresión de mi afecto: "Eso duele". En estos momentos estamos inmersos en una experiencia afectiva compartida: la esencia de la empatía emocional. El núcleo de la implicación terapéutica radica en la capacidad del psicoterapeuta para expresar la empatía con precisión, en un tono o expresión facial que proporcione reciprocidad al afecto del cliente; en esta situación, la sintonía afectiva se muestra en el tono compasivo que responde a la tristeza de Paul.

PAUL: Correcto.
RICHARD: (Con compasión) ¡Eso duele!
PAUL: Claro. Si hay algo entre tú y yo, y tú vienes a decírmelo, eso me daría mucha seguridad y confianza.

RICHARD: Entonces, como resultado de la fantasía que me estás contando … tú te alejas … y te quedas como descentrado internamente (Richard hace una pausa de algunos segundos) Paul, todos esos son síntomas de vergüenza.

PAUL: (Calla durante bastantes segundos, parece triste y mira al suelo con los hombros encogidos).

RICHARD: ¿Puedes hablarme de esos sentimientos de tristeza?

PAUL: (Silencio de 10 segundos) La siento dentro de mí, como una antigua compañera. No sé realmente dónde se originó, pero me resulta familiar.

He introducido el concepto "vergüenza". Paul no la ha mencionado, pero su sensación de dolor y tristeza, las largas pausas y la ausencia de contacto visual, son indicios de que puede estar experimentando vergüenza. Todo lo que la persona puede saber es que está triste, nerviosa, se siente pequeña o no puede establecer contacto. Los orígenes de la vergüenza a menudo no están disponibles de inmediato como memoria explícita —tan sólo como memoria procedimental— hasta que se cimenta una seguridad suficiente en la relación. Con frecuencia, es necesario que el psicoterapeuta introduzca un concepto como vergüenza, envidia, venganza o traición para que el cliente pueda comenzar a pensar en sus experiencias relacionales de esa índole.

RICHARD: Entonces vamos a quedarnos entre tú y yo. Aquí, tú tenías confianza en mí, y en la película interna yo te traiciono hablando de ti a tus espaldas.

En vez de hablar con Paul sobre algún relato histórico desconocido, me centro en nosotros dos en el momento presente. Estoy ampliando la confianza en nuestra relación (que Paul ya había experimentado previamente) al sugerirle que conserve los sentimientos de tristeza que han aflorado como resultado de mi conducta y facilitar que hablemos de esos sentimientos y de sus reacciones de autorregulación, como si la transferencia no existiese.

Si ha habido falta de sintonía o errores terapéuticos, o incluso comentarios humillantes que yo haya hecho, es más probable que resulten evidentes, y se resuelvan, si el trabajo terapéutico se centra en el presente, entre nosotros, en lugar de buscar el origen arcaico de los sentimientos de Paul. Siempre podremos realizar el trabajo histórico si se demuestra que es necesario. Mantener el diálogo sobre nuestra relación actual parece más importante en este momento de la terapia. Paul puede formar un nuevo patrón relacional dentro de este "entre nosotros" … y quizás yo también aprenderé y creceré con este encuentro.

PAUL: Eso es. Cuando pierdo el contacto contigo y entro en viejas historias, dejo de tener confianza en ti (Paul empieza a llorar).

RICHARD: Esas lágrimas son importantes. (Paul asiente mientras llora) Ahora cierra los ojos y ve donde las lágrimas te lleven. (Paul cierra sus ojos … pasan varios segundos) Parece que estás impidiendo que tu cuerpo llore, como si tu cuerpo conociera la sensación de traición … haber confiado en alguien y que no haya estado a la altura de tu confianza.

PAUL: (Realiza algunas respiraciones profundas y se queda en silencio durante 30 segundos con los ojos cerrados. Después los abre y mira sonriendo a Richard) Estas palabras me conmueven. Tus palabras describen que yo confío en alguien que traiciona mi confianza. Estoy triste y siento como si estuviera temblando por dentro (Paul se seca las lágrimas de su rostro … y después de una pausa ya no llora más).

En esta última serie de transacciones, valido los sentimientos y las experiencias de Paul, mientras atraigo su atención a la conexión entre su llanto, su cuerpo tembloroso y la confianza traicionada por alguien significativo. Su cuerpo tembloroso está contando una historia importante que todavía no está expresada en palabras. Paul ha sido capaz de contar algo de su experiencia emocional utilizando la metáfora de una película interna —una película en la que es humillado.

¿Es su historia aún no contada exclusivamente sobre cómo le ha impactado mi comportamiento? ¿O se trata de otras relaciones significativas? ¿O ambas? Quizá sea el momento de explorar más allá de nuestra relación (ha mencionado que este sentimiento le resulta "familiar") y, tal vez, de volver a expresar con detalle la calidad de la conexión que tenemos entre nosotros: tanto su antigua confianza como, ahora, su "gran desconfianza" hacia mí.

Una psicoterapia integrativa efectiva centrada en la relación, enlaza continuamente las experiencias relacionales en el momento presente entre cliente y terapeuta con una exploración de los efectos emocionales y auto-estabilizadores de las anteriores relaciones en la vida del cliente. Este enfoque dual es lo que proporciona una doble oportunidad para resolver las consecuencias problemáticas de las perturbaciones relacionales con los otros introyectados, al mismo tiempo que establece nuevos patrones de relación con el psicoterapeuta.

Entonces es cuando yo asumo el riesgo de expresar mi intuición sobre el por qué de su llanto. Lo planteo como una pregunta de tanteo y no como una interpretación.

RICHARD: Paul, ¿cómo era tú relación con tu mentor anterior? Comentaste durante la comida que ya no le ves.

PAUL: Siempre mantuve una distancia de seguridad con él. No me sentía lo bastante protegido ni cuidado para abrirme a una relación más cercana.

RICHARD: ¿Deseabas una relación más cercana antes de haberle mantenido distante ... o incluso mientras le mantenías distante, añorabas más cercanía?

PAUL: Es como un movimiento doble: un deseo de estar más cercano, mientras una parte de mí dice: "Aléjate".

RICHARD: ¿Has hecho conmigo este movimiento doble estos dos últimos días ... después de que yo expresara ese comentario? ¿Hizo algo tu mentor que te mantiene alejado o percibiste que algo saldría mal y nunca te acercaste?

Aquí se abren dos posibles vías de exploración: la naturaleza de la relación entre Paul y yo, y la naturaleza de la relación entre Paul y su mentor anterior. Esta pregunta multifacética permite averiguar hacia dónde irá Paul: se ha referido a "las viejas historias", pero también tiene una fuerte reacción emocional hacia mí. Si habla de nuestra relación, esto ofrecerá la oportunidad de explorar nuevas posibilidades entre nosotros. Si en cambio, decide hablar de su mentor, podremos trabajar primero en la solución de ese conflicto relacional y después también lo utilizaré como una metáfora acerca de nuestra relación, revisando ocasionalmente en nuestro diálogo terapéutico lo que está a la vez presente y ausente en el contacto entre nosotros.

PAUL: El no hizo ningún comentario negativo o hiriente hacia mí, pero observé su comportamiento con otras personas, así que me dije a mí mismo "¡yo no voy a pasar por eso!".

RICHARD: Antes utilizaste la palabra "transferencia". ¿Crees que con él era transferencia u observación? (pausa de algunos segundos) ¿Puedes hablarme de las dos?
PAUL: Las dos están ahí. Creo que mis observaciones eran correctas. Pero también, cuando me relaciono con alguien de forma relajada y natural, eso es una cosa … pero cuando me doy cuenta de que me siento incómodo y no sé cómo estar … eso me pasó el segundo día contigo. Eso sucedía a menudo con él (nombra a su antiguo formador y supervisor).
RICHARD: Entonces asumiré que el otro día te hice daño, bien por el contenido o por el modo en el que te hablé … o al menos por el contexto al hacerlo aquí frente a tus colegas ¡Eso fue una ruptura en nuestra relación!

En este instante, estoy trayendo el foco de vuelta a mi fallo —el error que cometí y que desmoronó la confianza de Paul. Esa ruptura en la confianza dio lugar a su tristeza y a su silencio, y quizás estimuló recuerdos de anteriores vulneraciones de su confianza. Pero, por ahora, prefiero mantener el trabajo entre nosotros; no hay prisa para explorar los posibles asuntos inacabados con su mentor o con cualquier otra persona. Tengo que hacer algo reparador antes de dirigir nuestra atención a sus decepciones en otras relaciones significativas o de explorar su sensación de vergüenza. Si asumo mi responsabilidad por cómo le he fallado o traicionado, y realizo las correcciones necesarias, entonces puede que no sea necesario explorar su pérdida de confianza con su mentor anterior o con cualquier otra persona significativa. La curación de su vergüenza o de su sensación de traición puede producirse por la forma en que yo repare nuestra relación.

PAUL: Creo que fue por tu tono de voz.
RICHARD: ¿Puedes compartir conmigo el tono de voz que oíste? No lo recuerdo.
PAUL: A mí me sonó estricto.
RICHARD: Así que es el tono lo que te avergüenza … ¿lo estricto que fue? (Paul calla y asiente) ¿El tono dice "lo has hecho mal"? (Richard habla apuntando con el dedo a Paul para enfatizar el "tono" con un gesto corporal).

Mi gesto se emplea para validar la experiencia de Paul sobre el tono —un gesto avergonzante que describe el tono estricto que Paul oyó. En este momento el reconocimiento y la validación de la experiencia de Paul son las transacciones más importantes —transacciones que indican mi implicación. Cualquier explicación de lo que yo sentí o quise decir sería anti-terapéutico y podría crear una ruptura aún mayor en su sensación de confianza. Es terapéuticamente necesario que yo me des-centre de mi propia experiencia y permanezca con la de Paul. La forma en que Paul otorga sentido a nuestras transacciones es crucial para comprender cómo organiza sus experiencias y, con el tiempo, para co-crear una nueva serie de anticipaciones relacionales. Mi prioridad terapéutica inmediata es re-establecer una relación de confianza.

PAUL: Sí, ese gesto muestra como lo recibí. El contenido era una pregunta, pero el tono me llegó de forma diferente.
RICHARD: ¿Cuál fue el mensaje psicológico que oíste? No el mensaje social … el psicológico.
PAUL: Sentí que en ese momento tú no aprobabas las palabras que yo le había dirigido a Martin. Es como si hubieras dicho "lo has hecho mal al decirlo en este momento".
RICHARD: Es verdad que no lo aprobé. Es cierto (pausa breve). ¿Qué piensas?

Ser directo y honesto acerca de mi comportamiento es importante en nuestra relación. Yo podría insinuar que la desaprobación que Paul está sintiendo es el resultado de un malentendido y/o de la transferencia, pero el efecto sería una pérdida de mi autenticidad y de mi implicación genuina. Decir la verdad es esencial si queremos tener una relación sanadora. En las próximas transacciones, mi honestidad y autenticidad, así como hacer que el punto de vista de Paul sea lo principal, son importantes en el establecimiento de su seguridad-en-la-relación.

PAUL: (Silencio de 5 segundos) Tú relacionaste este comentario mío con otros comentarios previos, al decirme que, después de otras sesiones de trabajo, hago comentarios diagnósticos de este tipo.
RICHARD: Es cierto. Yo dije algo en ese sentido. He observado este patrón en otros dos talleres.
PAUL: Para mí, ese comentario no era correcto.

RICHARD: ¿Crees que cometí un error … y que no estuve acertado?
PAUL: Pienso que no fuiste preciso.
RICHARD: Cuéntame más sobre eso. Yo podría estar equivocado, ¿sabes?
PAUL: (Hace una pausa y empieza a hablar, pero duda y se para).
RICHARD: Acabas de interrumpirte a ti mismo ahí … ¿Qué has interrumpido por dentro?
PAUL: (Silencio de un par de segundos, mira al suelo y suspira) Un comentario acerca de lo que hice en otros talleres me deja indefenso, porque podemos reflexionar sobre lo que está sucediendo en este preciso momento … como el comentario sobre el trabajo que hizo Martin … todo esto para mí es aquí y ahora … pero cuando lo conectas con otras historias y dices "es como ése", entonces, me pierdo.
RICHARD: Eso tiene sentido. Así que, en el futuro, si creo que estás malinterpretando a alguien, tú prefieres que lo mantenga únicamente en el presente. Y necesitarás que no saque a relucir otros acontecimientos … solo los actuales.
PAUL: Sí, eso es. En el presente me puedo encontrar a mí mismo y entenderme. Y puedo comprender lo que tú estás diciendo.
RICHARD: Puedo hacer eso por ti.

La amabilidad es un aspecto importante de la implicación. "Puedo hacer eso por ti" es una de las transacciones interpersonales más maravillosas, siempre que no haya condiciones —sin ningún "me lo debes". Un "puedo hacer eso por ti" gratuito es una forma positiva e incondicional de respeto hacia el otro, una conexión íntima. Va más allá de la disculpa, es un compromiso para los actos futuros y, por lo tanto, es reparador.

PAUL: (Asiente) Mientras estamos hablando he notado que mi cuerpo está tenso … y en los últimos cinco minutos, me he dado cuenta de que se ha tensado un poco más.
RICHARD: Bien, vamos a volver a tu película. Avánzala a velocidad rápida y veamos qué terrible final podría tener esta conversación.
PAUL: ¿Esta conversación o la de mi película?
RICHARD: Podría estar mezclado. Tú eliges.
PAUL: (Cierra los ojos y piensa durante 30 segundos) Al final de mi película me quedo solo. Y no únicamente con respecto a

ti, sino solo en un sentido más profundo de estar realmente solo (pausa). Lo que me conmovió, sobre todo ayer, fue el tema de la "pertenencia" que estabas ilustrando.

RICHARD: A principios de esta semana parecías estar muy relajado y libre ... cuando hiciste ese comentario sobre Martin. Tal vez habría sido mucho mejor para ti si yo hubiera mantenido la boca cerrada.

PAUL: (Suspira) Intercambiar comentarios y también disentir con ideas y opiniones me parece bien. Observo cómo trabajas y lo aprecio mucho. A veces veo un trabajo con el que no estoy de acuerdo, pero eso no cambia mi aprecio por ti.

RICHARD: Oh, no sabía que discrepabas. Me hubiera gustado saberlo.

PAUL: (Risas) Te he contado algunas.

RICHARD: Sí, pero ahora tengo curiosidad por aquello de lo que no me has hablado. También has dicho que era el tono, no específicamente el contenido, sino el tono.

En estos breves párrafos anteriores hay muchas direcciones potencialmente terapéuticas por las que continuar: ¿qué estaba ocurriendo entre nosotros en los últimos cinco minutos en los que se había incrementado la tensión de su cuerpo, su película interna, su profunda sensación de soledad, el tema de la pertenencia, sus diferentes opiniones y mis errores? Investigar cada una de ellas podría revelar material terapéutico útil. Cada una llevará a Paul a percepciones, recuerdos y creencias diferentes sobre sí mismo y sobre los demás. Dispongo sólo de unos segundos para tomar una decisión.

La implicación terapéutica incluye hacer uso de todo el bagaje personal y profesional que el psicoterapeuta ha acumulado: de nuestra comprensión de la teoría, de la supervisión, del trabajo con clientes similares, de las películas y las novelas, de nuestra propia terapia personal y también de nuestra singular sensibilidad. Después utilizamos selectivamente estas experiencias para elegir nuestras áreas de indagación.

La implicación terapéutica engloba además una sensación de resonancia somática con nuestros clientes. Como resultado de mi resonancia somática con Paul, dirigí la terapia hacia lo que supuse era la fuente de la tensión corporal de Paul —esa tensión que podía haberse ido acumulando en los últimos minutos. Pensé que era importante atraer la atención de Paul de nuevo hacia mi tono de voz y a cómo sentía mi tono "estricto". Pero no estaba seguro. Me pregunté si su tensión corporal era una reacción a mi tono, o a algo que había sucedido entre nosotros y de lo que todavía no estábamos hablando, o si él quizá estaba teniendo una reacción corporal ante algún recuerdo emocional.

PAUL: Sí, y el tono era de algo mal hecho. Así es como me llegó. (Paul agita su dedo apuntando a Richard).
RICHARD: Por favor, haz ese gesto otra vez. (Richard agita su dedo apuntando a Paul en imitación del gesto que Paul acaba de hacer … un gesto que Richard hizo antes para enfatizar el estricto tono que Paul había percibido). Hiciste esto (agitando su dedo).
PAUL: (Negando con la cabeza) No, yo no era consciente de que lo hacía.
RICHARD: Así que el tono expresa que está mal hecho. ¿Puedes traducir estas palabras al alemán y decirlo? "Mal hecho" … o algo similar (Paul ya no vive en Alemania, pero el idioma de sus primeros veinticinco años fue el alemán).
PAUL: *Das hast du falsch gemacht*. Lo has hecho mal. (Agitando su dedo a Richard).
RICHARD: Ahora hazlo otra vez con tus manos.
PAUL: *Das hast du falsch gemacht*. Lo has hecho mal. (Agita su dedo, después el puño a Richard).
RICHARD: Ahora cierra los ojos y hazlo.

He dado instrucciones a Paul para que hable en su lengua materna. En este momento me estoy basando en mis experiencias previas de hacer psicoterapia con personas bilingües. También estoy asumiendo que su tensión corporal es debida a lo que él no está diciendo. Hacer que se exprese en alemán puede facilitar la auto-expresión y una nueva toma de consciencia.

Cerrar los ojos también puede ser eficaz, porque puede sacarle del contexto actual y activar recuerdos de los que no ha sido consciente hasta ahora. Hablar en alemán con los ojos cerrados probablemente intensificará el "sentimiento familiar" que Paul ha mencionado y nos permitirá tratar tanto la tensión corporal como sus antiguas reacciones de auto-estabilización.

En las últimas cuatro transacciones estoy empleando la terapia directiva como método. En esas transacciones, el trabajo terapéutico no se centra directamente en las propias transacciones entre nosotros sino, más bien, en el descubrimiento de los procesos internos del cliente. La indicación terapéutica dirigida no es de momento directamente "relacional", pero facilita la auto-exploración del cliente —un aprendizaje sobre sus procesos inconscientes o intrapsíquicos.

La terapia directiva sólo se debe utilizar en el contexto de una relación establecida de forma segura —la dinámica relacional sirve de soporte a cualquier trabajo intrapsíquico. En las próximas transacciones, se observa cómo cada indicación terapéutica dirigida se basa en la plena implicación del psicoterapeuta con el cliente.

PAUL: (Cierra los ojos). *Das hast du falsch gemacht.* Lo has hecho mal.
RICHARD: Ahora con el tono adecuado y más alto.
PAUL: *Das hast du falsch gemacht.* Lo has hecho mal.
RICHARD: Sigue.
PAUL: *Das hast du falsch gemacht!* ¡Lo has hecho mal!
RICHARD: Ahora, continúa y termina la frase.
PAUL: *Das hast du falsch gemacht!!* ¡¡Lo has hecho mal!!
RICHARD: Sigue ... continúa hablando.
PAUL: *Das macht man nicht so. Das hast du falsch gemacht!* No se hace así ¡Lo has hecho mal! (Suspira profundamente y parece a punto de llorar).
RICHARD: Conoces ese tono.

Esta transacción y la siguiente son ejemplos de una validación de lo que ha sido importante en la vida de Paul. Mi comentario validador le ofrece la posibilidad de expresar emociones que han permanecido no expresadas. Antes de estas últimas transacciones yo no estaba seguro de si Paul estaba manifestando cómo había vivido mi comportamiento, o el sentido de mi tono de voz, o si él estaba citando textualmente a alguien más. Por la intensidad de su reacción emocional, asumí que estaba hablando desde una experiencia arcaica, de ahí mi comentario "Conoces ese tono".

PAUL: (Asiente, después baja la cabeza y llora durante un minuto).
RICHARD: Tú conoces ese tono muy bien (dicho en un tono muy suave).
PAUL: (Larga pausa) (Suspira y asiente) Es cierto. (Se seca las lágrimas de la cara con un pañuelo y se suena la nariz) Me

lleva directamente a los dos años que viví solo con mi padre después de su separación y de que mi madre se hubiera trasladado a vivir a Inglaterra, entre mis 14 y 16 años. Ahora me doy cuenta de que no había nadie más. Creo que antes de esa fecha, cuando vivíamos juntos, su tono no me dolía porque éramos cinco personas. Después de su separación, yo estaba allí con él a solas.

RICHARD: (Toca la mano de Paul) Enséñamelo otra vez (después de una pausa, Richard agita su dedo y apunta a Paul) "Mal hecho, mal hecho".

En este momento estoy realizando dos transacciones no verbales principales. Toco tiernamente la mano de Paul para hacer contacto físico y proporcionar una sensación de seguridad entre nosotros antes de que continúe con su historia. Es posible que necesite ese contacto físico como un punto de referencia seguro mientras va descubriendo los antiguos recuerdos. En segundo lugar, repito el gesto de un dedo acusador al mismo tiempo que repito las palabras "mal hecho". Mi dedo acusador y las palabras críticas constituyen una puesta en acción que puede estimular su memoria.

Un aspecto importante de la Psicoterapia Integrativa relacional es la predisposición del psicoterapeuta a implicarse activamente cuando invita al cliente a que vuelva a experimentar acontecimientos difíciles o traumáticos. Por medio de la combinación de una relación segura bien establecida y el uso prudente de los métodos experienciales, el psicoterapeuta crea una "emergencia protegida" en la que el cliente puede recuperar los recuerdos previamente inconscientes, los sentimientos, y las conclusiones y decisiones que conforman el Guión de Vida.

PAUL: Tengo un recuerdo que destaca. Para mí es tan incoherente que siempre lo he mantenido apartado. Es que no lo entiendo y sólo ocurrió una vez.

RICHARD: ¿Cuál es?

PAUL: Que mi padre, en un momento dado, me dijo: "Ojalá estuvieras muerto".

RICHARD: Qué traición. Puede que durase sólo un momento, pero los recuerdos se prolongaron durante años y años y años.

PAUL: Sí, me descolocó por completo. No lo pude entender, pero nunca lo he olvidado.

RICHARD: Dilo otra vez para que tenga un impacto en mí.
PAUL: *Ich wünschte, du wärest tot.* Ojalá estuvieras muerto.
RICHARD: Ahora hazlo con su tono.
PAUL: (Con voz estricta) *Ich wünschte, du wärest tot!* ¡Ojalá estuvieras muerto!
RICHARD: Y con el mismo gesto.
PAUL: No, no recuerdo su gesto.
RICHARD: Pero conoces el tono y conoces el mensaje.
PAUL: Lo decía con total desaprobación.
RICHARD: No sólo la desaprobación de tu conducta.
PAUL: (Se señala a sí mismo con el dedo en su pecho) Sino de mí ... eso es lo que yo sentía con él. (Coloca su mano al lado de su cara, agacha la cabeza y llora). Siento una tremenda soledad.
RICHARD: "Una tremenda soledad".

Aquí estoy usando la técnica de Subrayado Terapéutico, repitiendo las palabras del cliente, por lo tanto, reconociendo y validando lo que él acaba de decir como una forma de enfatizar la importancia de sus palabras y de sus afectos. La actuación anterior ha estimulado en Paul el recuerdo de las palabras de su padre: "¡ojalá estuvieras muerto!". Ahora Paul es consciente del contexto de su "tremenda soledad" y de su anticipada desaprobación.

PAUL: Me acuerdo de ese año como el más difícil de mi vida, un año negro.
RICHARD: ¿Destruyó algo él ese día?
PAUL: No sólo con ese día, sino con todo lo que aconteció. Nunca volvió a repetir esas palabras, pero el mensaje fue que yo no era valioso.
RICHARD: Y yo hice una mini-versión de lo mismo cuando escuchaste mi tono. El tono de mi voz daba a entender que tú no tenías ningún valor.

Estoy de nuevo trayendo el foco de atención a la relación entre Paul y yo. Asumo la responsabilidad de haber insinuado que él no tiene ningún valor. Aunque yo no había usado esas palabras, para Paul mi tono daba a entender que él no era "valioso". Sería fácil mantener la atención únicamente en la conducta de su padre, pero si esto va a ser una relación sanadora, será de suma importancia que yo asuma la responsabilidad y haga las correcciones necesarias. El trabajo ahora hilará una y otra vez el enfoque en "nosotros" —nuestra relación actual, tal como la vivencia Paul— y el enfoque en la relación con su padre.

PAUL: Fue un desencadenante ¿Recuerdas el primer trabajo que hicimos juntos?
RICHARD: En este momento no, pero si continúas, lo recordaré. Tienes que pulsar los botones correctos de "mi ordenador".
PAUL: Hace cuatro o cinco años en Londres.
RICHARD: Recuerdo haberte conocido allí, pero en este momento no me acuerdo, así que sigue contando.
PAUL: Allí trabajé por primera vez sobre mi padre y no pude hablar con él en la "silla vacía".
RICHARD: Sí, recuerdo que sólo podías hablar de él conmigo.
PAUL: Porque mi experiencia de ese período de mi vida es que él era así de grande (Paul extiende los brazos ampliamente hacia afuera) y que yo no tenía poder.
RICHARD: Ahora recuerdo la sesión que hicimos. Entonces ¿es correcto asumir que cuando recibiste el mensaje verbal de tu padre, a los 16 años, de que no tenías ningún "valor", que eso ha estado pasando todo el tiempo, aunque de manera mucho más sutil?

En lugar de emitir un dictamen o una interpretación sobre la dinámica psicológica entre Paul y su padre, le planteo a Paul una pregunta que requiere de su propio entendimiento. Esto se basa en un principio importante de toda psicoterapia orientada relacionalmente: la ausencia de certeza por parte del psicoterapeuta. La teoría del terapeuta, su interpretación o su deseo de cambio conductual, son de menor importancia que la experiencia mutua entre cliente y psicoterapeuta. No hay certeza en nuestra teoría, opiniones o incluso observaciones. Si vamos a ser eficaces en la construcción de una nueva relación con el cliente, necesitamos co-crear con él una nueva comprensión de sus dinámicas psicológicas. Si adopto la posición de que no sé nada acerca de la experiencia interna del cliente, entonces tengo que entablar una indagación fenomenológica continua sobre lo que está sintiendo, pensando, fantaseando, recordando o percibiendo en su cuerpo. Así, la implicación incluye tener en alta consideración y estima las expresiones y opiniones personales del cliente. Tanto el cliente como el terapeuta aprenden y crecen en esta experiencia compartida.

PAUL: En cierta manera, sí. Cuando mis padres se separaron y mis dos hermanas se marcharon a Inglaterra con mi madre, yo elegí quedarme con mi padre ... para no dejarle solo ... la familia se rompió y eso fue horrible para él. Dos años más tarde, cuando yo tenía 15, su madre murió y aquello para él fue como un último golpe. Creo que él ya no estaba allí para mí.
RICHARD: Así que también fue el último golpe para ti. (Paul asiente intensamente y dice sí). ¿Como un mazazo?
PAUL: Suficiente como para irme.
RICHARD: Entonces ayer ... ¿me estabas dejando a mí?

Aquí vuelvo a atraer la atención de Paul hacia nuestra relación. Indago acerca de cómo puede estar usando conmigo las estrategias de auto-estabilización que aprendió a utilizar cuando su padre "no estaba allí". En la relación terapéutica actual podrá así relajar sus antiguos patrones de auto-estabilización que interfieren con el pleno contacto, tanto interno como interpersonal.

PAUL: Antes de ayer. Ayer me re-encontré conmigo mismo y entonces me sentí más cómodo contigo.
RICHARD: ¿Cómo te re-encontraste contigo mismo? ¿Puedes enseñarme cómo haces eso?
PAUL: No (Paul ríe a carcajadas).
RICHARD: ¿No? ¿No sabes cómo?
PAUL: Es una cuestión de tiempo, algo así como recuperar la tranquilidad. Llega un momento en que la película se detiene.
RICHARD: ¿Por qué no te mantuviste distante? ¿Por qué darme una segunda oportunidad?
PAUL: Siento la necesidad de estar cerca de ti.
RICHARD: Entonces, ¿qué pasa si continúo cometiendo otros errores como éste? Echemos un vistazo a la película futura. Digamos que cometo estos errores de nuevo.

Ahora estoy trasladando el foco de nuestro trabajo terapéutico al futuro. ¿Qué hemos aprendido cada uno de esta sesión? ¿Cómo vamos a ser diferentes entre nosotros? Por mi parte me había comprometido a hablar sólo sobre un acontecimiento actual y a no volver a traer acontecimientos externos a discusión alguna.

La intervención terapéutica siguiente tiene un enfoque cognitivo y conductual distintivo —reflexionar juntos sobre cómo hacer "lo" de manera diferente en el futuro. Esto sigue siendo una parte integral de una psicoterapia relacional. Si se hace con respeto, constituye una experiencia compartida: indagar en cómo Paul imagina que podré ser diferente y después compartir con él mi perspectiva sobre la forma en que planea cambiar su manera de reaccionar.

PAUL: Creo que lo repetiríamos dos o tres ocasiones y luego me retiraría de manera definitiva.
RICHARD: ¿Así que retirarte es una solución auto-estabilizadora para ti?
PAUL: Es una solución para protegerme a mí mismo.
RICHARD: Oh … ¿a eso lo llamas protección?
PAUL: (Risa) Sí. No porque seas tan peligroso, sino porque cuando conecto con este rechazo y soledad, eso, me deja fuera de combate.
RICHARD: Sí, y entonces es cuando probablemente te estabilizas a ti mismo retirándote (Pausa) ¿Puedo discutir contigo?
PAUL: Vale.
RICHARD: La protección de verdad … la protección más eficaz … es hacer lo que tú has hecho hoy aquí.
PAUL: (Asiente) Sí. Me levanté esta mañana y sentí que tenía que trabajar por dos razones, porque nuestra relación me importa.
RICHARD: Me alegro mucho por eso. No sabía que te estabas distanciando. No lo supe ver. ¿Y la segunda razón?
PAUL: Porque quiero curar esta herida.

Este es un mini-contrato con Paul que permite tomar la siguiente dirección terapéutica —una dirección que devuelve a Paul a sus dificultades en la relación original con su padre. Como subrayé anteriormente, la reparación de las perturbaciones relacionales puede producirse en dos dimensiones: entre nosotros, trabajando dentro de nuestra relación, e intrapsíquicamente expresando sus sentimientos y necesidades a su padre introyectado. A medida que en la terapia intervenimos en las dos, fortalecemos la posibilidad de que pueda volver a ganar seguridad-en-la-relación en vez de en el uso de su retirada auto-estabilizadora.

RICHARD: Entonces ahora cierra los ojos y regresa a la casa donde vivías tú solo con tu padre. Ve directo a esa situación ... directo a la habitación en la que te hizo ese comentario tan cruel aquel día. Mira su imagen, el aspecto que tenía entonces. Y esta vez, Paul, no te quedes en silencio. Esta vez, cuando él te dice que no vivas, respóndele.
PAUL: (Sus ojos están cerrados y calla durante varios segundos).
RICHARD: Haz lo contrario.
PAUL: (Pausa de otros 30 segundos con los ojos todavía cerrados) ¡No me puedo creer lo que me estás diciendo!

Mediante este método experiencial de conversar con la representación de su padre, Paul está deshaciendo una antigua retroflexión, la represión de sus sentimientos y de su auto-expresión. Ahora está hablando. Está diciendo su verdad. Ha roto su silencio. Durante los últimos veinticinco años, frente a la discordancia relacional, Paul se ha re-estabilizado a sí mismo mediante su silencio y su retirada en vez de hablar sobre lo que necesita en una relación.

No podía contar con su padre para encontrar una sensación de estabilización y de seguridad, por lo que confió en su propia capacidad de permanecer en silencio. Sin embargo, en la vida actual, este antiguo patrón de manejar las relaciones a través del silencio y la retirada ya no funciona. Aquí experimenta una nueva forma de estar en relación, al menos con la imagen interna de su padre —una nueva forma que puede mantener con otras relaciones. En un taller anterior, Paul se había mostrado reacio a hablar con la imagen interna de su padre. Ahora estaba diciendo con franqueza lo que pensaba.

RICHARD: Sigue.
PAUL: Está totalmente fuera de lugar.
RICHARD: (Le coge la mano y con cada palabra da un golpe con la mano de Paul sobre el almohadón) ¡No me lo puedo creer!

Aquí de nuevo, empleo el Subrayado Terapéutico. Repito las palabras de Paul: "No me lo puedo creer" para enfatizar la importancia emocional de lo que ha dicho anteriormente. Ayudar a Paul a golpear el almohadón es un método físicamente activo de animarle a expresar su energía, sus palabras y los sentimientos que estaban en retroflexión. Es un medio para expresar todo lo que se ha mantenido dentro en silencio. También es un gesto para causar un impacto. No se trata de la liberación de una cantidad específica de sentimientos, se trata de deshacer el proceso de retroflexión y así él obtendrá una sensación física y también verbal de expresión de sí mismo.

PAUL: (Empieza a llorar y su voz se vuelve fuerte, está golpeando las manos contra el almohadón mientras grita las palabras) ¿Cómo puedes decir algo así?

RICHARD: Paul, haz una afirmación. Haz una afirmación en lugar de hacer una pregunta.

PAUL: (Con los ojos todavía cerrados, llorando y muy emocionado, mientras grita y golpea con sus manos el almohadón) ¡No puedes decir algo así a tu hijo! ¡Joder!

RICHARD: Sigue, Paul.

PAUL: (Llorando con los ojos cerrados, agita la cabeza y golpea el almohadón con sus manos mientras grita las palabras) ¿Tienes idea de lo que duele esto? Me duele cuando lo dices (sollozando durante 30 segundos … Paul hace una pausa de otros 40 segundos, más tranquilo y con los ojos abiertos) Tengo clara la sensación de que necesito tenerte cerca, Richard (pausa de 10 segundos).

RICHARD: (Extiende el brazo y agarra la mano de Paul) Voy a cogerte esta mano mientras tú le hablas con la otra.

PAUL: (Mira a Richard y sonríe, luego mira otra vez al almohadón que representa a su padre) Mi cabeza dice que no puede ser. ¿Cómo puedes decir eso?

RICHARD: Ahora convierte esa pregunta en una afirmación.

En varias ocasiones Paul ha formulado preguntas y la mayoría de las veces le he instado a que convierta esas preguntas en afirmaciones. Sus preguntas ante la imagen de un padre se quedarían sin respuestas e impedirían su experiencia y la expresión de sus sentimientos. Cambiar sus preguntas por afirmaciones le permite expresar sus sentimientos y reacciones —sin impedirle decir lo que piensa con franqueza. Las afirmaciones expresan su necesidad de causar impacto; en cambio las preguntas entran en un bucle interminable de "por qué". ¡Las afirmaciones lo empoderarán! Su crecimiento se producirá al contarle a su padre la historia previamente silenciada, expresando sus sentimientos y sus necesidades relacionales.

PAUL: *Papa, das kannst du einfach nicht sagen, dass geht nicht.* Papá, no puedes decir algo así, de ninguna manera.
RICHARD: Eso es, dilo más alto.
PAUL: *Du kannst frustriert sein, es kann dir schlecht gehen, was auch immer. Aber es gibt was, das geht nicht! Es geht einfach nicht. Du kannst mich nicht so behandeln!* Puedes sentirse frustrado, puede estar abatido, lo que sea. ¡Pero hay cosas que no puedes hacer! De ninguna manera. ¡No puedes tratarme así!
RICHARD: Eso es.
PAUL: (Llora y golpea con su mano una y otra vez el almohadón, mientras se aferra a la mano de Richard y continúa hablando en alemán). *Da gibt es eine Grenze, da kann man einfach nicht drüber! Du kannst da nicht drüber. Das geht bis dahin! Es gibt Sachen, die kannst du nicht sagen, es gibt Sachen, die kannst du nicht tun! Das ist einfach zu unmenschlich, das ist bestial!* ¡Hay un límite que no se puede traspasar! ¡Hasta ahí! ¡Hay cosas que no se pueden decir, hay cosas que no puedes hacer! ¡Eso es demasiado inhumano, es brutal!
RICHARD: Dile lo que decidiste ese día.
PAUL: (Hace una pausa durante 20 segundos y realiza algunas respiraciones profundas) *Dazusein und nicht dazusein. Einerseits brauche ich dich, aber andererseits traue ich dir nicht.* Estar allí y no estar allí. Por un lado te necesito y por el otro, no confío en ti.

Paul había tomado una decisión explícita en la adolescencia —una decisión que no ha olvidado, pero que ha afectado a algunas de sus relaciones desde entonces. Cuando las decisiones se adoptan en respuesta a acontecimientos específicos, a menudo están disponibles como memoria explícita y, por lo tanto, es posible llevar a cabo una redecisión activa. En este trabajo aún no sabemos si esta decisión es el único origen del silencio y de la retirada auto-limitante de Paul.

Es posible que él haya adoptado una serie de conclusiones implícitas similares que se han acumulado durante un largo período de tiempo.

Tales conclusiones implícitas no suelen ser conscientes o pensadas, ya que a la persona le parecen una reacción natural ante los repetidos fracasos relacionales. Las conclusiones implícitas, así como las decisiones explícitas, conforman las auto-limitadoras creencias de guión.

Cuando estoy trabajando con un cliente cuyo Guión de Vida está compuesto principalmente por conclusiones implícitas en respuesta a la negligencia acumulativa, la terapia debe ser relacional. El proceso de cura se produce mediante la sintonía consistente del psicoterapeuta con los afectos del cliente, con su ritmo, con sus necesidades relacionales y con su representación del self-en-relación. Con frecuencia, no es útil el empleo de los métodos activos que estoy empleando aquí con Paul si el Guión de Vida se ha formado principalmente en base a sus conclusiones implícitas.

Incluso con él, yo no querría que la terapia terminara sólo con una redecisión. Dijo que "no había nadie", y daba a entender que su padre estaba demasiado ocupado en sus propias pérdidas como para estar con pleno contacto. Paul podría necesitar la presencia continua de un psicoterapeuta respetuoso y afectivo que le ofreciera una forma alternativa de estar en relación. Pero, por ahora, parece que la consciencia de la profundidad de su decisión original y una posible redecisión marcarán una enorme diferencia en su vida.

RICHARD: (Mueve la mano que está sosteniendo) Por un lado … (señala la otra mano de Paul) … y, por el otro lado.

PAUL: (Mira a Richard) Sí.

RICHARD: Paul, habla con tu padre. Quédate con él. Háblale de estar desgarrado por dentro. "Por un lado y por el otro". Dile cómo esa decisión afectó a todas tus relaciones.

PAUL: *Ich traue dir nicht. Heute kann ich mit gewissen Dingen zählen, aber gefühlsmässig traue ich dir nicht. Ich brauche diesen Sicherheitsabstand, und nicht nur mit dir, sondern mit allen Menschen, wo ich mich in Gefahr fühle. Und es ist nicht einfach für mich.* Yo no confío en ti. Hoy cuento con ciertas cosas, pero emocionalmente no confío en ti. Necesito esta distancia de seguridad. Y no sólo contigo, sino con toda la gente con la que me siento en peligro. Y esto no es fácil para mí.

RICHARD: (Mueve la mano de Paul que está sosteniendo) Ahora dile lo que esta mano necesita.

PAUL: *Papa, ich brauche dich, und ich hätte dich damals sehr gebraucht.*

Heute kann ich mich selber behaupten, aber ich hätte mich damals sehr gebraucht. Papá, te necesito y te necesitaba mucho en ese momento. Hoy puedo cuidar de mí mismo, pero entonces te necesitaba mucho. (Pausa de 30 segundos). *Ich hätte gebraucht, dass du mich richtig findest; dass du mich bestärkt hättest in meinem Eigensein; dass ich dich um Rat hätte fragen können; dass du mir geholfen hättest, mich zu orientieren. Ich habe meinen ganzen Weg selbst gemacht.* (Cambia de alemán a español). Nadie me dijo cómo hacerlo. Hubiera necesitado que me consideraras adecuado y valioso. Eso me habría reafirmado en ser como soy. Si yo hubiese podido pedirte consejo. Eso me habría ayudado a orientarme. He recorrido todo mi camino por mi cuenta. Nadie me dijo cómo hacerlo.

RICHARD: (Retiene la mano que está sosteniendo y señala la otra mano de Paul) Esta le aparta.

PAUL: Sí. (Pausa).

RICHARD: ¿Qué acaba de ocurrirte por dentro? Paul, los músculos de tu cara han cambiado ligeramente, algo ha pasado.

PAUL: (Mira a Richard con una sonrisa tranquila) Me hace sentir tan bien tenerte a mi lado, mirándome con una expresión de amor y de aprecio. Me relaja y me hace sentir feliz.

RICHARD: Ahora dile eso a tu padre: "padre, lo que necesito de ti es …".

Esta última indicación terapéutica la denominamos "cebar la bomba". Es un método activo que estimula a la persona a decir eso que no está contando. Sin embargo, el psicoterapeuta no completa la frase, sólo prepara al cliente para hablar y el cliente acaba la frase a su manera. La mayoría de las veces es esencial que el terapeuta no la finalice, así el cliente puede tener la experiencia de contar "eso" a su modo y/o puede evitarse la avenencia con el psicoterapeuta.

Me he sorprendido a menudo por la forma en que un cliente acaba la frase cuando he "cebado la bomba" y yo me he abstenido de terminársela. Sólo en raras ocasiones completaría yo la frase: cuando el cliente es incapaz de pronunciar las palabras debido a una inhibición o a una amenaza de castigo, o bien, si mi sintonía cognitiva es tal que tengo la sensación de poder proporcionar las palabras que reflejen la experiencia interna de los clientes —palabras que el cliente aún no ha empezado a pensar, ni a decir.

PAUL: *Was ich von dir brauche, ist, dass du einfach zu mir stehst.* Lo que necesito de ti es simplemente que estés de mi parte y que me respaldes.
RICHARD: Déjame añadir una más: "Y que creas en mí, papá, que creas en mi modo de actuar, no sólo que me respaldes".

Aquí voy más allá de "cebar la bomba". En realidad estoy diciendo lo que creo que el cliente no está expresando. Asumo el riesgo de decirlo por él, como una forma de mostrar mi sintonía con lo que tiene que decir y no ha puesto en palabras.

La sintonía es el ingrediente importante; si tengo falta de sintonía y digo algo que no es acorde con la experiencia interna del cliente, entonces romperé nuestra relación. La risa de Paul y la respuesta siguiente indican que he manifestado una expresión adecuada de lo que él no podía decir todavía. Percibir *qué* decir en un momento como éste es una señal de implicación.

PAUL: (Ríe) Para mí van juntos.
RICHARD: "Cree en mí, confía en mí".
PAUL: *Yeah. Vertraue mir, dass ich das Richtige mache.* Que creas que estoy haciendo lo correcto. (Pausa de 30 segundos).
PAUL: (Dicho con enfado) *Für mich warst du unendlich brutal. In deinen Worten, in deinem Ton, in deinem Verhalten. Du hast mich nicht geschlagen, aber warst unendlich brutal.* Para mí has sido infinitamente brutal, en tus palabras, en tu tono, en tus actos. No me pegaste, pero has sido infinitamente brutal. (Pausa de un minuto. Paul se sienta con los ojos cerrados. Richard permanece en silencio, mirando fijamente a Paul todo el tiempo).
PAUL: (Más alto y con enfado) *Du hast mir sehr wehgetan. Es war wirklich das schlimmste Jahr in meinem Leben. Ich wünsche das keinem.* Me has hecho mucho daño. Realmente ha sido el peor año de mi vida. No se lo deseo a nadie.
RICHARD: Y dile lo que decidiste ese año.
PAUL: *Es gibt keinen, auf den ich zählen kann; zumindest keinen Mann. Im Grunde bin ich allein.* No hay nadie, no puedo contar con nadie, al menos no con un hombre. Básicamente estoy solo. (Pausa de 40 segundos; después Paul cambia del alemán a español) Hay algunas personas con las que es mejor proteger

mi fragilidad. Y con quien no me atrevo a mostrarme. En vez de eso, es mejor aislarse y retirarse (Pausa de 40 segundos, después mira a Richard con cariño) Es un poco complicado tratar conmigo en nuestra relación.

Paul acaba de comunicar su decisión de guión. Ahora es consciente de su decisión y de cómo ha afectado a su vida durante los últimos 25 años. No presiono a Paul para que haga una redecisión en voz alta, confío en que está adoptando una redecisión en su interior. Su intensa consciencia emocional es lo bastante potente, su vida va a cambiar significativamente. En las próximas transacciones Paul ya está anticipando una calidad diferente en nuestra relación.

RICHARD: ¿Qué quieres decir, Paul?
PAUL: Prediciendo el futuro, asumo que pasará otra vez contigo.
RICHARD: Sí, es una posibilidad.
PAUL: Por lo tanto, será un poco complicado a veces. (Ríe).
RICHARD: Vale. Entonces la pregunta es: "¿Qué podemos hacer al respecto?".
PAUL: Lo que voy a hacer es tratar mi problema contigo en nuestra relación.
RICHARD: Bien, gracias. Eso sería bueno para ambos porque así no tengo que adivinar lo que está pasando dentro de ti.
PAUL: Y me gustaría que cuando doy señales de mi angustia, me tomes en serio.
RICHARD: Tomarte en serio no será ningún problema en absoluto. De hecho, probablemente será muy agradable hacerlo... como lo es sentarme aquí y agarrar tu mano en este momento.

En esta transacción, estoy asumiendo un compromiso con Paul —un compromiso de respetarle y tomarle en serio. ¡Esto es implicación terapéutica! Hay otro elemento de implicación terapéutica en mi pregunta a Paul: "¿Qué podemos hacer al respecto?". Advierte el uso del "nosotros", una pequeña pero significativa palabra que indica que él no está solo y que voy a tomarme sus preocupaciones en serio.

"Nosotros", una palabra que significa que alguien más está ahí para ayudarle a resolver sus posibles conflictos. El "nosotros" comunica nuestra relación y mi compromiso con un proceso co-constructivo. La cura de las perturbaciones relacionales y de la angustia psicológica se produce gracias a una relación terapéutica de pleno contacto. Observa las siguientes transacciones: cuando digo que será muy agradable tomarle en serio, Paul se da cuenta de las dos nuevas posibilidades y de otra decisión de guión.

PAUL: Algo interesante está sucediendo mientras tanto. (Apunta despacio con el dedo hacia sí mismo y luego hacia Richard). Me estoy dando cuenta de que … ¿es posible que un hombre pueda quererme? Es como una pregunta (mueve su cuerpo hacia atrás y se ríe), lo que me lleva a otra decisión de ese momento.

RICHARD: ¿Lo puedes poner en palabras?

PAUL: Por aquel entonces decidí que ningún hombre podría quererme. (Richard y Paul se miran con aprecio el uno al otro durante 20 segundos mientras están sentados con un lenguaje corporal relajado, luego se sonríen).

PAUL: Yo noto que tú me quieres. (Richard extiende el brazo y de nuevo coge la mano de Paul).

RICHARD: Para los niños … y eso eras cuando tu padre lo hizo, aún eras un niño … el amor no está en las palabras abstractas "Te quiero". (Paul comienza a llorar … después de una pausa se limpia las lágrimas de los ojos y asiente). El amor está en las acciones … a través de cada acción que necesita el niño. Y el comportamiento de tu padre ese día no fue de amor.

PAUL: Ni ese día … ni tampoco en muchos otros días.

RICHARD: Siento mucho escuchar eso.

PAUL: Esa es la herida aquí (señala su corazón).

RICHARD: Así que tal vez ahora que hemos limpiado la infección, la herida pueda sanar naturalmente. Esa herida ha estado infectada durante mucho tiempo por la decisión que tomaste.

PAUL: Lo entiendo. (Pausa de varios segundos, después suelta la mano de Richard). Me gustaría recibir un abrazo.

RICHARD: ¿Nos ponemos de pie?

PAUL: ¡Sí! (Richard y Paul se ponen de pie y se dan un fuerte abrazo).

Aunque Paul no ha verbalizado una redecisión, la forma en la que se relaciona conmigo al final, y después de esta sesión, es diferente. Esto se evidencia en su deseo de afecto por parte de un hombre y cuando dice "Yo noto que tú me quieres". Puede que quede más trabajo relacional por hacer. Pero, por hoy es suficiente, hemos logrado mucho en esta sesión de terapia. En este trabajo he puesto el énfasis en el tratamiento tanto en la centralidad de la relación terapéutica como en el uso de métodos experienciales y expresivos.

Sin una relación de calidad, los métodos experienciales podrían simplemente estar "haciendo algo" en el cliente. Dentro de una cuidadosa relación terapéutica, los métodos expresivos y experienciales se emplean en un proceso co-creativo con y para el cliente. Cuando el psicoterapeuta proporciona contacto pleno y está totalmente implicado en la relación con el cliente, éste puede arriesgarse a experimentar con métodos activos que *recrean* una puesta en acción de sus antiguos fracasos relacionales y traumas.

Quisiera concluir nuestra discusión articulando algunos de los principios importantes que son inherentes a la implicación terapéutica. Mi primera toma de consciencia al establecer una relación terapéutica con Paul fue la de tener curiosidad por su punto de vista y por sus sentimientos, y también percibir su modo de ser único y diferente al mío. Sentí especial curiosidad por explorar la descripción de Paul sobre mi tono de voz y sobre el significado que había atribuido a mis palabras y a mi tono. No estoy sugiriendo que los psicoterapeutas nos volvamos complacientes con el cliente sino, más bien, que temporalmente dejemos a un lado nuestro propio marco de referencia y apreciemos su forma de organizar sus experiencias.

Con Paul, al igual que con todos mis clientes, asumo que no sé nada acerca de su experiencia o de su vida interior. Todas mis observaciones y teorías son meras impresiones. Estas impresiones no me dicen lo suficiente de lo que es "estar en la experiencia" de Paul. Por lo tanto, es esencial que me involucre en una indagación fenomenológica permanente para descubrir la perspectiva de Paul y sus sentimientos, y para encontrar así lo que necesita en una relación terapéutica.

Cuando resulto seguro, fiable y consistente en el modo de establecer un entorno de estabilidad emocional para mis clientes, experimento una sensación de integridad. Mi honestidad al decir a Paul que no aprobaba lo que había dicho era importante y necesaria para brindar una relación de trabajo fiable. La honestidad y la búsqueda de la verdad son aspectos importantes de la integridad. Considero esencial hacerme reiteradamente la pregunta, "¿Cuál es el efecto de mis afectos internos o de mi conducta en el cliente?". Asumir la responsabilidad de cómo influyo en los demás es parte de mantener una sensación interna de integridad.

Cuando estoy menos seguro de la verdad, o de qué es lo apropiado, entonces dejo que los clientes me influyan, y como resultado, se muestran más auto-expresivos. Es importante que mis clientes perciban que, en la relación terapéutica, pueden causar impacto en mí. Paul se había mantenido en silencio con su padre, se había retirado y no había logrado causarle impacto. En el trabajo con Paul escuché y acepté su descripción acerca de mi tono "estricto", en vez de centrarme en mi propia experiencia o de ofrecer explicaciones.

Me esfuerzo en ofrecer a mis clientes una oportunidad de elección siempre que sea posible. Mi deseo de proporcionar elección se basa en la suposición de que al cliente le parece que su conducta es la mejor opción, dadas sus experiencias pasadas y su motivación. Paul carecía de opciones en su familia. No había tenido ni voz ni voto en la separación de sus padres. Dijo que había decidido quedarse con su padre, pero que lo había hecho por su deseo de cuidar a su padre, no había sido una opción basada en su propio bienestar.

En mi práctica clínica, he observado que los clientes se vuelven menos precavidos y auto-protegidos en un ambiente de amabilidad. Cuando soy respetuoso y compasivo, eso les proporciona una sensación de seguridad y de apertura para expresarse más plenamente. Cuando le dije a Paul: "Puedo hacer eso por ti", lo hice con un sentimiento de respeto y honrando su "Okness" (estar bien, valor intrínseco). Poco después de hacer esta declaración de reparación, Paul fue capaz de cambiar su foco hacia el necesario trabajo con su padre.

Cuando se establece un compromiso con el bienestar del cliente, podemos conmovernos y experimentar una sensación de compasión. Esta sensación de compasión incluye la emoción y la actitud de "estar con y para" la otra persona. Es la máxima expresión de un contacto interpersonal pleno. La compasión supone el compromiso de entender los sentimientos y motivaciones de mi cliente, mientras valoro su singularidad y sus diferencias. A lo largo de la terapia de Paul, sentí una fuerte sensación de compasión por el hombre que se había sentido herido por mi tono "estricto" y también por el adolescente cuyo padre había dicho: "Ojalá estuvieras muerto". Los años de soledad de Paul conmovieron mi corazón ... ¡yo quería estar completamente presente con él!

La curiosidad, la integridad personal, la ausencia de certeza, la posibilidad de elección, y una sensación de compasión, son todos aspectos de contacto-en-la- relación. Cada uno de ellos es una actitud interna y una sensación de estar en relación. Todos ellos constituyen las características de la implicación terapéutica.

CAPÍTULO DIEZ

El vínculo en la relación: ¿una solución a la violencia?

La teoría de la motivación de la Psicoterapia Integrativa hace hincapié en la interacción dinámica entre el imperativo biológico de estímulo, de estructura y de relación (Erskine 1997b). Vínculo, apego y conexión son todos los aspectos de estos imperativos biológicos de las relaciones. Las necesidades relacionales, como tales, son los componentes del vínculo y de la relación que están presentes a lo largo de nuestras vidas. Cuando estas necesidades relacionales están suficientemente satisfechas, el resultado es una sensación de bienestar en la relación. Cuando las necesidades relacionales no se cubren, la necesidad se hace más intensa y se experimenta fenomenológicamente como un anhelo, un vacío, una soledad persistente o como un intenso impulso, acompañado a menudo de nerviosismo. La falta de satisfacción de las necesidades relacionales se manifiesta en forma de frustración, ira o agresión (Erskine y Trautmann 1996). Cuando estas necesidades relacionales no se ven satisfechas durante un largo período de tiempo, una de las consecuencias es la violencia, otra es la depresión.

Uno de mis pacientes remitió a Stanley, a quien describió como "deprimido y extraño". Stanley llegaba a sus sesiones vestido de forma desaliñada y completamente de negro, marcando su abultado vientre y con los hombros caídos. Parecía muy deprimido. Se describía a sí mismo como un fotógrafo de 25 años de edad, cuyas fotos "no se venden". En las primeras sesiones, se hizo evidente que las creencias de guión sobre sí mismo eran "soy un fracasado" y "no pertenezco". Mientras yo profundizaba en sus sentimientos acerca de esas creencias, no hubo emociones. Él, sin embargo, habló de varios incidentes en los que había tenido la experiencia de no pertenecer y de ser un fracasado. Para ejemplificar hasta qué punto era un fracasado, comentó que iba a traer a la sesión sus fotografías abstractas en blanco y negro, todas ellas imágenes deprimentes de destrucción y caos.

Habló de cómo nadie estaba interesado en su fotografía y afirmó no tener sentimientos asociados con las fotos o con la falta de interés de la gente hacia su trabajo. Con el tiempo, cuando hablamos de esas fotografías, hizo una referencia de pasada a algunas de las que representaban masacres. En una ocasión, habló de su plan de comprar otra arma y de su deseo de venganza. Sin embargo, cuanto más indagaba yo en su deseo de destrucción, de venganza, de muerte o de poseer armas de fuego, más distante se volvía en la terapia. Parecía como si quisiese que yo escuchara sus historias sólo cuando a él le apetecía y en la forma que él escogía.

En los siguientes meses, cada una de sus historias terminaba con la creencia de guión "algo está mal en mí". Mientras explorábamos el significado de esta creencia, surgieron una serie de recuerdos infantiles de cómo sus compañeros a menudo le habían utilizado y acosado. A pesar de que era un niño corpulento, siempre se había considerado sí mismo como "el debilucho sin amigos". Los otros niños solían llamarle raro, feo e inútil. Con frecuencia, incluso grupos de niños más pequeños que él le golpeaban y se regodeaban dándole puñetazos con el pretexto de que estaba "muy gordo".

No había encontrado alivio ni consuelo en la relación con su madre, a quien describía como controladora, avasalladora y sobreprotectora. Ella solía mentir sobre Stanley a sus amistades y les contaba sus grandes logros académicos y deportivos. Pero en realidad, Stanley fracasaba en todas las actividades deportivas y apenas aprobaba los exámenes de la escuela, incluso con la considerable ayuda de tutores. Stanley siempre sintió que no podía cumplir las expectativas de grandeza de su madre. Por consiguiente, tomando como referencia sus fracasos y comparándolos con las expectativas de su madre, había conformado la creencia de guión "algo está mal en mí" y "soy un fracasado". La creencia de guión de "no pertenezco" se había visto continuamente reforzada por los recuerdos de su padre, que le ignoraba, y también por el comportamiento de los otros niños, especialmente durante la adolescencia.

Excepto por el hecho de que se parecía a su padre, pensaba con frecuencia que no era hijo suyo. Su padre había sido un hombre de éxito, atlético, extrovertido, un hombre realizado y en apariencia con muchos conocidos. Stanley recordaba estar en la cama esperando que su padre volviera a casa y se interesara por él, le acariciara y se sentara a charlar. Pero normalmente el padre estaba centrado en sus propios intereses. Stanley recordaba que en algunas ocasiones su padre le había comentado que tenía un aspecto extraño o que actuaba de manera extraña. Stanley usaba constantemente estos acontecimientos como recuerdos reforzantes que alimentaban la creencia, basada en la vergüenza, de "algo está mal en mí".

Mientras exploramos su profunda sensación de vergüenza, él recordaba cómo, cuando era humillado por la familia o por los otros niños, a menudo se escapaba al bosque. Encontraba alivio recogiendo grandes palos y destrozándolos contra los árboles. Después de varias sesiones de Psicoterapia Integrativa centrada en lo relacional que enfatiza la indagación empática, consiguió finalmente recordar vívidamente una experiencia ya olvidada. Cuando tenía 13 años, su madre le había organizado una gran fiesta en la piscina a la que había invitado a todos los compañeros de la escuela y a los conocidos del barrio. Stanley describió cómo "en la fiesta todos los niños se aliaron contra mí y se burlaron". "Se reían de mí cuando yo lloraba". Stanley huyó de su propia fiesta, fue al bosque y se imaginó destrozando a todos los niños mientras golpeaba los palos contra los árboles. Durante esta sesión de terapia, Stanley lloró por primera vez en 13 años.

A medida que avanzaba el segundo año de tratamiento, la angustia de Stanley se hizo mucho más evidente. Me contó varias historias de cómo la gente no era de fiar, era deshonesta y egoísta. Las creencias que se había formado a partir de estas experiencias eran "todas las personas tienen segundas intenciones" y "todas las personas ocultan algo". Mientras explorábamos los recuerdos relacionados con estas creencias, habló de los múltiples escarceos sexuales de su padre y de la falsa imagen pública de matrimonio perfecto que sus padres pretendían dar.

Durante este período, me acusó repetidamente de ocultar algo o de tener "intenciones engañosas". También habló de las "cosas" que él me ocultaba a mí. Yo le dije que, en mi opinión, el hecho de que me hubiera confesado que me ocultaba cosas a mí había sido una confesión importante, y que él necesitaba su propio espacio de tiempo y su propia disposición personal antes de poder contarme los detalles. Tras esto, pidió tres sesiones a la semana en lugar de la habitual, una por semana. Por razones de horario, sólo pude ofrecerle dos sesiones semanales.

Lo que surgió durante nuestras sesiones fue una combinación de desconfianza e idealización. Stanley estaba preocupado por la idealización, y aportó muchos ejemplos sobre cómo los políticos, los líderes religiosos y las personas importantes de la comunidad, a menudo ocultaban algo y eran deshonestos. Escuchando estas historias resultaba evidente que necesitaba a alguien consistente y fiable en quien pudiera confiar con seguridad cuando relataba sus secretos.

Mientras continuaba el segundo año, describió sus fantasías violentas con más detalle. Muy lentamente al principio, hizo alusión a imágenes de masacres, a llevar armas de gran alcance y a disparar contra un gran número de personas. En sus fantasías era fuerte, valiente, poderoso y valioso. En la vida real se sentía débil, estúpido, impotente y una escoria. Las fantasías le proporcionaban una autodefinición muy diferente. A menudo trabajamos el contraste entre su sensación de vergüenza y la sensación de poder y omnipotencia de sus fantasías. En este contexto, empezó a hablar sobre su preocupación de ser como los chicos que habían cometido la matanza en la *Columbine High School* de Colorado. Comenzó a revelar el alcance de esas fantasías homicidas —su frecuencia e intensidad.

Mi actitud de aceptación de las fantasías de Stanley potenció su elaboración detallada y nos permitió abordar las funciones psicológicas de las fantasías (Erskine, Moursund y Trautmann 1999). Examinamos su autodefinición y de qué modo su identidad en la fantasía contrastaba con su identidad en sus relaciones con otras personas. Cada fantasía también proporcionaba predictibilidad: se encontraría con un grupo que había hecho daño o humillado a alguien. Contaría con un grupo de seguidores respaldándole. Mataría a los que habían provocado la humillación o el daño. La gente estaría orgullosa de él y le declararían un héroe.

Estas fantasías expresaban el poder que anhelaba e imaginaba de pequeño cuando iba al bosque a destrozar palos contra los árboles. Gracias a sus continuas fantasías, no sentía la humillación ni la pérdida de relaciones que había sufrido en su infancia, era poderoso en vez de vergonzosamente impotente. Con el relato de sus fantasías y de mi sintonía recíproca con sus afectos y con su nivel evolutivo, la función de las fantasías comenzó a cambiar. Nuestra relación terapéutica, más allá de las fantasías, propició el terreno para la expresión de sus funciones psicológicas. Conmigo podía definirse a sí mismo. Mi actitud de aceptación le proporcionaba continuidad y estabilidad, y su identidad comenzó a cambiar a medida que se sentía cada vez mejor en mi presencia; gracias a la consistencia de nuestros encuentros y, en algunos momentos, llamadas telefónicas podía predecir mi respuesta cuando le asaltaba la preocupación por sus fantasías violentas. Encontró consuelo en mi actitud hacia él y en el recuerdo de mis palabras.

Gran parte del trabajo terapéutico en ese año se centró en la elaboración de sus fantasías y de su necesidad relacional de causar impacto y de definirse a sí mismo. En sus fantasías era un héroe con un grupo de seguidores. Cogería las armas y dirigiría un grupo de hombres para atacar a quienes cometieran cualquier injusticia; tras la exterminación de muchos, la gente sabría que era poderoso. Vengaría a los oprimidos y sería un héroe. En cada fantasía causaba *impacto*. Con frecuencia no le hacía comentarios sobre el contenido de la fantasía, sino que me centraba más en las necesidades relacionales expresadas en esas fantasías. A través de ellas, Stanley estaba tratando de definirse a sí mismo y de provocar impacto en los demás. Poco a poco, Stanley iba teniendo cada vez menos fantasías violentas.

Tras el largo receso que supuso el verano, el comienzo de nuestro tercer año de tratamiento se caracterizó por el retorno de las fantasías violentas de Stanley, en especial cuando se dirigía a las sesiones de terapia o durante los fines de semana que yo estaba fuera. Cuanto más hablábamos de sus necesidades relacionales, reflejadas en cada una de las fantasías violentas, su enfado hacia mí se hacía más palpable. Estaba furioso conmigo porque sólo le veía dos veces a la semana, porque había estado ausente durante el verano, porque le había definido e ignorado y porque no le había confiscado sus armas. Con su enfado hacia mí, Stanley quería conmoverme y agitarme, deseaba hacerme sentir lo que su padre nunca había experimentado compasión, protección y compañerismo. Finalmente, dijo: "Quiero que veas el mundo a través de mis ojos".

En ese tercer año, centrando la psicoterapia en el análisis de la transferencia, fui capaz de conectar con un Estado del Yo Niño de Stanley mucho más joven —un niño que había sido humillado por sus compañeros, y que se sentía abandonado y traicionado por la falta de protección de cada uno de sus progenitores. De niño, Stanley había sido definido como extraño y diferente. Yo veía a Stanley como un niño y un hombre que necesitaba seguridad y validación de su proceso interno, definirse a sí mismo y conseguir hacer impacto en sus relaciones. La terapia le proporcionaba validación de la función psicológica de sus fantasías y también el respeto a su necesidad de estar en presencia de alguien seguro, fiable, consistente y responsable (ibíd.).

¡Después de un tiempo Stanley ha vendido todas sus armas! Ha conseguido un nuevo trabajo en la industria del cine, con un talento muy singular. Está muy entusiasmado con sus logros. Me informa de que no tiene fantasías violentas, pero que fantasea y materializa su deseo de relacionarse y de tener un trabajo digno. Por primera vez en su vida tiene una amiga íntima. A través de una relación terapéutica de pleno contacto y centrada en las necesidades relacionales y en la función psicológica de las fantasías, Stanley ha cambiado su vida. Stanley ha logrado una vida adulta satisfactoria con autodefinición, con impacto y con intimidad. El vínculo, el apego y la relación terapéutica ... ¿han sido la clave para la solución a la violencia?

Comentarios posteriores del autor

Tras el discurso en el que se basa el presente capítulo, "El Vínculo en la Relación: ¿Una solución a la violencia?", Bill Cornell y Robin Fryer plantearon algunas cuestiones interesantes acerca de cómo me afectaron las fantasías de Stanley sobre cometer actos de asesinatos en masa. Estas son mis respuestas a cada una de sus cinco preguntas.

¿Te llegó a preocupar que Stanley llevara a cabo alguna acción antes de que la terapia surtiera efecto?

Al inicio de la terapia, me centré en el tratamiento de la depresión de Stanley y el subyacente trauma acumulativo manifestados en las creencias de guión, "soy un fracasado" y "no pertenezco". Supuse que sus deprimentes fotografías de destrucción y caos sólo eran una metáfora visual para describir la "destrucción" de su sentido de autoestima y el "caos" de su familia y de las relaciones entre iguales. Me alarmé cuando habló de venganza y de comprar otra arma para añadirla a su ya amplia colección. Traté en vano de obtener más información. Estaba preocupado por su potencial puesta en acción de las fantasías.

Lo único que aliviaba mi preocupación por él entre las sesiones era el hecho de que a menudo llegaba temprano a la terapia y parecía ansioso tanto por mostrarme sus fotos como por que yo le dijera qué estaba "mal" en él. Periódicamente me telefoneaba "sólo para hablar". Estábamos estableciendo una relación a pesar de que no me dejara preguntarle acerca de sus fantasías de venganza y asesinatos, ni sobre sus armas.

Cuanto más me hablaba de su infancia por voluntad propia, más relajado me sentía yo. Al menos hablaba con detalle de sus frustraciones y de su rabia, a pesar de que afirmaba no tener sentimientos. Una vez que la profunda sensación de vergüenza de Stanley se convirtió en el centro de la terapia y fue de nuevo capaz de llorar, comenzó a disminuir mi preocupación por una puesta en acción violenta de su humillación y del rechazo de la infancia. Parecía comprometido con la psicoterapia.

¿Alguna vez consideraste la posibilidad de denunciar a Stanley a las autoridades como posible amenaza para alguien?

Sí, fue uno de los principales planteamientos considerando las leyes estatales y la ética profesional. Mis consultas a colegas respetados me ayudaron a organizar las prioridades y las preocupaciones sobre seguridad pública, eficacia terapéutica y ética. Con frecuencia pensé en lo ineficaz que resultaría dicho informe a la policía. Yo no disponía de una información útil, excepto que planeaba comprar otra arma. Durante el primer año y medio, desconocía la extensión de sus fantasías, todo lo que tenía eran mis impresiones sobre sus fotografías y su rechazo a responder a mis preguntas.

Cualquier denuncia que pudiera haber hecho a la policía, habría producido una investigación policial rutinaria e intrascendente o habría sido ignorada por las autoridades porque yo no disponía de información útil —sólo contaba con mi intuición sobre el significado de las fotografías, con el comentario de que me estaba "ocultando cosas", y con el conocimiento de que poseía legalmente varias armas. Cualquier atisbo de una denuncia o de una investigación habría llevado a Stanley a terminar abruptamente la terapia. En ningún momento las fantasías de Stanley se refirieron a personas específicas que pudieran haber estado en peligro. Para cuando supe el contenido, el alcance y la frecuencia de las fantasías, Stanley estaba ya muy comprometido con la relación terapéutica.

¿En algún momento temiste por tu propia seguridad?

No, Stanley nunca dio muestras de la exaltada presencia física que muchos paranoicos tienen, ni tampoco trató de inducir en mí el miedo como podría haber intentado un psicópata. Yo crecí en un vecindario marginal de la ciudad donde la violencia física y los asesinatos eran frecuentes. También trabajé en una prisión de máxima seguridad durante cuatro años. He vivido y trabajado con muchos paranoicos y psicópatas severos. Conozco sus vibraciones. Con Stanley no tuve nunca una sensación interna de encontrarme en peligro. Juntos fuimos capaces de establecer un contacto real y eso es siempre un importante antídoto contra la violencia.

Al principio parecía deprimido y más adelante lleno de vergüenza. Para cuando descubrí el contenido y la intensidad de las fantasías de Stanley, habíamos desarrollado un vínculo interpersonal fuerte. En el segundo año me di cuenta de que una de mis funciones terapéuticas principales era proporcionar protección —protección para Stanley, contra la escalada de sus propias fantasías y contra su abrumadora vergüenza.

Le proporcioné una barrera protectora para su continua sensación de vergüenza y para la creencia de guión "algo está mal en mí". Nuestra terapia se centró en ayudarle a comprender las perturbaciones relacionales que fueron el origen de la vergüenza, y en reconocer su dolor por no haber sido aceptado *como era*, su miedo al rechazo por *quién era* y su lógica rabia por la humillación que recibió. Brindé protección contra la escalada de las fantasías al escuchar y mostrar interés por los detalles de sus muchas fantasías y, sobre todo, al ayudarle a identificar las funciones psicológicas subyacentes a cada fantasía, por ejemplo, la predictibilidad, la identidad, la continuidad y la estabilidad.

¿Trabajaste con Stanley de modo diferente a lo habitual por temor a la violencia o a un acting-out por su parte?

Durante el primer año de la terapia, mi temor a que Stanley externalizara su violencia me impulsó a hacerle preguntas acerca de sus armas, sus pensamientos de venganza y asesinato, y sobre las fotos de caos, en vez de mantener una indagación fenomenológica y una respuesta sostenida con sintonía. Que yo hiciera interrogatorios casi arruinó la terapia: se volvió desconfiado, más distante e incluso me contaba menos detalles.

En lugar de indagar —un método terapéutico concebido para que el cliente obtenga una mayor consciencia de su propio proceso interno de sentimientos, necesidades, recuerdos, fantasías y motivaciones— planteé cuestiones sobre los hechos (una especie de interrogatorio) como una manera de satisfacer mi curiosidad y con la esperanza, aunque inconsciente en ese momento, de aliviar mi ansiedad ante la posibilidad de que Stanley actuase su violencia interna. Stanley me entrenó para que le escuchara en vez de interrogarle. Que yo escuchara con atención lo que él elegía contarme, hizo que se expresara con más detalles en sus explicaciones y que comenzara a confiar en nuestra relación.

Cuando retomé la indagación fenomenológica, se volvió más expresivo, emergieron recuerdos y sentimientos reprimidos. Finalmente, mediante esta indagación fenomenológica y la sintonía sostenida, Stanley fue capaz de ser consciente de las funciones de sus fantasías, anteriormente inconscientes.

¿Qué tipo de cuestiones contratransferenciales te surgieron?

Como describí en la pregunta anterior, mi uso del interrogatorio en lugar de la indagación fenomenológica tuvo como objetivo aliviar mi propia ansiedad. Yo quería saber todos los detalles sobre las fantasías y los planes de venganza de Stanley y los quería saber con rapidez. Esta es una forma de contratransferencia que estuvo a punto de destruir la terapia.

Otra forma de contratransferencia resultó, en cambio, bastante beneficiosa para el progreso de la terapia: me sorprendí en varias ocasiones al darme cuenta de cómo las fantasías de Stanley suscitaban de nuevo en mí, mis propias fantasías adolescentes de venganza contra la humillación. Recordé el poderoso sentimiento de omnipotencia y éxito que acompañaba mis fantasías de venganza. Pude apreciar otra vez el deseo asociado en cada fantasía de ser fuerte, valiente, poderoso y valioso. Yo también quise ser un héroe en lugar de sentir vergüenza.

Esta consciencia de mis propios procesos evolutivos, de las funciones psicológicas, y del proceso psicoterapéutico, acrecentaron mi sensibilidad hacia el nivel de desarrollo evolutivo fijado en Stanley, hacia los efectos del trauma acumulativo y hacia las necesidades relacionales imbricadas en sus fantasías —la necesidad de seguridad en la relación, la necesidad de autodefinición y la necesidad de causar un impacto en los seres queridos.

A través de mi propia identificación con Stanley, mi uso interno de la libre asociación (*mindfulness*), el posterior aumento de consciencia de mi propio progreso psicológico y de mis reacciones de contratransferencia, conseguí relajar mi ansiedad, proporcionar la sensibilidad necesaria para la sintonía afectiva sostenida y facilitar el establecimiento de una relación sanadora consistente. Ha sido un privilegio personal y profesional formar parte de la red de relaciones de Stanley.

CAPÍTULO ONCE

Un enfoque gestáltico de la vergüenza y la arrogancia: teoría y métodos

Hace unos años, un colega me telefoneó e inició la conversación criticando mi conducta y definiendo mi motivación como patológica. Aunque me disculpé, traté de explicar la situación e intenté rectificar el problema por escrito, la relación, previamente cálida y respetuosa, desembocó en una falta de comunicación.

En cada uno de los siguientes intentos de hablar con esa persona, me enredaba en mis propias palabras, me sentía como un inepto y evitaba hablar tanto de mis sentimientos como de nuestra relación. La experiencia de ser humillado por un respetado colega me dejó con una debilitante sensación de vergüenza. Yo anhelaba nuestra reconexión. Deseaba que esa persona indagara sobre mis sentimientos y sobre nuestra falta de contacto, que reconociera y respondiera empática y recíprocamente a la humillante experiencia que yo había vivido en esa primera conversación telefónica.

La sensación de vergüenza y el anhelo por renovar nuestra relación, me empujaron a examinar mis reacciones internas a la humillación. En mis propias sesiones de psicoterapia, re-experimenté ser el niño de siete y ocho años, lleno de dolor y de miedo, que se adaptaba a un profesor extremadamente crítico. El beneficio personal de la psicoterapia fue una recuperación de la sensibilidad hacia los demás y hacia mí mismo, y una sensación de satisfacción personal.

El beneficio profesional de la resolución de mi vergüenza fue una evolución de los métodos terapéuticos y de las interacciones en mi práctica clínica. Me vi enfrentado a diversas preguntas: ¿Cuándo y cómo defino a las personas? ¿Les atribuyo una motivación en vez de facilitar al individuo la propia comprensión de su conducta? ¿Cuál es el efecto de mis sentimientos internos y de mi conducta sobre la otra persona? ¿En mi intento de ser terapéutico, doy a entender al cliente "hay algo mal en ti"?

La vergüenza y la arrogancia son dinámicas de protección orientadas a evitar la vulnerabilidad de la humillación y la pérdida de contacto-en-la-relación con los demás. Cuando una relación con otra persona está viciada por criticar, ridiculizar, culpar, definir, ignorar, u otras conductas humillantes, el resultado es una creciente vulnerabilidad en la relación. El contacto o el vínculo se interrumpen. La vergüenza y la arrogancia son el resultado de una humillante afrenta o un reproche y de una pérdida de la autoestima.

Ambas, vergüenza y arrogancia, reflejan las defensas empleadas cuando intentamos evitar experimentar la intensidad de lo vulnerables e impotentes que somos ante la pérdida de la relación. Al mismo tiempo, la vergüenza es la expresión de una esperanza inconsciente de que la otra persona asumirá la responsabilidad de reparar la ruptura en la relación, mientras que la arrogancia conlleva la negación de la necesidad de relación.

Las ideas teóricas sobre la vergüenza y la arrogancia defensivas, y las intervenciones clínicas que se presentan en este capítulo, son el resultado de varios años explorando mis errores como psicoterapeuta, las rupturas que he provocado en la relación terapéutica con los clientes, así como los métodos que pueden haber acrecentado la sensación de vergüenza de un cliente. Una indagación respetuosa en la experiencia fenomenológica de cada cliente sobre nuestro diálogo terapéutico ha proporcionado, transacción-a-transacción, una exploración de mis fracasos en la empatía, de mis percepciones erróneas de niveles evolutivos de funcionamiento y de mi falta de sintonía afectiva —las interrupciones del contacto-en-la-relación. Cuando *me hago responsable de las rupturas* en la relación terapéutica, mi terapia se centra en sintonizarme con la experiencia afectiva del cliente y en responderle con un afecto recíproco. Mi implicación terapéutica radica en mi coherencia, responsabilidad y fiabilidad. Está en la exploración y en la resolución de las rupturas en nuestra relación y así puedo ser más eficaz para revelar las creencias centrales del Guión de Vida que determinan las experiencias interpersonales significativas en la vida de mi cliente (Erskine y Moursund 1988).

La confrontación, el énfasis sobre una expresión emocional intensa, un valor excesivo otorgado a la agresión, o el hincapié sólo en el "aquí-y-ahora", todos ellos, intensifican la probabilidad de que un cliente pueda experimentar sentirse humillado en la psicoterapia. Fritz Perls describe su terapia confrontativa como enseñar a los clientes "a limpiar su propio culo" (Perls 1967). Posteriormente, la terapia Gestalt se ha caracterizado por definir el comportamiento de los clientes como "fingido", "irresponsable" o "infantil".

Definir o confrontar a alguien, incluso con precisión, puede infravalorarlo y humillarlo. Indagar genuinamente en la experiencia del otro, su motivación, autodefinición, y en el significado de su comportamiento, evita la humillación potencial. Responder con empatía y con sintonía empodera a la persona para expresar plenamente sus sentimientos, pensamientos, percepciones y habilidades. La Indagación, la Sintonía y la Implicación —métodos de una terapia Gestalt basada en las relaciones con pleno contacto— invitan al cliente a un descubrimiento propio sobre el significado subyacente y su motivación inconsciente, y potencian el contacto interpersonal donde se valora la integridad y el sentido del self de ese cliente (Erskine 1995).

Perspectivas de la terapia Gestalt

En la literatura de la terapia Gestalt, el fenómeno de la vergüenza, ya sea como tema teórico o como área de interés terapéutico, ha recibido poca atención. Yontef describe una perspectiva de la terapia Gestalt sobre la vergüenza y el empleo de un enfoque dialógico en psicoterapia (1993). Evans postula la terapia Gestalt de la vergüenza como la reparación de las interrupciones en la relación (1994). La descripción de Wheeler (1991) de un caso clínico identifica la importancia de la vergüenza. La recopilación realizada por Wheeler y Lee de una colección de artículos de terapia Gestalt, "The Voice of Shame" (1996), ofrece una amplia gama de interpretaciones sobre la psicoterapia de la vergüenza. Lynne Jacobs (1996) describe el papel de la vergüenza y de la arrogancia como una defensa contra la vergüenza, tanto en el cliente como en el terapeuta, puesto que emerge en el diálogo terapéutico. El tema de la arrogancia no ha recibido atención, ni teórica ni metodológicamente.

La práctica clínica y el desarrollo teórico mantienen un pulso en su proceso de evolución. Las intervenciones clínicas que utilizan el respeto (Yontef 1993), el diálogo terapéutico de una relación Yo-Tú (Buber 1958; Jacobs 1996), o la Indagación, la Sintonía y la Implicación (Erskine 1993; Erskine y Trautmann 1993), han revelado que la vergüenza y las fantasías autoprotectoras predominan en la vida de muchos clientes. Estos fenómenos no se han ubicado adecuadamente dentro de una teoría en la terapia Gestalt. Mi experiencia clínica ha ayudado a desarrollar una comprensión teórica que identifica la vergüenza y la arrogancia como el resultado tanto de la vergüenza introyectada como de una gestalt arcaica fijada que protege del reproche, de la humillación y de la pérdida de contacto en la relación. Tanto la vergüenza arcaica sin resolver como la vergüenza introyectada potencian el dolor de cualquier crítica actual, añadiendo una toxicidad que inunda la humillación actual con una vergüenza debilitante o una arrogancia defensiva.

Vergüenza: una aclaración teórica

La formulación de una teoría de la terapia Gestalt sobre vergüenza y arrogancia requiere que el fenómeno sea integrado dentro de una teoría del contacto y de la formación y fijación de una gestalt. Para llegar a una comprensión de cómo se manifiesta el fenómeno de la vergüenza y la arrogancia, es necesario utilizar los conceptos *ello, yo* y *personalidad-función del self*; y además, los conceptos de las interrupciones del contacto, en concreto, la introyección, la retroflexión y la confluencia. Aunque se ha reconocido que muchas otras interrupciones, tanto del contacto interno como externo, se activan en la vergüenza y en la arrogancia (Perls, Hefferline y Goodman 1951).

En función de establecer una teoría de la terapia Gestalt que describa el fenómeno de la vergüenza y la arrogancia, los términos humillación y transacciones humillantes se emplean aquí para referirnos a interacciones que se producen entre las personas cuando una de ellas degrada, critica, define o ignora a la otra. Los términos vergüenza y arrogancia se utilizan para hacer referencia a las dinámicas intrapsíquicas que suceden dentro de un individuo y que pueden ser descritas como consistentes en introyecciones, confluencia y/o sistemas arcaicos de defensa —retroflexión, deflexión, proyección, etc.

Cuando la sensación de vergüenza ha quedado fijada, representa un conflicto intrapsíquico entre una influyente introyección de otra persona y una fijación arcaica confluente y defendida: un niño que anhelaba la relación. La fijación se refiere a un patrón relativamente perdurable de organización de los afectos, la conducta o la cognición desde una etapa más temprana del desarrollo evolutivo que aún persiste y puede dominar la vida adulta. Son las defensas fijadas las que mantienen una falta de contacto e interfieren con la integración de las experiencias arcaicas en el aquí-y-ahora, y con un sentido del self con plena capacidad de contacto (Erskine y Moursund 1988).

La vergüenza es un proceso de autoprotección utilizado para evitar los sentimientos que se derivan de la humillación y la vulnerabilidad por la pérdida de contacto-en-la-relación con otra persona. Cuando los niños, o incluso los adultos, son criticados, infravalorados o humillados por otros significativos, la necesidad de contacto interpersonal y la vulnerabilidad para mantener la relación, pueden producir un afecto autoprotector defensivo y una adaptación a las definiciones limitadoras e impuestas. La vergüenza es un proceso complejo que supone:

1. un concepto de sí mismo mermado,
2. un empobrecimiento de la propia valía en confluencia con la humillación externa y/o la crítica introyectada previamente,
3. una transposición defensiva de la tristeza y el miedo, y
4. una desapropiación y retroflexión de la rabia.

La vergüenza conlleva la desapropiación y la retroflexión de la rabia para mantener la apariencia de una relación de contacto con la persona que se involucró en transacciones humillantes. *Al desapropiarse y retroflectar la rabia, se pierde un aspecto muy valioso del self*: la necesidad de ser tomado en serio y de ser respetado, y la necesidad de causar impacto en la otra persona. La valoración personal se ve reducida porque las funciones *ello* y *yo* del self quedan interrumpidas.

La vergüenza también supone una transposición de los afectos de tristeza y de miedo: la tristeza de no ser aceptado como uno es, con sus propios impulsos, deseos, necesidades, sentimientos y conductas, y el miedo al abandono en la relación por quien uno es. El miedo y la pérdida de un aspecto del self (desapropiación y retroflexión de la rabia) avivan la atracción hacia la conformidad— una disminución de la propia autoestima para establecer la conformidad con la crítica y/o la humillación.

La confluencia con la humillación, la transposición del miedo y la tristeza y la desapropiación de la rabia producen la "sensación de vergüenza y duda" descrita por Erikson (1950). Escribiendo desde una perspectiva feminista sobre terapia relacional, ambos, Miller (1987) y Jordan (1989), validan esta explicación al relacionar vergüenza con pérdida de contacto humano.

La vergüenza es, principalmente, una sensación experimentada de no ser digno de estar en conexión, un profundo sentimiento de no merecer amor, con una consciencia permanente de lo mucho que uno quiere conectarse con los demás. Aunque la vergüenza implica una extrema inseguridad, también indica un intenso anhelo de relación (ibíd. 6).

De forma similar, Kaufman expresa que la vergüenza refleja la necesidad de relación: "dentro de la vergüenza, hay una añoranza ambivalente de reencontrarse con quien nos avergonzó" (1989. 19). La vergüenza es una expresión de la esperanza inconsciente de que el otro asumirá la responsabilidad de reparar la ruptura en la relación.

Tomkins (1963) expresó que la vergüenza es el afecto presente cuando ha habido pérdida de dignidad, derrota, transgresión y alienación. Da a entender que la vergüenza es un afecto distinto en naturaleza y función a los otros ocho afectos de su esquema teórico. El afecto de vergüenza, según Tomkins (Nathanson 1992), actúa como interruptor o impedimento para otros afectos —una cobertura defensiva para la curiosidad y el gozo. Las ideas de Tomkins (1962, 1963) tienen un paralelismo con las observaciones de Fraiberg (1982) sobre la formación de las defensas psicológicas en los niños. Fraiberg describe el proceso de "transformación del afecto" (ibíd. 71), en el que un afecto se transpone o sustituye por otro cuando el afecto original falla a la hora de provocar el necesario contacto entre el niño y el cuidador adulto, algo que puede ocurrir, a veces, incluso desde los nueve meses de edad. Cuando un niño es humillado, el miedo a la pérdida de la relación y la tristeza de no ser aceptado se transponen en el afecto de vergüenza. *La vergüenza se compone de tristeza y miedo, la desapropiación y retroflexión de la rabia y un concepto mermado de sí mismo —la confluencia con la humillación.*

Esta confluencia con la humillación asegura una apariencia de relación continua y, paradójicamente, es también una defensa. La reducción autoprotectora de la valía es observable entre animales salvajes cuando un animal se agacha en presencia de otro para evitar el ataque y garantizar la aceptación. Rebajar el estatus propio, con el fin de contener la agresión cuando podría producirse una pelea por el dominio, es una medida de autoprotección.. El concepto mermado de sí mismo o autocrítica, que es una parte de la vergüenza, atenúa el dolor de la ruptura en la relación mientras que, al mismo tiempo, mantiene la apariencia de esa relación. La frase habitual de los entrenadores de boxeo "gánales de mano" (pega primero), describe la función de una baja autoestima y de una autocrítica contra la posible humillación de otros. Sin embargo, el puñetazo se lanza contra sí mismo en forma de una reducción de la propia valía.

Una fantasía defensiva

En un proceso evolutivo normal, los niños pequeños a menudo usan la fantasía como un medio para obtener control, estructura, cuidado o experimentar aquello que se anheló o resultó inadecuado. La función de la fantasía puede ser estructurar el comportamiento como una protección frente a las consecuencias o para proveerse de amor y atención cuando los verdaderos cuidadores son fríos, abusivos o están ausentes. La fantasía funciona como un amortiguador entre las figuras parentales reales y los deseos, necesidades o sentimientos del niño pequeño. En familias o situaciones donde es necesario reprimir la consciencia de las necesidades, sentimientos y recuerdos con el fin de sobrevivir o ser aceptado, la fantasía auto-creada puede resultar fijada y no ser integrada en aprendizajes evolutivos posteriores. Con el paso del tiempo, la fantasía funciona como una "reversión" de la agresión (ibíd. 73): la crítica, la desvalorización y la humillación de las que el niño puede haber sido objeto se amplifican y se vuelven contra el self como auto-crítica y desprecio por sí mismo (retroflexión). Tales fantasías, basadas en la vergüenza, sirven para mantener una falsa ilusión de apego hacia una relación afectuosa cuando la relación real se ha truncado por la humillación (una alteración de la *función-yo* del self).

Muchos clientes relatan una persistente sensación de vergüenza acompañada por una autocrítica degradante. Se imaginan fracasos humillantes de forma repetitiva en sus actuaciones o en sus relaciones. En la fantasía, amplifican la confluencia con la crítica y con la humillación introyectadas mientras se defienden de los recuerdos de la tristeza original de no haber sido aceptado tal como uno es y del miedo al abandono por ser quien uno es. Cuando los recuerdos cargados de afecto sobre humillaciones traumáticas tempranas se reprimen de forma defensiva, podrán resurgir en la consciencia como fantasías de fracaso o de denigración futuras—la anticipación puede ser en realidad una retrospección. La autocrítica y la fantasía de fracasos humillantes cumplen dos funciones adicionales: mantener la desapropiación de la rabia (una alteración de la *función-ello* del self) y proteger ante el shock de potenciales críticas y degradaciones futuras (una interrupción del contacto en la fase de pre-contacto).

Arrogancia: una doble defensa

La arrogancia cumple una función incluso más elaborada que la de los aspectos defensivos de la vergüenza. La arrogancia es una fantasía autogenerada (manifestada en ocasiones en transacciones abiertas) que defiende del miedo a la pérdida de la relación al tiempo que proporciona un pseudo-triunfo sobre la humillación y un envanecimiento de la autoestima. Mientras que la vergüenza y las fantasías de auto-crítica dejan a una persona sintiéndose infravalorada y anhelando una reparación en la relación, las fantasías de arrogancia son un intento desesperado de escapar de la humillación y quedar libre de la vergüenza justificándose a sí mismo.

La arrogancia es:

1. una defensa de la tristeza y del miedo a la humillación,
2. una expresión de la necesidad de hacer impacto, de ser tomado en serio y de ser tratado con respeto (un alivio temporal de la rabia desapropiada y retroflectada),
3. una defensa frente a la consciencia de la necesidad de que el otro repare la relación truncada.

La persona se fantasea a sí misma con valía, encontrando a menudo fallos en los demás y va perdiendo entonces la consciencia de la necesidad del otro. El self se experimenta como superior.

Como describió Alfred Adler, la fantasía de superioridad defiende de los recuerdos de humillación (Ansbacher y Ansbacher 1956) y proyecta la sensación de vergüenza hacia fuera. Un ejemplo de un caso clínico puede ilustrar este concepto.

Robert, un hombre casado de 39 años, padre de dos hijos, había estado en terapia de grupo durante dos años y medio. Robert describió que mientras conducía hacia su trabajo, fantaseaba frecuentemente sobre discusiones con sus compañeros de trabajo o con el supervisor de departamento. A menudo explicaba con detalle algunas fantasías en las que empleaba una larga y elocuente oratoria delante de la junta directiva. En estas discusiones fantaseadas, señalaba los errores de los demás, demostraba cómo las críticas hacía él estaban equivocadas y, lo más importante, explicaba cómo cometían fallos que él, Robert, nunca haría. En su fantasía, la junta directiva se sentía emocionalmente impactada por los elocuentes y convincentes argumentos de Robert. El quedaba exonerado de toda crítica mientras que los demás eran culpados por criticarlo y por cometer errores. Estas fantasías obsesivas a menudo se iniciaban por alguna crítica en el trabajo que no se acompañaba de una oportunidad para que Robert explicara sus motivos. La ausencia de diálogo continuado con las personas parecía propulsarle hacia una fantasía obsesiva donde él podía debatir con el otro delante de un público que, al final, acordaba que Robert estaba acertado e incluso que era justo.

Estas fantasías obsesivas disminuyeron gradualmente y, por último, cesaron cuando exploramos las humillaciones que había experimentado repetidamente en la escuela primaria durante una época en la que padeció un defecto en el habla. Tanto los profesores como los otros niños se burlaban de su defecto. Aunque en psicoterapia no pudo recordar ningún ejemplo concreto de burla o mofa, sabía que había sido ridiculizado. Tenía una sensación constante de que la reacción de los demás hacia él insinuaba que "algo está mal en ti".

A lo largo de los años trabajó meticulosamente para mejorar su lenguaje, superó su defecto y, con el tiempo, desarrolló una dicción impecable. Sin embargo, había sido humillado por parte de los otros niños y de los profesores durante cuatro años en la escuela primaria. En confluencia con la conducta humillante de esos profesores y compañeros, adoptó la creencia de guión "algo está mal en mí", como explicación a la pérdida de amistades estrechas con otros niños y de su deseo de aprobación por parte de los profesores. Además se defendió de la consciencia de dicha creencia de guión al perfeccionar su habla. No obstante, con independencia de lo perfecto que se había hecho su lenguaje en la vida adulta, cuando alguien le criticaba, él escuchaba atentamente sus comentarios. La crítica actual activaba sus recuerdos emocionales de las humillaciones tempranas donde la crítica introyectada influía intrapsíquicamente en la vergüenza arcaica fijada, potenciando así las críticas actuales. Para reconfortarse a sí mismo, de camino al trabajo al siguiente día, se defendía obsesivamente de los comentarios de sus colegas o del supervisor, anhelando que alguien (de la junta directiva) le dijese que tenía razón.

En el caso de Robert, el proceso defensivo de la desapropiación y la retroflexión de la rabia, la confluencia con la crítica original, la transposición del afecto y la fantasía, quedaron fijados, tal y como ocurre en cualquier proceso defensivo que no obtiene una pronta respuesta afectivamente sintónica en la fase de implantación (Erskine 1993). El respeto al estilo de Robert para relacionarse con la gente, y una genuina y delicada indagación sobre sus experiencias, fue lo que hizo que empezara a revelar la presencia de sus fantasías obsesivas. Las fantasías de arrogancia le defendían del deseo natural de contacto-en-la-relación y de su necesidad de que los otros repararan la ruptura en la relación. A través de la sintonía afectiva y de las transacciones empáticas, fue capaz de experimentar la vergüenza original —la tristeza, el miedo, la rabia y la confluencia en respuesta a las humillaciones. Al expresar la tristeza y el miedo a la pérdida de contacto en sus relaciones con los profesores y con los otros niños, redescubrió su anhelo de estar conectado con los demás (una *función-ello* del self). Las fantasías obsesivas cesaron. La sensible implicación por parte del terapeuta y de los otros miembros del grupo hizo posible que Robert percibiese su necesidad de un contacto emocional íntimo como algo natural y deseable.

El Guión de Vida

Los conceptos centrales de la terapia Gestalt de contacto, interrupciones del contacto interno y externo, así como un diálogo terapéutico "yo-tú" proporcionan el fundamento para una psicoterapia orientada al contacto en la relación. En la psicoterapia de la vergüenza y la arrogancia, igual que con muchos otros trastornos psicológicos arraigados en la perturbación de la relación, la terapia se enriquece si el psicoterapeuta tiene una base teórica consistente y coherente, orientada a la relación, para determinar la planificación del tratamiento y las intervenciones clínicas posteriores.

Frederick Perls, en discusiones teóricas y en sus escritos, empleó el concepto de Guión de Vida (1967, 1973). Se centró en su estructura y reorganización y en cómo los individuos utilizan a otras personas para reforzar su propio Guión de Vida. Guión de Vida es un concepto global que describe las gestalt fijadas en una edad más temprana mientras se reviven años después (Erskine 1979). El Guión de Vida está formado por introyecciones y reacciones defensivas adoptadas bajo la presión de los fracasos en las relaciones de apoyo significativas con contacto pleno. La necesidad de contacto y el sentimiento asociado de pérdida de la relación se niegan y se suprimen. Las introyecciones y/o las reacciones defensivas fijadas, las conclusiones y las decisiones que conforman el núcleo del Guión de Vida (Erskine 1980) se organizan cognitivamente como "creencias de guión" (Erskine y Moursund 1988; Erskine y Zalcman 1979).

El niño, en un intento de darle sentido a la experiencia de una carencia de contacto-en-la-relación, se enfrenta a la respuesta de una pregunta: "¿Qué hace una persona como yo, en un mundo como éste, con gente como tú?". Cuando el niño se encuentra bajo la presión de una falta de contacto-en-la-relación que reconozca, valide o satisfaga las necesidades, cada una de las tres partes de esa pregunta puede responderse con una reacción defensiva y/o una identificación defensiva inconsciente con el otro, lo que constituye la introyección. Cuando las introyecciones y las conclusiones y decisiones defensivas no son respondidas por otra persona empática que ofrezca contacto pleno, a menudo, en un intento por obtener auto-apoyo se convierten en creencias fijadas acerca de uno mismo, los otros y la calidad de la vida —el núcleo del Guión de Vida. Estas creencias de guión funcionan como defensa cognitiva frente a la consciencia de los sentimientos y las necesidades de contacto-en-la-relación a las que no se respondió adecuadamente en la época en que se formaron dichas creencias de guión. La presencia de creencias de guión indica una defensa continua ante la consciencia de las necesidades de contacto-en-la-relación y también una defensa ante el recuerdo íntegro de las interrupciones en la relación —una gestalt arcaica fijada.

En el caso de Robert, durante la escuela primaria, él había adoptado la creencia de guión "algo está mal en mí", en confluencia con la humillación de los otros niños y de los profesores, y como una pseudo-satisfacción de su necesidad de ser aceptado por ellos. El núcleo de la sensación de vergüenza de Robert constaba de una transposición defensiva infantil de tristeza y miedo, una desapropiación y retroflexión de la rabia por no ser tratado con respeto y un concepto fijado de sí mismo mermado, confluente con la crítica introyectada. Cuando el dolor por no ser aceptado como uno es se vuelve demasiado intenso, como ocurriría en el caso de Robert, puede utilizarse una fantasía defensiva de arrogancia para negar la necesidad de relación, a la vez que se expresan simultáneamente la rabia previamente desapropiada y retroflectada, la necesidad de hacer impacto y el deseo de ser tratado con respeto.

Desde la perspectiva de la teoría del guión, la sensación de vergüenza incluye la mencionada creencia central de guión "algo está mal en mí", que funciona como una defensa cognitiva frente a la consciencia de las necesidades de relación y los sentimientos de tristeza y miedo presentes en el momento de las experiencias humillantes.

Cuando la creencia de guión "algo está mal en mí" está operando, las conductas manifiestas de guión son con frecuencia aquellas que se describen como represoras e inadecuadas: timidez, falta de contacto visual en la conversación, ausencia de auto-expresión, limitada exteriorización de deseos y necesidades naturales, o cualquier inhibición de la expresión normal de uno mismo que pueda ser objeto de crítica.

Las fantasías pueden incluir la anticipación de la inadecuación, fracasos en las actuaciones o crítica que concluye con un refuerzo de la creencia de guión "algo está mal en mí". Otras fantasías pueden conllevar una nueva versión de los acontecimientos y la reorganización de la memoria de tal manera que refuerza las creencias centrales de guión. En algunos casos, la creencia de guión se manifiesta en restricciones fisiológicas tales como dolores de cabeza, tensión en el estómago u otros malestares físicos que impiden a la persona comportarse de una forma que podría estar sujeta a los comentarios humillantes de los demás, a la vez que brinda evidencias internas de "algo está mal en mí". A menudo, los antiguos recuerdos de experiencias humillantes se rememoran reiteradamente para mantener la homeostasis (Perls 1973) con las creencias centrales de guión y la negación de las necesidades y sentimientos originales. Sin embargo, en la inhibición de uno mismo o en las fantasías de auto-crítica, la necesidad de contacto-en-la-relación permanece como una esperanza inconsciente de restablecer una relación plena de contacto y la total aceptación por parte de los demás. Es como si estuviera diciendo a aquellos que le ridiculizan: "si me convierto en lo que vosotros pensáis que soy, entonces ... ¿me querréis?".

Robert, como ejemplo de alguien que emplea la dinámica de una doble defensa de la arrogancia, al inicio la terapia desconocía cualquier esperanza o su necesidad de relación. Su manifestación de guión parecía ser la opuesta a su creencia de guión: perfeccionó su dicción y su comportamiento de tal forma que no había evidencia externa de "algo está mal en mí". Sus fantasías eran arrogantes, centrándose en lo que estaba mal en el otro. Aún permanecía hipersensible a la crítica y mantenía un anhelo inconsciente de que alguien con autoridad le dijese por fin que "él estaba bien".

"Algo está mal en mí"

El refuerzo elaborado y continuo de la creencia de guión "algo está mal en mí" expone al terapeuta a desafíos complejos, que son específicos y únicos para la psicoterapia de la vergüenza y de la arrogancia. En muchos casos clínicos, esta particular creencia de guión es inaccesible mediante los métodos frecuentemente utilizados en la terapia Gestalt, que incluyen el trabajo en la "silla vacía", la confrontación, los enfrentamientos enérgicos, y un énfasis en el auto-apoyo o la propia responsabilidad. Cada uno de estos métodos proporciona sólo un cambio parcial o temporal en la frecuencia o en la intensidad de la compleja creencia de guión que se encuentra en el núcleo de la vergüenza y la arrogancia. De hecho, el uso mismo de estos métodos comunica "algo está mal en mí", porque puede reforzarse la creencia de guión, intensificar la negación de la necesidad de contacto-en-la-relación y, de este modo, incrementar la sensación de vergüenza y arrogancia.

Mediante el empleo de métodos que enfatizan el respeto (Erskine y Moursund 1988), el diálogo terapéutico (Jacobs 1996; Yontef 1993), y la indagación cuidadosa, la sintonía afectiva y la implicación (Erskine 1993, 1995; Erskine y Trautmann 1993), la posibilidad de reforzar la creencia de guión durante el proceso terapéutico se reduce considerablemente.

Con el fin de facilitar el plan de tratamiento y de pulir las intervenciones clínicas, es esencial distinguir las *funciones intrapsíquicas* además del origen histórico de la creencia de guión. Cada una de estas formas en las que se constituyó el guión tiene funciones intrapsíquicas únicas que requieren un énfasis específico en psicoterapia. El complejo origen histórico de "algo está mal en mí" como gestalt arcaica fijada se puede entender desde tres perspectivas:

- mensajes que contienen decisiones confluentes (adaptadas),
- conclusiones en respuesta a la imposibilidad, y
- reacciones defensivas de esperanza y de control.

Ante la potencial pérdida de relación, un niño puede verse forzado a asumir una decisión defensiva confluente para aceptar como identidad propia la definición que le otorgan aquellos de quien depende (una alteración de la *función-yo* del self). Esto puede ser una adaptación y una confluencia a mensajes evidentes o explícitos de "algo está mal en ti". En muchos casos, el mensaje se emite como una pregunta crítica, "¿y a ti qué te pasa?" El mensaje psicológico es "no estarías haciendo lo que haces si fueras normal". Dicha crítica obvia valorar la conducta natural y espontánea del niño, obvia también entender su motivación o investigar lo que pueda estar faltando en la relación entre el niño y la persona que emite la crítica. Un niño que forma tal creencia de guión en confluencia con la crítica puede volverse hipersensible a la crítica, fantasear con crítica anticipada y recopilar recuerdos reforzantes de críticas pasadas (una alteración de la *función-personalidad* del self). La función intrapsíquica aquí es mantener una sensación de apego en la relación, a expensas de una pérdida en la vitalidad natural y en el entusiasmo de la espontaneidad (una interrupción de la *función-ello* del self).

Cuando los niños se enfrentan a tareas imposibles, a menudo concluyen "algo está mal en mí". Con semejante conclusión, ellos se pueden defender del malestar por las necesidades de contacto ausentes y mantener una pseudo apariencia de relación. Las familias disfuncionales, con frecuencia, presentan demandas imposibles a los niños. Por ejemplo, es imposible para un niño pequeño impedir que su padre se emborrache, o para un bebé ser un terapeuta matrimonial, o para un niño de primaria curar la depresión; es imposible para un niño cambiar de género para satisfacer los deseos de sus padres de hacer realidad un sueño. Cada uno de estos ejemplos representa una inversión de la responsabilidad de los cuidadores hacia el bienestar del niño y una pérdida de contacto-en-la-relación. Las posteriores perturbaciones en la relación se experimentan como "culpa mía" y deflectan la consciencia de las necesidades y los sentimientos presentes cuando el bienestar del niño no se está honrando (alteraciones de la *función-ello* y la *función-yo* del self).

La creencia de guión "algo está mal en mí" puede conformarse de un tercer modo: como una reacción defensiva autorreguladora de control y esperanza —la esperanza de una relación interpersonal continuada de pleno contacto. Cuando las relaciones familiares son disfuncionales, un niño que necesita contacto-en-la-relación puede imaginar que los problemas de sus cuidadores son por su culpa: "Hice emborracharse a papá" o "Yo hice que mamá se deprimiera" o "Yo provoqué el abuso sexual"... así que, por lo tanto "¡algo debe de estar mal en mí!".

Asumiendo la culpa, el niño no sólo es la raíz del problema, sino que puede también imaginar que tiene el control para resolver los problemas familiares: "seré muy bueno", "creceré deprisa", "puedo ir a terapia para que me arreglen" o "si las cosas empeoran mucho, me puedo matar porque todo es culpa mía". La función psicológica de semejantes reacciones es crear una ilusión esperanzadora de tener cuidadores que cubran las necesidades, lo que defiende de la consciencia de una carencia en la satisfacción de esas necesidades en las relaciones principales. Los cuidadores se perciben como buenos y cariñosos, y cualquier desatención, crítica, paliza o incluso violación es debida a que "algo está mal en mí". En este caso la creencia central de guión puede funcionar como un control defensivo de la vulnerabilidad en la relación (una alteración de las funciones *ello, yo* y *personalidad* del self).

Cada uno de estos tres orígenes de la creencia central de guión tiene funciones homeostáticas específicas de identidad, estabilidad y continuidad. Con alguna persona en particular puede que sólo haya un modo de que se forme la creencia de guión. Sin embargo, con frecuencia, las creencias centrales de guión tienen más de un origen, múltiples funciones intrapsíquicas y múltiples perturbaciones en la función del self. Cualquier combinación de estas tres reacciones defensivas realizadas bajo presión, incrementa la complejidad de las funciones. La creencia central de guión "algo está mal en mí" es a menudo una combinación de estas múltiples funciones.

En una terapia Gestalt profunda es esencial valorar los orígenes y las funciones intrapsíquicas de una creencia de guión y apreciar la importancia de cómo esas múltiples funciones ayudan al cliente a mantener la homeostasis psicológica (Perls 1973). La psicoterapia de la vergüenza y la arrogancia es compleja por la combinación y el refuerzo continuo de las múltiples funciones intrapsíquicas. Si solamente se identifica o se confronta una creencia de guión o se intentan métodos de trabajo con la "silla vacía", con la expresión emocional, o se anima a un prematuro auto-apoyo, se están ignorando las funciones psicológicas en la formación y el mantenimiento de la creencia de guión. Esos esfuerzos podrían aumentar la intensidad de la función intrapsíquica y pueden hacer menos flexible el núcleo fijado del guión. Se requiere una indagación respetuosa y paciente de la experiencia fenomenológica del cliente para conocer la singular combinación de funciones intrapsíquicas, homeostáticas y del self. Por tanto, la labor de un psicoterapeuta de Gestalt orientado a la relación es establecer una sintonía evolutiva afectiva y una implicación que faciliten la transferencia de las funciones intrapsíquicas defensivas a la relación con el terapeuta. A través de la consistencia, la confiabilidad y la responsabilidad del terapeuta con contacto-en-la-relación, el cliente puede relajar los procesos defensivos que interrumpen el contacto e integrar gestalts arcaicamente fijadas, introyecciones y las funciones *ello, yo* y *personalidad* del self. Las funciones psicológicas de identidad, estabilidad y continuidad se proporcionan una vez más mediante el contacto en una relación interpersonal y, de este modo, ya no cumplen una función autoprotectora.

La vergüenza como introyección

Cuando la creencia central de guión fijada está formada bien como una decisión complaciente, una conclusión en respuesta a una imposibilidad, por las reacciones defensivas de esperanza y control, o bien por cualquier combinación de esas tres, existe una gran posibilidad de ausencia de relación comunicativa, comprensiva y afectuosa. Cuando existe una carencia de contacto psicológico pleno entre el niño y los adultos responsables de su bienestar, con frecuencia se utiliza la defensa de la introyección. Con esta identificación defensiva inconsciente que constituye la introyección, las creencias, las actitudes, los sentimientos, las motivaciones, las conductas y las defensas de la persona de quien depende el niño, se hacen parte de su ego como un estado exteropsíquico fragmentado (Erskine y Moursund 1988).

La función de la introyección es reducir el conflicto externo entre el niño y la persona de quien depende para la satisfacción de sus necesidades. El otro significativo se convierte en parte del yo, y el conflicto resultante de la falta de satisfacción de las necesidades se internaliza, por lo que ese conflicto puede aparentemente gestionarse con mayor facilidad (L. Perls 1977, 1978). El otro introyectado puede ser activo en las transacciones con los demás (una alteración en la *función-personalidad* del self), influyente de forma intrapsíquica (una alteración en la *función-ello* del self), o experimentarse fenomenológicamente como sí mismo (una alteración en la *función-yo* del self).

Un individuo puede realizar transacciones con los miembros de la familia o colegas como en su día lo hizo el otro introyectado, por ejemplo comunicando "algo está mal en ti". La función psicológica de dicha transacción es brindar un alivio temporal de la crítica interna de una introyección, a través de la proyección de esa crítica, para continuar así con la negación de la necesidad original de contacto-en-la-relación.

La crítica interna es una reproducción de la crítica introyectada en el pasado. Perpetúa el ciclo de confluencia con la crítica y la defensa arcaica fijada contra la tristeza y el miedo. Este ciclo defensivo de vergüenza sirve para mantener una ilusión de apego y lealtad hacia la persona con quien el niño añoraba la relación interpersonal de pleno contacto originalmente.

La vergüenza introyectada no sólo puede ser activa y/o influyente, sino que se puede experimentar como propia. La sensación de vergüenza del progenitor puede haberse introyectado. Con la catexis o energización del introyecto, la vergüenza es erróneamente identificada como propia. La creencia de guión —"algo está mal en mí"— puede realmente existir como un otro introyectado. El ciclo de la vergüenza —confluencia con la crítica, la transposición de la tristeza y el miedo, la desapropiación de la rabia y el anhelo de la relación— puede ser de la madre o del padre. La arrogancia defensiva podría ser también el resultado de la catexis de una introyección.

Durante años, Susan había sufrido una vergüenza debilitante relacionada con su propia sensación de inadecuación. Tenía una madre que estaba, de forma alterna, deprimida o enfadada, y sentía el miedo de que algún día también ella estuviera "loca". La fase inicial de la terapia reconoció su propia necesidad de atención, validó la negligencia emocional de su infancia y normalizó el proceso defensivo de "algo está mal en mí". La psicoterapia se centró después en la vergüenza introyectada que provenía en su origen de la madre (Erskine y Moursund 1988). Mediante una psicoterapia gestalt profunda y orientada al contacto, que enfatizaba la Indagación, la Sintonía y la Implicación, Susan trabajó con un diálogo de "dos-sillas": en una silla era "madre" y en la otra silla era "Susan a una edad mucho más joven". Consiguió recordar vívidamente el hecho de que había querido asumir la carga de su madre para que ésta pudiera librarse de su sufrimiento. Durante el diálogo con las "dos-sillas", Susan describió concisamente el proceso de lo introyectado inconscientemente: "¡Te quiero tanto, mamá, que cargaré con tu vergüenza por ti!".

Intervenciones psicoterapéuticas

La psicoterapia de la vergüenza y de la arrogancia comienza con el descubrimiento específico, por parte del terapeuta, de la psicodinámica única de cada cliente. Cada cliente con vergüenza instaurada, presentará un grupo distinto de conductas, fantasías, funciones intrapsíquicas, interrupciones del contacto, perturbaciones del self y defensas autoprotectoras. Las perspectivas teóricas descritas en este capítulo son generalizaciones de la práctica clínica y de la integración de varios conceptos teóricos. La teoría no pretende representar una afirmación de lo que es, sino más bien servir como guía en el proceso terapéutico de la Indagación, la Sintonía y la Implicación. De manera importante, el fenómeno de la vergüenza y la arrogancia explicado desde la perspectiva teórica de la terapia Gestalt puede alentar a los terapeutas gestálticos a explorar con cada cliente su experiencia única de vergüenza y a adoptar un enfoque de psicoterapia orientada a la relación.

Una indagación respetuosa y paciente acerca de la experiencia fenomenológica del cliente brindará a ambos, cliente y terapeuta, un conocimiento cada vez mayor de quién es realmente el cliente y de las experiencias a las que se ha visto sometido. El proceso de indagar debe ser sensible a la experiencia subjetiva del cliente y a la dinámica intrapsíquica inconsciente, con el fin de que resulte eficaz para descubrir y revelar las necesidades, los sentimientos, las fantasías y las defensas. Un foco crucial de una indagación delicada es el auto-descubrimiento del cliente de su propio anhelo de relación, de sus interrupciones del contacto (tanto interna como externamente) y de los recuerdos que en el pasado habían sido necesariamente excluidos de la consciencia. Un foco de menor importancia es la mayor comprensión del terapeuta de la experiencia fenomenológica del cliente y de su funcionamiento intrapsíquico. En muchos casos ha sido importante para los clientes descubrir que el terapeuta está interesado genuinamente en escucharles y en saber quiénes son. Tales descubrimientos sobre la relación con el terapeuta originan una yuxtaposición entre el contacto disponible en el aquí-y-ahora y el recuerdo de lo que pudo haber faltado en el pasado.

La yuxtaposición originada por el contraste entre la indagación, la escucha y la sintonía del terapeuta y el recuerdo de una carencia de contacto interpersonal en las relaciones significativas previas, produce intensas memorias emocionales de necesidades relacionales no satisfechas. En lugar de experimentar esos sentimientos, el cliente puede reaccionar al contacto interpersonal ofrecido por el terapeuta a la defensiva, con miedo, rabia o mayor vergüenza. El contraste entre el contacto interpersonal disponible con el terapeuta y la falta de contacto-en-la relación del pasado, es a menudo más de lo que pueden tolerar los clientes, por lo que se defienden del contacto actual para evitar las memorias emocionales (Erskine 1993). La yuxtaposición ofrece una oportunidad para reconocer lo que se necesitaba en aquel momento y validar que esos sentimientos y la autoestima bien podrían estar relacionados con la calidad de la relación establecida con los otros significativos.

La vergüenza puede ser una dinámica significativa en la mayoría de las dificultades relacionales —incluidas la depresión, la ansiedad, la obesidad, las adicciones y las manifestaciones caracterológicas. La sintonía del terapeuta con la sensación de vergüenza no expresada brinda al cliente la oportunidad de desvelar sus procesos internos de sentimientos, fantasías, deseos y defensas. La sintonía conlleva una sensación de ser completamente consciente de las necesidades, los afectos y las dinámicas autoprotectoras basadas en el desarrollo evolutivo —una percepción cinestésica y emocional de lo que es vivir con sus experiencias. La sintonía se consigue cuando el terapeuta honra el nivel evolutivo del cliente al afrontar la vergüenza y evita definir o categorizar sus fantasías, motivaciones o conductas. La sintonía también supone comunicar con sensibilidad al cliente que el terapeuta es consciente de sus luchas internas, que no está solo en la tristeza de no haber sido aceptado tal como es y en el miedo a la pérdida de la relación por ser quién es. Los procesos terapéuticos de sintonía e implicación reconocen la dificultad de revelar la confusión y las luchas internas, valoran el intento desesperado de autosuficiencia y afrontamiento y, simultáneamente, proporcionan una sensación de la presencia del terapeuta.

Algunos clientes con vergüenza arraigada no han tenido la experiencia de hablar sobre las necesidades ni cuentan con un significado del lenguaje asociado a los afectos y a los procesos internos. En algunas familias, tener necesidades o expresar emociones puede dar como resultado que el niño sea ignorado o ridiculizado. Cuando ha existido una falta de sintonía, reconocimiento o validación de necesidades o sentimientos dentro del sistema familiar o escolar, puede que el cliente no disponga de un lenguaje relacional con el que comunicar sus afectos y necesidades (Basch 1988; Tustin 1986). A menudo, en tales sistemas familiares y escolares, existe una ausencia de contacto interpersonal afectivo (una transacción no verbal) en el que la expresión de afecto por parte de una persona en la relación, estimule el correspondiente afecto de reciprocidad en la otra.

Por su propia naturaleza, el afecto es relacional-transaccional y requiere del correspondiente afecto en resonancia.

- La expresión del afecto de tristeza tiene como fin despertar compasión y posibles actos compasivos.
- La rabia requiere afectos relacionados con la atención, la seriedad y la responsabilidad y, quizás, acciones correctoras.
- El miedo requiere estimular afectos y acciones de seguridad.
- La alegría requiere provocar afectos recíprocos de vitalidad y expresión de disfrute.

Este concepto de afecto está plasmado en una perspectiva del enfoque de la psicología o teoría de campo bipersonal, que es uno de los fundamentos de la terapia Gestalt (Perls 1944), aunque a veces no se considera en la práctica terapéutica. Cuando una persona recibe los afectos de otro individuo como una transacción relacional, esos afectos pueden ser totalmente expresados. Metafóricamente, el yin de un afecto, se satisface por el yang de un afecto recíproco como respuesta.

La sintonía incluye la percepción del terapeuta de los afectos del cliente y, en reciprocidad, es estimulado para expresar los correspondientes afectos y las conductas resonantes, un proceso similar al que Daniel Stern (1985, 1995) describió en las interacciones saludables entre un infante y su madre. El afecto recíproco en el terapeuta puede expresarse reconociendo el afecto del cliente, lo que lleva a la validación de que ese afecto tiene una función en su relación. Es esencial que el terapeuta sea conocedor de y esté sintonizado con el nivel evolutivo del cliente en la expresión de las emociones. El cliente tal vez necesite tener reconocimiento de sus afectos y necesidades, pero carece del lenguaje social necesario para reflejar sus emociones en una conversación. Puede resultar necesario que el terapeuta ayude al cliente denominando sus sentimientos, sus necesidades o sus experiencias como un paso inicial para la adquisición de una sensación de hacer impacto en la relación.

La implicación comienza por el compromiso del terapeuta con el bienestar del cliente y por el respeto a sus experiencias fenomenológicas.

Evoluciona desde la indagación empática del terapeuta sobre la experiencia del cliente, y se desarrolla a través de la sintonía del terapeuta con los afectos del cliente y la validación de sus necesidades. La implicación es el resultado de que el terapeuta esté plenamente en contacto con y para el cliente de un modo que se corresponda con el nivel evolutivo de su funcionamiento.

La vergüenza y la arrogancia son procesos defensivos en los que la valía de un individuo se descuenta, y la existencia, la importancia y/o la solvencia de una alteración en la relación se distorsionan o se niegan. La implicación del terapeuta que utiliza el reconocimiento, la validación, la normalización y la presencia, disminuye la interrupción interna del contacto, que es parte de la negación defensiva que acompaña a la vergüenza.

Mediante la sensibilidad hacia la manifestación de la vergüenza y entendiendo las funciones intrapsíquicas de la vergüenza y la arrogancia, un psicoterapeuta puede guiar a su cliente a reconocer y expresar sentimientos naturales y necesidades de estar en relación. El reconocimiento es la contrapartida terapéutica para el descuento de la existencia de una perturbación en la relación. El reconocimiento pasa a ser interno y disuelve la interrupción interna del contacto afectivo o de las necesidades, cuando lo concede un otro receptivo que conoce y transmite necesidades relacionales y sentimientos.

La validación terapéutica se produce cuando la sensación de vergüenza del cliente, su mermada autoestima y sus fantasías defensivas, se experimentan como una secuela de las perturbaciones en las relaciones significativas. La validación es la vinculación cognitiva de causa y efecto, la respuesta terapéutica al descuento sobre la importancia de una alteración en la relación. La validación otorga al cliente un valor mejorado de la experiencia fenomenológica y, por lo tanto, una mayor sensación de autoestima.

La normalización supone eliminar la etiqueta patológica y también sirve para contrarrestar el descuento de la posibilidad de resolución de la perturbación en la relación. A muchos clientes les dijeron cuando eran niños, "algo está mal en ti"; o cuando se enfrentaron a la imposibilidad de ser responsables del bienestar de sus padres, concluyeron "algo está mal en mí". La carga de responsabilidad por la ruptura de la relación fue erróneamente colocada sobre el niño y no sobre el cuidador adulto. La contrapartida terapéutica al descuento de la posibilidad de solución de un problema es la asignación de responsabilidades en la relación. Es imperativo que el terapeuta comunique al cliente que su experiencia de vergüenza, su auto-crítica o el ridículo anticipado son reacciones defensivas normales por haber sido humillado o ignorado, y que estas respuestas no son patológicas.

La asignación de responsabilidades puede empezar por el terapeuta asumiendo su propia responsabilidad ante cualquier brecha en la relación terapéutica. La mayoría de las rupturas terapéuticas sucede cuando un terapeuta no logra sintonizar con la comunicación afectiva o no verbal del cliente (Kohut 1977). Cuando un cliente carga con la responsabilidad de la relación, el descuento de la solvencia continúa y se refuerza la sensación de vergüenza. Puede ser necesario que el terapeuta se responsabilice de no comprender la experiencia fenomenológica del cliente, de no valorar sus procesos defensivos o de no estar sintonizado con sus afectos y sus necesidades.

La presencia es la implicación terapéutica que sirve como contrapartida para el descuento y la devaluación en la autoestima de un individuo. La presencia terapéutica se proporciona a través de la indagación empática sostenida (Stolorow, Brandschaft y Atwood 1987) y a través de la consistente sintonía con el nivel evolutivo de los afectos y de las necesidades.

La presencia conlleva la atención y paciencia del terapeuta. Transmite que el terapeuta es confiable, responsable y fiable. La presencia opera cuando el comportamiento y la comunicación del terapeuta respetan y potencian en todo momento la valía del cliente. La presencia es aún más valiosa cuando el terapeuta se deja impactar por los afectos y la experiencia fenomenológica del cliente —se toma en serio la experiencia de ese cliente. La presencia es más que la comunicación, es una comunión —un contacto interpersonal pleno.

La implicación del psicoterapeuta a través de las transacciones que reconocen, validan y normalizan la experiencia fenomenológica del cliente, es el antídoto para la toxicidad del descuento y la devaluación de la existencia, de la importancia o de la responsabilidad de resolver las interrupciones del contacto-en-la-relación. La presencia confiable y sintonizada del terapeuta es el antídoto para el descuento de la valía de la persona (Bergman 1991; Jordan 1989; Miller 1987; Surrey 1985).

La psicoterapia eficaz de la vergüenza y la arrogancia requiere del terapeuta un compromiso con el contacto-en-la-relación, un compromiso con la paciencia y una comprensión de que dicha terapia es compleja y requiere una dosis de tiempo considerable. La Indagación, la Sintonía y la Implicación suponen una guía mental, una forma de estar en relación y una serie de habilidades terapéuticas. Cuando se emplean en resonancia con el nivel evolutivo de funcionamiento del cliente, son métodos que brindan una relación cuidadosa y comprensiva que permite al cliente expresar un sentido del valor de sí mismo que tal vez nunca antes se haya expresado. La Indagación, la Sintonía y la Implicación son descripciones de interacciones respetuosas que promueven el contacto-en-la–relación. A través de una psicoterapia relacional orientada al contacto, las dinámicas protectoras de la vergüenza y la arrogancia se revelan y disuelven. Un enfoque de terapia gestalt de contacto-en-la-relación potencia la capacidad del individuo para lograr el pleno contacto interno y externo.

CAPÍTULO DOCE

El proceso esquizoide

El término "esquizoide" es frecuentemente mal comprendido. Proviene del término griego relacionado con "escisión" y significa cortar, fragmentar o dividir en pedazos. Comencé a interesarme por la psicoterapia del proceso esquizoide a través de las presentaciones de casos, las lecturas y las discusiones teóricas que mantuvimos en los seminarios de desarrollo profesional del Instituto de Psicoterapia Integrativa. Este trabajo es el resultado de nuestras consideraciones sobre las cuestiones relacionadas con la disociación y también con la vergüenza.

A medida que trabajábamos con personas que utilizaban la disociación como mecanismo de afrontamiento permanente, y también con personas para quienes la vergüenza era la forma primaria de organizar sus experiencias emocionales, descubrimos la necesidad de refinar nuestros métodos de psicoterapia para enfatizar la indagación sobre la experiencia subjetiva de nuestros clientes.

Este tipo de clientes necesitan de su terapeuta una sintonía consistente con su estado afectivo: obtener la sensación de complementariedad de su tristeza con compasión, de su miedo con seguridad y de su enfado con la sensación de ser tomado realmente en serio cuando expresa esa emoción de enfado (Erskine y Trautmann 1996).

Estos clientes tienen una necesidad particular de obtener respuesta ante su estado afectivo cargado de temor, tan dominante en el proceso esquizoide, y que a menudo está relacionado con sus experiencias no-verbales. También requieren la sintonía del terapeuta con su nivel de funcionamiento evolutivo, en especial los que Daniel Stern (1995) describió en sus artículos como *self emergente, self nuclear y self intersubjetivo* —aquellos niveles de funcionamiento evolutivo pre-lingüísticos. De hecho, muchos de los clientes esquizoides se regresan a funcionamientos evolutivos pre-lingüísticos como "zona de seguridad" en presencia de lo que ellos perciben como una amenaza (Guntrip 1968).

Muchas de nuestras investigaciones y nuestro trabajo terapéutico han mostrado la importancia de validar la experiencia subjetiva del cliente. Cuando la psicoterapia enfatiza el cambio, no como objetivo primario sino como una consecuencia de la terapia, cuando el foco terapéutico no está en la conducta sino en el proceso interno del cliente, acabamos adoptando una forma más lenta de psicoterapia, que resulta capaz de llenar internamente los vacíos psicológicos que los individuos esquizoides experimentan en su interior. Lo que se hace evidente en una psicoterapia enfocada fenomenológicamente es el afecto secuestrado, escondido y encapsulado en el self del cliente.

En individuos esquizoides, los afectos de terror y rabia a menudo nunca han encontrado una vía para el diálogo verbal con otra persona. Sabemos, por el tratamiento a víctimas de trauma, que éste se mantiene fijado a lo largo de la vida de la persona como elemento traumático debido al fracaso o a la ausencia de una relación sanadora. Son muchas las personas que habiendo sufrido experiencias traumáticas, no permanecen traumatizadas porque hubo alguien con una actitud reparadora, solidaria y clarificadora que permitió, a través de la calidad de la relación, que el trauma fuese integrado dentro de la experiencia del individuo (Erskine 1993).

El proceso esquizoide quedó claramente definido en la descripción de Eric Berne (1961) sobre los Estados del Yo —el yo fragmentado por el trauma— y en cómo la fijación de los Estados del Yo Niño interfiere con el funcionamiento neopsíquico en el aquí-y-ahora. Berne definió la fragmentación del yo y los problemas de límites —pérdida del principio de realidad, enajenación y despersonalización— como "carácter esquizoide" (ibíd. 67).

Cada uno de estos Estados del Yo Niño, fragmentados por el trauma, requerirá una relación sanadora que realmente responda. "El Estado del Yo puede ser tratado como un niño real. Puede ser cuidadosamente nutrido, incluso tiernamente, hasta que se desarrolle como una flor" (ibíd. 226). Los clientes que están inmersos en el proceso esquizoide necesitan al psicoterapeuta para crear una relación terapéutica que permita a cada Estado del Yo Niño emerger y encontrarse con una respuesta segura y sintonizada.

Berne (1972) señaló a Ronald Fairbairn como el autor psicoanalítico que había proporcionado uno de los mejores puentes heurísticos para el Análisis Transaccional. Fue el primer psicoanalista (Fairbairn 1952) que describió exhaustivamente las dinámicas relacionales de la primera infancia —las de un niño en relación desde los primeros momentos de su vida— y el daño ocasionado al niño cuando se produce un fracaso en estas relaciones primarias. De esta forma articuló los antecedentes del proceso esquizoide.

Estos fracasos relacionales no son los traumas agudos que solemos considerar, por ejemplo, en nuestro trabajo con personalidades múltiples. Más bien se trata de lo que Masud Khan (1963) denominó "trauma acumulativo" (ibíd. 286) —pequeñas pérdidas de sintonía, descuentos, castigos y rechazos— que, como los granos de arena, se van acumulando hasta formar una duna. El cúmulo de pérdidas de sintonía y de pérdidas de conexiones crea las condiciones en las que el niño se esconde más y más, quedando secuestrado en su propio mundo interno, mientras que externamente ajusta su conducta a aquello que los otros demandan (Lourie 1996). Para los clientes sumidos en el proceso esquizoide, la intimidad y las conexiones interpersonales son una amenaza para el sentido del self. Experimentan un gran temor al contacto: para este grupo de individuos, una relación genuina es peligrosa.

Bob Goulding (1974) describió el proceso esquizoide como un impasse de tercer grado. Es la división o escisión en el Estado del Yo Niño que se produce cuando el funcionamiento natural orgánico del individuo es reprimido y negado —escindido— y el niño se convierte en la fachada social requerida por los adultos que le rodean. La fachada social adaptativa se convierte en "yo" y la parte natural, fundamentalmente humana, se convierte en "no yo". Lo que es natural se pierde y escinde tan intensamente, que la persona experimenta que no hay otra forma de ser en el mundo. Tanto mi propia experiencia clínica, como la literatura de psicoterapia contemporánea, me han llevado a creer que una relación terapéutica paciente, consistente, respetuosa y sintonizada permite que aquellos aspectos escondidos del yo que se convirtieron en "no yo", vuelvan a ser experimentados como "yo" (Bollas 1987; Erskine, Moursund y Trautmann 1999; Mitchell 1993; Stolorow, Brandchaft y Atwood 1987).

Harry Guntrip (1961, 1968, 1971; Hazell 1994) escribió extensamente sobre el tratamiento del proceso esquizoide. Describió cómo la persona tiene el impulso de esconderse por miedo, y como después experimenta una profunda y aislada soledad que le llevará a salir de su ocultamiento para volver a una interrelación adaptativa con el mundo. Esta persona se encuentra atrapada constantemente en la lucha entre esconderse o conectar con otros, pero siempre de una manera adaptativa. Guntrip (citado en Hazell 1994) define la psicoterapia del proceso esquizoide como la provisión de una relación humana confiable y comprensiva de tal cualidad que haga contacto con el niño profundamente traumatizado y reprimido. Esto le permitirá convertirse en alguien cada vez más capaz de vivir, con la seguridad de una nueva relación de verdad, aunque el legado traumático de los primeros años de desarrollo se filtre o irrumpa en la consciencia ... Se trata de un proceso de interacción: la función de dos variables, las personalidades de dos individuos trabajando juntos hacia el crecimiento libre y espontáneo (ibíd. 366).

Donald Winnicott tiene también una extensa experiencia en el tratamiento del proceso esquizoide (Hazell 1994; Little 1990). Winnicott describió como ingrediente esencial de una psicoterapia profunda la provisión de un entorno respetuoso, comprensivo y fiable, aquél que el cliente nunca tuvo antes y que necesita tener para poderse re-desarrollar fuera de sus conflictos internos e inhibiciones. Dicho entorno permite a la persona descubrir por sí misma aquello que es natural para ella. Ambos, Guntrip y Winnicott, fomentaron una psicoterapia centrada en el proceso interno del cliente y no específicamente en el resultado conductual, una psicoterapia que brinde una relación reparadora para un Estado del Yo niño traumatizado.

Para finalizar, puede ser adecuado citar de nuevo las ideas de Guntrip acerca de la psicoterapia del proceso esquizoide —el tipo de actitud que una de sus clientes describió como la relación que le proporcionaba valor y esperanza para sí misma:

> "Es responsabilidad del terapeuta descubrir qué tipo de relación parental necesitan nuestros clientes para encontrarse major ... El infante crece y se convierte en una persona perturbada porque no es querido ni aceptado por su propio ser y por derecho

propio, y como adulto enfermo llega al psicoterapeuta convencido de antemano de que esta 'persona profesional' no tiene un interés ni una preocupación real por él. El tipo de amor que el paciente necesita es el que percibe en ese momento del terapeuta, que es la primera persona en brindárselo. Esto supone tomarle en serio como persona con sus dificultades, respetarle como individuo por derecho propio (incluso en sus ansiedades!) tratarle como alguien que tiene derecho a ser entendido y no únicamente culpabilizado o acusado, desalentado, presionado y moldeado para encajar en las conveniencias de otras personas. Desea notar que se le considera un ser humano valioso, con su propia naturaleza, y que necesita un buen ambiente para crecer, una muestra de contacto humano genuino, simpatía real, mostrar que se cree en él de forma que, con el transcurso del tiempo, sea finalmente capaz de creer en sí mismo. Todos éstos son ingredientes del amor parental (*ágape* y no *eros*) verdadero, aunque, sin duda, si el terapeuta no puede querer realmente a sus pacientes de esta manera, haría mejor en abandonar la psicoterapia". (Guntrip citado en Hazell 1994. 401–402)

CAPÍTULO TRECE

La confusión temprana de los afectos: el "límite" entre la desesperación y la rabia

Primeras impresiones e incertidumbres

La voz de la mujer en el teléfono era brusca. Se apresuró a contar que había sido referida por un colega porque estaba "deprimida a causa de las dificultades que tenía en la relación" con su amante y que estaba buscando un psicoterapeuta nuevo. Antes de que yo tuviera la oportunidad de preguntarle su nombre, me dijo que había visto con anterioridad a cuatro psicoterapeutas. Gritó: "¡Ninguno de ellos era bueno! ¡No me entendieron!". Continuó explicándome por qué la terapia no había sido beneficiosa para ella. Traté de frenar la avalancha de información preguntándole su nombre y la razón de su llamada. Ella parecía sentir urgencia por contarme más acerca del "frío psicoanalista" con quien había trabajado durante "dos largos años" y de otras dos psicoterapeutas femeninas que siempre la criticaban y querían que cambiase su comportamiento. Me pregunté si ella estaba comunicándome inconscientemente las cualidades relacionales que necesitaba en un psicoterapeuta.

En los primeros tres minutos al teléfono pude escuchar su enfado y su desesperación, cómo culpaba a los demás, y notar su necesidad de estar en relación. Le hice más preguntas acerca de sus razones para buscar psicoterapia. En vez de contestar, Teresa me habló de un "buen terapeuta" con quien había trabajado cuando tenía veintitantos años. Ese terapeuta había sido "amable y comprensivo", pero había puesto fin abruptamente a sus sesiones después de un año y medio. Teresa desconocía por qué el terapeuta había insistido en que ella finalizara, estaba confusa y no sabía si culparse a sí misma o al terapeuta. Teresa dijo que me llamaba con la esperanza de encontrar un nuevo psicoterapeuta que la entendiera, que fuera "agradable" y que le "ayudara a arreglar" sus relaciones. Alguien en el trabajo le había dicho que necesitaba terapia de grupo. Ella llamaba por si yo tenía una plaza en uno de mis grupos.

En esos primeros minutos noté que Teresa iba a requerir una relación terapéutica sensible y firme —una relación que estuviera en sintonía con sus sentimientos y que reflejara una comprensión de su lucha interna a la vez que estableciera algunos parámetros terapéuticos claros. Para que yo pudiera ser terapéuticamente eficaz, iba a ser necesario una considerable cantidad de tiempo con el fin de establecer tal relación. Me imaginé que ella necesitaría una atención a sus necesidades mucho más cuidadosa de la que yo podía proporcionarle en la terapia de grupo. Le ofrecí tres sesiones individuales como período de valoración mutua. Le dije que necesitaba saber bastante más acerca de quién era ella, antes de que yo pudiera recomendar terapia de grupo o, quizás más importante, comprometerme con la terapia a largo plazo que yo sospechaba que requería. Ella ya había mencionado varias relaciones difíciles que supuse expresaban transferencialmente conflictos relacionales previos, y tal vez, incluso conflictos de la infancia temprana. Se agolparon muchas preguntas en mi mente. Si ella fuera mi cliente, ¿me definiría también como alguien crítico o frío? Originalmente, ¿quién había sido frío y crítico? ¿Podría crear una relación terapéutica con esta mujer, a la que todavía no había visto, que pudiera lograr un efecto positivo para solucionar sus dificultades relacionales?

En sus primeras citas, Teresa llegaba unos minutos antes. Iba bien vestida y con aspecto coqueto; era clara y elocuente cuando hablábamos sobre las horas de consulta y el pago. Hacía comentarios sobre el buen tiempo de principios de octubre y me hizo varios halagos sobre la decoración del despacho. Teresa fue sin duda mucho más encantadora de lo que había sido por teléfono y estaba muy dispuesta a responder a las preguntas sobre los acontecimientos de su vida; eludió varias veces las indagaciones sobre sus emociones y sensaciones físicas, o sobre sus primeros años de vida. Quería hablarme de todos los problemas que estaba teniendo con su novio y con algunas mujeres en el trabajo. Yo quería escuchar cómo organizaba su historia y me di cuenta de que las indagaciones en este momento la distraían de lo que había planeado decir.

Comentó con orgullo que era una asesora legal muy bien pagada en un importante bufete de abogados. Adoraba a su jefe, a quien describía con términos de idealización, y añadió que la había defendido "una o dos veces". Teresa volvió a hablar en términos elogiosos de su primer psicoterapeuta y se mantuvo consecuente en su "odio" hacia sus otros tres terapeutas, así como hacia dos de sus compañeras de trabajo. Estaba indignada porque uno de los psicólogos le había diagnosticado como "psicótica límite", y porque el psiquiatra le había dicho que tenía un "trastorno bipolar" que requería medicación.

Le sugerí que no entráramos en detalles sobre esas "odiadas" relaciones en esta primera sesión, pero que volveríamos a hablar de sus sentimientos acerca de esas relaciones en futuras sesiones. Parecía responder bien a mis limitaciones en sus intensas historias emocionales. Teresa continuó diciendo que actualmente tenía 38 años y que llevaba divorciada 10 años. Se había divorciado después de haber estado casada durante 18 meses, cuando ella tenía veintitantos años. Desde entonces había tenido varios novios (amantes) con los que había estado unos meses o un año. Describía cómo cada relación había terminado debido a la "incompatibilidad". En este momento era demasiado pronto para que yo preguntase sobre los detalles de esta "incompatibilidad", pero, por lo poco que había dicho, podía suponer que ella percibía a los hombres de su vida como que no le entendían y/o no respetaban sus necesidades. Yo sabía que saldrían más detalles de estas historias si continuábamos trabajando juntos. Parecía que ser comprendida iba a ser un tema central en nuestra psicoterapia.

Un resumen de mis notas de la sesión inicial muestra los siguientes cinco temas en el relato de Teresa: a menudo se siente deprimida y teme el abandono, padece sufrimiento emocional por la creencia de que nadie la entiende, o bien se autocritica o critica a los demás, es destructiva en la mayoría de las relaciones, y su comportamiento oscila entre estar muy necesitada de los demás y odiarlos porque le decepcionan.

Mi cometido sería el de utilizar tanto su transferencia con otras personas como las transferencias emergentes conmigo, con el fin de comprender y resolver tres dinámicas relacionales importantes: 1) su híper-vulnerabilidad y la confusión temprana de los afectos, 2) sus necesidades relacionales que no habían sido satisfechas en el proceso de crecimiento y, 3) su estilo de compensación y autorregulación en respuesta a los fracasos relacionales previos.

El inicio de la psicoterapia

Acordamos una serie de sesiones de psicoterapia por un periodo de siete meses, hasta junio, con los objetivos terapéuticos de resolver su miedo al abandono y encontrar formas constructivas de estar en relación con su novio. Su narrativa, durante los meses que siguieron, era a menudo desorganizada. Alternaba entre culpar a los demás y la autocrítica, las justificaciones de su rabia y la confusión acerca de cómo la trataban los demás. Algunos de mis intentos de indagar sobre los antecedentes de sus reacciones emocionales parecían añadirle confusión, esa indagación le hacía sentirse como si la estuviera abandonando en medio de sus historias. Era demasiado pronto en nuestra relación para establecer la vinculación entre sus experiencias infantiles, sus afectos y su conducta actual. Lo que yo sí podía hacer era escuchar con respeto y revisar continuamente para comprobar si ella sentía que yo la entendía. Mi labor en aquella época fue aprender a establecer y mantener una relación terapéutica sanadora, mediante la comprensión de los elementos de conflicto en las historias que ella estaba relatando sobre sus relaciones problemáticas con los demás. Escuché atentamente el desarrollo de sus historias, fui consciente de los temas emergentes y esperé el momento oportuno para indagar tanto fenomenológica como históricamente. Mi sintonía con sus afectos, su ritmo y su nivel evolutivo de funcionamiento psicológico fue lo más importante en esta fase inicial de la terapia, a pesar de que ella se mofara de mis expresiones de empatía.

Teresa, con lágrimas en los ojos, se quejó de que su actual novio era a menudo "irrespetuoso", ella se "peleaba" con él, él le amenazaba con dejarla y entonces ella se lo llevaba a la cama para "seducirle para que se quedase". Después ella, de forma repetitiva, se criticaba a sí misma por ser "seductora" y "sólo una zorra". Yo sabía que este drama repetitivo reproducía alguna historia infantil importante. Esperé la oportunidad para seguir cualquier posible pista que me guiara a su historia originaria —una historia que yo imaginaba posiblemente más llena de emoción y confusión de lo que ella estaba contando sobre su vida actual. Yo era consciente de que iba a necesitar mi empatía sostenida si alguna vez llegáramos a esa historia originaria. Sin embargo, en este momento de la terapia, yo no tenía mucha empatía por el "daño devastador" que ella estaba describiendo. Su llanto no me conmovía hacia la compasión. Estaba cautelosamente centrado en sus numerosos ejemplos de manipulación y de autocrítica.

Teresa pasó varias sesiones hablándome de Joan, una lesbiana mayor que ella ala que describía "la única persona amorosa que he tenido en mi vida". Teresa estaba extremadamente confusa sobre la razón por la que Joan la amaba tanto, ya que Teresa estaba convencida de que no era digna de ser amada. También estaba totalmente desconcertada de que Joan no quisiera continuar la relación con ella. En varias sesiones se echó a llorar, como una niña muy pequeña, cada vez que hablaba del amor de Joan hacia ella. Teresa, con lágrimas en los ojos, me describió la atención de Joan y su cariño. Ella se había quedado sorprendida de encontrar a alguien como Joan, que era tan diferente a sus padres y manifestaba "A veces el contraste era tan grande que me volvía loca".

Aunque ella y Joan habían mantenido una "relación amorosa", también había tenido algunas "peleas violentas". Después de una de esas peleas, Teresa había intentado suicidarse cortándose las venas y Joan había llamado a la policía para que la llevasen al hospital. Mientras Teresa se estaba recuperando en la sala del hospital psiquiátrico, Joan le gritó: "No quiero volver a verte ni hablar contigo nunca más, en toda mi vida". Durante varias sesiones, Teresa se acurrucaba en posición fetal y sollozaba profundamente: "No hay nadie ahí para mí". Mientras ella clamaba por la convulsión emocional de ese amor perdido, mi empatía genuina era absolutamente esencial para desarrollar nuestra relación terapéutica. Este era un dolor real. No había nada de la emotividad superficial que parecía estar presente cuando lloraba al sentirse "rechazada" por su novio. Y, sin importar lo mucho que yo percibiese que también era una re-experimentación de un abandono muy temprano, necesitaba mi compasión y mi comprensión en respuesta a la profundidad de su dolor emocional.

La historia de su relación con Joan llevó a Teresa a hablar de otras experiencias de abandono emocional. Entró en detalles sobre sus relaciones con cinco amantes masculinos de los que se había "enamorado locamente" hasta que los hombres se volvieron agresivos. Cada una de estas aventuras terminó en una "gran pelea" y con Teresa sintiéndose profundamente herida y confusa. Lo compensaba culpando a los hombres por no "entenderla". Aunque continuaba echando la culpa a los demás, su llanto parecía más genuino. Teresa expresaba lo que me parecía una vulnerabilidad más auténtica, cada vez que yo identificaba lo que pudo haber necesitado en las relaciones con Joan, con cada uno de estos hombres, o con su actual novio.

Identificamos específicamente las necesidades interpersonales que a menudo faltaron en sus relaciones significativas: que la otra persona fuera paciente, tranquila, consistente, digna de confianza y que la validara, que la otra persona proporcionara a Teresa oportunidades de autodefinición y de gestión sin ningún tipo de comentario ni gestos humillantes. En varias ocasiones conversamos sobre cómo la amabilidad, la aceptación o los gestos cariñosos estimulaban sus recuerdos dolorosos de experiencias de rechazo. Volvimos sobre estos temas una y otra vez hasta que ella comprendió con claridad cómo la amabilidad y los gestos amorosos eran parte integrante de una conexión íntima y de una sensación de pertenencia.

La posibilidad de una conexión íntima y de pertenencia era lo que estimulaba un "límite" psicológico entre el terror y el anhelo, el terror a todos los sentimientos desestabilizadores asociados con una relación íntima y, al mismo tiempo, una sensación física "voraz y persistente", esos anhelos de intimidad. Ella no podía comprender que el propósito de "pelearse y apartar a las personas" era evitar su emergente terror, el dolor y la profunda pena. Teresa se centrada más en el vacío desesperado de sus relaciones: sufría confusión de los afectos.

Sentí curiosidad sobre sus palabras "ser seductora", que ella había utilizado en varios contextos. Mediante una serie de indagaciones acerca de sus sentimientos y de las asociaciones con la palabra "seductora", recordó varios momentos en los que "estaba intentando estar cerca de mi padre y mi madre me acusó de ser seductora"; continuó describiendo su reacción: "pensé que estaba haciendo algo terriblemente malo". Teresa se lamentaba de haber deseado el afecto y la protección de su padre. Hablamos de las diversas formas con las que ella había tratado de conseguir su atención y su compañía. Estaba enfadada con su padre por estar, o bien más interesado en defender a su madre, o recluido viendo la televisión.

Pasamos varios meses hablando de su pena por "no tener un padre", de lo que ella hubiera necesitado de él y de su enfado ante la ineptitud paternal. Yo continué llevando su atención hacia las reacciones, las conclusiones y las decisiones que ella podía haber elaborado como una forma de compensación ante la pérdida de relaciones significativas. Se hizo plenamente consciente de que durante sus años escolares había llegado a la conclusión: "Nadie está ahí para mí". Tenía un vívido recuerdo de estar sentada en su dormitorio, sintiéndose sola y deseando estar con su padre, que estaba viendo la televisión en otra habitación, y diciéndose a sí misma: "No soy digna de ser amada". Recordaba con frecuencia cómo se balanceaba en su cama mientras repetía una y otra vez estas palabras: "No soy digna de ser amada", como un mantra. Yo me pregunté dónde encajaba su madre en esta historia, pero Teresa estaba absorta en la narración de la confusa relación con su padre.

Mantuve en mi mente una imagen de esa niña solitaria e hice referencias a esa historia varias veces cuando Teresa parecía abstraída por los conflictos actuales. Le describí mi impresión sobre su balanceo y su repetitivo "No soy digna de ser amada": una forma de manejar la soledad y de dar algún sentido a lo que había echado en falta en la relación con sus padres. En las siguientes sesiones indagué sobre sus asociaciones, sobre mi imagen de la solitaria niña pequeña o sobre mi hipótesis acerca de cómo había compensado el abandono. Al principio, describió el recuerdo del dormitorio como "reconfortante", pero, cuando hablamos de ello varias veces, se dio cuenta de que el balanceo y la repetición tipo mantra de "No soy digna de ser amada" eran un intento desesperado de evitar la intensidad de la soledad calmándose a sí misma con palabras repetitivas. Conforme Teresa se hacía cada vez más consciente de su intensa soledad, comenzó también a sentir una rabia creciente hacia su padre, que había repudiado durante años.

Le pedí a Teresa que me mirase a los ojos y que me hablara de la intensidad de su enfado. Era importante que ella me mirase a los ojos, para que pudiera darse cuenta de que yo me estaba tomando en serio su rabia. Teresa carecía aún de una sensación interna de seguridad relacional, así que evité la expresión de su rabia hacia un padre fantaseado en una "silla vacía". Ella necesitaba ver que podía causar impacto en un hombre, causar impacto en mí. Me pareció importante que viera mis ojos y mi rostro mientras ella expresaba claramente lo que no le había gustado. En las siguientes sesiones hablamos de esta nueva experiencia de mostrar una rabia con contacto y cómo eso era diferente de su costumbre de enfurecerse con la gente. También nos enfocamos en las reacciones corporales de Teresa durante la contención de su furia por el abandono de su padre.

Una noche, aproximadamente un mes después, Teresa llamó por teléfono, aterrada y llorando sin control. No sabía por qué estaba tan asustada. Me mantuve tranquilo al teléfono mientras ella temblaba de miedo. Le hablé con delicadeza, y acordé verla al día siguiente temprano, mientras le aseguraba que resolveríamos su terror. Con mi compromiso, Teresa fue capaz de dejar de temblar de miedo. A la mañana siguiente, cuando revisábamos nuestra conversación de la noche anterior, comenzó a temblar de miedo una vez más. Le sugerí que el temblor era, probablemente, una memoria corporal y que yo me mantendría a su lado cuidando de ella. Se acurrucó en el sofá, temblando de miedo, mientras yo le animaba a mantenerse en contacto con sus sensaciones corporales y con sus emociones emergentes. A los pocos minutos apareció un vívido recuerdo de su padre llegando a su habitación. Ella tenía 13 años y había estado en su cama balanceándose y consolándose a sí misma después de una intensa discusión con su madre. Esperaba que su padre la reconfortara. En vez de eso, la sacó de la cama y le dio una bofetada. Gritó: "Nunca más discutas con tu madre" y luego salió de la habitación dando un portazo. Teresa se quedó sola en estado de shock.

Al describir este recuerdo, Teresa gritó y exclamó con angustia: "Nadie está ahí para mí". Esas palabras reflejan una decisión que asumió ese día, a los 13 años y que conformó su vida —una decisión infantil que todavía determina su percepción de las relaciones, décadas más tarde. Esta decisión consolidó una serie de conclusiones similares, realizadas durante varios años al darse cuenta de que ninguno de sus padres había sido jamás sensible a sus sentimientos o a sus necesidades.

En esta ocasión, pedí a Teresa que imaginara a su padre justo delante de ella, mientras yo me sentaba a su lado con la mano apoyada en su espalda. Animé a Teresa a que le dijera a su padre en voz alta lo que nunca le había dicho. Cuando ella le hablaba de cómo la había herido y abandonado, yo también alentaba a Teresa para que expresara su rabia y para que protestara por los golpes que él le había propinado. Dio puñetazos a los almohadones del sofá y gritó: "Padre, ésa no es forma de tratarme. ¡Madre tuvo la culpa y tú lo sabes! Nunca me proteges (golpeando aún los almohadones). Nunca estás ahí para mí (golpeando los almohadones). Necesito que seas como Richard, o incluso como Robert, ellos están ahí para mí, Richard me cree" (abraza los almohadones contra su pecho y solloza durante varios minutos).

Una de las creencias centrales de Teresa: "Nadie está ahí para mí", fue expresada conscientemente. Había sido una realidad en su familia de origen, pero esa creencia ya no tenía que determinar la forma en la que experimentaba su vida hoy en día. Ella consiguió adoptar una nueva decisión —una decisión que significaba que algunas personas, Richard y su novio Robert, estaban ahí para ella. Ahora estaba abierta a sentir algo del contacto interpersonal y del apoyo emocional que otros podían proporcionarle. Teresa ya no estaba completamente sola ni luchando contra todo el mundo.

El crecimiento psicológico de Teresa no fue una trayectoria recta hacia el bienestar; hubo muchos incidentes en los que re-utilizaba su antiguo comportamiento agresivo, sus ataques de llanto, su crítica interna y su estoica autosuficiencia. Sin embargo, sus peleas con su novio disminuyeron gradualmente y ella "trataba de llevarse bien con las mujeres del trabajo". En muchas sesiones volvimos sobre temas que ya habíamos tratado anteriormente; algunas veces parecía como si nunca antes hubiéramos hablado de una situación determinada. Otras veces, ella tenía un profundo *insight* y utilizaba ese entendimiento para, al menos temporalmente, cambiar su comportamiento. Parecía más confiada conmigo y, a menudo, quería escuchar lo que yo tenía que decirle. Estaba cambiando a su propio ritmo, en avances asumibles, resolviendo así la confusión entre la conducta, los sentimientos y las necesidades.

En muchas sesiones, durante estos primeros meses, la conducta de Teresa hacia mí alternó entre ser coqueta y agresiva, dependiente y desconfiada, o autosuficiente e indefensa. Se quejaba de estar sola, vacía y deprimida y luego se volvía eufórica sobre el futuro, para continuar después mostrando enfado porque anticipaba que sería tratada sin respeto. Continuamente preguntaba qué debía hacer con su actual novio cuando él la decepcionaba, quería explicaciones. Fluctuaba entre verme como la persona que podía decirle cómo resolver todos sus problemas y enseñarle a manejar a las "personas difíciles" en su vida, y verme como el "zopenco" que le provocaba a "sentirme peor que cuando empecé". Con frecuencia, Teresa anticipaba o me percibía como crítico con ella cuando hablábamos de cómo podría modular sus acusaciones y el enfado hacia su novio y hacia las compañeras de trabajo. Le insté a que reflexionásemos juntos sobre las razones subyacentes en su propio comportamiento cuando expresaba desesperación, coquetería, crítica o agresión conmigo o con otras personas. En repetidas ocasiones, sugerí que tal vez estaba reviviendo muchas experiencias relacionales previas, que aparecían en todas las historias que ella me contaba de su vida adulta.

Un día descubrí que no había hablado con su madre en varios años y que sólo hablaba con su padre durante unos minutos por teléfono unas tres veces al año. Dijo que "odiaba" a su madre y que consideraba a su padre un "débil sin carácter", porque no detenía la crítica ni el ridículo de su madre. Ella gritó:

> "Mi padre nunca le dijo a mi madre que se callara y rara vez me consoló. Las pocas veces que sí me abrazó, a mi madre le entró un ataque de celos. Me dijo que yo era 'seductora' y que yo crecería para ser una 'zorra'. Mi madre era la única que podía seducir a alguien. Ninguno de mis profesores supo nunca lo mucho que ella me despreciaba".

Anoté mentalmente que había por lo menos tres áreas que requerían más indagación: la relación con su padre y la falta de protección reflejada en la expresión "débil sin carácter", el impacto psicológico del "ataque de celos" de su madre, y los efectos acumulativos de vivir con una sensación de ser despreciada por su madre. Parecía demasiado pronto para explorar sus experiencias internas y sus sistemas de afrontamiento en respuesta a cada una de estas crisis evolutivas. En este momento era importante proporcionar estabilidad en nuestra relación y eliminar la agresividad y las peleas de Teresa con otras personas.

En algunas sesiones, en lugar de hablar de la relación con su madre, Teresa quería hablar de las mujeres de su trabajo que "me odian, aunque nunca les he dado motivo alguno". En una de las sesiones, dijo, "Yo sólo les lanzo una mirada de odio y se mantienen alejadas". Le respondí que tenía un alto grado de responsabilidad en la manera en la que le trataban los demás. A pesar de que puso objeción a mi premisa, yo continué durante los meses siguientes describiendo cómo era "en gran medida responsable" de los conflictos interpersonales de su vida. Había sobrevivido culpando a otros por sus dificultades, pero esa "técnica" de echar la culpa solo hacía que su vida empeorara. Pasamos una considerable cantidad de tiempo hablando sobre la distinción entre los sentimientos, las necesidades y el comportamiento. En una de esas sesiones hice hincapié en que ella tenía una necesidad normal de ser aceptada y respetada por quién era y también señalé que en la mayoría de sus historias, describía a las personas significativas como no responsivas a sus necesidades. Hubo un momento de tranquilidad en el que sus ojos se humedecieron y luego se apresuró a añadir: "Por cierto, tienes un pésimo papel higiénico en el baño. ¿Por qué no gastas parte de tu montón de dinero en un buen papel higiénico?". Era evidente que tenía miedo a la vulnerabilidad.

Pude ver un patrón de conducta emergente: después de una expresión de vulnerabilidad, Teresa encontraría alguna razón para criticarme, como las horas de nuestras sesiones, mi agenda de viajes, o mis facturas. En algunas sesiones ella citaba mis artículos, que había encontrado en Internet. Declaró que yo no estaba "haciendo la terapia apropiada". En una sesión gritó: "Tú estás des-sintonizado, no sabes nada de las necesidades relacionales y eres un fracaso validando". Le respondí preguntándole con calma tres importantes preguntas diseñadas para esclarecer las transacciones acusatorias: "¿Cómo esperas que yo responda cuando me gritas?", "¿Qué estabas sintiendo justo antes de que me gritaras?", "¿Cómo necesitas que te responda?".

Explorar las respuestas de Teresa a estas tres preguntas nos llevó el resto de esa sesión y la siguiente íntegramente. Cuando sus críticas aparecían al final de una sesión o si tenían un matiz de rabia, yo esperaba hasta que su enfado se enfriara y lo trataba en la próxima sesión o incluso en una posterior. Otros días en los que su crítica hacia mí surgía al principio, o era más bien leve, me gustaba tratar el tema en esa misma sesión. Esta serie de indagaciones casi siempre conducía a un vago recuerdo sobre la relación con su madre, pero a menudo no podía sustentar ni el recuerdo ni el sentimiento asociado. Presté una atención cuidadosa para descifrar qué experiencia, con carga emocional, estaba inconscientemente codificada en las historias que ella me estaba contando, qué era lo que se había intrincado inconscientemente en la manera en la que ella interrumpía nuestro contacto interpersonal y lo que ella elicitaba en los demás cuando eran "agresivos" con ella.

Sus ataques verbales hacia mí eran frecuentes. Era esencial que yo no respondiese a la defensiva, que permaneciera plenamente presente y sensible a lo que ella inconscientemente necesitaba. Si yo hubiese actuado a la defensiva, o incluso si le hubiera dado explicaciones sobre mi postura, habría estado repitiendo el drama infantil que ella expresaba con sus novios. Nuestra relación terapéutica requería que yo mantuviera la red de seguridad mientras ella caminaba por el "límite" emocional entre el reconocimiento de sus necesidades insatisfechas y sus airados ataques hacia la gente. Esto exigía un plan de tratamiento que constaba de dos partes: primero, enseñarle a emplear una rabia de contacto relacional y, segundo, la validación y la normalización de sus necesidades relacionales. Este proceso de enseñanza, de validación y de normalización se repitió en muchas de nuestras sesiones. Renunciar a los viejos hábitos de autorregulación y aprender una nueva manera de estar en relación, precisa de muchas repeticiones. Mi coherencia y mi respeto fueron fundamentales para el aprendizaje de Teresa, tanto para valorar sus necesidades como para permanecer en relación cuando a ella no le gustaba lo que la otra persona hacía.

Durante esta primera fase de la terapia, Teresa se enfadó a menudo conmigo. Se enfadaba si yo no quería hablar con ella por teléfono de noche cuando estaba "tan disgustada". Alternaba su rabia con un llanto de impotencia y de súplica pidiendo "alguien que me entienda y que se preocupe por mí". Cuando me quedaba en silencio unos momentos durante la sesión, ella gritaba: "Te importa un comino lo que estoy sintiendo". Si le decía algo reconfortante, ella sarcásticamente lo tildaba de "palabrería de terapia". Estas fueron las sesiones en las que yo la sufría como si fuera un grano en el culo. Quería decirle que ella se merecía su miserable vida. Otras veces me sentía incitado a justificar mi comportamiento. Prudentemente, me guardé todas estas reacciones para mí mismo.

Teresa estaba engendrando en mí una respuesta agresiva y de rechazo similar a la que sus amantes y las mujeres de su trabajo debían de haber experimentado. Quizá yo estaba siendo provocado para reaccionar como lo hizo su madre. Mi variado repertorio de sentimientos y de reacciones internas sirvió, más adelante en la terapia, como útil guía en mi indagación sobre la relación con su madre. Estas dinámicas de transferencia-contratransferencia eran una manifestación inconsciente del pasado de Teresa, de sus necesidades evolutivas que no habían sido satisfechas, y de su gestión en la compensación y la regulación de sí misma. Yo estaba descubriendo cómo había aprendido a manejar las relaciones. Era importante que yo también caminara sobre una cuerda floja, que mantuviera el "límite" entre mi mantenimiento de la transferencia, justo lo suficientemente activa para que la historia de su inconsciente pudiera mostrarse dentro de la capacidad de respuesta sanadora de nuestra relación terapéutica, y, al mismo tiempo, asumir la responsabilidad de protegerla de mi propia actitud defensiva y de autojustificación, o de actuar una contratransferencia reactiva, que habría reforzado sus creencias de guión autorreguladoras originales y sus sistemas arcaicos de afrontamiento.

Teresa estaba continuamente anticipando críticas por mi parte, por parte de su novio, por parte de compañeros de trabajo o por parte de cualquiera. Después se sentía o herida o furiosa por las críticas percibidas. Ese era su antiguo y bien establecido patrón de compensación psicológica. En vez de validar sus sentimientos actuales acerca de la crítica percibida (que es lo que ella quería que yo hiciera), le hablé de cómo sus sentimientos reflejaban lo que ella había experimentado previamente. En varias ocasiones le expliqué que sus sentimientos y reacciones eran válidas, pero habían sido válidas únicamente en otro momento y en otro contexto. Esto nos llevó a dedicar muchas sesiones a explorar sus críticas anticipadas relacionándolas con las críticas que realmente había recibido por parte de su madre. Tuve paciencia, ya que esta labor de desvinculación de tantas experiencias de transferencia con su novio, compañeros de trabajo y conmigo requirió numerosas discusiones.

Indagué reiteradamente acerca de las experiencias internas de Teresa y sobre el sentido que ella otorgaba a todas las críticas que de verdad había recibido. Algunas de sus formas lógicas para dar sentido a la crítica de su madre y al fracaso de su padre para protegerla fueron: "Soy una mierda", "No soy digna de ser amada", "Soy seductora", "Hay algo mal en mí", "Nadie está ahí para mí", "Nadie me entiende". Guardé estas creencias centrales en mi mente para poder entender cómo ella había organizado sus experiencias. En varias ocasiones le animé a pensar en lo importantes que eran estas creencias para condicionar sus reacciones emocionales.

Cada una de estas creencias representaba la manera infantil de Teresa de dar sentido al modo en el que había sido tratada. Necesitaba validación, no sobre si cada creencia era o no cierta, sino sobre el mensaje de que en una situación tan insostenible, cualquier niño habría llegado a tales conclusiones y entonces habría ido por la vida asumiendo que eran verdad. Expliqué a Teresa que, aun siendo una mujer competente y profesional, estaba también internamente influida por una niña confusa, desatendida y enfadada —una niña que se había adaptado y compensado a sí misma para poder vivir con toda la crítica y todo el abandono. Yo ahora sabía que era esa niña pequeña en Teresa la que necesitaba una presencia terapéutica consistente, fiable y de confianza con el fin de relajar los antiguos estilos de adaptación y encontrar nuevas fórmulas de regulación de los afectos y de estabilización psicológica.

Expliqué a Teresa que podía traerse a su dañada niña interior a las sesiones de terapia en lugar de sufrir sus "ataques de llanto de impotencia" o de enzarzarse en peleas con su novio. Pero que, para lograrlo, necesitaba continuar con la psicoterapia y venir con más frecuencia, no sólo una vez por semana. Ya era finales de mayo y nuestro contrato finalizaría pronto. Le propuse reanudar nuestro trabajo terapéutico en septiembre y enfaticé que había demasiada agitación emocional en su día a día como para venir a terapia una sola vez por semana; si volviera en septiembre, sería esencial que dispusiera de más de una sesión semanal.

Expresó su temor a volverse dependiente de mí. Le aclaré que en la actualidad dependía de sus antiguos e infantiles patrones de afrontamiento: sentirse totalmente indefensa, involucrarse en conflictos en el trabajo y enfurecerse con su novio. De pequeña no tuvo a nadie de quien depender y, a menudo, se sentía como si nadie estuviera ahí para ella. Le reconocí que actualmente ya no vivía en la intensa crisis que le había impulsado a comenzar nuestra terapia, pero consideraba que era importante que continuara en psicoterapia tanto para consolidar los logros que había conseguido, como para resolver la subyacente confusión temprana de los afectos que motivaba sus conductas relacionales disruptivas. Supuso cierto esfuerzo por mi parte convencerla para que reanudara la terapia en septiembre. No me preocupaba que tuviera tendencias suicidas, pero era consciente de que teníamos por delante mucha psicoterapia por hacer para que Teresa pudiera salir del "límite" de la confusión temprana y mantener relaciones significativas y satisfactorias en su vida. Acabamos antes del verano sin que yo supiese si Teresa volvería en otoño o no.

CAPÍTULO CATORCE

El equilibrio en el "límite" de la confusión temprana de los afectos

Nuestro segundo y tercer año juntos

Al siguiente mes de septiembre, después de la larga pausa del verano, Teresa llamó por teléfono y mostró un firme interés en continuar con la psicoterapia. Me sorprendió gratamente, ya que, durante el verano, me pregunté si habría habido algún beneficio duradero de los últimos siete meses de terapia y si ella volvería para hacer más trabajo en profundidad.

La terapia que yo había proporcionado a Teresa durante los últimos meses había consistido principalmente en una combinación de empatía constante, sintonía con sus necesidades relacionales y una presencia sostenida sin crítica. Sin embargo, también me había centrado en el control de su conducta: tanto de su agitación interna como de sus relaciones en casa y en el trabajo —un enfoque que, en ese momento, ella no había comprendido. En nuestra primera sesión, a principios de septiembre, Teresa me contó que durante el verano no se había sentido "tan perdida en su interior" y que había usado mis "consejos" en varias ocasiones para evitar "peleas" con su novio. Echaba de menos nuestro trabajo conjunto y quería continuar.

Nos planteamos un nuevo contrato de psicoterapia profunda continuada que se orientaría a resolver su confusión temprana de los afectos, a entender cómo revivía en el presente los conflictos de la infancia y a encontrar formas alternativas de estabilización que no fuesen ni rabia ni exigencias de atención por su indefensión. Nuestro plan incluyó dos sesiones por semana con la posibilidad abierta de realizar sesiones adicionales cuando las necesitara. De esta forma eliminamos muchas de las llamadas telefónicas nocturnas que se habían producido anteriormente, cuando ella se sentía furiosa con su novio o cuando se sentía totalmente indefensa. El nuevo contrato incorporaba el acuerdo de que podríamos hablar por teléfono "si fuera necesario" sólo cinco minutos y nada más. Definí "si fuera necesario", como la posibilidad de hacer la llamada para librarse de una discusión o de un "ataque de llanto" y, sobre todo, estaría dirigida a concertar una cita adicional al día siguiente. Esta estrategia eliminó casi por completo las llamadas telefónicas nocturnas y ofreció a Teresa la estabilidad relacional que había faltado previamente en su vida.

Durante muchas sesiones, Teresa se mostró reticente a hablar de su infancia, y a veces incapaz: "¡Mi infancia estaba maldita!", exclamó. "No tengo ningún recuerdo. Es mi vida adulta la que está llena de problemas". Mientras me hablaba de cada crisis relacional actual, yo ayudaba a Teresa a ubicar sus sentimientos en el contexto de las experiencias previas de su vida. Teresa estaba empezando a tolerar mi indagación fenomenológica. La indagación histórica sobre su vida temprana estimuló mucha ansiedad, pero ahora ya era capaz de hablar de sus años adolescentes —años que habían estado llenos de decepciones con los amigos y dificultades con los profesores que, "nunca me entendieron". Solía predecir con frecuencia que el resto de su vida adulta sería "una pérdida de tiempo", igual que lo había sido su adolescencia. Pero ahora, dedicábamos cada vez más tiempo a hablar sobre las dificultades de su adolescencia, en vez de hablar sobre sus conflictos con su novio y con sus compañeros de trabajo.

Teresa relató una penosa historia que había ocurrido en su primer año en la universidad. A algunas chicas no les gustaba Teresa y no querían que ella viviera en la residencia universitaria. Describió cómo "chismorreaban" sobre ella y "criticaban todo lo que yo era". En muchas ocasiones yo reutilicé esta historia como una puerta de acceso para explorar otras críticas y rechazos en su vida adolescente. Con cada exploración, empezó a recordar situaciones humillantes en el instituto y, finalmente, el constante aluvión de críticas y comentarios de burla que le hacía su madre. "Incluso cuando mi madre, en una ocasión, no me habló durante varios días seguidos, su mirada desdeñosa siempre me decía que yo sólo era una mierda. Cuando me hablaba, a menudo era para llamarme inútil y decirme que había algo realmente mal en mi". Teresa pasó a describir cómo, de niña, había llegado a creer a su madre. Y añadió, sumida en grandes sollozos: "la mayoría de los días todavía la creo. Me temo que, de verdad, yo sólo soy una mierda".

Cuando Teresa repetía esta historia en diferentes sesiones, yo reiteraba que ella no merecía una "mirada desdeñosa" o que le dijeran que "sólo era una mierda". Le expliqué que para cualquier niña pequeña era normal creer a su madre y que Teresa había sido una niña corriente que necesitaba ser tratada con cariñoso respeto. Con cada uno de estos comentarios normalizadores, sollozaba con un llanto que estremecía todo su cuerpo.

Las anteriores declaraciones de Teresa: "no tengo recuerdos de mi infancia", comenzaron a mezclarse con una consciencia cada vez mayor de las críticas y de los insultos que había soportado de niña. En respuesta a mi indagación fenomenológica, iba recuperando recuerdos explícitos en cada sesión. Fue capaz de describir su niñez como "increíblemente solitaria". Aludía con más frecuencia a la sensación de sentirse "vacía", "deprimida", y expresaba que tenía una "persistente sensación de hambre en el estómago todo el tiempo". Le preocupaba engordar, ya que siempre estaba tratando de satisfacer esa sensación de hambre. Ante cada preocupación, yo indagaba sobre cómo le habría tratado su madre si ella hubiera estado "hambrienta" de satisfacer las necesidades normales de atención, de reafirmación o de afecto. Esta combinación de indagación, tanto histórica como fenomenológica, sobre la calidad de su relación con su madre, provocó muchos nuevos recuerdos que nunca antes habían sido conscientes. Nuestro trabajo terapéutico centrado en su padre, durante la primavera pasada, pasó a enfocarse en los recuerdos vívidos y dolorosos sobre su madre. Teresa relató, en una historia tras otra, las críticas constantes de su madre. Mediante la validación y la normalización de su enfado por esas críticas y la continua indagación acerca de sus sensaciones internas, proporcioné un espacio para que Teresa pudiera expresarme directamente a mí su enfado por el comportamiento ridiculizador de su madre. Me preocupaba que Teresa aún no tuviera suficiente seguridad interna para implicarse en algún tipo de trabajo en fantasía sobre su enfado, como el de hablar con la imagen de su madre en una "silla vacía".

La desconfusión de la Adulta y la Niña

Mientras me expresaba a mí el enfado hacia su madre, yo indagaba a menudo acerca de sus sensaciones corporales y de lo que ella había sentido justo un segundo antes de ese enfado. Con estas indagaciones fenomenológicas, Teresa comenzó a describir "dolores agudos en el cuerpo" —dolores que finalmente identificamos como la tristeza y la vergüenza asociadas a su madre. Dado que tanto su tristeza como su vergüenza se experimentaban como dolores en el cuerpo, opté por centrarme en la vergüenza de Teresa, antes de prestar plena atención a su tristeza. Sospechaba que su tristeza representaba un profundo dolor muy anterior y tal vez más hondo.

La atención prolongada y cuidadosa a sus sensaciones fisiológicas nos llevó a pasar muchas sesiones identificando cómo su abrumador sentimiento de vergüenza era el resultado de las constantes críticas y burlas de su madre. El mensaje implícito (y a veces directo) de la madre de Teresa fue: "Algo está mal en ti". Teresa carecía de la capacidad para expresar cualquier protesta; el resultado había sido que contrajo e inmovilizó muchos músculos mientras internamente creía y se sometía a las críticas de su madre.

Su madre ignoraba o ridiculizaba repetidamente el comportamiento de Teresa, sus expresiones emocionales y sus necesidades relacionales. La combinación de estar asustada y físicamente inmovilizada por la crítica y las burlas, su incapacidad para protestar eficazmente y una desamparada sensación de sometimiento, había tenido como resultado una vergüenza debilitadora en Teresa —una profunda vergüenza que se enmascaraba con frecuencia en su arrogante y agresiva conducta. Una psicoterapia efectiva para la vergüenza requería que yo, de manera sistemática y sensible, indagara sobre cada elemento de la vergüenza: su fachada de arrogancia, su inmovilizada auto-expresión, su miedo al ridículo y al abandono, su conformidad con la definición que su madre hacía de ella y sus necesidades no correspondidas de validación, de autodefinición y de causar impacto.

Teresa y yo hablamos a menudo acerca de cómo sus necesidades evolutivas habían sido ignoradas o ridiculizadas. En algunas ocasiones había sido castigada físicamente por definirse a sí misma de manera diferente a como su madre la definía o a como requería que se comportara. Nuestras discusiones terapéuticas nos condujeron a muchas sesiones en las que identificamos las necesidades normales de los niños y los efectos resultantes de no satisfacer repetidamente esas necesidades. Estas conversaciones me proporcionaron una oportunidad para indagar sobre cómo Teresa experimentaba mis transacciones con ella.

Indagar sobre la forma en la que ella percibía los entresijos de nuestra relación fue una práctica que yo continué utilizando en los momentos potencialmente transformadores de casi todas las sesiones. Encontraba "increíbles" mis comentarios normalizadores, pero deseaba que fueran ciertos. En algunas ocasiones, me pedía que repitiera lo que yo había contado acerca de las necesidades naturales de una niña y de las cualidades de una parentalización saludable, quería escucharlo otra vez. Un día me pidió que volviese a contarle lo que yo había expresado dos semanas antes, para poder grabarlo y llevárselo a casa. Teresa tenía dificultades para recordar mis palabras:

> *"Tú eras un niña preciosa que necesitaba ser amada por ser quien era, nunca ser ridiculizada, sino, en vez de eso, ser apreciada y cuidada".* Ella lloró. Establecí un compromiso tácito con Teresa para asegurarme de que mis transacciones con ella fueran respetuosas y mostrasen mi aprecio.

Algunos días se caracterizaban por su descontento con nuestra relación o por su percepción de ser criticada por mí. Es cierto que hubo momentos en los que cometí errores de sintonía, la malinterpreté, la apremié a cambiar su comportamiento o me regí por mis propias suposiciones sin indagar sobre su punto de vista. Cuando fue posible, identifiqué estos errores relacionales antes de que Teresa se diera cuenta de mi pérdida de conexión con ella. En otras ocasiones, se enfadaba conmigo por no entenderla. En estas situaciones era importante para nuestra relación que yo reconociera mis errores y asumiera la responsabilidad sobre cómo mi comportamiento le afectaba.

Mi reconocimiento, mi responsabilidad y mi interés por corregir las pérdidas de conexión con ella, eran excepcionalmente diferentes a su experiencia durante la infancia o incluso en la vida adulta. Casi dos años después, ella me dijo lo importante que resultaron las primeras veces que había asumido la culpa por no haber sido sensible con ella o por haberla malinterpretado. Teresa no se había olvidado de esas importantes transacciones. Y añadió: "Mi madre nunca ha reconocido ni asumido ninguna responsabilidad por el modo tan miserable en el que me ha tratado. Al principio yo no entendía por qué te disculpabas. Pero ahora sí. Es lo normal. Incluso ya lo hago con mi novio".

Nuestras conversaciones inevitablemente volvían a sus recuerdos sobre los comentarios cáusticos y de rechazo de su madre. Durante este segundo año, también indagué acerca de su experiencia interna cuando yo le hacía un cumplido. Al inicio de nuestras sesiones, había dicho que ella era capaz confiar en mí cuando yo le decía "algo agradable". Añadió que probablemente yo estaba "siendo seductor". Le resultaba más fácil confiar en mí si yo la criticaba.

A lo largo del tiempo, exploramos juntos cómo estos intentos de crear distancia en nuestra relación eran lo que denominamos *reacciones de yuxtaposición,* y reflejaban un intento de mantener tanto una sensación de continuidad como una sensación de predictibilidad en su vida. Teresa describió que le resultaba muy familiar: "prepararme para críticas como las de mi madre". Exclamó: "No sé cómo prepararme cuando me dices algo bueno". Un día, cuando se sentía confundida por mi empatía, gritó, "No puedo aceptar tu amabilidad. No sé qué hacer con ella".

Durante los dos primeros años de nuestro trabajo se produjeron muchas *reacciones de yuxtaposición*. Si yo decía algo de una manera cariñosa que validaba y también normalizaba sus necesidades-en-la–relación, ella, en respuesta, menospreciaba mi comentario. Por ejemplo, en una ocasión, me organicé para que ella pudiese tener una sesión adicional un domingo por la mañana. Cuando llegó me dio las gracias por la "sesión de emergencia". Le respondí con un sincero: "Es un placer para mí estar aquí para ti". Ella se burló con una mirada de despecho en su rostro y dijo: "Lo haces por dinero".

Cada *reacción de yuxtaposición* se convirtió en una oportunidad para explorar juntos sus recuerdos emocionales sobre los que previamente no había pensado. Había vivido muchos acontecimientos relacionalmente perturbadores en su infancia, de los que su familia nunca había hablado o que ni siquiera había reconocido. Ahora, juntos, estábamos hablando de esos acontecimientos, de sus sentimientos y de lo que ella hubiera necesitado de sus padres. Amabilidad, consideración, halagos, compasión y afecto no formaban parte de la experiencia de Teresa en su niñez. Hablé con ella sobre cómo estos componentes relacionales son elementos importantes para la formación, en cada niño y en cada niña, de un apego seguro con un cuidador. Cuando le expresaba cualquiera de estas cualidades en nuestra relación terapéutica, ella me ponía a prueba diciendo cosas como: "¿Lo dices realmente en serio?".

Teresa, a menudo, hacía este tipo de preguntas personales explícitas. En algunas sesiones yo optaba por darle una respuesta directa, como: "Sí, quería decir lo que acabo de decir". De vez en cuando, tal contestación auténtica le provocaba lágrimas en sus ojos. En otros momentos, ella rechazaba mi respuesta. Hubo algunas sesiones, cuando Teresa planteaba una pregunta directa, en las que yo respondía haciéndole dos preguntas. Por ejemplo, ella me habló de los cardenales que se le formaron cuando recibió unos fuertes azotes de su madre, y luego, de repente, se volvió hacia mí y me preguntó si yo creía su historia. Le respondí con una *pregunta bifurcada* "¿Qué supone para ti si yo no crea tu historia sobre tu madre golpeándote y qué supone para ti que yo sí te crea?".

Esa *pregunta bifurcada* generalmente producía una respuesta del tipo: "Si no me crees, entonces tú no estás aquí para mí y yo sólo soy una mierda por haber tratado de contártelo". Después de inducirle a abordar la otra mitad de la pregunta, una respuesta típica era: "Si me crees, eso significa que te acabo de seducir con mis tragedias lacrimógenas. Me siento como una mierda ... y de todos modos ¡tú nunca me vas a entender!". Yo me tomaba un instante para permitir que el significado de lo que Teresa acababa de decir fuera central para los dos. Después de un momento de reflexión, le daba una respuesta resumida similar a: "Parece que de cualquier manera, te crea o no te crea, al final sientes que eres una 'mierda' y que ni te van a entender, ni nadie en realidad va a estar ahí para ti. Eso debe de doler".

Con este tipo de resumen sobre sus complejas respuestas, se volvía meditabunda y en algunas ocasiones lloraba. Yo entonces proseguía con: "Así que, vamos a hablar más sobre lo que es fundamental en ambas respuestas tuyas; dime más sobre el dolor de que tu padre y tu madre nunca te entendieran y de cómo no lograron estar ahí para ti" o "Cuenta más acerca de lo que se siente al ser definida por tu madre como una 'mierda'." Las *preguntas bifurcadas* y sus respuestas nos llevaron a muchos recuerdos de negligencia, burla, castigo y abandono emocional.

Llegamos a la pausa de verano en junio del tercer año. Por lo que yo podía ver, Teresa ya no era manipuladora en sus relaciones ni buscaba disputas para escapar de la soledad interior. Ya no creía que no hubiera nadie de su parte. En lugar de sentirse constantemente herida y enfadada en la relación con su novio, ella "a veces se sentía cerca de él". No tenía pensamientos ni amagos de suicidio. Gran parte de su manipulación había cesado. Era claramente consciente de que siendo pequeña, había definido su vida basándose en "algo está mal en mí, no soy digna de ser amada, nadie me entiende, y no hay nadie ahí para mí". También estaba empezando a darse cuenta, por lo menos algunos días, de que era la dueña de su propio comportamiento y de que podía elegir cambiar su conducta y sus fantasías con el fin de no acumular experiencias reforzantes que sirviesen para demostrar sus creencias centrales arcaicas.

Ahora éramos capaces de hablar juntos sobre el "límite" de Teresa entre la necesidad y la rabia, la desesperación y la autosuficiencia, la impulsividad y la manipulación. Sin embargo, yo sabía que su psicoterapia todavía no estaba completa. La relación con su madre aún estaba marcada por el sentimiento de "odio" y por la negación de un doloroso y profundo abandono. Estaba consternada por la "voraz y persistente sensación de hambre" que experimentaba físicamente cada vez que hablábamos de lo que hubiese necesitado de una madre.

¡Quedaban, aún, tantas cosas en la vida de esa niña pequeña que ella no había recordado ni resuelto!

Cuando nos separamos en junio, acordó volver en septiembre para continuar con nuestra psicoterapia profunda.

CAPÍTULO QUINCE

La cura relacional de la confusión temprana de los afectos

Nuestra relación terapéutica en los años cuarto y quinto

Cuando nuestras sesiones de psicoterapia comenzaron de nuevo en septiembre, yo tenía a menudo en mente una imagen evolutiva impresionista de Teresa: una niña de preescolar y de primaria que vivía con el temor de expresar sus propias ideas, sus necesidades y lo que le gustaba o no le gustaba. Sentía una intensa preocupación por la seguridad psicológica de esta niña asustada e indefensa. Me centraba en mantenerme sintonizado con su soledad y experimentaba un sentimiento constante de compasión hacia ella, hacia la niña pequeña y triste. Con frecuencia, le hablaba de una manera tranquila para involucrar a esa niñita asustada y desesperada que una vez fue, para ayudarle a identificar y a hablar sobre sus sentimientos y sobre sus necesidades, y para ayudarle a entender de qué forma había otorgado sentido y significado a sus experiencias relacionales.

Cada vez que Teresa dirigía su atención en la sesión hacia las quejas sobre su novio o hacia las preocupaciones del trabajo, yo volvía a esa niña pequeña, abandonada y maltratada emocionalmente, indagando acerca de las reacciones fisiológicas y afectivas de Teresa al vivir con una madre enfadada y conflictiva. Mi enfoque habitual sobre la niña sola, dolida o asustada, estimulaba muchos nuevos recuerdos del desprecio de su madre. Ahora los recuerdos versaban sobre las interacciones con su madre a una edad más temprana. Sesiones tras sesiones se llenaban de un llanto profundo y de dolorosos recuerdos de cómo "mi madre aplastó mis deseos" y "siempre me decía que algo estaba mal en mí". Ahora nos íbamos acercando a sus experiencias infantiles de sentirse indefensa y sin valía.

Un día, cuando ella estaba describiendo una conducta típica de excesivo control por parte de su madre, Teresa de repente gritó: "Me trató como si yo fuera una mierda. Pero yo sólo era una niña con necesidades. ¡Yo necesitaba su ayuda! Era muy pequeña para hacer todo como un adulto. ¡NO soy una mierda! ¡Tú, madre, no apreciaste la preciosa niña que yo era!".

Este arrebato emocional marcó un gran avance psicoterapéutico para Teresa. Hablamos largo y tendido sobre la diferencia entre actuar con impotencia en su vida actual (sus ataques de llanto y las exigencias a su novio) y el contraste real de la necesidad de poder depender de sus padres cuando era pequeña. Juntos imaginamos cómo podría haber sido su vida si hubiera sido tratada como "una niña preciosa" y la contrastamos con su experiencia vital de ser considerada "una mierda". La psicoterapia tenía un tono completamente diferente al de los tres años previos. Ya no hablábamos de crisis o de las conductas autodestructivas de Teresa, ahora estábamos hablando de sus necesidades infantiles y de su valía actual.

Era media mañana cuando Teresa me llamó desde su oficina. "¡Estoy loca! No sé qué hacer. Estoy furiosa por dentro. Pero esta vez hice lo que me dijiste que hiciera. No le grité a nadie. No puedo soportar que alguien sea irrespetuoso. Necesito hablar contigo". Este había sido de nuevo un gran paso adelante en su crecimiento psicológico. Contuvo su rabia explosiva, utilizó mi consejo sobre cómo manejar los desacuerdos, y me pidió apoyo. La felicité por no hacer estragos en la oficina y concertamos una cita para la hora del almuerzo, justo dos horas más tarde.

En cuanto llegó, primero despotricó contra la falta de respeto de una mujer en el trabajo y la falta de apoyo de su jefe. Una vez que hubo aireado su rabia y que me hubo contado algunos de los detalles sobre lo que había ocurrido esa mañana, le pregunté qué significaba para ella "la falta de respeto". Después de varias indagaciones, se hizo evidente que ella definía la falta de respeto como cualquier desacuerdo con su punto de vista. Continuó describiendo que, con frecuencia, percibía el desacuerdo como un enfrentamiento. Cuando le pedí que me contara más sobre lo que ella asociaba con la palabra "enfrentamiento", súbitamente comprendió que así era como su madre reaccionaba en la mayoría de las situaciones. "Estoy siendo igual que mi madre", gritó … "la odio por ser tan agresiva y convertir incluso la más mínima diferencia en una pelea". Siguió diciendo "he vivido con su rabia toda mi vida y ahora me choca pensar que estoy siendo como ella". Entonces empezó a llorar y a expresar su desconsuelo y su absoluta desesperanza de cuando era pequeña y trataba de expresar sus propias ideas, preferencias y aversiones, deseos y necesidades.

Yo, ahora, tenía dos focos de atención claros para continuar nuestra psicoterapia: en primer lugar, parecía importante tratar las necesidades relacionales y las reacciones de supervivencia de una niña abandonada y maltratada verbalmente. Y, en segundo lugar, con el tiempo, sería beneficioso implicarse en el trabajo terapéutico con la madre internalizada que estaba influyendo en la vida actual de Teresa. En el trabajo con otros clientes que sufren de confusión temprana de los afectos, ha sido extremadamente útil desactivar la influencia del otro introyectado, pero sólo después de que esté bien establecida una relación terapéutica segura con el "niño" angustiado.

Seguí abordando las experiencias previamente no relatadas de esa niña pequeña, mientras también reconocía y normalizaba sus aspiraciones. A medida que nuestra psicoterapia continuaba, su despliegue narrativo fluía con mi indagación fenomenológica e histórica. Mi consistente indagación la estimulaba a recordar numerosas experiencias dolorosas y humillantes de las que nunca había hablado. Y cada indagación era también una forma de reconocer lo que acababa de decir y, a su vez, de estimular el próximo recuerdo, sentimiento o *insight*. Nuestro diálogo terapéutico incluía mi indagación frecuente sobre cómo afrontaba y se regulaba a sí misma cuando su madre era crítica, agresiva o la rechazaba. Yo, periódicamente, reconocía su inteligencia y su creatividad en la gestión de los déficits relacionales con sus progenitores y celebraba verbalmente cómo se las había arreglado para conseguir una apariencia de satisfacción en las necesidades psicológicas fuera del círculo familiar.

Continué recordando que ella había dicho: "Estoy siendo igual que mi madre". Empezaba a *interponerme* entre Teresa y su madre internalizada cuando le comunicaba a Teresa lo que yo le habría dicho a su madre si hubiera estado de visita en su casa, cuando su madre estaba siendo tan crítica o cuando rechazaba a Teresa. Algunos ejemplos de estas *interposiciones terapéuticas* fueron: "Le habría dicho a tu madre que dejara de gritarte y que se sentara a escuchar tus sentimientos". "Quiero decirle a tu madre: tu hijita necesita tus cuidados y tu compasión, ¡NO TUS CRÍTICAS!". "Tienes que hacer terapia, madre, y no desquitarte de tu rabia con tu hija". A veces lloraba cuando yo expresaba tales declaraciones. Otros días, comentaba enfadada: "Ese es el tipo de protección que yo habría necesitado por parte de mi padre".

Era demasiado pronto para ofrecer una terapia real dirigida a la introyección de la personalidad de su madre. Mis *interposiciones terapéuticas* eran suficientes por el momento, ya que resultaron efectivas para estimular la consciencia de Teresa sobre lo que ella habría necesitado de pequeña y sobre cómo tuvo que ser creativa para amoldarse y afrontar los comportamientos críticos y controladores de su madre. Antes de que yo intentara una terapia con sus introyecciones parentales, era necesario dedicar más tiempo a apoyar la autodefinición de Teresa, su necesidad de causar impacto y su necesidad de seguridad y validación. Tanto el reconocimiento como la normalización de estas necesidades relacionales parecía ser esencial en su crecimiento psicológico. Ahora dependía de nuestra relación terapéutica para su apoyo interno. Teresa describía las cualidades de ese apoyo como "tener en su vida a alguien en quien poder confiar y de quien poder recibir consejos ... incluso cuando estoy abrumada por los sentimientos".

La verbalización de la memoria implícita

Muchas de las experiencias relacionales tempranas en la infancia de Teresa —experiencias en las que había sido privada de la oportunidad de transformarlas en lenguaje— se estaban ahora haciendo conscientes porque nosotros habíamos co-creado un espacio seguro para hablar de sus sentimientos, deseos, necesidades y sensaciones corporales infantiles. Sus padres no habían facilitado las conversaciones validadoras necesarias que podrían haber proporcionado palabras, conceptos y significado a las experiencias de Teresa, sus vivencias se habían quedado sin simbolización lingüística hasta que nosotros habíamos hablado de ellas en la psicoterapia. Mi indagación fenomenológica, mi curiosidad e interés, y mi presencia personal estimularon en Teresa su consciencia de los recuerdos que ella era incapaz de recordar por su cuenta. Adquiría así una consciencia cada vez más clara de que gran parte de los conflictos presentes en su vida, estaban motivados por sus reacciones emocionales a los muchos conflictos relacionales no resueltos en la relación con sus progenitores.

Pedí a Teresa que describiera la calidad de las conversaciones que mantenía con sus padres durante el desayuno o antes de irse al colegio por la mañana. Todo lo que podía recordar era la ausencia de su padre y la insistencia de su madre en que ella fuera puntual, vistiera de forma pulcra y se mantuviera limpia. No podía recordar ninguna conversación sobre sus ilusiones o sobre sus miedos, o sobre quién le gustaba a ella y a quién le gustaba ella, ni sobre las alegrías o tensiones que ocurrían durante sus días escolares. Le pregunté cómo era su regreso del colegio y la calidad de las conversaciones con sus padres a esa hora. Pudo recordar haber sido criticada porque se ensuciaba o llegaba tarde, pero era incapaz de recordar cualquier tipo de diálogo que reconociera sus experiencias, sentimientos o deseos. "Mi madre sólo estaba interesada en que yo hiciese mis tareas antes de poder jugar", dijo con enfado.

En varias sesiones seguí con este tipo de indagación histórica, desplazando el foco de atención a las cualidades de la relación con su madre a una edad cada vez más joven. Me pasé tres sesiones indagando sobre su rutina antes de acostarse y sobre la calidad de las posibles conversaciones con sus padres en ese momento relacional tan crucial. Dijo que durante sus años escolares tenía que estar en la cama sobre las nueve cada noche y que podía leer a solas durante quince minutos. Su padre siempre veía la televisión y a veces ella le daba un beso en la mejilla antes de irse a su habitación sola. Su madre exigía que las luces se apagaran a las 9.15 h. Nunca leyó para Teresa, ni se sentó en la cama para conversar sobre los acontecimientos del día o para preparar el día siguiente. Era frecuente que su madre ni siquiera dijese "buenas noches", se esperaba que Teresa obedeciera las normas. No había nadie para ayudar a Teresa a comprender y manejar su propio mundo. Cuando yo centraba mi indagación sobre la hora de acostarse de esta niña en edad preescolar, Teresa no tenía ningún recuerdo de ser mimada, de que leyeran para ella, o de tener alguna conversación con sus padres antes de dormir. Ahora yo entendía plenamente la negligencia acumulativa de muchos años, que había llevado a Teresa a la conclusión de: "Nadie está ahí para mí".

Las respuestas de Teresa a mis preguntas iniciales sobre su vida cotidiana con sus padres eran a menudo breves y objetivas, pero cada una de estas indagaciones históricas era seguida por muchas indagaciones fenomenológicas sobre sus sensaciones, sentimientos, asociaciones, procesos de pensamiento y deseos. Con frecuencia, esto condujo a una indagación sobre cómo había sobrevivido, se había acomodado y se había estabilizado a sí misma cuando no había contado con nadie emocionalmente disponible para ella ni nadie con quien entablar conversación. Mis preguntas no estaban dirigidas a una simple recopilación de los hechos de su historia; mi indagación se centraba siempre en sus experiencias internas y en los procesos subjetivos como respuesta a estas vivencias históricas. Mi indagación, sintonía, reconocimiento y normalización facilitaron que ella pusiera en palabras sus experiencias corporales, afectivas y relacionales previamente no conscientes. Era una labor lenta, sin embargo, Teresa y yo estábamos ahora co-construyendo una narrativa de su vida cuando era joven. A través de nuestro diálogo terapéutico estábamos reconociendo, dando sentido y validando lo que ella denominaba lo "impensado" sobre su experiencia.

Continué centrando mis indagaciones en una niña cada vez más y más joven. Nuestro trabajo, a menudo, acarreaba largos silencios cuando Teresa luchaba internamente por poner en palabras sus sensaciones fisiológicas y sentimientos. Procedí a indagar sobre sus experiencias preescolares y, finalmente, le pregunté qué sabía de su infancia y de sus primeros años de vida. Planteé preguntas acerca de sus actividades lúdicas cuando tenía tres o cuatro años de edad. Durante esta fase de nuestra terapia, su primera contestación a muchas de mis preguntas fue: "No lo sé".

En respuesta al "No lo sé" de Teresa, le pedía que cerrara los ojos y se imaginara a sí misma como una niña de edad preescolar. Además de las muchas imágenes implícitas sobre "las normas" y sobre "la nada", ella tenía tres recuerdos explícitos: se acordaba de tener unos tres años y subirse al regazo de su padre y reírse con él; podía recordar a su madre "siendo dura" con ella cuando "no podía usar las tijeras correctamente a los cuatro años"; recordaba jugar sola con sus animales de peluche cuando tenía entre tres y cuatro años, sintiendo una abrumadora sensación de profunda soledad. Mientras hablábamos largo y tendido sobre su soledad, Teresa dijo que en toda su vida, hasta ahora, no había podido entender por qué todos sus animales de peluche "se sentían solos y asustados". Durante la mayor parte de este período de tiempo prestamos atención a la profunda sensación de soledad de Teresa —una soledad en la infancia temprana que antes no tenía medios de expresión interpersonal, a excepción de lo que ella imaginó en sus animales de peluche o como transposición de los conflictos con la gente. Ella necesitaba una presencia terapéutica consistente y una sintonía compasiva con su soledad y con sus miedos, aunque a veces, enfadada, se quejaba: "Mi soledad y mis miedos no existían antes de esta terapia".

¿Eran las descripciones de Teresa sobre sus años preescolares un recuerdo preciso de las interacciones reales con sus padres o reflejaban sus impresiones? No estoy seguro. Sin embargo, asumí que tales impresiones se crearon a partir de los muchos recuerdos de su memoria sub-simbólica y de su memoria implícita, y por lo tanto, ofrecían una vía para indagar más a fondo sobre el mundo subjetivo de Teresa. Mientras escuchaba la experiencia fenomenológica de Teresa sobre su infancia, presté atención a mis propias sensaciones e impresiones, a mi propio impulso afectivo de consolarla y protegerla, y a mis conocimientos sobre desarrollo infantil y sobre lo que cualquier niño necesita en la relación con sus padres para poder formar un apego seguro. Todo esto, y todo lo que había aprendido sobre ella en los últimos cuatro años, se convirtió en la base de información para establecer muchas de las *inferencias terapéuticas* acerca de su vida afectiva/relacional.

La *inferencia terapéutica* era mi herramienta más importante cuando me esforzaba por comprender y ayudar a Teresa en la expresión de sus recuerdos pre-simbólicos y no lingüísticos. Sus recuerdos sobre su más temprana infancia y sobre la primera niñez no estaban disponibles en la consciencia a través del lenguaje, porque sus experiencias o bien eran pre-verbales o carecían de una oportunidad relacional para convertirlas en lenguaje. Aunque Teresa no disponía de una narrativa coherente sobre sus experiencias vitales, su memoria sub-simbólica se reflejaba en sensaciones corporales, reacciones emocionales y patrones de autorregulación. Sus patrones de apego inconscientes estaban desorganizados, a menudo en un límite oscilante entre evitación y ansiedad. Teresa vivía en el "límite" de la necesidad intensa y la rabia, la desesperación y la autosuficiencia, la impulsividad y la manipulación.

Por la observación de sus oscilaciones entre los patrones de apego evitativo, ansioso y desorganizado, supuse (aunque no tenía datos explícitos) que los primeros años de su vida habían sido tan psicológicamente tumultuosos como lo habían sido sus años escolares y su adolescencia. Mi sintonía con sus afectos, su ritmo y sus niveles evolutivos fueron esenciales en la formación de una conexión comprometida que facilitaba una comunicación de su experiencia pre-verbal, de su experiencia sub-simbólica y de su memoria implícita. Me mantuve atento a cómo su historia pre-verbal se expresaba en re-escenificaciones no verbales, cómo se codificada en sus relatos y metáforas, cómo estaba imbricada en sus conflictos relacionales, y cómo se generaba en mis reacciones emocionales hacia ella. Dependía de mí hacer uso de toda esta información para crear una relación sanadora con esta angustiada niña pequeña y con la bebé que aún permanecía en ella.

Sugerí a Teresa que imaginara ser una niñita de unos dieciséis o dieciocho meses de edad, que estaba sentada en una trona y que era alimentada por su madre. Indagué sobre la mirada que ella imaginaba que se mostraría en el rostro de su madre, cómo su madre reaccionaría si no le gustaba la comida, sobre el ritmo de su madre al alimentarla, sobre si veía la alegría de su madre o la desaprobación, y también le animaba a expresar todas las sensaciones corporales que acompañaban a cada indagación. Asimismo planteé cuestiones similares acerca de su experiencia emocional y fisiológica durante la lactancia, el cambio de pañales, la hora del baño, el control de esfínteres y el juego compartido.

Toda esta serie de indagaciones duró varios meses y nos ofreció a ambos una enorme cantidad de información sobre la confusión temprana de los afectos en Teresa: su sensación fisiológica de estar sintiendo tanto la repulsión hacia su madre como, al mismo tiempo, un doloroso anhelo de conexión íntima. Recordó haberse sentido asustada por las miradas severas en el rostro de su madre, recordó cómo se retorcía mientras su cuerpo sentía su áspero tacto, asqueada por la forma en la que se veía obligada a comer, y recordó las contracciones musculares en su cuerpo como reacción al ritmo de su madre. En muchas sesiones, Teresa lloró por lo que se había perdido en una relación de maternaje saludable y descargó su rabia por el cruel comportamiento recibido. También gritaba de terror cuando sentía los malos tratos de su madre hacia ella. En nuestro trabajo terapéutico, Teresa re-experimentó las temblorosas sensaciones corporales de vacío y de abandono emocional cuando su madre ni la miraba ni hablaba con ella durante "horas o incluso días". Ahora identificaba su "persistente sensación de hambre" como una necesidad de nutrirse. Al mismo tiempo se dio cuenta de que "incluso cuando era una bebé debí de haber evitado su tacto áspero y su cara mezquina". Teresa tenía muchas razones para haberse sentido profundamente confusa de niña y haber formado un patrón de vida relacional-evitativo.

Me hizo recordar lo cariñosos e indulgentes que pueden ser los niños pequeños. En varias sesiones Teresa lloró y suplicó: "Mamá, por favor, quiéreme", "Mamá, no me dejes ... seré buena", y "Por favor, por favor, por favor, mamá". A veces se acurrucaba en el sofá y sólo gemía la palabra "Mamá". Temía las sensaciones profundas de soledad que llegaban cuando la madre la ignoraba. Describió cómo, cuando era una niña en edad preescolar, hacía cualquier cosa para conseguir que su madre le hablase con amabilidad. En otra sesión, mientras se sentía como una niña más mayor, gritó con angustia: "Me he adaptado, amoldado, acomodado y conformado toda mi vida sólo para conseguir que mi madre dejara de odiarme". Teresa se volvió cada vez más capaz de relacionar la soledad de su periodo de lactancia y de su primera infancia, con las desbordantes demandas que le hacía a su novio. Se dio cuenta de que estaba exigiendo que Robert fuera una "buena madre" para ella.

Disipando la confusión temprana de los afectos

Después de estas y otras situaciones en las que tomó consciencia, las regresiones espontáneas y las regresiones guiadas de Teresa comenzaron a perder su carácter de urgencia. En nuestro diálogo terapéutico regular, revisamos varias veces estas experiencias de la infancia para entender el significado que tenían en su vida; también retomamos esas sesiones tan expresivas y llenas de emoción sobre su infancia temprana, cuando una regresión guiada parecía ser una forma importante de comunicación y de resolución de lo que antes había permanecido no consciente en su historia. Pero Teresa tenía ahora cada vez menos urgencia por regresar a los primeros períodos de negligencia relacional. Teresa ya era capaz de hacer muchas conexiones y asociaciones con las conductas relacionadas con su vida de adulta y con sus reacciones emocionales. Tenía un buen conocimiento de su tendencia a apartar a la gente, de su miedo a la intimidad, de su rabia (sobre todo hacia las mujeres) y de su "enorme deseo de que alguien esté ahí para mí".

Según se acercaba la primavera de nuestro quinto año y una nueva pausa de verano, empecé a centrar mi atención en las indagaciones sobre las aspiraciones de Teresa: ¿Cuáles eran sus planes de futuro? ¿Qué es lo que siempre había querido hacer y nunca se decidió a hacer?

Comentó que estaba cansada de la posición subordinada que le suponía ser asesora legal y que siempre había querido convertirse en abogada. Y añadió que quería "tener una relación amorosa con Robert". Así fue como terminamos en mayo de nuestro quinto año. Teresa se mostraba entusiasmada por volver en septiembre "para comprenderme mejor a mí misma".

Durante estos dos años previos, mientras yo prestaba atención casi exclusivamente a la vivencia de Teresa como bebé y como niña muy pequeña, mantuve en mi mente sus palabras: "Soy igual que mi madre". Como yo iba a estar viajando la mayor parte del verano, no era el momento de abordar este tema. Anteriormente ya había pospuesto hacer cualquier psicoterapia con su *madre introyectada*; decidí que retrasaría esa tarea de nuevo hasta el otoño. Las *interposiciones terapéuticas* que periódicamente realicé ante los comentarios críticos de una madre introyectada y las expresiones naturales de una niña pequeña, habían sido eficaces para calmar la mayor parte de la crítica interna de Teresa y su angustia. Sin embargo, la psicoterapia no estaba completa. Yo consideraba que la resolución de la introyección en Teresa de la personalidad de su madre, era esencial para lograr que nuestra psicoterapia fuese integral y profunda.

Durante este tiempo, mis dos prioridades iniciales habían sido establecer una mayor sensación de seguridad relacional en Teresa y facilitar la expresión de sus propios deseos relacionales: qué le gustaba y qué no le gustaba y sus aspiraciones personales. Me centré principalmente en la necesidad infantil no satisfecha de autodefinición y en la necesidad de causar impacto en la relación, mientras tenía siempre en cuenta las necesidades de Teresa de seguridad y validación. De pequeña, Teresa nunca había logrado causar impacto en su enfadada madre. Sus intentos de autodefinición se toparon con confrontación y burla, con ausencia de validación y con una profunda falta de seguridad en la relación. Para evitar los interminables conflictos con su madre, Teresa, de manera reactiva, había sacrificado sus formas naturales de auto-expresión.

Mientras este año llegaba a su fin, revisé lo que había aprendido en mi trabajo con Teresa: tenía una comprensión renovada de la conducta agresiva de Teresa hacia las personas, como expresión no consciente de sus necesidades relacionales insatisfechas de validación, de autodefinición, y de su necesidad de causar impacto. Cuando provocaba peleas en casa y en el trabajo, Teresa estaba expresando estas necesidades evolutivas no satisfechas, sin lograr nunca su satisfacción porque sus expresiones de rabia estaban fuera de su contexto original. Nuestra psicoterapia co-creó un espacio terapéutico que estimulaba los recuerdos de su contexto familiar original —un espacio terapéutico en el que sus necesidades vitales podrían ser expresadas, validadas y normalizadas. También se hizo claro para mí por qué yo, intuitivamente, nunca había utilizado la confrontación como parte de mi diálogo terapéutico con Teresa … la confrontación habría resultado no terapéutica, tal vez incluso un refuerzo de los daños psicológicos que ya había experimentado. Ella parecía prosperar con mi sostenida sintonía afectiva y evolutiva, mi delicada indagación fenomenológica y mi firme y respetuosa implicación.

Cuando volví de vacaciones en agosto, había un mensaje telefónico urgente de Teresa solicitando "una sesión especial tan pronto como sea posible". Dos días más tarde descubrí que ella había estado esperando un mes para darme su "buena noticia": a su novio le habían ofrecido un ascenso profesional y tenía que marcharse a una ciudad lejana. Teresa había decidido que, ya que habían tenido una "gran relación" desde hacía un par de años, iba a "correr el riesgo de vivir con Robert". Habló largo y tendido sobre lo mucho que había cambiado y cómo ella y Robert eran ahora capaces de tener discusiones íntimas en lugar de peleas. Habían hablado de su futuro: con los ahorros de ella y el aumento de ingresos de él, ella podría permitirse el lujo de ir a la facultad de Derecho y convertirse así en abogada. Estaba pletórica y entusiasmada. Añadió que tenía un secreto: "He estado pensando en casarme ¡Estoy planeando una gran sorpresa para Robert cuando llegue a casa el sábado por la noche! Le voy a proponer que tengamos la boda justo antes de que nos traslademos".

Brotaron lágrimas de alegría en mis ojos al meditar sobre nuestra travesía terapéutica: una relación de cinco años, donde Teresa me había enseñado -o al menos re-enseñado- la importancia de la paciencia, el respeto, la amabilidad, la incertidumbre, las prioridades, los parámetros y la necesidad de prestar atención a la memoria sub-simbólica e implícita, en sus múltiples formas de expresión no verbal.

Durante los dos primeros años había sido un viaje difícil para nosotros, pero ella había crecido en muchos aspectos. En los dos últimos, Teresa ya no se mostraba indefensa con "ataques de llanto" o con exigencias a su novio. Ya no se involucraba en conflictos, ni en casa ni en el trabajo. Teresa era capaz de autorregular la confusión de sus afectos y comprendía cómo su vida relacional temprana había influido en su indefensión así como en sus tormentosos conflictos. Y, ahora, tenía aspiraciones y una gratificante sensación de autoestima. Teresa había cambiado de forma significativa. Mi única preocupación era la persistente crítica interna de Teresa y la falta de oportunidad para trabajar terapéuticamente con la *madre introyectada* en ella. Pero ahora era el momento de decir "adiós", Teresa ya no vivía "en el límite" psicológico de la confusión temprana de los afectos.

CAPÍTULO DIECISEIS

Introyección, presencia psíquica y Estados del Yo Padre: consideraciones para la psicoterapia

Durante un homenaje en memoria de Eric Berne, Franklin Ernst (1971) resaltó que la contribución más significativa de Berne a la profesión de la psicoterapia ha sido la identificación de los Estados del Yo Padre y su diferenciación de los Estados del Yo Adulto y Niño. Esta relevante diferenciación proporciona un marco teórico para el Análisis Transaccional clínico que sugiere un enfoque psicoterapéutico que puede aliviar muchas manifestaciones de ansiedad, depresión y baja autoestima derivadas de un conflicto intrapsíquico. Sin embargo, la mayor parte de la literatura del Análisis Transaccional clínico se ha centrado o bien en liberar los Estados del Yo Niño de una compulsión a adaptarse (fortaleciendo el control del Estado del Yo Adulto y reemplazando un mensaje introyectado dañino por un mensaje introyectado benigno) o en hacer cambios conductuales que faciliten las transacciones de "Estado del Yo" Adulto a "Estado del Yo" Adulto.

Si bien algunos artículos o libros han hecho hincapié en una psicoterapia profunda de los Estados del Yo Niño, se ha escrito muy poco sobre el tratamiento de los Estados del Yo Padre y la resolución del conflicto intrapsíquico. El propósito de este capítulo es aclarar y dilucidar las funciones intrapsíquicas de los Estados del Yo Padre y perfilar los métodos de una psicoterapia profunda de los Estados del Yo Padre con Análisis Transaccional integrativo. El capítulo siguiente, capítulo diecisiete, "Resolviendo el Conflicto Intrapsíquico: La Psicoterapia de los Estados del Yo Padre", incluye la transcripción literal de una sesión de psicoterapia real, junto con mis comentarios y anotaciones sobre el proceso de la psicoterapia. Es co-autora Rebecca Trautmann.

Con anterioridad a los escritos de Berne sobre los Estados del Yo (1957a, 1957b, 1961), algunos autores psicoanalíticos identificaron la distinción entre "personalidades", "condiciones" o "estados" similares a un adulto y similares a un niño, y desarrollaron los métodos analíticos de la asociación libre, la no gratificación y la interpretación, como medios de proporcionar tanto la comprensión como el alivio del malestar interno. Se ha escrito mucho sobre los efectos psicológicos de la "influencia parental" o *superyó*, sin embargo, la literatura psicoanalítica carece de una descripción adecuada del tratamiento del *superyó*, ya se denomine objeto internalizado, influencia parental, ego anti-libidinal, otro introyectado o fantasía inconsciente.

En 1895, Josef Breuer y Sigmund Freud escribieron en "Estudios sobre la Histeria" acerca de los "dos estados de consciencia totalmente independientes" de Anna O., que alternaba con frecuencia y de forma espontánea —uno relativamente normal que funcionaba como un observador agudo, y el otro como un niño travieso. En el caso que presentaron de Emmy von N., Breuer y Freud ilustraron cómo ella alternaba "estados de consciencia": describía sus experiencias primarias y también hacía comentarios a Freud sobre cómo estaba llevando a cabo el análisis (Breuer y Freud 1950d).

En *Ego Psychology and the Psychosis*, Paul Federn (1953) señaló que sus pacientes mostraban un ego actual que identificaba las sensaciones internas y, al mismo tiempo, identificaba y discriminaba los estímulos ambientales. Además, este ego manifestaba una sensación de identidad y una respuesta al entorno, similar a la de un niño pequeño. Describió estas diferentes manifestaciones como subdivisiones o E*stados* del Yo, es decir, diferentes identidades. Además, se refirió a la internalización de las figuras parentales en sus pacientes como "actitudes de egos adquiridos" y relacionó esta presencia psíquica constante con el concepto psicoanalítico del *superyó*. La visión de Federn sobre el *yo* y los Estados del Yo difiere significativamente de la de otros psicólogos del movimiento psicoanalítico, Psicología del Yo, tales como Hartmann (1939, 1964), Kris (1951, 1979) y Rapaport (1967). Aunque al emplear una terminología algo diferente, Federn influyó en las teorías de Guntrip (1961), Berne

(1957, 1961), Jacobson (1964), Kernberg (1976), Kohut (1977), Watkins (1978) y Winnicott (1965).

John Watkins, al igual que Eric Berne, también estudió con Federn pero desarrolló sus ideas sobre los Estados del Yo sin saber que Berne estaba planteando conceptos similares. El libro de John y Helen Watkins, *Ego States: Theory and Therapy*, define los Estados del Yo como "un sistema organizado de conductas y experiencias, cuyos elementos están ligados entre sí por algún principio común, y están separados de otros estados por un límite que es más o menos permeable" (ibíd. 25). Describen el "self nuclear" como aquello que la persona y los demás perciben como "el yo", y los "otros Estados del Yo" como "segmentos del yo" que están "diferenciados según los fines adoptados". Estos consisten en "introyectos de otros significativos" o Estados del Yo "escindidos del self nuclear debido a un trauma" (ibíd. 26).

En *Esquema del Psicoanálisis*, Freud detalló la evolución del *superyó* durante el largo periodo de la infancia, en el que el ser humano en desarrollo vive dependiente de sus padres. Esta dependencia conforma una entidad especial dentro del yo del niño en la que se prolonga la influencia parental. Esta influencia parental incluye no solamente la propia personalidad de los progenitores, sino también las tradiciones raciales, nacionales y familiares transmitidas por ellos (1940a). En esencia, a causa de la dependencia del niño, los elementos internalizados de la personalidad de los padres influyen en el yo (en el sentido del self de la persona) y originan un funcionamiento psicológicamente diferente y estresado.

Al desarrollar la teoría psicoanalítica de las relaciones objetales, Fairbairn (1954) y Guntrip (1961, 1968), prescinden del concepto *superyó* de Freud. En vez de eso, teorizan que el niño, ante la presencia de miedo, puede escindir partes de sí mismo y formar un Estado del Yo que es una combinación de un control parental internalizado y de una temerosa adaptación del niño a ese control. Denominan a este estado "yo anti-libidinal" para enfatizar el modo en que suprime y controla al "yo libidinal" —un Estado del Yo que tiene remanentes de lo que habría sido el carácter natural de la persona. Describen este conflicto como algo que sucede intrapsíquicamente con el fin de mantener una apariencia de relación, al quedar suprimido el carácter natural de la persona. Su "yo central" es el estado que funciona en el mundo exterior y puede servir de cobertura para el conflicto intrapsíquico.

Edoardo Weiss prefiere el término internalización ya que, según él, éste hace referencia a la "inclusión dentro del yo" de una identificación con aspectos de la personalidad de otros (1950. 76). "La internalización es total cuando *sustituye*, dentro del propio yo, los aspectos corporales y mentales de una persona. Esta sustitución puede ser una duplicación egotizada autoplástica o solo la imaginación egotizada de características físicas y mentales de otra personalidad" (ibíd. 95). En 1912, "Ferenczi introdujo el término *introyección*, como sinónimo de 'incorporación', para indicar la egotización de la duplicación autoplástica del objeto" (ibíd. 76). A Weiss no le agrada el término "introyección" porque en su opinión no describe adecuadamente la forma en la que la persona cambia como consecuencia de la influencia del otro, ni describe la forma en la que la internalización tampoco es exactamente igual que ese otro.

En terapia Gestalt, el concepto de introyección psicológica —la internalización de los aspectos de otra persona— es fundamental para la comprensión de la teoría central relativa a la necesidad de contacto interno y externo. La introyección se define como una identificación defensiva inconsciente con otra persona. El mantenimiento de una introyección excluye el contacto pleno con uno mismo y con los demás (Perls, Hefferline y Goodman 1951).

El concepto de Estado del Yo Padre puede ser, de hecho, una importante e innovadora aportación de Berne a nuestra profesión. En 1957 Berne citó la descripción de *superyó* de Freud y añadió que tanto el *superyó* como el Padre suponen que una parte del mundo exterior se ha convertido en una parte integral del mundo interno, por lo tanto, ambos son de origen exteropsíquico. Berne utiliza el término exteropsique a menudo, alternando con el de Estados del Yo Padre. Berne afirma que la idea de una exteropsique tiene interesantes connotaciones neurológicas pero no dice cuáles son (Berne 1957a). Futuras investigaciones en neurobiología podrían mapear los circuitos básicos y reconocer las identificaciones defensivas del cerebro con los demás, o su presencia psíquica, y tal vez incluso identificar segundos y terceros niveles de material exteropsíquico.

Berne (1961. cap. 16) describió teóricamente los Estados del Yo Niño y Padre de segundo y tercer orden. Se refirió al segundo y tercer orden de los Estados del Yo Padre como aquellos que contienen "material genealógico". En mi opinión, este influyente material puede aflorar a la consciencia del cliente mediante una relación terapéutica respetuosa y sintónica, al realizar simultáneamente una indagación fenomenológica que facilite al cliente el descubrimiento de sus experiencias, fantasías, ideas y de cómo otorga sentido a su vida actual. Esto se logra a través del análisis de la transferencia y a menudo es el requisito previo para llevar a cabo una terapia profunda del Estado del Yo Padre. El "interés especial" de Berne cuando trabajaba con problemas caracteriales se centraba en "la persistente severidad" de un Estado del Yo Padre, específicamente "los segmentos Niño del Padre y las partes de Adulto en el Niño" (1961. 196–197).

Sus raíces latinas dan a entender que la palabra introyección significa "arrojado al interior". Sin embargo, ni el vocablo "exteropsique" latino, ni el griego —fuera de la mente— explican *cómo* sucede. La siguiente definición, basada en la literatura sobre desarrollo infantil y en las observaciones clínicas, es la que se utiliza en Psicoterapia Integrativa (Erskine y Moursund 1988; Erskine, Moursund y Trautmann 1999) como definición operacional: *La introyección se produce en ausencia de satisfacción de las necesidades relacionales; es una identificación inconsciente defensiva con elementos de la personalidad del otro como compensación por las necesidades relacionales no satisfechas.*

Debido a su naturaleza defensiva, todas las introyecciones son disfuncionales y no satisfacen las necesidades relacionales actuales, a pesar de que, a veces, el contenido pueda ser eficaz o servir de apoyo. Cuando la conducta externa o la influencia intrapsíquica es el resultado de la introyección, esta conducta es la manifestación de una internalización defensiva de un objeto extraño y es, por lo tanto, un impedimento para el pleno contacto interno y externo (Gobes y Erskine 1995).

Eric Berne (1961) expandió el pensamiento psicoanalítico con su elaboración y aplicación del concepto de Estados del Yo de Paul Federn (1953). La contribución de Berne a la teoría de los Estados del Yo propició la posibilidad de una transformación significativa en la práctica de la psicoterapia; y se anticipó varios años a los cambios más recientes alcanzados en la teoría y en la práctica psicoanalítica (Bollas 1979; Greenberg y Mitchell 1983; Guntrip 1968; Kernberg 1976; Kohut 1971, 1977; Masterson 1976, 1981; Miller 1981; Stolorow, Brandchaft y Atwood 1987).

A causa de la popularización del Análisis Transaccional desde la muerte de Berne en 1970, muchos de sus conceptos teóricos originales se han presentado de manera simplista. A menudo, los ejemplos y las explicaciones de Berne se han utilizado como definiciones de los

Estados del Yo, pasando por alto la riqueza terapéutica y la profundidad de su concepto original de Estados del Yo.

En este capítulo, comenzaremos retomando la conceptualización original de los Estados del Yo de Berne como base teórica para la psicoterapia de la interrupción del contacto, del proceso defensivo de la introyección y de la resolución del malestar intrapsíquico resultante.

El Yo y los Estados del Yo

En *Ego Psychology and the Psychosis,* Paul Federn (1953) describió el yo como un estado realmente experimentado de sentimientos, y no simplemente como un constructo teórico. La palabra latina "ego", como se utiliza en la traducción al inglés de los primeros escritos psicoanalíticos, sustituye al "Das Ich" de Freud —"el Yo". El yo es el aspecto identificador y alienante del self, es nuestra sensación de "Este soy yo" y "Ese no soy yo". El yo discrimina y segrega las sensaciones internas de aquéllas que se originan fuera del organismo. El yo es nuestra identidad —"Yo tengo hambre", "Yo soy un psicoterapeuta," o "Yo no soy un conductor de autobús, aunque puedo conducir un autobús".

Berne asumió en todos sus primeros textos (anteriores a 1966) que el lector estaba familiarizado con una definición funcional del yo, describe un Estado del Yo "fenomenológicamente como un sistema coherente de sentimientos relacionados con un tema determinado, y operativamente como un conjunto de patrones conductuales coherentes" (1961. 17).

Berne empleó además una descripción coloquial de los Estados del Yo (Padre, Adulto y Niño) para referirse a las *manifestaciones* fenomenológicas de los órganos psíquicos (exteropsique, neopsique y arqueopsique), cuya función es organizar los estímulos internos y externos. Exteropsique, arqueopsique y neopsique se refieren a los aspectos de la mente tomados de una fuente externa, a la mente temprana de un período de desarrollo previo, y a la mente actual. En su libro *Transactional Analysis in Psychotherapy* (1961) Berne usó los términos de los órganos psíquicos de forma intercambiable con el término "Estado del Yo" para "denotar estados de la mente y sus patrones conductuales relacionados" (ibíd. 30).

Berne expuso: "El Estado del Yo Adulto se caracteriza por un conjunto autónomo de sentimientos, actitudes y patrones conductuales que se adaptan a la realidad actual" (ibíd. 76). En esta descripción Berne utiliza el término "autónomo" aludiendo al funcionamiento del yo neopsíquico sin control intrapsíquico de un Estado de Yo introyectado ni de un Estado del Yo arcaico. Cuando una persona está en su yo Adulto, tiene pleno contacto con lo que está ocurriendo de una manera apropiada a esa edad del desarrollo evolutivo. Esta función neopsíquica (mente actual) del yo representa e integra: 1) lo que está ocurriendo momento-a-momento interna y externamente, 2) las experiencias del pasado y sus efectos resultantes, y 3) las influencias psicológicas y las identificaciones con otras personas significativas en la vida de cada uno. Este yo Adulto incluye comportamientos motores actuales relacionados con la edad, desarrollo emocional, cognitivo y moral, y también incluye la habilidad de ser creativo y tener la capacidad para el compromiso con pleno contacto en las relaciones significativas. Berne (ibíd. 195) hizo hincapié en estos aspectos a través del empleo de los términos griegos *Ethos y Pathos* —a los que yo añado *Logos*: la capacidad de utilizar la lógica y el razonamiento abstracto, y *Technos*: la habilidad de crear— con el fin de describir la capacidad neopsíquica completa del yo Adulto de integrar valores, procesar información, responder a emociones y sensaciones, ser creativo y establecer contacto pleno (Erskine 1988).

El término "yo Adulto" se utiliza en la teoría del Análisis Transaccional integrativo en lugar del más popular "Estado del Yo Adulto" para denotar que no es un Estado del Yo, sino que simboliza las capacidades neopsíquicas completas de un individuo sin el control intrapsíquico de los Estados del yo Padre introyectado o del Niño arcaico. Los Estados del Yo Padre y Niño son las fijaciones no integradas de experiencias previas no resueltas que consumen la energía psíquica y desvían al individuo de la espontaneidad y la flexibilidad para la resolución de problemas, para el mantenimiento de la salud o de las relaciones íntimas con las personas. A través de las experiencias de vida reparadoras o de una psicoterapia sanadora efectiva, los Estados del Yo Niño y Padre pueden integrarse plenamente en el yo del adulto. Con la integración, las experiencias pasadas de la infancia y las experiencias introyectadas de los otros significativos, se encuentran ahora disponibles en la consciencia de sí mismo, están desactivadas como entidades separadas, y ya no cumplen sus funciones defensivas. Ahora pueden funcionar como una biblioteca de valiosos recursos en vez de como Estados del Yo separados que influyen, controlan y producen conflicto intrapsíquico.

Berne diferenció el yo neopsíquico de los Estados del Yo arcaico, ya que estos consisten en fijaciones producidas durante las etapas tempranas del desarrollo. En palabras de Berne (1961): "El Estado del Yo Niño es un conjunto de sentimientos, actitudes y patrones de conducta que son reliquias de la propia infancia de la persona" (ibíd. 77). Cuando la persona está en un Estado del Yo Niño, percibe el mundo exterior, y las necesidades y sensaciones internas como lo hizo en una etapa de desarrollo anterior. Aunque podría parecer que esta persona se está relacionando con la realidad actual, de hecho está experimentándola como sucedería con las capacidades intelectuales, sociales y emocionales de un niño de la etapa evolutiva en la que se originaron la negligencia, el trauma o la confusión no resuelta, es decir, una fijación psicológica.

Cabe señalar que el uso del término Estado del Yo Niño en forma singular puede inducir a error. Un niño se desarrolla durante diversas fases y etapas (Erikson 1950; Mahler 1968; Mahler, Pine y Bergman 1975; Piaget 1936; Stern 1985), y la represión y la fijación pueden ocurrir en cualquiera de ellas. Bajo la influencia de un conjunto de factores de estrés, podemos pensar, sentir y actuar en buena parte como lo hicimos cuando teníamos seis años de edad; bajo la influencia de otros factores, podemos percibirnos a nosotros mismos y al mundo que nos rodea como lo hicimos cuando éramos infantes.

El Estado del Yo arqueopsíquico es mucho más complejo de lo que suponen varios escritores cuando emplean ejemplos simples de espontaneidad, intuición, conformidad o capacidad emotiva para describir los Estados del Yo Niño. El Niño, o Estados del Yo arcaico, es *toda la personalidad* de un individuo *tal como era en un periodo evolutivo previo*. Esto incluye las necesidades, los deseos, los impulsos y las sensaciones, los mecanismos de defensa y los procesos de pensamiento, las percepciones, los sentimientos y las conductas de la fase evolutiva en la que se produjo la fijación.

El Estado del Yo arcaico es el resultado de la detención del desarrollo que se produjo cuando no se satisficieron las necesidades de contacto cruciales en la primera infancia. Las defensas del niño frente al malestar de sus necesidades no cubiertas se vuelven egotizadas–fijadas; la experiencia no puede ser plenamente integrada en el yo Adulto hasta que se disuelven estos mecanismos de defensa.

Berne (1961) también exploró las observaciones de Federn que indicaban que en muchos de sus clientes había una presencia psíquica constante de figuras parentales que influía en su comportamiento. Esta influencia parental proviene de personas reales que años antes interactuaron y tuvieron responsabilidad sobre este determinado individuo cuando era un niño. Esta presencia parental es más tangible que el constructo freudiano del "Superyó" ("*Uber-Ich*"). Mediante la indagación histórica, es posible rastrear lo que en realidad se dijo o se hizo, por quién y en qué momento de la infancia de la persona. A través de la introyección (identificación e internalización defensivas inconscientes) el niño convirtió a la figura parental en parte de sí mismo, es decir en yo.

Berne (1961) llegó a la conclusión de que los progenitores introyectados también se convierten en un Estado del Yo que definió como "un conjunto de sentimientos, actitudes y patrones de comportamiento que se asemejan a los de una figura parental" (ibíd. 75). Sin embargo, la frase "se asemejan a los de una figura parental" es un tanto engañosa. De los ejemplos y las descripciones de Berne en *Transactional Analysis in Psychotherapy* y de mis propias observaciones clínicas, es evidente que los Estados del Yo Padre son una internalización histórica real de la personalidad de los propios padres o figuras parentales significativas según la *percepción* del niño en el momento de la introyección. Berne enfatizó este punto:

> "La paciente, habitualmente o en un momento dado, no está actuando *como si* su madre (padre) 'opinara, mandara, corrigiera y amenazara', sino que se está comportando *igual que* lo hizo la madre, quizás incluso con los mismos gestos y entonaciones. No está actuando con la mirada puesta en su madre, por así decirlo (lo que probablemente es el Estado del Yo Niño), está reproduciendo toda la conducta de su madre, incluyendo sus inhibiciones, su razonamiento y, lo que es un factor crucial, sus impulsos". (1957a. 300)

Los contenidos del Estado del Yo Padre se adoptan, es decir, se introyectan, de las figuras parentales en la primera infancia —y, en menor medida, durante toda la vida— y, si no se reexaminan en el proceso evolutivo posterior, permanecen no integrados, sin ser asimilados en un yo Adulto neo-funcional. Puesto que las percepciones del niño sobre las reacciones, las emociones y los procesos de pensamiento del cuidador serán diferentes en las distintas fases del desarrollo evolutivo, así también variarán el contenido real y la función intrapsíquica del Estado del Yo Padre según la etapa evolutiva en la que se produjera la introyección.

La introyección es un mecanismo de defensa inconsciente (que conlleva desapropiación, negación y represión) que se utiliza con frecuencia cuando hay una carencia de contacto psicológico pleno entre el niño y los cuidadores responsables de sus necesidades psicológicas. El otro significativo pasa a ser parte del self (yo) y el conflicto originado por la falta de satisfacción de la necesidad se internaliza; de este modo, el conflicto puede gestionarse, aparentemente, con más facilidad (Perls 1978).

Además de las diversas necesidades físicas infantiles (Maslow 1970), las necesidades relacionales del niño requieren la implicación sintonizada de los padres o de personas significativas. (Erskine 1998a; Erskine, Moursund y Trautmann 1999). Estas necesidades relacionales son:

1. seguridad en una relación —cercanía física y ausencia de humillación y violencia física;
2. validación de los sentimientos, de los pensamientos, de las fantasías y de los distintos requerimientos del niño;
3. estar en presencia de alguien en quien el niño puede apoyarse para recibir protección, apoyo y consejo;
4. tener una experiencia compartida, como jugar y aprender juntos;
5. autodefinición dentro de la relación;
6. causar impacto —influir en la otra persona al menos una parte del tiempo para que responda conforme a los deseos del niño;
7. que la otra persona inicie el contacto; y
8. la expresión de gratitud y amor hacia el cuidador —la manifestación de la vinculación afectiva y de la lealtad.

Cuando estos necesidades relacionales no son reconocidas, validadas ni normalizadas por los otros significativos, hay una ruptura en el contacto interpersonal —el vínculo entre el niño y el cuidador se interrumpe y surge un conflicto entre la falta de sintonía, la ausencia de validación, la negligencia emocional y el abuso físico del cuidador, y los intentos desesperados del niño para tener cubiertas sus necesidades relacionales.

Los niños necesitan un apego físico y un apego psicológico, como imperativo biológico, para mantener la salud psicológica (Bowlby 1969, 1973, 1980). Cuando no se satisfacen las necesidades, la ansiedad resultante estimula una identificación defensiva inconsciente con el otro. El conflicto externo se resuelve mediante la internalización de la otra persona y la desapropiación de las propias necesidades, y así el niño puede permanecer apegado, unido y leal. Esto suele ir acompañado de un sentimiento de resignación y de la formación de una creencia de guión compensadora similar a "Si no puedo tener mis necesidades satisfechas, entonces yo no necesito nada". El conflicto externo por la no satisfacción de las necesidades relacionales se convierte en interno, y se maneja dentro del individuo en vez de continuar el conflicto relacional externo. Metafóricamente, el conflicto de las necesidades-no-satisfechas es como la existencia de un vacío psicológico en la relación. Ese vacío psicológico —la ausencia de contacto interpersonal— se llena identificándose de forma inconsciente con el otro significativo.

Según Brown: "La introyección permite a un individuo evitar sus sentimientos dolorosos asociados a la pérdida de una persona, un lugar o un acontecimiento, al crear dentro de sí mismo una imagen del objeto perdido. Sus fantasías inconscientes mantienen la asociación con el objeto perdido y le impiden tratar las emociones dolorosas conectadas con la pérdida" (1977. 5).

Los elementos introyectados pueden permanecer como una especie de cuerpo extraño dentro de la personalidad, con frecuencia no afectada por el aprendizaje ni por el desarrollo posterior, pero continúan influyendo el comportamiento y las percepciones. Constituyen una parte ajena a la personalidad, imbricado en el yo y experimentado fenomenológicamente como si fuera propio, pero, en realidad, forman una personalidad "prestada" (Erskine 1988. 199).

Determinantes del Estado del Yo

Berne declaró: "El Análisis Transaccional consiste en discernir qué Estado del Yo está activo en el agente emisor, en un momento dado, cuando muestra un estímulo transaccional, y qué Estado del Yo está activo en la respuesta emitida por el receptor" (1966. 223). La verificación de qué Estado del Yo está catectizado sólo es posible con una correlación de cuatro factores de los determinantes conductuales, sociales, históricos y fenomenológicos de los Estados del Yo. "*El diagnóstico completo de un Estado del Yo requiere que estos cuatro aspectos estén disponibles para su consideración, y la validez definitiva de tal diagnóstico no se establece hasta que se correlacionan los cuatro*" (Berne 1961. 75, cursivas mías).

Berne (ibíd. 74–76) describió los cuatro determinantes del diagnóstico para los Estados del Yo según el orden que observó durante la psicoterapia: conductual, social, histórico y fenomenológico. Con la idea de facilitar la integración de la fragmentación del yo, he definido de manera complementaria los criterios de identificación y los he enumerado en el siguiente orden de importancia clínica (Erskine y Moursund 1988):

1. El criterio de identificación del determinante fenomenológico es la experiencia subjetiva de la persona. Incluye las sensaciones, los deseos y las necesidades, los sentimientos y las creencias que conforman las perspectivas de la persona —el *cómo* y el *qué* siente viviendo su experiencia. En los criterios fenomenológicos se incluyen las conexiones fisiológicas, emocionales y cognitivas con los acontecimientos relevantes de la vida y también las épocas en que fueron introyectados elementos de la personalidad del otro. Además se incluye la experiencia subjetiva de los mecanismos de defensa internos fijados en periodos de negligencia, de experiencia traumática o de desvalorización acumulada.
2. El determinante histórico se recaba principalmente a partir de los recuerdos de los acontecimientos dinámicos entre uno mismo y los demás, o de la relación entre la madre y el padre o de otros miembros importantes de la familia. Estos pueden proporcionar información esencial sobre los primeros conflictos. El *quién* y el *cuándo* de la vida temprana pueden revelar recuerdos de sentimientos y de comportamientos similares durante la infancia o recuerdos sobre el cuidador parental que ofreció el modelo conductual. Incluye una indagación sobre la distinción entre las propias defensas infantiles fijadas de la persona y los mecanismos de defensa posiblemente introyectados de otros significativos.
3. El determinante conductual supone un enfoque *evolutivo* (Berne 1961. 154) de los gestos, la postura, el vocabulario, el tono de voz, o de otras expresiones, y también del contenido de lo que se comunica. La valoración de la conducta observable actual de la persona se compara con la información sobre el desarrollo evolutivo humano en relación con la interacción temprana madre-hijo, con el desarrollo motor y del lenguaje, con el desarrollo emocional, cognitivo y social, con los mecanismos de defensa, con el desarrollo moral y con las transiciones de la vida adulta. Toda esta información comparativa proporciona un historial de datos que sirve para ayudar a determinar la fase evolutiva en la que las emociones, las conductas

o las interacciones se convierten una fijación. Un comportamiento que no es congruente con el contexto actual puede haber sido normal y apropiado para un niño en una etapa de desarrollo específico o puede ser una indicación de cómo el paciente se defendió a sí mismo en una situación traumática.

La conducta infantil puede ser una indicación del propio Estado del Yo Niño activo de la persona, o con la misma probabilidad, una indicación del Estado del Yo Niño de un progenitor introyectado. Podría ser necesario entretejer la evaluación evolutiva con la fenomenológica o con la histórica, para determinar si una reacción defensiva específica, un patrón conductual o una emoción son la manifestación de un Estado del Yo exteropsíquico o de una fijación arqueopsíquica.

4. El cuarto factor determinante para verificar la catexis del Estado del Yo es el social o *transaccional*. El análisis de las transacciones proporciona datos para indicar qué Estado del Yo está activo, la naturaleza de las dinámicas intrapsíquicas, y qué estímulo del psicoterapeuta sirve para desencadenar la catexis. Las dinámicas intrapsíquicas incluyen la influencia del Estado del Yo Padre introyectado y la necesidad del Estado del Yo Niño de una relación con pleno contacto. Las transacciones entre la persona y el psicoterapeuta dentro de un grupo, o en la psicoterapia familiar entre dos personas cualesquiera, pueden ser representativas de una transferencia, ya sea a partir de un Estado del Yo exteropsíquico o de un Estado del Yo arqueopsíquico.

Estas transferencias pueden adoptar la forma de "roles" infantiles como la "conformidad" (adaptación), la "impertinencia" o la "rebeldía"; los "roles" adultos de "solución de problemas" o de "intercambio de información"; o roles parentales de "consuelo" o "control" (ibíd. 93–96). En el diagnóstico de la catexis del Estado del Yo y el conflicto intrapsíquico, es esencial evaluar estos roles transaccionales o entes sociales en el contexto de una valoración fenomenológica, histórica y evolutiva (conductual) correlacionada.

Sólo a través del uso cuidadoso y sistemático del *diagnóstico correlacionado de cuatro factores* es posible verificar qué Estados del Yo están influyendo y cuáles están catectizados, y proceder con las intervenciones psicoterapéuticas apropiadas (Erskine 1991).

Las funciones de los Estados del Yo Padre influyente y activo

Un Estado del Yo Padre introyectado puede ser *activo* o *intrapsíquicamente influyente*. Un Estado del Yo Padre activo se comunica con el mundo exterior, mientras que un Estado del Yo Padre influyente opera internamente. Berne (ibíd.) describió el Estado del Yo Padre *activo* como la reproducción, en transacciones reales con la gente, de los sentimientos, las actitudes y el comportamiento del padre introyectado o de otras personas significativas introyectadas. La función psicológica de un Estado del Yo Padre activo consiste en que la persona disminuye la ansiedad y experimenta algo de alivio intrapsíquico de la influencia interna de la introyección.

Por ejemplo, una madre puede gritar y criticar a sus hijos de la misma manera que su padre le gritaba y criticaba cuando era pequeña. Al externalizar el abuso verbal, puede sentir algún alivio temporal de la presión y la ansiedad de la presencia psíquica del padre y de la crítica interna. Otras personas de su vida, como sus hijos, pueden sufrir los efectos de la rabia y la crítica, que es una expresión de un Estado del Yo Padre activo.

Lo más probable es que no sea consciente de que la calidad de su contacto, tanto consigo misma como con los demás, está bajo el dominio y el control de un Estado del Yo Padre. Los clientes rara vez describen esta externalización como un problema, excepto cuando comentan su malestar respecto a lo que otros dicen de su comportamiento. Los miembros de la familia pueden quejarse de que "la madre actúa igual o incluso peor que el abuelo".

En psicoterapia, es mucho más típico que el cliente describa una experiencia fenomenológica de duda sobre sí mismo, una sensación constante de sentirse controlado, de desconocer lo que desea, de ansiedad crónica y/o de depresión. La experiencia fenomenológica de algunos clientes es similar a estar criticándose a sí mismos o a encontrarse bajo un control interno. Otros clientes pueden ser conscientes de la presencia de una introyección influyente o de la presencia psíquica de otra persona: escuchan una voz diferente que está criticando, advirtiendo o dictando normas. Berne se refiere al Estado del Yo Padre influyente como "la voz de una persona real" que el cliente puede identificar erróneamente como una alucinación (ibíd. 32).

"La *influencia* parental puede inferirse cuando el individuo manifiesta una actitud de conformidad infantil" (ibíd. 76) y/o emplea defensas infantiles, como la evitación, la congelación o la lucha (Fraiberg 1982), la división del yo (Fairbairn 1954), la transposición del afecto y la reversión de la agresión (Fraiberg 1982), y la fantasía arcaica (Erskine 1988/1997, Erskine y Moursund 1988). La "conformidad infantil" como resultado de la influencia parental puede hacerse evidente en las reacciones de vergüenza:

- la tristeza de no ser aceptado *como uno es* con los propios impulsos, deseos, necesidades, sentimientos y conductas;
- el miedo al abandono por *quien uno es*;
- un concepto de sí mismo mermado, un empobrecimiento de la valía propia en *conformidad* con la crítica introyectada; y
- una sensación de "hay algo mal en mí".

La vergüenza es a menudo una expresión interna de un conflicto intrapsíquico entre un Estado del Yo Niño reactivo y un Estado del Yo Padre influyente (Erskine 1994). *Cuando un Estado del Yo Niño está activo o catectizado internamente (ya sea observable en la conducta o declarado subjetivamente), por inferencia teórica está catectizado e influyendo intrapsíquicamente un Estado del Yo Padre.* Varios Estados del Yo Niño están continuamente en una unidad relacional con Estados del Yo Padre. Berne (1961) describió la dinámica intrapsíquica de los Estados del Yo como la representación de "los vestigios de un infante que una vez existió de verdad, en una lucha con los vestigios de los progenitores que una vez existieron de verdad", ya que eso "reduplica las luchas reales de la infancia por la supervivencia entre personas auténticas, o al menos así lo experimentan los pacientes" (ibíd. 66).

El conflicto intrapsíquico surge por la necesidad del niño de relación (Fairbairn 1954), de apego (Bowlby 1969) o de contacto (Erskine 1989). Cuando esas necesidades no se satisfacen reiteradamente, el niño podría defenderse de la consciencia plena de las necesidades de contacto, de apego y de relación, y también del malestar psicológico resultante. Estas necesidades son evidentes en la *lealtad psicológica* de un Estado del Yo Niño hacia un Estado del Yo Padre influyente intrapsíquicamente (Erskine 1988, 1991). La lealtad se encuentra en la evitación defensiva de descubrir que "Mis necesidades psicológicas no se satisficieron" o en la fantasía inconsciente de "Si soy lo suficientemente bueno, voy a ser aceptado y querido" (Stolorow y Atwood 1989).

La función intrapsíquica para la formación del Estado del Yo Padre es el intento de disminuir el conflicto externo y lograr una apariencia de relación —al menos una ilusión de ser aceptado y querido; pero el precio de la internalización del conflicto es una pérdida de aspectos valiosos del self —la pérdida de espontaneidad, flexibilidad e intimidad. La presencia psíquica o el Estado del Yo Padre se mantiene en el transcurso de los años porque, igual que las creencias de guión y las obsesiones, el conflicto intrapsíquico funciona para proporcionar una sensación de predictibilidad, identidad, continuidad y estabilidad emocional (Erskin 2001b).

La teoría en la práctica

Berne afirmó que "el objetivo final del Análisis Transaccional es el reajuste estructural y la reorganización … la reorganización muestra normalmente la recuperación del Niño, con la modificación o sustitución del Padre. Después de esta fase dinámica de reorganización, hay una fase analítica secundaria que es un intento de eliminar la confusión del Niño" (1961. 224). La mayoría de las descripciones de Berne sobre psicoterapia enfatizan su primera fase, la descontaminación del yo Adulto de los Estados del Yo Padre o Niño. Berne (1966) define ocho operaciones terapéuticas. Seis son intervenciones utilizadas para facilitar la descontaminación y fortalecer los límites del yo (el reajuste estructural de la fase uno). Sólo se utiliza una operación terapéutica: la interpretación psicoanalítica, para "descodificar y desintoxicar" las vivencias pasadas de los Estados del Yo Niño, "subsanar las distorsiones y ayudar al paciente a reagrupar las experiencias" (ibíd. 242–243).

Se puede deducir el uso de Berne de una segunda fase analítica: la desconfusión terapéutica de los Estados del Yo Niño, principalmente a través de sus ejemplos clínicos. En el capítulo sobre "Análisis de la Regresión", Berne declara en forma poética: "cuando un Estado del Yo arcaico, previamente enterrado, revive con toda su intensidad en vigilia, entonces queda permanentemente a disposición del paciente y del terapeuta para un análisis detallado. No sólo tienen lugar la 'abreacción' y el 'análisis', sino que el Estado del Yo puede ser tratado como un niño real. Puede ser atendido con cuidado, incluso con ternura, hasta que se despliega como una flor, revelando todas las complejidades de su estructura interna" (1961. 226). Se deja al lector con la suposición de que Berne está aplicando métodos psicoanalíticos en esta "fase analítica secundaria". Sin embargo, él también experimentó con una psicoterapia activa y la fomentó: "La situación óptima para el reajuste y la reintegración de la personalidad completa, requiere una declaración emocional del Niño en presencia del Adulto y del Padre" (ibíd. 224). Otros escritores de Análisis Transaccional han desarrollado o han descrito métodos de tratamiento activos que son eficaces en la desconfusión de los Estados del Yo Niño (Clark 1991; Clarkson y Fish 1988; Cornell y Olio 1992; Erskine 1974, 1993; Erskine y Moursund 1988; Erskine, Moursund y Trautmann 1999; Goulding y Goulding 1979; Hargaden y Sills 2002).

Es sorprendente que en todos sus escritos, Berne comente muy poco sobre los métodos terapéuticos. No describe adecuadamente una dirección del tratamiento para los Estados del Yo Padre. Escribe acerca de una "enmienda" —una modificación diseñada para corregir o mejorar— o una "sustitución del Padre" (1961. 224). Pero no se sugieren directrices para un tratamiento integrador profundo. Es como si Berne, al igual que otros muchos autores tanto de las tradiciones psicoanalíticas como de la terapia Gestalt, no supiera qué hacer con el dolor, el miedo, la rabia y las estrategias defensivas de un Estado del Yo Padre influyente, ni con la presión intrapsíquica y el malestar que provoca en el cliente.

Berne mantiene fundamentalmente la tradición psicoanalítica de identificar la influencia intrapsíquica y luego continúa un poco más con las intervenciones terapéuticas como la confrontación y la explicación destinadas a la descontaminación del yo Adulto. También sugiere el uso de la interposición terapéutica, como la explicación o la confrontación, "un intento del terapeuta de interponer algo entre el Adulto del paciente y sus otros Estados del Yo, con el fin de estabilizar su Adulto y hacer que sea más difícil para él deslizarse hacia las actuaciones del Padre o del Niño" (1966. 237). En los trabajos de Berne, la teoría de los Estados del Yo Padre no está suficientemente relacionada o correlacionada con los métodos terapéuticos empleados para desactivar la influencia de una introyección.

Para que el Análisis Transaccional sea una teoría exhaustiva de la personalidad y de los métodos, es esencial integrar las teorías de la personalidad en una teoría de los métodos: el desarrollo de una terapia profunda de los Estados del Yo Padre sería un ejemplo de un refinamiento más a fondo para la congruencia de los métodos y de la teoría del Análisis Transaccional. A tal efecto, me gustaría proponer un añadido a la cita de Berne reflejada anteriormente sobre "el objetivo final del Análisis Transaccional": *después de una desconfusión de los Estados del Yo Niño, en algunos casos, podría haber una concomitante fase psicoterapéutica adicional que desactive un Estado del Yo Padre con el propósito de eliminar su influencia tóxica sobre los Estados del Yo Niño y, finalmente, hacer posible su integración en el yo Adulto como un recuerdo y como un recurso histórico.*

La desactivación de un Estado del Yo Padre puede describirse parafraseando el poético comentario de Berne (1961. 226) sobre el tratamiento de los Estados del Yo Niño: cuando un Estado del Yo exteropsíquico previamente introyectado es revivido en toda su intensidad y hecho consciente, se encuentra entonces disponible a la plena consciencia del cliente y del terapeuta, para una terapia profunda del Estado del Yo Padre o al menos para una interposición efectiva. El Estado del Yo Padre puede ser tratado como un auténtico cliente —incluso un cliente en regresión. Puede ser atendido con cuidado, confrontado o guiado sobre el modo de parentalizar adecuadamente según las necesidades de su hijo real. Este es uno de los aspectos de una teoría detallada de los métodos (Erskine 1997c) en una psicoterapia activa profunda "para el reajuste y la reintegración de la personalidad completa" (Berne 1961. 224).

Creo que la "sustitución del Padre" por otra introyección, tal como Berne (ibíd.) lo expresó, *no es terapéutico*. Esto sería similar a la sustitución de una introyección tóxica por otra introyección algo más benigna —pero aun así es una introyección que interrumpe el contacto. Más bien, me gustaría ampliar la declaración anterior de Berne sobre una psicoterapia profunda de los Estados del Yo Niño: "la situación óptima para el reajuste y la reintegración de la personalidad completa requiere", además de "la declaración emocional del Niño en la presencia del Adulto y del Padre", *una emotiva declaración de un Estado del Yo Padre que, o bien se disculpa con los Estados del Yo Niño o elimina su confusión.* Esto permite que las identificaciones egotizadas y fijadas —introyecciones— se externalicen, se desactiven y se integren en un yo Adulto. Una psicoterapia profunda de "reintegración" de la personalidad total incluye relajar las defensas de los Estados del Yo Niño, lo que permite la inclinación natural del cliente a expresarse, la desactivación de las introyecciones, la resolución de los conflictos intrapsíquicos, y la facilitación de la toma de consciencia junto con la integración en el cliente de su otra experiencia de satisfacción de necesidades con sus progenitores.

He estado empleando el término padres/progenitores en este texto, pero el lector tiene que ser consciente de que los padres/progenitores no pueden ser los únicos introyectados: maestros, clérigos, tías, tíos, abuelos, hermanos mayores, cualquier persona con autoridad, incluso otros adolescentes, pueden ser introyectados en ausencia de contacto que satisfaga las necesidades. El capítulo "Robert: Cuestionar un guion cultural" del libro *La Psicoterapia Integrativa en Acción* (Erskine y Moursund 1988/2014) es un ejemplo detallado de una psicoterapia para el tratamiento de la introyección de un valor cultural impuesto.

Antecedentes experienciales y escritos

En 1974, me encontraba dirigiendo un maratón de terapia de fin de semana con otro terapeuta. Este me comentó que una de las mujeres del grupo se encontraba muy deprimida y que además estaba convencida de estar poseída por el demonio. En mitad de la sesión vespertina, la mujer comenzó a refunfuñar y a gruñirme y después, en voz baja y con tono áspero, amenazó con matarla, a "ella". ¡Al principio, tanto los miembros del grupo como yo mismo nos quedamos estupefactos! Entonces me acordé de haber escuchado antes una voz similar en un servicio religioso de sanación Pentecostal al que asistí cuando era niño en la zona sur de Chicago. Uno de los evangelistas era muy conocido por "expulsar demonios". Estuve observando, con el asombro de un niño, cómo trajeron sujeta a una persona bramando, gruñendo y amenazando. El evangelista "convocó al diablo" y procedió a "orar por él".

El recuerdo sobre el enérgico encuentro del sanador evangelista con la persona-"diablo" revoloteaba en mi mente. Al mismo tiempo, también reflexionaba sobre cómo encontrarle sentido a la extraña conducta de la clienta. Me preguntaba si esta persona-"diablo" era una manifestación del concepto de introyección de la terapia Gestalt y del concepto de Berne de los Estados del Yo Padre como la representación de la personalidad de otro. Empecé a hablarle a esa voz del "diablo". Ella seguía maldiciéndome, en varias ocasiones amenazó con matarme a mí o a "ella"; también siseaba, gruñía y se enfurecía. Rehusaba hablar con un "terapeuta loco". Continué hablando con "él", indagando en su mensaje y en sus intenciones.

Durante la siguiente media hora, la voz gradualmente se transformó en la de un hombre borracho enojado —un hombre con un secreto. Él había amenazado con matar a su hija si ella alguna vez revelaba la incestuosa violación y el intento de estrangulación que le había infligido. Después de casi dos horas de terapia, combinando empatía y confrontación, el "padre" empezó a pedir disculpas a su "hija". Posteriormente, tras esa confesión y la disculpa, se estimularon en la clienta, durante los siguientes meses, varios recuerdos que habían estado reprimidos. La terapia activa realizada directamente con un Estado del Yo Padre, abrió la puerta para que la clienta pudiese hacer terapia regresiva intensa, tanto en sesiones individuales como en posteriores maratones de fin de semana. Las regresiones del Estado del Yo Niño estuvieron acompañadas por un trabajo continuado más lento, centrado en la resolución de sus experiencias de desconfianza y de falta de protección, que se pusieron de manifiesto en las transacciones transferenciales y también en la ausencia de transacciones interpersonales con contacto.

Esta experiencia fortuita de terapia con el "diablo", que era una manifestación de la presencia psíquica de su padre, me abrió una nueva perspectiva para hacer psicoterapia. Ya no entendía el Estado del Yo Padre sólo como un depositario de los mandatos. Tampoco podía seguir considerando la resolución de un conflicto intrapsíquico grave algo que pudiera producirse en unos 20 o 30 minutos de diálogo con *dos-sillas*, alternando entre los Estados del Yo Niño y Padre del cliente. Por el contrario, me hice cada vez más consciente de la posible complejidad de la presencia psíquica o introyección. Esto me llevó a incluir no sólo las actitudes y los pensamientos de otras personas significativas, sino también sus emociones, procesos defensivos, reacciones fisiológicas, regresión de edad y necesidades relacionales. Un niño puede internalizar todo esto a través de una identificación defensiva inconsciente cuando existe una ausencia de contacto que satisfaga sus necesidades, y la dependencia del niño es tal que el otro es introyectado como un modo de mantener una apariencia de relación.

La literatura de Análisis Transaccional ofrece algunos artículos teóricos sobre los problemas del Estado del Yo Padre, pero no hay mucho escrito sobre una terapia profunda. Bill Holloway hizo una descripción teórica del "niño loco en el Padre", y asoció la dureza, la frecuencia y la consistencia de la "locura" de los progenitores con la formación de los Guiones de Vida hamárticos (1972. 128). En 1976, John McNeel publicó "The Parent Interview" (la Entrevista al Padre), donde detalla una terapia de *dos-sillas* con un Estado del Yo Padre en la que el terapeuta elicita sentimientos y experiencias de un Estado del Yo Padre en respuesta a las peticiones hechas por un hijo o por una hija.

"De esta manera, el terapeuta demuestra al cliente cómo sus deseos o sus conductas se habían visto amenazados desde hace mucho tiempo por la figura parental. Esta investigación se basa en la creencia de que su progenitor original no había actuado con maldad" (ibíd. 66). McNeel diseñó la Entrevista al Padre como parte de la etapa final de la psicoterapia, donde el individuo se da cuenta de los conflictos internos del padre internalizado y, al entenderlo, alcanza un cierto nivel de perdón y aceptación de esa persona. McNeel advirtió que si el otro introyectado del cliente estaba "loco", el terapeuta no debería entablar una Entrevista al Padre.

Dashiell (1978) también describe la terapia con un Estado del Yo Padre. Escribió sobre la "resolución mínima" en la que el terapeuta aporta permiso o reparentalización al Estado del Yo Padre, y esto permite que la introyección sea desconectada. Tales intervenciones liberan a los Estados del Yo Niño para una terapia adicional. La "resolución máxima" incluye el trabajo con un Estado del Yo Padre para resolver los eventos arcaicos en la vida de los padres, la liberación de los sentimientos almacenados en el Estado del Yo Padre, o el cuestionamiento a los Estados del Yo Padre locos u hostiles sin abandonar los Estados del Yo Niño del cliente. Al mismo tiempo, (1978) yo escribí una sinopsis teórica acerca de la necesidad de hacer terapia con Estados del Yo Padre en la que describo el "Impasse de Cuarto Grado" como una representación de la confusión del cliente entre el sentimiento introyectado y la formación de un Estado del Yo Padre, y los propios sentimientos que experimenta la persona en un Estado del Yo Niño.

Mellor y Andrewartha (1980) ampliaron el trabajo sobre las emociones en un Estado del Yo Padre y ofrecieron varios ejemplos breves. Su enfoque, similar al de Dashiell, también se centra en la reparentalización —brindar un nuevo programa para un Estado del Yo Padre. También abogan por realizar intervenciones directas con el padre internalizado: confrontación, apoyo y permisos, según se considere necesario, para facilitar que el cliente realice una redecisión. Mellor y Andrewartha consideran esto de especial importancia cuando se experimenta un Estado del Yo Padre con suficiente poder para sabotear o ejercer una influencia nociva sobre el individuo que está a punto de cambiar sus decisiones vitals ... por lo general aquellas decisiones que mantienen el sistema familiar o la protección al padre. A diferencia de McNeel, que desaconseja trabajar con un Estado del Yo Padre "loco", ellos sugieren que la técnica funciona bien cuando el Estado del Yo Padre se muestra "desorientado, confuso, y/o 'loco' ... la 'locura' desaparece cuando las necesidades, los sentimientos y los deseos que estimulan respuestas aparentemente incoherentes o extrañas son identificados y tenidos en cuenta, cuando la 'locura' se confirma como el mejor esfuerzo que realiza la persona para lidiar con estos sentimientos, necesidades y deseos, y cuando se proveen y se prueban nuevos métodos, que se experimentan como eficaces" (ibíd. 201).

Bruce Loria, en su cuidadosa revisión de los escritos de Berne, hizo un llamamiento a los profesionales para que se mantuvieran coherentes con los "conceptos centrales" originales de Berne (1988. 39) y se mostraran atentos a la complejidad intrapsíquica tanto de los Estados del Yo Niño como de los Estados del Yo Padre. Loria resume: "Berne afirma que una persona adopta en su Estado del Yo Padre las personalidades completas de figuras parentales significativas, *incluyendo su nivel de patología (contaminación)*. Los terapeutas que trabajan para descontaminar el Estado del Yo Adulto tienen probabilidades de éxito sólo después de haber evaluado totalmente el alcance de la influencia de las figuras parentales introyectadas. Simultáneamente, se necesitan estrategias específicas de tratamiento para resolver las contaminaciones *del Padre introyectado y del Niño arcaico en el Estado del Yo Padre* de los hijos" (ibíd. 41).

Escribiendo sobre la terapia de los problemas relacionales, Landy Gobes identificó que el tratamiento de los temas de abandono o desbordamiento conlleva una evaluación de "la forma y el grado de patología en el Estado del Yo Padre" y más adelante, posiblemente, terapia "con los Estados del Yo Padre del cliente" (1985. 217). En la descripción de cómo lleva a cabo la terapia del Estado del Yo Padre, Gobes declara: "El terapeuta puede proceder como si la personalidad completa de la madre o del padre estuviera en el cuerpo de la persona y puede pedirle que se siente en otra silla y ser la madre o el padre … Un cliente que *es* su madre, parece experimentar en mayor profundidad los pensamientos y sentimientos de la madre, que aquel que desempeña el rol de su madre" (1990. 164).

El libro *Más allá de la Empatía: una Terapia de Contacto-en-la-Relación* (Erskine, Moursund y Trautmann, 1999/2012), describe en detalle los métodos de una psicoterapia profunda para ambos Estados del Yo, Niño y Padre. Es esencial en el proceso de la psicoterapia profunda de los Estados del Yo Padre, que el cliente adquiera consciencia y aprecio de la función psicológica de la introyección. Fred Clark identificó una función intrapsíquica de la introyección: "Lo que está internalizado son los pensamientos, los sentimientos y los comportamientos de los otros significativos (Estado del Yo Padre) como una defensa contra la pérdida de la relación con esas personas. Este concepto, común en la teoría de las relaciones objetales, difiere de la teoría psicoanalítica, donde se emplean las defensas al servicio de la protección contra las pulsiones del *ello* (id). En la terapia relacional, el uso de las defensas se concibe como un modo de evitar el dolor o la pérdida de contacto (negligencia) o el contacto doloroso (abuso), siendo ambos perturbaciones en la relación" (1990. 42).

El Padre de fantasía

En *La Psicoterapia Integrativa en acción* (Erskine y Moursund 1988/2014) describimos el modelo teórico original de los Estados del Yo de Berne y el empleo de su sistema de diagnóstico de cuatro partes para identificar la influencia del Estado del Yo Padre en la vida de los clientes. Se dedican cuatro capítulos tanto a una explicación de la psicoterapia con el Estado del Yo Padre como a ejemplos con transcripciones de clientes reales; los restantes capítulos hacen hincapié en la psicoterapia con los Estados del Yo Niño. Se describe también el concepto de un "Padre auto-generado" —la fantasía de un niño pequeño que funciona como un Estado del Yo Padre controlador o punitivo (ibíd. 21–23).

En el proceso del desarrollo normal en la infancia temprana, los niños a menudo crean una *imago*, un personaje de fantasía, como una forma de proveerse de control, estructura, cuidado, o de cualquier cosa que haya experimentado como carencia o inadecuación. Algunos niños crean su propio y personal "hombre del saco": una criatura aterradora que les amenaza con nefastas consecuencias por travesuras sin importancia. Investir al "padre de fantasía", con todos los aspectos malos y atemorizantes de la parentalización, les permite mantener a Mamá y a Papá perfectamente buenos y cariñosos.

Durante sus años de escuela primaria y de enseñanza secundaria, Richard estaba atormentado por el "hombre del saco". Al llegar a la adolescencia, el "hombre del saco" dejó de ser una preocupación; sin embargo, siempre existía la posibilidad de ser castigado por un severo profesor o por un policía si se pasaba de la raya. Ya al final de su veintena, la abuela de Richard murió y él ayudó a la familia a hacer una limpieza a fondo de su casa. Mientras limpiaba bajo su cama y en su armario, se sintió extremadamente ansioso. Anticipó un terrible castigo y, aunque se dijo a sí mismo que sus pensamientos no eran racionales, mantuvo la expectativa de encontrar los restos del "hombre del saco".

Al trabajarlo con su terapeuta, Richard empezó a recordar que cuando era pequeño, pensaba que el "hombre del saco" *vivía* en el dormitorio de la abuela y que además tenía la capacidad de seguirle en el colegio o en sus juegos. Si se portaba mal, el "hombre del saco" le castigaría sin lugar a dudas. En su proceso de terapia, Richard comenzó a recordar unos azotes que a los cuatro años le había propinado su madre en la habitación de la abuela durante una fiesta familiar. Poco después de los azotes, desarrolló su *imago* del "hombre del saco" para poder así recurrir a su madre cuando necesitara consuelo, protección y seguridad. La fantasía del "hombre del saco" ayudó al Richard de cuatro años a permanecer adaptado a los controles parentales externos y a vivenciar al mismo tiempo a su madre como totalmente cariñosa y tolerante con su conducta.

Otros pueden crear un hada madrina como padre de fantasía, un hada madrina que les quiere y les cuida incluso cuando los verdaderos padres se muestran fríos, ausentes o abusivos. Esta imagen creada hace las veces de amortiguador entre las figuras parentales reales y los deseos, las necesidades y los sentimientos del niño pequeño. Las inconveniencias inevitables de crecer en un mundo imperfecto se hacen más tolerables porque la figura de fantasía proporciona lo que faltaba en los verdaderos padres.

Anne-Marie, por ejemplo, tenía periodos de depresión en los que ingería una gran cantidad de alimentos. En esos momentos añoraba a su abuela fallecida, a quien describió en su terapia como afectuosa, comprensiva y reconfortante. Según ella, solía llevarle cosas deliciosas para comer. Su terapeuta, por curiosidad, le preguntó a Anne-Marie qué edad tenía cuando murió su abuela, a lo que ella respondió: "Catorce meses". No es probable que un bebé de catorce meses tenga con su abuela las experiencias que relataba Anne-Marie. Cuando la terapeuta comenzó a explorar las discrepancias entre el anhelo de Anne-Marie por su abuela y el hecho de que hubiese fallecido cuando era tan pequeña, la clienta empezó a recordar vivencias de su niñez que llevaban años olvidadas. Anne-Marie había sufrido maltrato repetidas veces tanto por parte de su padre como de su madre; a menudo la habían encerrado en la bodega durante varios días seguidos sin darle de comer. Anne-Marie contó cómo su abuela solía "aparecer" después de las palizas o en la oscuridad de la bodega para consolarla, animarla y prometerle sus deliciosas comidas. Creando estas imágenes de su abuela, había logrado satisfacer en la fantasía algunas de las necesidades de cuidados apropiados que escaseaban drásticamente en la conducta que mostraban sus padres hacia ella.

A medida que maduran hacia fases evolutivas posteriores, los niños suelen desprenderse de sus imágenes auto-generadas. Pero cuando el niño reprime la consciencia de sus necesidades, de sus sentimientos y de sus recuerdos para poder sobrevivir en la familia, la imagen auto-creada queda fijada y no se integrará con el aprendizaje en las etapas posteriores del desarrollo. Independientemente de las características del padre auto-creado fijado, con los años, éste llega a funcionar de forma similar al Estado del Yo Padre descrito por Berne.

Funciona como una personalidad introyectada y, sin embargo, a menudo es más exigente, más ilógica y más irracional de lo que era el verdadero padre (después de todo, su origen reside en la fantasía de un niño pequeño). El padre auto-creado, generado a partir de imágenes fantaseadas, proporciona y encapsula un conjunto no integrado de pensamientos, sentimientos y conductas a los que la persona responde como si fueran realmente internalizaciones de los adultos importantes de la infancia temprana.

La planificación del tratamiento

La psicoterapia de un Estado del Yo introyectado o de una fantasía parental auto-generada puede ser parte del plan de tratamiento del psicoterapeuta después de que se haya llevado a cabo mucho trabajo terapéutico con los diferentes Estados del Yo Niño. Dicha terapia del Estado del Yo Niño puede incluir el uso de una amplia variedad de métodos para facilitar que el cliente:

- relaje las defensas habituales,
- aumente la consciencia y, tal vez la expresión, de los sentimientos y de las necesidades que estaban reprimidos, y
- resuelva las experiencias traumáticas tanto específicas como acumulativas.

Aunque parte de esta terapia del Estado del Yo Niño pueda incluir métodos activos, tales como el trabajo de redecisión o la expresión dramática de la tristeza o el enfado, gran parte de dicha terapia se produce mediante el trabajo que llevamos a cabo dentro de la relación cliente-terapeuta. Al abordar el proceso inconsciente de las transferencias de los clientes, el psicoterapeuta (que conoce las etapas evolutivas y que está sintonizado con el nivel afectivo) podría ayudar al cliente a identificar las interrupciones arcaicas del contacto, ya sea interno o interpersonal. Estos minutos de interrupción del contacto, y sus imágenes y fantasías asociadas, constituyen la sutil dinámica de la transferencia.

La transferencia es un intento constante, por parte del cliente, de poner en acción de forma reparadora experiencias fijadas de la infancia, repitiendo simultáneamente las defensas arcaicas y las necesidades evolutivas en una relación actual. Estas sutiles actuaciones inconscientes son la expresión de un conflicto intrapsíquico entre elementos de un Estado del Yo Padre influyente y las necesidades evolutivas no satisfechas y fijadas en los Estados del Yo Niño (Erskine 1991).

El conflicto intrapsíquico entre los Estados del Yo Padre y los Estados del Yo Niño continúa años más tarde debido a las necesidades biológicamente impulsadas del niño hacia la relación y la lealtad derivada, aunque a menudo inconsciente, hacia sus padres u otras personas significativas. Por lo tanto, es esencial establecer una relación terapéutica sólida con cualquier cliente antes de involucrarse terapéuticamente con los Estados del Yo Padre: el psicoterapeuta debe ofrecer una protección total a las vulnerabilidades de los Estados del Yo Niño. La eficacia de una relación terapéutica se basa en que el psicoterapeuta:

- establezca una sintonía con los afectos y el ritmo psicológico del cliente,
- muestre sensibilidad y capacidad de respuesta a las diferentes necesidades del Estado del Yo Niño y del Estado del Yo Adulto,
- realice una indagación constante en la experiencia fenomenológica del cliente,
- facilite la apreciación del cliente de su propio estilo de afrontamiento,
- honre las vulnerabilidades tanto de la niñez como de la edad adulta.

Gran parte de esto se logra al trabajar con la transferencia y sin que el terapeuta reaccione ni personalice las respuestas defensivas del cliente.

Del mismo modo que la psicoterapia efectiva de los Estados del Yo Niño produce una importante reorganización de los procesos psicológicos, las experiencias y la construcción de significado, también la psicoterapia de un Estado del Yo Padre genera una reorganización psicológica significativa. Los Estados del Yo Niño del cliente han permanecido leales a la influencia intrapsíquica de los Estados del Yo Padre debido a la necesidad natural que tienen los niños de contacto, de apego y de relación.

Este imperativo biológico para la relación debe tenerse en cuenta y ser respetado por el psicoterapeuta y, en la mayoría de las situaciones, es necesario establecer una adecuada relación terapéutica previa al tratamiento de los Estados del Yo Padre o previa también al tratamiento de una fantasía auto-generada. En general, se recomienda emprender la desactivación de un Estado del Yo Padre sólo cuando el cliente tenga una vivencia permanente de "este terapeuta está ahí para mi bienestar".

Si los terapeutas se embarcan en una psicoterapia profunda que desactive los Estados del Yo Padre sin esa relación implicada, entonces los Estados del Yo Niño podrían quedarse sin una persona significativa de quien percibir una sensación de protección y un apego. Metafóricamente, sería como originar un huérfano y podría dar lugar a un incremento de la ansiedad o de la depresión. En algunos clientes, la relación intrapsíquica alterada por una intervención precoz puede provocar un mayor aferramiento al Estado del Yo Padre influyente intrapsíquicamente o a una activación de la fantasía auto-generada, debido a una necesidad desesperada de apego. La calidad de la relación terapéutica, tal y como la experimenta el cliente, es un factor clave para determinar cuándo proceder con el tratamiento de una fantasía auto-generada o de un Estado del Yo Padre. La indagación fenomenológica del psicoterapeuta a lo largo de la terapia y la constante exploración y reparación de las rupturas en la relación terapéutica, son dos de las mejores pautas para identificar las sutiles transferencias y también para determinar el grado en el que el cliente puede confiar y apoyarse emocionalmente en el terapeuta.

En el ejemplo del "diablo", expuesto al comienzo del apartado anterior, intervine activamente con un Estado del Yo Padre antes de haber desarrollado una relación terapéutica consistente y confiable. Esta es una situación poco frecuente en donde ni mi colega ni yo, durante las primeras horas de la terapia del maratón, pudimos establecer una alianza terapéutica con sus Estados del Yo Niño. Su Estado del Yo Padre estaba interfiriendo con la psicoterapia, principalmente por la influencia intrapsíquica y después en el grupo del maratón, por la externalización —la catexis activa de la "voz del diablo". La clienta estaba en terapia con mi colega para el tratamiento de su depresión, había adquirido confianza en él y, por asociación, cierto grado de confianza en mí. A esto se sumó una esperanza idealizada de "terapia mágica"; tal idealización es a menudo una expresión de la necesidad relacional de estar en presencia de alguien que es a la vez protector de las vulnerabilidades de los Estados del Yo Niño y lo suficientemente potente como para detener el abuso intrapsíquico.

La terapia de sus Estados del Yo Niño deprimidos había llegado a un impasse. Al ser testigo de la terapia de otras personas en el maratón, la presencia psíquica o el Estado del Yo Padre influyente se externalizó. Era el momento oportuno para involucrar activamente al Estado del Yo Padre: para mantenerlo externalizado, en lugar de permitir que se retirase a una posición de abuso intrapsíquico, y para brindar psicoterapia a esa presencia psíquica del mismo modo que lo haría con un cliente real.

Esta intervención inmediata con un Estado del Yo Padre activo es particularmente útil cuando el Estado del Yo Padre influyente está interfiriendo en la psicoterapia, está mortificando psicológicamente a un Estado del Yo Niño, o se muestra tan controlador que los Estados del Yo Niño no pueden expresar ni incluso percibir sentimientos o necesidades. En la mayoría de las situaciones clínicas, la psicoterapia con un Estado del Yo Padre se inicia sólo después de establecer una alianza terapéutica protectora con varios Estados del Yo Niño.

En algunas situaciones, un Estado del Yo Padre puede llegar a sentirse amenazado o envidioso de la floreciente relación entre los Estados del Yo Niño del cliente y la implicación fiable, consistente y segura del psicoterapeuta. Esto podría originar aumento de la ansiedad, activación de las voces internas o de autocrítica que interferirán en la terapia del Estado del Yo Niño. En ese momento puede ser eficaz identificar la crítica interna mediante un entretejido de indagación fenomenológica, transferencial e histórica. Una indagación detallada de esta índole se emplea para determinar si la voz interna o la crítica proviene de otra persona en concreto (algo similar a un Estado del Yo Padre autogenerado y basado en la fantasía de un niño), o si es una autocrítica que previene las críticas de los demás. La identificación y la diferenciación de estas posibilidades, junto con una explicación oportuna, pueden dotar al cliente de una consciencia cognitiva de la fuente del conflicto interno y de la ansiedad y, por lo tanto, pueden proporcionar un alivio temporal. Una descripción del tratamiento de estos Estados del Yo Padre auto-generados (similares a los Estados del Yo Padre) o de la autocrítica que previene las críticas de los demás, queda fuera del alcance de este capítulo. Sin embargo, puede ser útil un diagnóstico diferencial antes de proseguir con la terapia del Estado del Yo Padre. A veces, la fantasía auto-generada es claramente evidente una vez que se ha completado con éxito la terapia del Estado del Yo Padre. Los Estados del Yo Niño se aferran a una fantasía, como expresión de apego. Las auto-críticas preventivas están relacionadas con la vergüenza y la arrogancia (Erskine 1994).

En algunos casos, un Estado del Yo Padre influye de forma continua, o incluso aumentada, especialmente tras una sesión de terapia regresiva, una redecisión, o la resolución de una expresión transferencial de conflictos y necesidades. He descubierto que lo más eficaz para abordar la voz crítica en beneficio del Estado del Yo Niño, es hablar como si el verdadero padre estuviera sentado al lado del cliente. Un ejemplo de lo que he dicho al padre de una clienta es: "Deje de hablar con ella de esa manera, no voy a permitir que la reprenda. No castigue a su hija por tener las necesidades normales de una niña; permítale que sea normal. Sé que la vida es difícil para usted, pero no puede resolver sus problemas desquitándose con ella. Cállese ahora, usted y yo podremos hablar más tarde". Este es sólo uno de los muchos ejemplos de una *interposición* en la que el terapeuta, de forma protectora, se interpone entre los Estados del Yo Padre y Niño del cliente. Esto proporciona con frecuencia un alto grado de alivio de la influencia intrapsíquica, especialmente si la relación terapéutica está bien desarrollada. A menudo la sensación que el cliente tiene a menudo es de total protección por parte del terapeuta.

Es esencial que el terapeuta realice esta confrontación de forma cuidadosa y con respeto. Al fin y al cabo, esta voz influyente representa a los padres de los clientes o a otras personas significativas, y cualquier comentario irrespetuoso o tono arrogante podría amenazar la lealtad del cliente y, por lo tanto, reforzar el apego del Estado del Yo Niño a un Estado del Yo Padre. Cuando hago una interposición a menudo parafraseo para mí en silencio un viejo cliché "La sangre es más espesa que la terapia". Con este cliché en mente, sigo siendo respetuoso con el Estado del Yo Padre, incluso cuando yo pudiera sentirme indignado o tremendamente enfadado con su comportamiento. Por el bien del niño, soy con frecuencia firme y a la vez empático con el Estado del Yo Padre.

La interposición tiene dos propósitos: detener temporalmente el conflicto intrapsíquico hasta el momento en que sea posible, y terapéuticamente prudente, una psicoterapia profunda del Estado del Yo Padre y, sobre todo, crear una oportunidad para establecer aún más la relación terapéutica; de este modo, la experiencia resultante del cliente será: "Este terapeuta está realmente dedicado a mi bienestar".

Una vez que se consigue la desconfusión de los Estados del Yo Niño, se relajan las reacciones de supervivencia y se renuncia a las creencias de guión, entonces podría ser esencial involucrarse en el tratamiento de los Estados del Yo Padre. También hay momentos en los que el cliente siente que no es capaz de cambiar, que todavía se siente deprimido, ansioso u oprimido en respuesta a la naturaleza intransigente y destructiva de un Estado del Yo Padre. En cualquiera de estas situaciones, puede ser necesario tratar activamente al Estado del Yo Padre y más tarde establecer un nuevo tratamiento de los Estados del Yo Niño.

Durante la realización de la terapia del Estado del Yo Padre, se invita al cliente a catectizar el Estado del Yo Padre relevante, en esencia, "ser" su propia madre o su propio padre y entablar una conversación con el terapeuta como lo harían esa madre o ese padre del cliente. Esto supone que el cliente asuma la posición corporal, la expresión facial, la postura, los sentimientos y el estilo de relación de ese progenitor en particular. En definitiva, el padre internalizado queda exteriorizado. El terapeuta primero establece un clima emocional seguro y acogedor que permita que el otro internalizado empiece a abrirse y a ser más revelador.

Esto a menudo se lleva a cabo mediante una conversación realista, franca y directa en el marco de referencia del Estado del Yo Padre. La calidad de la interacción comienza a cambiar gradualmente hacia un enfoque más terapéutico. Dado que el terapeuta ya tiene un conocimiento previo sobre el verdadero padre y sobre algunas de las dinámicas familiares, será capaz de hacer intervenciones muy personales y atinadas que revelen las zonas de conflicto o de dificultad emocional en el padre introyectado. Después se invita a este Estado del Yo Padre a explorar esos temas con el terapeuta.

La "Entrevista al Padre" de John McNeel (1976) se diseñó para la última etapa de una terapia de redecisión de corta duración. El objetivo de la entrevista era el perdón y la aceptación de los padres mediante la comprensión de sus conflictos internos. Las salvedades terapéuticas de McNeel incluyen una advertencia en contra del trabajo con un Estado del Yo Padre "loco".

Sharon Dashiell (1978), así como Mellor y Andrewartha (1980) fomentan la terapia con el Estado del Yo Padre "loco". Sin embargo, su enfoque es la reparentalización del Estado del Yo Padre; esto implica la sustitución de una introyección dañina por una introyección más benigna. Como se ha comentado anteriormente en este capítulo, la sustitución de un Estado del Yo Padre por otra introyección *no es terapéutico*. Más bien, este capítulo describe las necesidades teóricas y las consideraciones prácticas de la psicoterapia profunda de las introyecciones con el propósito de aliviar el conflicto intrapsíquico en nuestros clientes. En mi experiencia clínica, he descubierto que una psicoterapia empática orientada de forma relacional y dirigida a la disolución de las defensas, una expresión honesta de actitudes y sentimientos, y un respeto terapéutico hacia los deseos, frustraciones y conflictos del individuo, permite la desactivación de los Estados del Yo Padre, el fin del conflicto intrapsíquico y la oportunidad para que la persona desarrolle su vida con consciencia, espontaneidad e intimidad.

Los mismos métodos de Indagación, Sintonía e Implicación que se emplean con muchos clientes, pueden utilizarse para tratar un Estado del Yo Padre, incluyendo la terapia de regresión e incluso, a veces, el tratamiento de los Estados del Yo Padre de los progenitores. Algunos ejemplos de terapia profunda con un Estado del Yo Padre incluyen: 1) psicoterapia para una madre de 35 años frustrada y enfadada, enfrentándose con un marido alcohólico y culpando a sus hijos por su difícil situación, 2) facilitar una regresión a experiencias infantiles de un padre, y el trabajo con los recuerdos de abuso físico temprano, 3) la utilización de los diversos métodos adecuados para la desconfusión o la redecisión, y 4) psicoterapia para los Estados del Yo Abuelo o Bisabuelo, terapia de tercera y cuarta generación. Si el Estado del Yo Padre es reticente a involucrarse en este proceso y sigue siendo destructivo, el terapeuta puede continuar relacionándose con ese Estado del Yo con el fin de interceder por el Estado del Yo Niño del cliente. Esto es a menudo experimentado por los Estados del Yo Niño, especialmente en situaciones de maltrato infantil, como una especie de protección que el niño nunca tuvo y puede ser una vivencia muy poderosa que conduzca al cambio.

La exactitud histórica de la representación no es especialmente relevante. Lo que es importante es el padre-que-vivenció el cliente. Una persona no introyecta tanto lo que sus padres "en realidad" pensaron, sintieron e hicieron, sino lo que experimentó que ellos pensaban, sentían y creían sobre el hijo, sobre sí mismos y sobre el mundo. A medida que el Estado del Yo Padre empieza a responder a los cuestionamientos terapéuticos de su Guión de Vida, el introyecto pierde su posición compulsiva y arraigada y el cliente comienza a experimentar que no tiene por qué ser de ese modo. "El proceso de pensamiento, las actitudes, las respuestas emocionales, los mecanismos de defensa y los patrones de conducta que se han introyectado de otras personas significativas, ya no se mantienen como un Estado del Yo no asimilado o exteropsique (Padre), sino que están desactivados como un Estado del Yo separado e integrado en un Estado del Yo neopsíquico consciente (Adulto)" (Erskine y Moursund 1988).

Conclusión

La experiencia de tratar con un Estado del Yo Padre se vive como si fuese muy real: para el terapeuta, para los observadores y, muy especialmente, para el cliente. Una vez que la persona consigue involucrarse completamente, ya no es una experiencia simulada de actuar "como si". Por lo tanto se sugieren ciertas precauciones:

1. Es esencial que el cliente sienta primero una alianza terapéutica con el terapeuta. Ya que los Estados del Yo Niño de un cliente, aunque no estén activos, observan el entendimiento (a veces interacción empática), entre el terapeuta y el Estado del Yo Padre, y podrían experimentar que el terapeuta está tomando partido por el progenitor y que ha abandonado afectivamente al niño. Por esta razón, con el fin de restablecer la relación, es imprescindible también que el terapeuta retorne a los Estados del Yo del cliente, Niño y Adulto, antes de que el trabajo se complete. Además, reafirma que el objetivo del procedimiento es únicamente el beneficio del cliente (aunque se han relatado beneficios para los verdaderos padres como consecuencia de esta experiencia).
2. Tras el trabajo terapéutico con los Estados del Yo Padre, es importante asegurarse de que el cliente, ya sea en el Estado del Yo Adulto o en el Estado del Yo Niño, tenga la oportunidad de responder al Estado del Yo Padre. Esto fortalecerá el sentido del self como algo separado de los padres y permitirá el contacto interpersonal significativo que pudo haber sido interrumpido o que tal vez nunca estuvo presente. De no hacerlo así, a veces pueden producirse cefaleas o una sensación de confusión y desorientación.
3. Tener en cuenta la lealtad de un hijo hacia su padre/madre, sin importar lo abusivo que un progenitor pueda ser o haya sido. Aunque un cliente esté enfadado o se muestre ambivalente hacia

uno de los progenitores, si el terapeuta confronta con demasiada intensidad o es de alguna manera irrespetuoso con ellos, es probable que el cliente sienta el impulso de protegerles.

El tratamiento de un Estado del Yo Padre puede efectuarse en una sesión normal, en una sesión ampliada, o a lo largo de varias sesiones. Después de un proceso satisfactorio, el cliente generalmente experimenta una combinación de sentimientos: alivio y liberación, aunque a menudo también una profunda tristeza como resultado de conocer tan estrechamente la experiencia de los progenitores y de obtener una respuesta empática por parte del terapeuta; con frecuencia se estimula el enfado y es mejor tratarlo inmediatamente haciendo que el cliente se dirija a un Estado del Yo Padre, como en el trabajo de *dos-sillas* de la Gestalt. Las personas, por lo general, necesitan mucho tiempo para procesar la experiencia, expresar cualquier sentimiento residual y hablar sobre los efectos que se hayan derivado de ella.

Durante el proceso terapéutico de un Estado del Yo Padre, se reivindica, se experimenta y se trata el conflicto con esa persona significativa (aunque sea en la fantasía, ya que el verdadero padre no está realmente presente). El resultado es que el cliente recupera el self que había quedado perdido en el proceso de evitar un conflicto externo que no se podía permitir pero que, en cambio, había permanecido internalizado. Será menos probable que actúe sus Estados del Yo Padre con los demás y, sin la influencia interna, también se mantendrá menos a menudo en un Estado del Yo Niño. Además, ya que el contenido del Estado del Yo Padre se integra con el yo Adulto, el cliente tiene ahora la posibilidad de lidiar con la persona real del padre (o figura parental) de un modo diferente. Los psicoterapeutas también pueden encontrar que los problemas transferenciales pendientes con el terapeuta se resuelven más fácilmente. La contribución más significativa del Análisis Transaccional a la profesión de la psicoterapia es, en definitiva la psicoterapia profunda reintegradora de los Estados del Yo Padre.

CAPÍTULO DIECISIETE

Resolviendo el conflicto intrapsíquico: la psicoterapia de los Estados del Yo Padre

Anna, competente y atractiva ejecutiva de 50 años, que trabajaba en una compañía de seguros, estaba divorciada desde hacía 20 años y tenía dos hijos mayores que recientemente se habían trasladado a sus propios hogares. El problema que Anna presentaba era haberse dado cuenta de que se estaba deprimiendo: se retraía cada vez más de sus contactos sociales, sentía miedo de no encontrar nunca un hombre que la quisiera y estaba considerando dejar la universidad donde estudiaba, a tiempo parcial, un máster en Administración de Empresas. Anna planteaba su depresión como causada, en parte, por el hecho de que sus hijos ya no viviesen en su casa donde "les prodigué todo el amor que yo nunca tuve".

La mayor parte de su primer año y medio de terapia estuvo dedicado a que Anna pudiese desarrollar una sensación de confianza y estableciese una relación terapéutica que funcionara tanto con su Estado del Yo Adulto como con varios de sus Estados del Yo Niño. Trabajando sobre las interrupciones del contacto interpersonal que se fueron presentando en el aquí–y–ahora entre Anna y yo, llegamos a identificar la forma en la que sus miedos infantiles, sus expectativas y sus creencias de guión se transferían a nuestra relación terapéutica. Las principales creencias de guión que moldeaban la vida de Anna eran: "No soy nada", "No conseguiré lo que quiero", "Estoy completamente sola", "Todo es culpa mía", "No se puede confiar en la gente" y "La vida no importa" ("Nada importa").

Cuando analizamos las transacciones transferenciales pudimos descubrir muchos recuerdos de su infancia en los que rememoraba que a menudo lloraba sola, pero nunca se lo había contado a nadie. Frecuentemente hablaba de que se había sentido oprimida por las críticas de su padre y de su madre, y de que había aprendido a callarse, a no necesitar, a ayudar en las tareas domésticas, y a replegarse a su mundo privado y seguro. Mi sintonía terapéutica con los afectos y el ritmo psicológicos de Anna, con sus niveles de desarrollo evolutivo, y con sus necesidades relacionales (actuales y arcaicas), ofreció la seguridad necesaria para que Anna recordara experiencias de su primera infancia y pudiese regresar a Estados del Yo Niño tempranos. Las regresiones me permitieron ayudar a Anna a expresar sentimientos y necesidades arcaicas. El resultado de esas regresiones terapéuticas fue la desconfusión de su Estado del Yo Niño. Durante los maratones de fin de semana, la terapia corporal le ayudó (pateando, arañando y a veces gritando) a mostrar gran parte de la rabia que sentía hacia sus padres por la negligencia con sus necesidades infantiles. Este trabajo de desconectar los *elásticos* infantiles y las redecisiones resultantes llevaron a reducir el efecto de las creencias de guión que conformaban sus conductas, fantasías y expectativas catastróficas.

El siguiente ejemplo de terapia se llevó a cabo durante un maratón terapéutico de fin de semana. En el momento de este ejemplo, Anna llevaba acudiendo semanalmente a terapia dos años y medio y había asistido a otros tres maratones de fin de semana. Durante las vacaciones de verano, muchas de sus creencias de guión comenzaron a activarse de nuevo en su vida cotidiana. Antes del verano, estas creencias habían dejado de estar operativas gracias al trabajo transferencial, a la terapia de desconfusión y a las redecisiones, ya que todo ello había facilitado una reorganización de sus procesos psicológicos.

Exploré la posibilidad de que se hubiera provocado una ruptura en nuestra relación terapéutica a causa del receso de nuestra programación semanal durante el verano. Esto nos llevó a revisar los recuerdos de sus experiencias infantiles en donde ella, de nuevo, consiguió reconocer sus conclusiones de guión originales. Anna era cada vez más capaz de diferenciar la construcción de significado realizada durante su infancia, de la que hacía desde su perspectiva adulta. Sin embargo, sus creencias de guión se activaban periódicamente, especialmente cuando estaba a solas en casa. Identificó que se sentía sola y desde ahí exploramos cómo las creencias de guión podrían funcionar bien para distraerla de sus sentimientos y/o para mantenerla apegada a otra persona —específicamente a su madre y/o su padre, que eran las personas importantes cuando se formaron originalmente las creencias de guión.

Durante las pocas semanas previas al maratón terapéutico, me pregunté cada vez más si el retorno de las creencias de guión era el resultado de una homeostasis psicológica o si se debía a la dependencia infantil de su familia, o si también podrían ser ésas las creencias de alguno de sus progenitores. A partir de lo que yo ya había aprendido de sus recuerdos sobre las constantes peleas de sus padres, me planteé la hipótesis de que su madre también podría tener algunas de esas creencias de guión ¡Sé por experiencia clínica que con frecuencia los padres no informan a los niños de otros significados opcionales, ni confrontan las creencias del hijo si son similares a las creencias de guión de los padres! Comencé el maratón terapéutico con esta hipótesis en mente. Rebecca Trautmann era la co-terapeuta de ese maratón.

RICHARD: Anna, ¿estás preparada para trabajar?
ANNA: Me siento como si te hubieses olvidado de mí (sus hombros están caídos).
RICHARD: No, estaba esperando a que volviera Rebecca. Ella dijo que quería estar contigo cuando hicieras el trabajo personal.
ANNA: Ya lo sé, pero parece como si yo no fuera nada. Como si no importase (llora). No conseguiré lo que quiero (llora).
RICHARD: (Pausa) Así que dices que no vas a conseguir lo que quieres o lo que necesitas. (Breve pausa) … y entonces ¿cómo lo vas a afrontar?
ANNA: Simplemente me cuidaré a mí misma (se acurruca).
RICHARD: Cuidar de ti misma. Y … ¿en lo más profundo? ¿Por dentro?
ANNA: No puedo perder la esperanza.
RICHARD: Háblame de la esperanza.
ANNA: (Solloza) Mantengo la esperanza de que algo cambiará antes de que me rinda.
RICHARD: (Pausa) ¿"Algo"? o ¿tienes la esperanza de que "alguien" cambie? Quizás alguien tendrá que cambiar también para que tú no te rindieras.
ANNA: Me estoy cerrando … (pausa).

RICHARD: ¿Me equivoco al decir que alguien tendría que cambiar?
ANNA: Es demasiado duro sentir eso.
RICHARD: "Demasiado duro sentir" (pausa) ¿Sentir qué, Anna?
ANNA: Que no eres nada. Entonces me digo "nada importa".

Antes de esta secuencia de transacciones, Rebecca, mi co-terapeuta en el maratón, había abandonado temporalmente la habitación. Anna se decepcionó y se apoyó en las creencias infantiles arcaicas de "No soy nada", "No importo" y "No puedo conseguir lo que quiero" para dar sentido a su decepción. Las reacciones fisiológicas de Anna, el tono de su voz y el llanto, son una expresión de sus intentos inconscientes de transmitir las decepciones de su infancia y sus necesidades evolutivas mediante la reacción transferencial ante la salida de Rebecca. Su modo de actuar indica un intento "fuera-de-la-consciencia" de expresar un conflicto intrapsíquico y de buscar una relación reparadora. La mayor parte del tiempo, en la terapia individual durante los dos meses anteriores, se había dedicado a descifrar el significado de formas similares de actuar. Me pregunté si el aumento de las transacciones transferenciales y la reactivación de sus creencias de guión expresaban un conflicto intrapsíquico entre sus Estados del Yo Niño y Padre.

RICHARD: Rebecca, me pregunto si ésta es una de esas situaciones en las que la madre en su cabeza es tan controladora, que no vamos llegar a ninguna parte con su niña hasta que nos encarguemos de la madre.
REBECCA: Ya que tú la ves regularmente, y yo no, tengo que decir que yo estaba más bien siguiéndote a ti. Y tratando de percibir dónde se encuentra ella en este momento.
RICHARD: Un argumento en contra de hacer el trabajo personal con el Estado del Yo Padre es que pienso que Anna ha estado contactando contigo los dos últimos días. Pero creo que su madre internalizada se interpone entre ella y yo.
RICHARD: (A Anna) ¿Qué piensas?
ANNA: Tiene sentido. Y me asusta muchísimo, es un infierno.
RICHARD: Quisiera sacarte de todo ese "infierno". Cualquier forma de conseguirlo me parecerá bien.
ANNA: Me alegré de que Rebecca estuviera aquí, pero tenía miedo de que si conectaba con ella te perdería a ti.
RICHARD: ¿Perderme …?

ANNA: Yo era la favorita de mi padre, y realmente mi madre me odiaba por ello. Así que tuve que distanciarme de él para poder tener una relación con ella.

REBECCA: ¿Entonces tienes la sensación de que es necesario que trabajemos primero con tu madre? ¿Que ella es quien está controlando todo esto?

ANNA: Sí.

REBECCA: ¿Quieres que hablemos con ella?

RICHARD: Pero sólo si obtienes ciertas garantías sobre el proceso que pondremos en marcha.

ANNA: ¿Cómo qué?

RICHARD: Pues, por ejemplo, que Rebecca te deje estar cerca de mí. No sólo te dejará, sino que disfrutará cuando tú estés cerca mí. ¿Te gustará esa clase de garantía?

ANNA: ¿Quieres decir que ella no se enfadará conmigo?

RICHARD: Sí. Y que también podrás ir y estar con ella con la garantía de que no habrá ningún enfrentamiento por mi parte.

REBECCA: Eso estaría bien.

ANNA: Incluso podría ayudarte a doblar la ropa (Rebecca había estado ausente antes porque había tenido que sacar las toallas, que habían usado algunos miembros del grupo, de la secadora).

REBECCA: (Ríe) (Pausa) Me gusta que estés cerca de Richard. No hay problema.

RICHARD: Porque, en ese caso ... (Richard se acerca más a Anna).

REBECCA: Entonces, ¿piensas que te deberíamos dejar con Richard, mientras yo hablo con tu madre? ¿O es necesario que él hable con tu madre mientras tú te quedas conmigo?

RICHARD: O, ¿quién tendrá más impacto en tu madre? ¿Un hombre o una mujer hablando con ella?

ANNA: No lo sé ¡ella solamente se desmoronaría!

RICHARD: Lo dudo. Sé que es realmente aterrador para ti ...

REBECCA: Somos buenos tratando con las madres ...

RICHARD: No estamos hablando de una mujer frágil. Tiene sus propias maneras de conseguir lo que quiere. Así que no estoy tan preocupado por su desmoronamiento. Te escuché decir que: ella puede mostrarse así ... Cuidaremos de ella. No se trata de maltratar a tu mamá.

ANNA: Yo quería cuidarla.

RICHARD: Esa es la otra cara de la moneda. Siempre estuviste cuidándola.
ANNA: (Llora).
RICHARD: (Pausa) Por un lado tienes miedo de que tu mamá se desmorone. Por otro, tu trabajo es cuidarla. Sin embargo, hizo de tu vida un infierno por ser la favorita de tu papá.
ANNA: Hum-hum.
RICHARD: ¿Se suponía también que tenías que arreglar su matrimonio?
ANNA: (Asiente).
RICHARD: Esa es una tarea imposible.
ANNA: (Asiente).
REBECCA: ¿Quieres que uno de nosotros hable con tu madre?
ANNA: Si, eso podría estar bien.
REBECCA: ¿Quieres dar tu opinión sobre quién hablará con tu madre?
ANNA: Tú decides.

Estas pocas transacciones previas contienen el desarrollo de un contrato terapéutico. No se trata de un contrato para un resultado conductual —ninguno de nosotros puede predecir lo que surgirá durante la terapia del Estado del Yo Padre—sino, más bien, el inicio de una negociación continua con el objetivo de involucrarse en el proceso terapéutico. Cuando se trata de material reprimido o inconsciente, una persona no puede pactar un resultado predeterminado. El proceso terapéutico conlleva, a menudo, el descubrimiento de algo nuevo para cada persona involucrada. La posibilidad de trabajar con dos terapeutas ha reavivado las emociones conflictivas de la infancia —Anna está reviviendo su deseo de estar con ambos padres y su miedo al posible conflicto entre ellos. Una de sus tareas importantes durante su infancia fue cuidar de su madre. Ahora, uno de los terapeutas asumirá esta responsabilidad mientras que el otro estará disponible para los Estados del Yo Niño de Anna.

RICHARD: Rebecca, ¿hablarás con su madre? Yo quiero estar aquí con su hija.
REBECCA: De acuerdo ... Richard está aquí para ti; busquemos una silla para tu mamá. (Trae una silla con respaldo para que se siente Anna; Rebecca se queda sentada en la alfombra. Después de que todo se ha organizado, el trabajo se reanuda ...).

REBECCA: Siéntate como lo haría tu mama ... simplemente cierra los ojos. Deja que tu cuerpo mantenga su postura. Intenta poner la misma expresión en la cara que refleje lo que mamá siente (pausa). ¿Cómo te llamas, mamá?

La experimentación de señales fisiológicas tales como la postura corporal y la expresión facial sirven de ayuda para facilitar una exteriorización de los sentimientos, las actitudes y las experiencias del Estado del Yo Padre. Se trata de "ser mamá", no simplemente de representar un papel, y lo que puede surgir es, a menudo, una sorpresa para el cliente. Es importante ayudar al cliente a permanecer en el Estado del Yo Padre. Esto se consigue parcialmente mediante el uso repetido por parte del terapeuta del nombre asociado a ese Estado del Yo particular. En las siguientes transacciones Rebecca utiliza el nombre de Debra varias veces para facilitar que Anna permanezca en el "Estado del Yo Debra" —para que sienta y exteriorice esa presencia psíquica que está, internamente, causando el conflicto. A menudo, durante las primeras transacciones o cuando el material emocional por y en sí mismo provoca confrontación, la persona desconectará del Estado del Yo Padre. La terapeuta dirige a la persona para "ser" el otro— ponerse en su piel, sus afectos y su experiencia. La terapeuta, entonces, habla con el "otro" como si fuera un cliente real.

ANNA: Debra.
REBECCA: Debra. Puedes llamarme Rebecca ... (pausa) ¿Qué te parece estar aquí, Debra?
ANNA (COMO DEBRA): No me gusta.
REBECCA: ¿No te gusta? ¿Por qué, Debra?
DEBRA: ¿Por qué es necesario que esté aquí?
REBECCA: Bueno, principalmente para conocerte Debra ... En última instancia, para ayudar a Anna. Y para que Anna comprenda lo importante que eres en su vida.
DEBRA: ¿Importante para ella? (enfáticamente).
REBECCA: Debra, ¿Estás diciendo que no sabes que eres importante en su vida? Humm. ¿Cómo te describirías *tú* en su vida, Debra?
DEBRA: Ella no me necesita.
REBECCA: Humm. ¿Cuánto tiempo llevas pensando eso?

DEBRA: Siempre.
REBECCA: ¿Siempre sentiste eso, Debra? ¿Que ella no te necesitaba? Debra, ayúdame a entender cómo llegaste a creerlo ... ¿Incluso desde que Anna era pequeña?

Esta serie de preguntas que Rebecca plantea está diseñada para conseguir que Debra (el Estado del Yo Padre de la clienta) cuente la historia desde el inicio de la vida de Anna. Ta vez haya material muy anterior en la vida de Debra que se remonta a su propia infancia, pero empezar con la infancia de Anna será un buen comienzo. Quizás, después, durante la terapia, se hará evidente que Debra está en el Estado del Yo Niño y entonces la terapia regresiva con Debra podría ser más eficaz. Por ahora, la atención se centra en la Debra adulta.

En las siguientes secuencias de transacciones vemos cómo Rebecca utiliza una indagación terapéutica, tanto histórica como fenomenológica, para conseguir un aumento de la consciencia de Debra sobre su experiencia y sus emociones.

DEBRA: Siempre lloraba.
REBECCA: ¿Y qué pensabas cuando ella siempre lloraba?
DEBRA: Que quería algo.
REBECCA: ¿Y luego?
DEBRA: Y luego ... pensaba que lo que yo hacía no serviría.
REBECCA: Humm. ¿Cómo te sentías entonces?
DEBRA: Sentía que no podía ayudarle. No podía hacer nada.
REBECCA: "No podía hacer nada".
DEBRA: Tenía también a mis otros hijos. Tenía a mi hijo.
REBECCA: ¡Ajá! ¿Entonces ... cómo empezaste a responder a Anna? Si pensabas que no había nada que pudieras hacer.
DEBRA: No sabía qué hacer. Así que la ignoraba.
REBECCA: Pero de algún modo, tienes la opinión de que ella no te necesitaba. ¿Cómo ocurrió eso?
DEBRA: Ella tenía a su padre.
REBECCA: ¿Él era capaz de hacer que dejases de llorar?
DEBRA: Sí.
REBECCA: Oh ... ¿Hizo esto que te cuestionaras si eras una buena madre?
DEBRA: Hum ...
REBECCA: ¿Quieres hablarme de eso?

DEBRA: No podía hacerlo todo. (Habla suavemente, baja la cabeza).
REBECCA: "No podía hacerlo todo". ¿Has dicho eso, Debra?
DEBRA: Tenía otros dos.
REBECCA: Debra, ¿te sentías como una buena madre para ellos?
DEBRA: Lo intenté.
REBECCA: ¿Ellos también parecían preferirle a él?
DEBRA: No.
REBECCA: Así que tú podías conseguir que se sintieran bien.
DEBRA: Hum-hum.
REBECCA: Pero pasaba algo con esta niña pequeña … ¿no podías ser una buena madre para ella?
DEBRA: No.
REBECCA: ¿Y cómo fue eso, Debra? ¿Cómo fue para ti sentirlo?
DEBRA: (Pausa) Me hacía sentir como si fuera una mala madre —una nada.
REBECCA: Parece como si te sintieras realmente triste ahora. ¿Quieres hablarme de esos sentimientos?

"Quieres hablarme de esos sentimientos" es un ejemplo tanto de una indagación fenomenológica como de un contrato de proceso. Es una oportunidad para que Anna (como Debra) tenga la opción de continuar con la terapia y de expresar lo que no había expresado hasta ahora. Cada una de las frases de Rebecca es una indagación en la experiencia subjetiva de Debra, incluso cuando sus palabras no son preguntas, sino simplemente una repetición de lo que Debra acaba de decir: "No podía hacer nada". Cada indagación pretende profundizar en las experiencias de la clienta, para que ella descubra aspectos de sí misma como Debra-en-Anna, y no necesariamente para recabar información. Cada indagación va acompañada del interés genuino de la terapeuta por escuchar sus sentimientos, el reconocimiento de lo que se dijo y una validación de que las emociones de Debra y su proceso psicológico son significativos.

DEBRA: Era difícil que todo saliera bien siempre. Nunca era suficiente.
REBECCA: Ya …
DEBRA: Y teniendo otros dos hijos …
REBECCA: Tres ¿Todos pequeños?
DEBRA: Sí. Y él siempre estaba trabajando. Así que me quedaba sola con los niños. No había nadie alrededor.

REBECCA: Hum-hum. "Nadie alrededor" ... eso supone mucho estrés. (Silencio) Continúa, Debra. Estoy realmente interesada en lo que esto significó para ti.

DEBRA: (Respirando con dificultad, larga pausa) Que tuve que hacerlo todo yo sola.

REBECCA: O sea, Debra ... ¿trataste de ser fuerte aunque te estuvieras sintiendo tan triste y sola?

DEBRA: Sí. Intentaba que los chicos se comportaran, así él no se molestaría. Así no gritaría.

REBECCA: Humm. ¿Qué pasa cuando él empieza a gritar?

DEBRA: Vocifera y chilla. Y pega.

REBECCA: ¿Pega?

DEBRA: A mi hijo.

REBECCA: ¿Cómo te sientes con eso, Debra?

DEBRA: Que no puedo hacer nada. No puedo pararle ...

REBECCA: ¿Por qué no?

DEBRA: Porque me pegará.

REBECCA: ¿Te pegó alguna vez, Debra?

DEBRA: Sólo me amenazó.

REBECCA: Pero tenías miedo de que te pegara.

DEBRA: Sí.

REBECCA: Así que le dejabas que pegara a tu hijo ...

DEBRA: (Comienza a llorar y asiente)

REBECCA: Sigue, Debra, te estoy escuchando. ¿Qué necesitas decir sobre todo eso?

DEBRA: (Llorando) Me sentía mal porque no podía hacer nada (solloza con intensidad).

REBECCA: Esta frase es realmente importante; "no podía hacer nada." Hay mucho detrás de eso, ¿verdad, Debra? (pausa) ¿Qué no podías hacer?

DEBRA: No podía ser una esposa, no podía ser una mamá.

REBECCA: ¿Estaba enfadado contigo por no ser una esposa suficientemente buena?

DEBRA: Siempre. También se burlaba de mí.

REBECCA: ¿Sobre qué, Debra?

DEBRA: (Suspiro) Por tener que desvestirme en la oscuridad, en otra habitación. Era tímida ... me daba vergüenza (agacha la cabeza).

REBECCA: ¿Así que querías desvestirte en la otra habitación, Debra?

DEBRA: No me gustaba el sexo (suspiro).
REBECCA: ¿Quieres decir algo más sobre eso? (silencio) ¿Te gustaba el sexo antes de tener hijos?
DEBRA: No. ¡Nunca! Nunca.
REBECCA: ¿Sabes lo que no te gustaba del sexo?
DEBRA: (Niega con la cabeza).
REBECCA: Pero sabías que no te gustaba el sexo ... ¿y fue eso lo que se convirtió en un problema entre tu marido y tú? ¿Y es eso lo que te hizo sentir que no podías ser una buena esposa?
DEBRA: Hum-hum. Eso decía él.
REBECCA: Así que no importaba todo lo que hacías y lo bien que lo hacías con los niños, y cuidando la casa y todo eso, básicamente en tu mente creías que eras una fracasada y "no podías hacer nada". De eso se trata, ¿verdad?
DEBRA: ¡Oh! Él siempre me hacía sentir como una fracasada. Cualquier cosa que hacía estaba mal, no importaba qué. (Ahora sus palabras están entrecortadas y los músculos de su cara tensos).
REBECCA: Debra, tengo que preguntarte—¿estabas enfadada con él?
DEBRA: (Pausa) Sí. (Pausa) Sí —todo el tiempo.
REBECCA: ¿Puedes hablarme de ese enfado, Debra?

Rebecca introduce una idea en la terapia: "¿Estabas enfadada con él?". Normalmente, que el terapeuta introduzca una idea en la terapia no es la mejor opción, a fin de evitar llevar al cliente en una dirección errónea o, incluso más problemático aún, introducir prematuramente una experiencia aún no reconocida. La cita que hace Rebecca de la declaración impotente de Debra "No podía hacer nada" está diseñada para indagar en su resignación y en la posible rabia —una reacción humana bastante natural ante tal ridiculización. ¿Es posible que los sentimientos de Debra no estén reconocidos o expresados y por esta razón los afectos encuentren una forma sublimada de liberarse ... dirigiendo hacia su hija el enfado contra el padre? Más indagación fenomenológica revelará si la idea de la terapeuta en relación con el enfado es significativa o si es más apropiada otra área de investigación. Cuando el terapeuta introduce una idea o traza una dirección, es esencial que la sensación del cliente de que puede gestionar la acción —las necesidades humanas de autodefinición y de causar impacto— sea apoyada mediante la creación, por parte del terapeuta, de una oportunidad e incluso alentando a que el cliente diga, "no, eso no está bien para mí". Esto es lo que hace con frecuencia la terapeuta al plantear una pregunta genuina sobre la idea o indicación que introduce: "¿Estabas enfadada con él?".

DEBRA: Realmente no podía enfadarme. Quizás podía tirar una cazuela.
REBECCA: Bien. Siempre existe la amenaza de que te va a pegar. Así que háblame de los sentimientos de enfado que tenías. A pesar de que realmente no podías enfadarte.
DEBRA: (Suspiro) Me enfadaba con ella.
REBECCA: ¿Te enfadabas con Anna? ¡Oh! ¿Quieres decir en lugar de enfadarte con él?
DEBRA: Sí, él hablaba con ella todo el tiempo.
REBECCA: ¿Y cómo te hacía sentir eso?
DEBRA: Que yo no importaba. Yo sólo estaba para tener niños y para limpiar y cocinar.
REBECCA: Humm. ¡Ay! Así que crees que tú no importas. No le importabas a él.
DEBRA: Si, no soy nada para él. Estaba interesado en Anna.
REBECCA: ¿Así que sentías celos de Anna? ¿O estabas enfadada con él porque le daba justo lo que tú necesitabas?
DEBRA: Me sentía celosa. Entonces me enfadaba si le hacía cosas a ella ... (suspiro). Y él se desquitaba con mi hijo.
REBECCA: Vaya. ¿Había algo que Anna hiciera para provocar esto? (silencio) ¿Debra, qué estás pensando?
DEBRA: No me escuchaba. No me ayudaba bastante. Y él era amable con ella y por otro lado no se enfadaba tanto.
REBECCA: Lo que imagino es que debe de haber sido bastante duro para Anna intentar cuidar de ambos padres a la vez. Mantener feliz a su papá y también ayudar a su mamá.
DEBRA: Sí, ella hacía todo eso.
REBECCA: Ella probablemente lo hizo lo mejor posible. Pero tenemos que dejar algo claro aquí. Debra, ¿fue culpa de Anna? ¿O ... es tu marido la persona con quien estás realmente enfadada?
DEBRA: (Larga pausa) Pienso que son ambas cosas.
REBECCA: ¿Dime? (pausa) ¿Por qué ambas?
DEBRA: Porque ella realmente disfrutaba estando con él, eso es culpa suya.

REBECCA: Hum-hum.
DEBRA: Ella quería estar con él.
REBECCA: ¡Por supuesto! Especialmente si él era amable con ella. ¿Por qué no?
DEBRA: No era siempre amable con ella.
REBECCA: ¿No? ¡Oh! Pensé que habías dicho que era amable con ella.
DEBRA: Algunas veces. Pero después, de adolescente, él la criticaba mucho. Y ella se mantuvo alejada de él.
REBECCA: ¿Por qué no fuiste amable con ella?
DEBRA: No me gustaba.
REBECCA: ¿Por qué, Debra?
DEBRA: (Suspiro) Simplemente no me gustaba. Me hacía sentir una inepta.

Mediante la indagación terapéutica de Rebecca, Debra revela sus desilusiones en la relación con su marido y los celos hacia su hija. Parece que desde su infancia en adelante, Anna no cubría una importante necesidad relacional de Debra, tal y como se deduce en los comentarios "No me gustaba", "Ella no me escuchaba", "Ella me hacía sentir una inepta". Parecen emerger tres factores: el enfado de Debra con su marido lo dirige a Anna; Debra está celosa de la relación entre su marido y su hija; y Debra no experimenta a Anna como proveedora de funciones interpersonales psicológicas importantes tales como causar impacto, experimentar seguridad en la relación, o recibir validación por su singularidad, vulnerabilidad y experiencias. Las frases de Debra "No importo" y "No soy nada" parecen muy similares a algunas de las creencias de guión de Anna. ¿Son las creencias de Anna una expresión de las de Debra? ¿Son el resultado de las conclusiones y las decisiones infantiles de Anna? ¿O ambas? Cuando las mismas creencias de guión están presentes tanto en el Estado del Yo Padre como en el Estado del Yo Niño la sinergia entre ambos crea una resistencia aún más fuerte para disolver, reorganizar y actualizar las propias perspectivas. Mientras esta transcripción continúa, la implicación de Rebecca y después de Richard tiene como objetivo disolver las creencias de guión de ambos Estados del Yo, Padre y Niño.

REBECCA: ¿Porque ella te hacía sentir una inepta? (silencio) Continúa, Debra, dime qué sucede en tu interior. (Su cara se vuelve cada vez más tensa). Algo se está removiendo de verdad por dentro. ¿Me dejarás saberlo?

DEBRA: (Respirando con dificultad) Yo *era* una inepta.
REBECCA: ¿Eras?
DEBRA: Sí.
REBECCA: ¿A qué te refieres con eso? (silencio). (Anna respira con dificultad). Deja que salga. No lo contengas todo dentro ... De algún modo suena como si estuvieras preparada para explotar. Está bien si quieres explotar aquí, puedes hacerlo. Me voy a asegurar de que nadie te haga daño.
DEBRA: (Larga pausa) Se suponía que no diría nada.
REBECCA: (Susurrando) ¡Quiero oírlo!
DEBRA: Se suponía que no diría nada. Sólo debía estar callada, ser amable ...
REBECCA: Sí, lo sé. Pero quiero oírlo. Quiero oír esas cosas que no se han dicho. Esos sentimientos, esos pensamientos. ¿Qué quieres decir con que eras una inepta?
DEBRA: No sabía cómo amar a mis hijos. Cómo demostrarles (comienza a sollozar). Sólo me enfadaba con ellos todo el tiempo. Ellos no escuchaban. Les decía que ellos tenían la culpa (continúa llorando).
REBECCA: Porque en tu interior sentías que ...
DEBRA: No lograba hacerlo. Era mala, no era nada.
REBECCA: ¿Eras mala?
DEBRA: Hum-hum.
REBECCA: Debra, ¿te sentiste querida por tus padres?
DEBRA: (Pausa) Creo que no. (Pausa) Mi madre trabajaba mucho.
REBECCA: Sí ... ¿También te dijo que eras inadecuada? (pausa).
DEBRA: Sí.

Ahora se abre un nuevo tema —la carencia que tiene Debra de sentirse querida. La terapeuta dispone de una oportunidad para trabajar sobre la experiencia de Debra en la relación temprana con sus padres y cómo Debra dio sentido al mensaje de su madre de que era una inepta. La terapeuta puede o bien explorar cognitivamente su temprana infancia, o bien apoyar una regresión terapéutica que conduzca a una experiencia correctora, a una redecisión y a la disolución de las creencias de guión. En vez de eso, la terapeuta decide explorar cómo la experiencia de no ser querida se revive y se refuerza en el matrimonio de Debra; este periodo de tiempo y la relación conyugal pueden ser más pertinentes para la terapia de Anna. Quizás más tarde pueda ser necesaria una terapia regresiva con Debra, pero por ahora el trabajo ya ha sido efectuado sobre el enfado de Debra hacia su marido y el desplazamiento de ese enfado hacia Anna. Centrándose en las dificultades conyugales de Debra, puede que surja el origen de los celos de Debra. Si enfocarse en la experiencia de no sentirse querida por su marido no resulta útil, entonces la terapeuta puede volver a las experiencias infantiles tempranas de Debra que podrían ser el origen de sus celos y han conformado sus creencias de guión.

REBECCA: ¿Tenías la esperanza de conseguir algo de ese amor en tu matrimonio?
DEBRA: Sí (con un sonido de aflicción).
REBECCA: ¡Oh, vaya! Entiendo. ¿Qué te decepcionó?
DEBRA: No lo conseguí. No, sólo cocinar y limpiar y sexo y cuidar de los niños.
REBECCA: "Cocinar y limpiar y sexo." (Pausa) "Cuidar de los niños".
DEBRA: Y él flirteaba con otras mujeres.
REBECCA: ¡Oh! ¿Te dijo lo inepta que eras?
DEBRA: Humm. Que era fría.
REBECCA: ¿Incluso en la cama?
DEBRA: Si, decía que era fría … que yo no era sexual.
REBECCA: Hum-hm ¿Qué sientes cuando dice eso?
DEBRA: Basura.
REBECCA: Sin embargo no dices nada, sólo sigues adelante. ¿Pero tú estabas … tú estabas enfadada, verdad? Y la única forma que tenías de liberarlo un poquito, era sobre Anna. ¿Tengo razón?
DEBRA: (Asiente).
REBECCA: (Pausa) Te voy a pedir que hagas algo que probablemente nunca te haya sido posible antes. Quiero que te imagines que tu marido está aquí en esta silla justo en frente de ti, y que le digas las cosas por las que estás enfadada. Me aseguraré de que no te pegue. ¿Lo harás? (pausa).
DEBRA: (Asiente).
REBECCA: Simplemente imagínale aquí … ¿cuál es su nombre?
DEBRA: Jason.

Rebecca establece la posibilidad de hacer un trabajo con *dos-sillas* en el que Debra hablará con su marido. Estos experimentos terapéuticos ofrecen una oportunidad para establecer el contacto que ha sido interrumpido o que nunca se logró, con el objetivo de que finalmente se consiga, al menos en la fantasía. La persona puede decir lo que se inhibió y al imaginar a la otra persona presente, puede por último expresar los afectos, las actitudes, las esperanzas y las desilusiones. Debra asiente, mostrando así el carácter activo y participativo de este tipo de contratos de proceso. Al asentir, muestra su voluntad de experimentar y expresar lo que ha contenido en su interior.

Es muy probable que Anna haya introyectado la rabia, el resentimiento, el daño y los miedos de Debra, junto con sus creencias de guión y consiguientes defensas psicológicas. La oportunidad para que Debra exprese lo que fue inhibido, e introyectado inconscientemente por Anna, puede proporcionar un gran alivio al conflicto intrapsíquico que Anna vive día a día.

REBECCA: Simplemente imagina que Jason está aquí. Está sentado en una silla frente a ti. ¿Qué le dirías si supieras que puedes expresar todo lo que hay en tu corazón?

DEBRA: Humm (suspiro) (larga pausa) Nada estaba bien nunca. ¿No podías estar contento o agradecido alguna vez? ¿Por qué siempre estaba todo mal?

REBECCA: Ahora un poco más alto, Debra. Transforma tus preguntas en afirmaciones. Con un poco más de fuerza. Estoy enfadada porque …

DEBRA: Nunca era suficiente. Nunca estaba bien. Nunca estaba bien lo que hacía.

REBECCA: Sigue Debra.

DEBRA: Y siempre era culpa mía. Siempre. Todo. Todo lo que hacían los demás era culpa mía.

REBECCA: Lo estás haciendo estupendamente, Debra. Sólo sube la voz un poco más para que así puedas dejar salir la energía. "¡Culpa mía!".

DEBRA: (Suspiro) Culpa mía (suspiro).

REBECCA: "Y lo que quiero decirte Jason, es …".

DEBRA: ¡No es culpa mía!

REBECCA: ¡Bien! ¡Déjame oír más!

DEBRA: Era culpa tuya.

REBECCA: Dile por qué era culpa suya.

DEBRA: Porque siempre estaba enfadado, siempre gritando y siempre quería más.

REBECCA: Dile eso a él: "¡*Tú* querías más! *Tú* gritabas. *Tú* eras el enfadado" ¡Continúa Debra!

DEBRA: Todo el mundo te tenía miedo. Nadie quería estar a tu lado. Todo el mundo huía de ti. (Suspiro).

REBECCA: Sigue. Dile todo lo que has mantenido en tu interior.

DEBRA: Eras despreciable ¡Eras cruel!

REBECCA: Continúa. Siente la rabia que hay en tus puños (las manos están apretadas).

DEBRA: Eras desdichado ¡Hacías desdichado a todo el que te rodeaba!

REBECCA: "Y yo me siento …".

DEBRA: Que no soy nada. Como si no te importara (suspiro).

REBECCA: Continúa, Debra. Dile cómo te sientes cuando te hace sentir como si no fueras nada.

DEBRA: Humm, me canso.

REBECCA: Sí, pero puede que sea para no sentir tu enfado. Sigue, Debra. Tienes muchísima energía dentro de ti.

DEBRA: (Suspiro) ¡Te lo demostré cuando me saqué el carné de conducir!

REBECCA: ¡Ah! algo de coraje. Bien.

DEBRA: Trató de enseñarme.

REBECCA: Sigue hablándole. "Tú …".

DEBRA: Intentaste enseñarme a conducir; lo único que hiciste fue chillarme y hacerme llorar. Yo quería demostrártelo. Fui y asistí a clases y conseguí por mí misma pasar el examen de conducir. (Presiona el brazo de la silla con ambas manos).

REBECCA: Sí. Siente el poder en eso, Debra. Me apuesto que te gustaría usar esas manos. ¿Verdad? Esas manos … que tienen energía en ellas.

DEBRA: El me aplastaría.

REBECCA: No vamos a dejarle que haga eso. ¿Te gustaría aplastarle?

DEBRA: Me gustaría golpearle.

REBECCA: Díselo. "Me gustaría …".

DEBRA: Golpearte. Me gustaría abofetearte. Como abofeteabas a mi hijo. ¡Abofeteabas a David!

REBECCA: Si, díselo.

DEBRA: Abofeteabas a David. Le machacabas. Una y otra vez hasta que se rendía (llorando). ¡Y me echabas la culpa! Una y otra vez, pegabas a tu hijo. ¡Él es tu hijo!
REBECCA: Ahora dile todo lo que sientes, Debra.
DEBRA: ¡Él es también tu hijo! ¡Y lo hiciste!
REBECCA: Y dile lo enfurecida que estás por lo que le hacía a tu hijo. El hijo de ambos.
DEBRA: Te odio por eso.
REBECCA: Otra vez —más alto, Debra.
DEBRA: Te odio por eso.
REBECCA: ¡Otra vez! ¡Más alto!
DEBRA: Te odio.
REBECCA: ¡Otra vez! ¡Sigue!
DEBRA: Te odio por lo que hiciste. Lo único que tenías que hacer era quererle. Eso era todo lo que él quería de ti (llorando). Hacías que todos te odiaran y que todos te abandonaran.
REBECCA: Dilo todo, Debra. Todos esos sentimientos, a Jason ... No te cierres. Lo que estás diciendo es realmente importante.
DEBRA: ¿Por qué no nos querías? ¿Por qué no nos demostrabas que nos querías? No comprándonos cosas ...
REBECCA: "Lo que necesitaba era ...".
DEBRA: Que fueras amable y gentil, y cariñoso, y que nos cuidaras (suspiro). No que fueras tan odioso.

Rebecca ha estado dirigiendo el proceso de varias formas diferentes mientras intentaba no dirigir el contenido. Debra ha retroflectado sus sentimientos, quejas, y reacciones físicas; y ahora necesita ser animada, necesita a alguien que aliente la libre expresión de lo que ha estado inhibido. Rebecca empieza dirigiendo a Debra para que convierta las preguntas que no van a ninguna parte, tales como "¿No podías estar alguna vez contento?", en declaraciones directas: "Siempre era culpa mía". Después ella anima a Debra a que hable más alto. No hay magia en el volumen, pero a menudo hay una mayor expresión de las emociones y de los pensamientos reprimidos cuando la persona consigue hablar más alto.

Como resultado de expresar lo que previamente se había contenido en retroflexión, los clientes obtienen mayor consciencia de sus propias defensas, de las reacciones inhibidas, de los deseos insatisfechos y de sus conclusiones de guión. Rebecca entonces "ceba la bomba" para fomentar aún más que Debra exprese lo que pudo haber retenido. "Cebar la bomba" hace referencia al apunte con final abierto del terapeuta que permite al cliente espacio para terminar la frase con su propia expresión: "Y lo que quiero decirte, Jason, es …", "lo que necesitaba era …", o "me gustaría que …". Debra intentó hablar con Rebecca sobre Jason; Rebecca la dirige de nuevo a comunicarse con la imagen de Jason con "¡*Tú* querías más! *Tú* gritabas. *Tú* eras el enfadado". Se utiliza otra forma de apunte cuando Rebecca alienta a Debra de nuevo a que se dirija a Jason con: "Sigue hablándole a él". Esto, a menudo, se emplea cuando la persona se está quedando callada y retroflectando lo que necesita decir, o está intentado dirigirse al terapeuta en lugar de hablar con el otro significativo.

REBECCA: Ahora te voy a pedir que vayas un paso más allá. Debra, habla con Jason sobre él y Anna.
DEBRA: (Suspiro)
REBECCA: Mira a Jason (silencio). ¿Es difícil, verdad? Porque todo está muy mezclado.
DEBRA: Hum-hum.
REBECCA: Comienza con lo que puedas. "Lo que siento hacia ti, Jason … de ti y de Anna, es …".
DEBRA: (Pausa, con voz muy baja) Estáis demasiado cercanos. No está bien.
REBECCA: Sigue, Debra. Dilo todo … Debra, es importante que digas lo que necesitas decirle a Jason (pausa). Debra, necesitas decirlo. Definitivamente, éste no es uno de esos momentos en los que debes estar callada y quedándotelo dentro.
DEBRA: (Suspira) No está bien la forma en que la miras.
REBECCA: Dile lo que quieres decir.
DEBRA: Puedo verlo en sus ojos … es sexual.
REBECCA: Dile lo que ves, Debra. Sé muy exacta … Sé que esto es duro. Lo estás haciendo bien. Pero tienes que decirlo todo.
DEBRA: Humm (suspiro) No deberías mirarla de esa forma; no está bien. La estás confundiendo.

El apunte de Rebecca, "Dile lo que ves … sé muy exacta", puede brindar un apoyo efectivo para que exprese lo que ha inhibido. Por fin Debra ha hecho un comentario corrector a su marido, "No deberías mirarla de esa forma, no está bien; la estás confundiendo". Esta afirmación de la madre al padre es parte del establecimiento de límites psicológicamente saludables dentro de esta familia y de la provisión de protección a su hija, Anna. Es un mero inicio del Estado del Yo Padre (Debra) para el trabajo de desconfusión de los Estados del Yo Niño de Anna. Uno de los posibles beneficios terapéuticos de una terapia profunda con el Estado del Yo Padre radica en que el otro internalizado cuente la verdad, con la consecuente desconfusión del Estado del Yo Niño que está escuchando.

REBECCA: Eso está bien, Debra. Continúa ... di a qué te refieres con "La estás confundiendo ... no deberías mirarla de esa forma ...". Aguanta, Debra. Has empezado muy bien. Hay mucho más que decir.
DEBRA: No puedo decir más.
REBECCA: Lo necesitas, Debra.
DEBRA: (En voz baja) No me incumbe.
REBECCA: Por supuesto que te incumbe. ¡Tú eres su madre! ¡Ahora habla con Jason sobre lo que está haciendo!
DEBRA: No me escuchará. (Agacha la cabeza y baja los ojos)
REBECCA: ¡Ahora lo hará! Vamos. ¡Te respaldaré! (pausa) (Rebecca pone su mano sobre la espalda de Anna como Debra) "¡No deberías mirarla de esa forma! ¡La estás confundiendo!" (pausa) ¿Qué significa eso, Debra? Díselo todo. Dile lo que le está haciendo.
DEBRA: Él lo sabe. Tiene ideas.
REBECCA: Dilo tú.
DEBRA: Él sabe que son sus fantasías.
REBECCA: Debra, él puede estar mintiéndose a sí mismo aunque lo sepa. Necesitas decírselo, Debra. Dilo tanto por tu bien como por el de Anna (pausa). ¿Quieres que sea yo quien trate de decirlo primero?
DEBRA: No sé cómo decirlo.
REBECCA: ¿Me dirás si lo estoy diciendo bien o no?
DEBRA: (Asiente)
REBECCA: (Pausa) "¿No la mires como a un objeto sexual?" "¿No la mires como si estuvieras fantaseando qué tal sería el sexo con ella?" (Pausa) ¿Acierto, Debra?
DEBRA: Hum-hum. (Pausa) Sí.
REBECCA: Sigue, Debra. Dilo con tus propias palabras.
DEBRA: (Respirando con dificultad, temblando)

El apunte de Rebecca "Continúa … hay mucho más que decir", después de que Debra dijera "No deberías mirarla de esa forma", llega demasiado pronto para tener un efecto de apoyo perdurable. En ese momento, la sintonía con la dificultad de Debra para contar su verdad podía haber sido de mucho más apoyo que alentarla a expresar lo que se ha retroflectado. Debra se da por vencida: "No me incumbe". La sintonía y la comprensión empática de la reticencia de Debra para hablar libremente a Jason podrían haber encaminado la terapia en una dirección diferente —quizás hacia su necesidad de seguridad y de validación. En cambio Rebecca la confronta diciendo, "¡Por supuesto que te incumbe! ¡Tú eres su madre!". Tal confrontación tiene tres propósitos: primero, la terapeuta asume la posición como defensora de una niña confrontando por el bien de esa niña; segundo, pretende corregir las distorsiones y las posibles creencias de guión en el Estado del Yo Padre; y tercero, inicia el proceso de desconfusión en los Estados del Yo Niño.

Incluso si dicha confrontación no impactara a Debra, los Estados del Yo Niño de Anna están escuchando los mensajes de Rebecca y quizás esto podría ser empático para Anna, lo que conllevará la apertura a nuevas posibilidades para ella. Debra está confusa. Tiene miedo de Jason y a la vez un conflicto entre la negación "No sé", y la protección maternal hacia su hija. Por consiguiente ella se bloquea en lugar de corregir a su marido. Rebecca modela para Debra el modo de corregir a Jason y proteger a Anna: "¿No la mires como a un objeto sexual?" Sin embargo, Rebecca lo hace con una actitud interrogante, "¿Me dirás si lo estoy diciendo bien o no?" y "¿Acierto?". Este es otro ejemplo del proceso continuo de contrato, entre cliente y terapeuta; el empleo frecuente de estas preguntas sirve de guía constante para asegurar que el terapeuta es congruente con la experiencia del cliente —un elemento importante es garantizar que el terapeuta sigue al cliente, y sin programar, ni siquiera sugerir, su experiencia.

REBECCA: (Susurrando) Debra, necesitas hacer esto … Sabes muy bien que hay algo relacionado con esto. Hay algo en esta historia que es muy importante. Y hay algo que está sucediendo entre Jason y Anna que realmente te confunde. Me imagino que no sabes qué hacer al respecto. ¿Cierto?

DEBRA: La odio … (Larga pausa. Parece que se bloquea).

REBECCA: ¡Anna no es el problema! Ella es sólo una niña. Hay que hablar del verdadero problema de una forma directa, Debra. ¿Cuál es la historia aquí?
DEBRA: No conozco la historia.
REBECCA: ¿Le dirás a Jason lo que está pasando en vuestra relación? ¿Le hablarás sobre él y Anna?
DEBRA: Está mal —la manera en que está con ella.
REBECCA: (Larga pausa) (susurrando) Debra ... ¿Qué ocurre? ¿Qué estás haciendo por dentro?
DEBRA: Simplemente, me estoy quedando en blanco.
REBECCA: ¿Me hablarás directamente a mí, Debra? ¿Qué te asusta ahora mismo? ¿Por qué necesitas "irte"?

Cuando Rebecca expresa una posible hipótesis sobre lo que Debra no dice, "No la mires como a un objeto sexual" y luego continúa con "... hay algo que está sucediendo entre Jason y Anna que realmente te confunde", Debra vuelve a: "La odio" y se bloquea emocional y físicamente. Rebecca insta a Debra a contar su historia y Debra responde "No conozco la historia". ¿Está Debra negando lo que ocurrió? ¿Tiene tanto miedo a Jason que no puede expresar lo que sabe? ¿O es que la hipótesis de la terapeuta conduce la historia en una dirección que no es coherente con la experiencia de Debra? Todas éstas son preguntas que la terapeuta debe valorar rápidamente antes de realizar la siguiente intervención. Las respuestas de Rebecca a cada una de estas cuestiones sobre la conducta y el proceso interno de Debra determinarán cómo responderá Rebecca. Cuando Debra continúa evitando enfrentarse a Jason, Rebecca decide establecer la comunicación entre Debra y ella con "¿Me hablarás directamente a mí?". Las transacciones con Rebecca pueden resultar más fáciles de manejar para Debra que hablar con Jason y pueden también clarificar la dirección de este segmento de terapia. Pero incluso esta comunicación es demasiado difícil para Debra, por lo que vuelve a culpar a Anna.

DEBRA: (Pausa) No sé. (Pausa) Es que no puedo decir nada (pausa). Pero lo sé.
REBECCA: ¿Qué sabes?
DEBRA: Me suena familiar ... pero no puedo pensar. El sentimiento me resulta muy familiar, cuando le veo con ella.
REBECCA: (Pausa) De acuerdo, entonces vamos a hablar tú y yo sobre lo que realmente puede ser más importante. ¿Qué ocurrió

RESOLVIENDO EL CONFLICTO INTRAPSÍQUICO 311

	entre tú y Anna? (pausa) Dijiste, "La odio". ¿Puedes hablarme de eso? (larga pausa) ¿Estás conmigo, Debra?
DEBRA:	Intento conseguirlo.
REBECCA:	Bien, tendré paciencia (silencio). Pero estás sintiendo algo, Debra. (Su cabeza y sus hombros están caídos) ¿Es cierto? ¿Puedes decírmelo?
DEBRA:	Es ella. Lo está haciendo. Eso es lo que me resulta familiar.
REBECCA:	"¿Es ella?" "¿Ella lo está haciendo?" ¿Está haciendo qué, Debra? (silencio) ¿Estás hablando de Anna?
DEBRA:	Sí, Anna.
REBECCA:	¿Qué está haciendo Anna?
DEBRA:	Es culpa suya.
REBECCA:	¿Qué es culpa suya?
DEBRA:	Todo es culpa suya. Es mala.
REBECCA:	¿Qué hace que Anna sea "mala"? ¿Qué es lo que hace ella que está "mal"?
DEBRA:	Es una chica.
REBECCA:	Que es una chica. ¿Es culpa suya porque es una chica?
DEBRA:	Es mala, porque es mujer.
REBECCA:	¿Tú eres mala por ser mujer?
DEBRA:	Hum-hum.
REBECCA:	¿Lo soy yo?
DEBRA:	(Pausa) No lo sé.
REBECCA:	Explica más el hecho de que tú y Anna seáis las dos malas o culpables por ser mujeres. (Silencio) ¿Estás pensando en eso? (silencio) Debra, ¿es eso lo que acabas creyendo cuando no te atreves a pensar en cómo Jason os trataba a ti y a Anna? ¿Que eso es culpa tuya y de Anna sólo porque nacisteis niñas? Me pregunto si encubre algo más.

Previamente Rebecca había ofrecido una oportunidad para explorar la hipótesis de que la reacción emocional de Debra hacia Anna estaba relacionada con la posibilidad de que Jason tuviera fantasías sexuales con Anna. Esta exploración se topa con Debra "quedándose en blanco". ¿Es esto resistencia? ¿Es la hipótesis errónea? O ... peor aún, ¿es prematura? ¿O es la relación entre Debra y Anna más importante para el bienestar de Anna en este momento? Aquí, de nuevo, Rebecca está llevando a cabo una valoración terapéutica sobre la dirección de sus siguientes intervenciones. Los terapeutas experimentados están constantemente observando el comportamiento del cliente y seleccionando diversas hipótesis. No es tan importante que el terapeuta tenga siempre la hipótesis correcta, pero es esencial que el cliente sea activo confirmando o refutando lo que el terapeuta imagina que está sucediendo en el interior del cliente.

Dado que la terapia es, en definitiva, por el bien de Anna y que el contrato principal en esta terapia es la resolución del conflicto intrapsíquico entre los Estados del Yo Niño de Anna y su Estado del Yo Padre (Debra), entonces Rebecca decide cambiar el foco: "vamos a hablar tú y yo sobre lo que realmente puede ser más importante. ¿Qué ocurrió entre tú y Anna?".

La terapeuta entonces le pide a Debra que explore la función psicológica de sus creencias acerca de que las mujeres son malas o culpables: "... ¿es eso lo que acabas creyendo cuando no te atreves a pensar en cómo Jason os trataba a ti y a Anna?". Tales creencias pueden funcionar como una distracción del sentimiento y del conocimiento de las experiencias traumáticas. Es esencial para una terapia profunda del Estado del Yo Padre facilitar que el otro internalizado pueda revelar su propia historia —la historia de cómo se formaron las creencias de guión de los padres, cómo se mantuvieron y se reforzaron durante la infancia del cliente, y, lo que es más importante, cómo pueden haber sido introyectadas y/o adoptadas por un niño.

Las creencias de guión de Debra y su proceso defensivo se han convertido en parte del Guión de Vida de Anna. Para que Anna obtenga los máximos beneficios de este trabajo, la terapeuta se centrará en ayudar a Debra a reconocer sus defensas, sus sentimientos y también sus necesidades subyacentes. Después de algunas transacciones, Rebecca cristaliza la sesión terapéutica resumiendo el efecto que las creencias de guión de Debra han causado en ella y, lo que es más importante aún, en Anna. Sin embargo esto no es suficiente, sobreviene otra confrontación —una confrontación a la vez respetuosa y validadora de la valía humana de Debra y Anna, y que también cuestiona las creencias de guión que se han transmitido de madre a hija.

DEBRA: Mi cabeza está ... realmente mareada, y me duele.
REBECCA: Has estado trabajando muy duro aquí, lo sé ... puedes echarle la culpa a ella y puedes echarte la culpa a ti. Quizás en vez de ...
DEBRA: ¿Echarle la culpa a alguien más?
REBECCA: ¿Eso es posible?

DEBRA: Es posible.
REBECCA: Bueno, me gustaría decirte algo.
DEBRA: (Asiente)
REBECCA: El efecto que esto tiene en ti y en ella es exactamente la clase de cosas que me estabas contando al principio. Son cosas como: no puedes hacer nada, no puedes hacer nada bien, eres culpable por ser mujer, no mereces la pena, tú no importas (pausa). ¿Tengo razón, voy encaminada?
DEBRA: Ella quiere algo de mí y yo no quiero dárselo.
REBECCA: ¿Por qué, Debra? ¿Qué quiere y por qué no quieres dárselo? (silencio) ¿Qué quiere?
DEBRA: Quería que la cuidara, y yo no quiero.
REBECCA: Humm (silencio). Debra, ¿qué necesita Anna de ti?
DEBRA: (Suspira) Quiere que yo la quiera ¡Y yo no sé cómo!
REBECCA: Te creo. Realmente te creo. Si tienes tan mala opinión de ti misma, y especialmente por el hecho de ser una mujer ¿cómo vas a poder querer a una hija, o lo que es lo mismo, a una mujer? Y esencialmente, decirle que es especial para ti (pausa) ¿Estoy en lo cierto?
DEBRA: No he entendido la última parte.
REBECCA: Decirle que es buena y especial para ti.
DEBRA: Porque sé que ella no es nada.
REBECCA: Bueno, no estoy de acuerdo contigo, no pienso que ella no sea nada. Y tampoco pienso que tú no seas nada. Pero creo que tienes unas ideas muy confusas sobre ser mujer, y lo que eso significa para tu propia valía, para tu relación con los hombres, y para tu rol en la vida. No sabías qué hacer con una niña, excepto colocarle a ella todos aquellos sentimientos que tenías sobre ti misma.
DEBRA: No supe qué hacer con nadie.
REBECCA: Sí (pausa) En tu fuero interno ¿piensas que ella no es nada?
DEBRA: (De mala gana niega con la cabeza) Todo está liado. (Pausa) Ella se hizo mayor y me ayudaba.
REBECCA: Sí. Entonces conseguiste algo de lo que necesitabas.
DEBRA: Hum-hum. Sí.
REBECCA: Lo que habías deseado tanto tiempo.
DEBRA: Hum-hum (llorando, pausa).
REBECCA: Sí.
DEBRA: Ella me ayudó.

REBECCA: Hum-hum. Eso fue muy amable por su parte. (Pausa) Te contaré algo: eso le ha provocado algunos problemas importantes. Realmente necesitaba ser especial para ti y que la amaras desde el día que nació. En vez de eso, le transmitiste tu historia sobre la poca valía de las mujeres y tus creencias de "no conseguiré lo que quiero", "no soy nada", además de tu sensación de estar completamente sola.

Rebecca ha hecho una confrontación a Debra sobre su afirmación "ella no es nada" y después continúa con una opinión terapéutica "¡tampoco pienso que tú no seas nada!". Esto va seguido por una interpretación basada en lo que Debra había declarado previamente —que ella le había transmitido a Anna el mismo mensaje de sus propias creencias de guión. Luego un reto terapéutico: "¿Piensas que ella no es nada?". La confrontación continúa con la cristalización de afirmaciones de la terapeuta que contienen un breve análisis del Guión de Vida tanto de Debra como de Anna: "no conseguiré lo que quiero", "no soy nada", y la sensación de estar completamente sola. Rebecca le dice a debra: "Estabas enfadada con tu marido … y en cambio, la odiaste a ella y eso la dañó". Estas intervenciones terapéuticas están dirigidas a los Estados del Yo Padre y Niño —desconfundir tanto a los Estados del Yo Niño de Anna como a su madre introyectada— y, por consiguiente, son parte de la resolución del conflicto intrapsíquico.

DEBRA: No era mi intención (llorando).
REBECCA: Lo sé. Tú estabas realmente muy confusa y estresada. Y enfadada con tu marido. Y completamente sola. ¿Todas esas cosas? Y en cambio la odiaste y eso la dañó.
DEBRA: Sí. Yo no quise hacerlo (llorando otra vez).
REBECCA: Anna necesita una oportunidad para hablar sobre cómo fue para ella vivir contigo. Aunque nosotras entendamos que tú no pretendiste hacer eso, y comprendamos que estuviste confusa, y creamos que en tu fuero interno no piensas que ella no sea nada … a ella todavía le queda mucha porquería por haberle echado la culpa, ella está confusa. Y tiene que ser capaz de hablar sobre eso sin sentir que te está hiriendo, o que te vas a enfadar con ella, o que vas a odiarla. ¿Piensas que podemos permitirle que lo haga? ¿Te parece bien?

DEBRA: (Solloza)
REBECCA: Háblame de esas lágrimas.
DEBRA: Es bueno hablar contigo.
REBECCA: Sabes, me gustaría haber estado en tu vida hace muchos años escuchándote. Podría haber sido todo tan diferente, tal vez conseguir lo que querías en lugar de decidir que no eras nada y que eras culpable.
DEBRA: Entonces yo habría sabido cómo.
REBECCA: Sí. Sí ... (Pausa) Bien, Debra, aprecio de verdad que hayas venido y hablado. Y que hayas sido lo más honesta posible. Ahora necesitamos escuchar a Anna. ¿De acuerdo? Déjale hablar y no te interpongas, ¿vale? (pausa). Cuando estés preparada podrás volver en otro momento (larga pausa). Anna, Richard esta justo a tu lado, listo para apoyarte. ¿Quieres recurrir a él?

Incluso al final de la terapia con Debra, Rebecca continúa involucrándola en un contrato de proceso —los pequeños acuerdos entre clienta y terapeuta que proporcionan a la clienta tanto una sensación de estar a cargo como de causar impacto y que además proveen al terapeuta un feedback continuo sobre su disposición para continuar con la terapia. Rebecca ha estado haciendo la terapia con el Estado del Yo Padre de Anna mientras que Richard ha estado en reserva para los Estados del Yo Niño de Anna. Ahora es el momento de que Richard brinde apoyo a Anna para que ella exprese sus propios sentimientos, pensamientos y necesidades. Proporcionar una relación de apoyo a los Estados del Yo Niño es esencial en la mayoría de las situaciones terapéuticas con el Estado del Yo Padre.

Cuando un cliente tiene la oportunidad de responder al Estado del Yo Padre, se establece un ciclo de capacidad de acción y eficacia interpersonal que puede haberse roto o que quizás nunca existió. Esto permite al Estado del Yo Niño definirse y hacer un impacto —auto-expresiones que podían haberse inhibido o prohibido en la relación original con el progenitor. Causar impacto en la relación y autodefinirse en una relación son dos necesidades relacionales esenciales.

ANNA: Mareada ... (Mientras se levanta de la silla y se sienta en la colchoneta de terapia).

RICHARD: Sí, pero has estado escuchando a tu mamá. Todas esas palabras de enfado. Ahora es el momento de dirigirte a mamá. Prueba diciéndole "Estoy mareada de escucharte, Mamá".
ANNA: Estoy mareada. Estoy cansada.
RICHARD: Dile a que estás respondiendo. Lo que has oído.
ANNA: (Pausa) Fue difícil para ella.
RICHARD: También lo hizo difícil para ti. Eso es lo que escuché. La vida con él debió de ser un infierno.
ANNA: Sí (suspira) La vida con él fue un infierno. ¡Para ella y para mí!
RICHARD: Habla con mamá. Solo tienes que hablar directamente con ella como si estuviera ahí en esa silla.
ANNA: (Se vuelve hacia la "silla vacía") Yo no quería escucharle ... eso era tu responsabilidad.
RICHARD: Continúa, Anna. Díselo otra vez. "Yo no quería escucharle ...".
ANNA: No quería tener que estar allí.
RICHARD: "Era *tu* trabajo ...".
ANNA: No quería que me odiaras. ¡Porque yo estaba haciendo *tu* trabajo! (enfadada).
RICHARD: "¡Yo hacía tu trabajo, y tú me odiabas!".
ANNA: ¡Pues vaya!
RICHARD: ¡Sigue!
ANNA: ¡Él podía enfadarse conmigo, también!
RICHARD: "Y tú no ...".
ANNA: Tú no me protegiste ... no me querías. Incluso me decías que si yo hacía algo mal era culpa mía que él se enfadara conmigo.
RICHARD: "Y no me gusta ...".
ANNA: No me gustan tus miradas de odio.
RICHARD: "Y no me gusta ...".
ANNA: No me gusta que te escondas por dentro.
RICHARD: "Y no me gusta ...".

Richard es intencionadamente lento al indicar a Anna que hable con Debra una segunda vez. Ella parece necesitar contacto con Richard primero. Después, algunas frases más tarde, él de nuevo le indica que establezca un contacto verbal con la madre internalizada, la que Anna ha exteriorizado imaginándosela en la "silla vacía". El terapeuta "ceba la bomba" —dando al cliente una frase abierta que al completarla podrá ser una expresión de lo que se ha inhibido y de lo que necesitaba ser dicho. Es importante que el terapeuta siga cuidadosamente las señales corporales de su cliente, su carga emocional y el material contextual para que no programe las palabras en el cliente. Que el terapeuta "cebe la bomba" puede ayudar al cliente a superar su inercia de autoexpresión, por ejemplo, cuando Richard le dice a Anna: "y tú no …", "y no me gusta …", "necesito …".

La expresión de Anna "no me gusta …" es una forma de enfado que facilita el contacto, en vez de lo que aprendió a usar en su familia: la rabia o el retraimiento que interrumpen el contacto. Esta es una nueva forma de expresión, una toma de contacto con la madre internalizada que estuvo prohibida en la infancia y que más tarde fue inhibida durante más de cuarenta años. Anna está volviendo a experimentar los sentimientos de su infancia, pero en lugar de revivirlos (lo que es un refuerzo de la inhibición y de la represión) hace algo nuevo —deshace las retroflexiones— y se modifican los antiguos patrones conductuales relacionados con el Guión.

ANNA: No me gustaba que no me quisieras. Y que me hicieras sentir que todo era culpa mía.
RICHARD: "Porque yo necesito …".
ANNA: Necesito tu amor. Necesito que estés ahí.
RICHARD: Háblale sobre su preocupación por que tú fueras un objeto sexual para él.
ANNA: Nosotros.
RICHARD: Díselo a ella.
ANNA: Nosotros.
RICHARD: Dile lo que significa la palabra "nosotros".
ANNA: Yo y él. El me prestaba atención. Pero entonces me ponía nerviosa … (Pausa).
RICHARD: Ya, habla a tu mamá de tu nerviosismo.
ANNA: Sí, pero ella lo sabía. Sabía que algo andaba mal. Lo sabía.
RICHARD: Díselo a Mamá.
ANNA: No decías nada, sólo te quedabas ahí sentada.
RICHARD: "Y necesitaba …".
ANNA: (Llorando) Necesitaba que hicieras algo.

RICHARD: Sigue hablando. "Mamá, yo necesitaba …". (Pausa) Necesitabas que ella "hiciera algo". Prueba diciendo: "Mamá, yo necesitaba …".

ANNA: (Pausa) Necesitaba que me cuidaras, y necesitaba que me protegieras (enfadada).

RICHARD: Ese movimiento de tu brazo está diciendo algo. (Silencio) Anna, Mamá está justo ahí. Ella te ha dicho cosas importantes, y ahora te toca a ti.
Cuéntale lo que tu brazo está diciendo (larga pausa).

Anna ha estado respondiendo al apoyo del terapeuta para que ella exprese sus emociones y palabras contenidas. El brazo derecho de Anna está ladeado como si se estuviera preparando para golpear, agarrar o empujar. Richard la dirige para que exprese lo que su brazo está diciendo. Eso es demasiado, Anna se bloquea.

Rebecca, sospechando que el Estado del Yo Padre de Anna está de nuevo influyendo internamente, orienta a Debra. Los siguientes comentarios de Rebecca son una interposición —interponiéndose ella misma entre el Estado del Yo Padre influyente y los Estados del Yo Niño que están sujetos a esa influencia: "Sólo porque tú no pudiste hablar de ello, no significa que Anna tampoco pueda. Debra, deja que Anna haga lo que tú necesitabas hacer —decir lo que piensa y estar enfadada. Tú también necesitabas causar un impacto". Esto da permiso tanto a Debra como a Anna y también es protector para Anna.

REBECCA: Debra, sólo porque tú no pudiste hablar de ello, no significa que Anna tampoco pueda.

RICHARD: Díselo, Anna, lo que quieres decir cuando dices "necesitaba que me protegieras".

REBECCA: Debra, deja que Anna haga lo que tú necesitabas hacer —decir lo que piensa y estar enfadada. Tú también necesitabas causar un impacto.

ANNA: No podía hablar contigo, Mamá (suspira). Ni siquiera estabas por allí; no querías escuchar.

RICHARD: Habla con ella ahora, Anna.

ANNA: (Pausa) Se va a enfadar conmigo.

REBECCA: Debra, dijiste que ibas a dejar que Anna hiciera lo que necesita hacer.

ANNA: Me echará la culpa, se enfadará conmigo, y me odiará más.

REBECCA: Ya no, Anna. La estoy manteniendo a un lado. No vas a conseguir nada más de ella conteniéndote. Sabes que no hablar es un callejón sin salida. Sigue adelante y haz lo que *tú* necesitas hacer.
ANNA: (Pausa) Necesitaba que me protegieras.
RICHARD: ¿De?
ANNA: De cómo él me miraba. De cómo me hacía sentir.
RICHARD: Detállalo.
ANNA: Sucia.
RICHARD: Continúa. "Me hacía sentir sucia …". (Pausa) Díselo todo: "Necesitaba que tú …".
ANNA: Me protegieras.
RICHARD: De sentirme …
ANNA: Sucia. De que era culpa mía. ¡No era culpa mía! Arréglalo (de nuevo golpea su puño sobre el colchón). ¡Arregla tu matrimonio o a la mierda! (dicho muy alto).
RICHARD: Humm … Dile por qué has escogido esas palabras. "A la mierda".
ANNA: (A Richard) ¡No quería estar en el medio de eso! Arréglalo tú (de nuevo golpea su puño sobre el colchón).
RICHARD: Dile lo que has estado conteniendo.
ANNA: No quería estar en el medio, Mamá. Es tu matrimonio. No quiero oírlo. Lo que haces y lo que no haces. ¡No es asunto mío! Tu matrimonio no es asunto mío, tu vida sexual no es asunto mío, tus problemas no son asunto mío, tus hijos no son asunto mío. Todo tu maldito mundo es tuyo, no mío.

Anna ha hecho una poderosa declaración sobre sus necesidades dentro del sistema familiar: "no quiero estar en el medio". Rebecca realiza otra interposición y confrontación a Debra en nombre de Anna. Tal interposición y confrontación, a menudo, desconfunde al Estado del Yo Niño. Anna ya no se desploma: continúa con "tu matrimonio no es asunto mío", etc.

RICHARD: ¿Hay algo más que quieras decirle?
ANNA: Sí. No quiero arreglarlo, la maldita locura en tu matrimonio es asunto tuyo, no mío.
RICHARD: Entonces dimite del trabajo, Anna. (Pausa) Puedes mandar a tu madre a terapia regular con Rebecca.

ANNA: ¿Permanentemente? Ella lo necesita.
RICHARD: ¿Te gusta eso?
ANNA: Hum-hum. Por supuesto. (Pausa) Yo estaba algo así como esperando que mi padre muriese para que ella pudiera vivir. Ella necesitaba terapia para salir de su matrimonio igual que hice yo. Pero, ella se murió primero.
RICHARD: ¿Consiguió alguna vez lo que necesitaba?
ANNA: (Llorando) No ... (Pausa mientras llora) Pero, yo sí lo conseguiré a partir de ahora. Voy a tener la vida que quiero.
RICHARD: Anna, no permitamos que te suceda lo mismo. Tu momento es *ahora* —tu futuro tiene muchas posibilidades.
ANNA: Sí ... (Pausa) (Suspiros hondos y contacto visual con Richard y Rebecca).

Esta sesión de terapia finaliza con la declaración de emancipación de Anna, "voy a tener la vida que quiero". Es la continuación a la expresión de enfado de Anna hacia su madre por no protegerla de los conflictos del matrimonio de sus padres. Las dinámicas de un sistema familiar discordante y la relación de Anna con su madre durante su temprana infancia influyeron en la formación del Guión de Vida de Anna —un guión que es el resultado de muchas conclusiones en la infancia de Anna y de las introyecciones de las creencias de guión de su madre: "No soy nada", "No conseguiré lo que quiero", "Estoy completamente sola", "Todo es culpa mía", "No se puede confiar en la gente", y "La vida no importa" ("Nada importa").

La reacción de Anna hacia las dinámicas del matrimonio de sus padres y el enfado que acompañaba se habían retroflectado durante años. La protección de los terapeutas, su estímulo y sus indicaciones brindaron a Anna una oportunidad para empezar a expresar lo que había reprimido durante tanto tiempo. Deshacer las retroflexiones es una parte esencial de la cura del guión. Mediante la constricción psicológica, se retienen y se refuerzan aspectos vitales de la autoexpresión. Las retroflexiones mantienen de por vida los patrones de creencias de guión, así como las conductas y las restricciones fisiológicas que se aprendieron o se decidieron en la familia de origen. Aunque la madre de Anna había muerto hacía varios años, los Estados del Yo Niño de Anna permanecieron leales al Estado del Yo Padre (Debra) intrapsíquicamente influyente. Nunca se insistirá demasiado sobre la lealtad de los niños —de forma natural, los niños se vinculan a sus padres y pueden permanecer apegados a los recuerdos (a menudo inconscientes) de las dinámicas psicológicas parentales —sentimientos, actitudes, defensas psicológicas e interpersonales, patrones conductuales y mensajes de atribuciones y mandatos. La psicoterapia incluye hacer conscientes los recuerdos inconscientes —eso abarca los recuerdos de las experiencias, afectos, decisiones y defensas de la propia infancia que se han fijado en los Estados del Yo Niño así como las creencias de guión, los sentimientos y las defensas introyectadas de los padres.

Muchas de las creencias de guión de Anna se encontraban tanto en el Estado del Yo Padre como en el Estado del Yo Niño. La influencia de la madre y la lealtad de Anna eran ambas tan fuertes que las experiencias y las conclusiones infantiles de Anna eran similares a las de su madre. Las fijaciones defensivas de los Estados del Yo Niño de Anna se agruparon en torno a la formación de sus creencias de guión, la pérdida de consciencia de sus necesidades y la retroflexión de sus expresiones naturales.

En ausencia de satisfacción de la necesidad de contacto con su madre, Anna utilizó una defensa común: se desapropió de sus necesidades y sentimientos y en su lugar se identificó con los sentimientos, pensamientos, creencias y estilo de afrontamiento de su madre. Las creencias de guión de su madre también se convirtieron en las de Anna mediante la introyección. Los Estados del Yo Padre se forman en base a las identificaciones defensivas inconscientes con un otro significativo en ausencia de satisfacción de las necesidades relacionales.

Las introyecciones se mantienen años más tarde porque proveen de una pseudo-sensación de apego hacia los otros significativos y además de un sentido arcaico de identidad y de familiaridad. Las introyecciones son análogas a la invasión de bacterias extrañas en el cuerpo humano, producen malestar. El mal-estar del conflicto intrapsíquico entre los Estados del Yo Padre y Niño se manifiesta en una pérdida del conocimiento de los propios deseos, ansiedad crónica, depresión, una sensación de duda constante o crítica interna. Una terapia profunda incluye identificar y exteriorizar lo que se ha internalizado. Los métodos son similares a los que se emplean con una variedad de clientes para permitir que los procesos defensivos se relajen: la indagación fenomenológica e histórica, la sintonía afectiva, la validación de las relacionales, y la confrontación cuidadosa. Más adelante se podrá emplear terapia regresiva, redecisiones, explicaciones correctoras y/o interpretaciones terapéuticas para desconfundir a los Estados del Yo Niño en un Estado del Yo Padre introyectado. La implicación cuidadosa del terapeuta con un Estado del Yo Padre es como un antibiótico para el cuerpo enfermo: reduce la angustia interna y facilita el proceso de cura. El objetivo de la terapia del Estado del Yo Padre es el alivio del conflicto intrapsíquico.

En los dos primeros años y medio de terapia Anna había hecho un número significativo de cambios que incluyeron dejar de estar deprimida, la renuncia de Anna a sus creencias de guión infantiles, mayor satisfacción en su trabajo y un incipiente interés en querer una relación amorosa permanente. La soledad de Anna se desencadenó con la interrupción de nuestra relación terapéutica durante el verano, el final de su apretada agenda para conseguir un título de máster, y una pérdida de esperanza de obtener una relación significativa. En reacción a su soledad, Anna intrapsíquicamente activó las creencias de guión introyectadas de su madre —así, ahora ya no estaba sola. La presencia psíquica de la madre siempre estaba disponible. Las creencias de guión de la madre proporcionaban una primitiva sensación de apego y significado.

Después de esta sesión terapéutica con el Estado del Yo Padre, Anna permaneció en terapia individual otro año y medio, y asistió a tres maratones más de fin de semana. Continuamos abordando la reacción emocional hacia su madre, su profunda tristeza por la dinámica familiar, y la sensación de falta de amor en su vida. Más tarde, un aspecto importante de su terapia fue la resolución de la confusa relación con su padre.

Su autoestima se incrementó: permanecía en el guión cada vez menos. Hubo algunas ocasiones, a menudo acompañadas de decepciones en las relaciones, en las que las creencias de guión se activaban durante un par de horas. Con un continuo enfoque terapéutico sobre los Estados del Yo Niño y Padre, origen de esas creencias, además de la exploración de nuevos significados para los acontecimientos de su vida y el descubrimiento de las opciones actuales, su Guión de Vida ha dejado de estar operativo. Ahora es libre para vivir su propia vida sin conflicto intrapsíquico. Recientemente se ha enamorado y tiene una pareja que le corresponde.

CAPÍTULO DIECIOCHO

¿Qué dice usted antes de decir adiós? La psicoterapia del duelo

"Dad palabras al dolor. Al dolor que no habla"

—W. *Shakespeare*, Macbeth, Acto IV, Escena iii, línea 208

Introducción

Eric Berne formuló la pregunta "¿Qué dice usted después de decir hola?". En el libro con ese título, Berne (1972) puso el foco en la influencia de los protocolos relacionales tempranos, la programación parental, las fantasías y los cuentos de hadas, las decisiones explícitas y los dilemas existenciales sobre la formación de los Guiones de Vida. Berne describió cómo los patrones conductuales de auto-protección, las conclusiones implícitas y las decisiones explícitas de guión inhiben la espontaneidad y la flexibilidad de un individuo en la resolución de problemas y en las relaciones que mantiene. Sin embargo, no planteó otra pregunta que también es fundamental: "¿Qué dice usted antes de decir adiós?".

Ni el psicoanálisis ni la literatura de psicoterapia general han abordado adecuadamente la naturaleza de la psicoterapia para aquellos clientes que afrontan pérdidas importantes en sus vidas por muerte, divorcio, crisis de salud o desempleo. La búsqueda en el *Gestalt Journal* y en los archivos del *Transactional Analysis Journal* mostró que no había artículos que plantearan directamente temas como el duelo, la aflicción, la pena, el luto o la melancolía. Fred Clark (2001) es el que más se aproxima a este tema cuando emplea la descripción de Kübler-Ross (1969) sobre las cinco etapas del duelo como un esquema para describir los procesos de la psicoterapia. Sin embargo, no relacionó esas cinco etapas con la resolución del duelo del cliente.

Durante la década de los 90, Elaine Childs-Gowell presentó su trabajo, una serie de talleres sobre la psicoterapia del duelo, en el congreso anual de la Asociación Internacional de Análisis Transaccional. Se centró en cómo los terapeutas pueden crear lo que ella denominó "rituales para un buen duelo" con el fin de ayudar a los clientes que atraviesan ese proceso a expresar un último adiós a sus seres queridos (2003). Bob y Mary Goulding tratan brevemente la psicoterapia del duelo en su libro *Changing Lives through Redecision Therapy* (1979) e identifican el duelo como una incapacidad para decir "adiós". Presentan una "fórmula para la despedida: 1) Hechos, 2) Asuntos pendientes, 3) Ceremonia del adiós, 4) Luto, y 5) Hola al presente" (ibíd. 175).

La literatura de psicoterapia del duelo, del luto y de la pérdida está repleta de artículos que abordan: las diversas etapas de duelo (Axelrod 2006; R. Friedman 2009; Kübler-Ross 1969); las complicaciones en el proceso natural de duelo (Bowlby 1980; Wetherell 2012); el tratamiento de la desesperación y la rabia (Greenwald 2013); el duelo como una perturbación del apego (Parkes 1972); el modo en el que el duelo puede potenciar otros problemas de salud mental (Greenwald 2013); los diferentes modelos de tratamiento (A. Clark 2004; Hensley 2006); y la atención a la necesidad de relaciones de apoyo en la familia, en la terapia y en la comunidad (Olders 1989). En general, estos autores tienden a enfocar el tratamiento del duelo en la aceptación de la pérdida, la comprensión de la necesidad de relaciones de apoyo y de cuidado, la provisión de una dosis adecuada de tiempo para la sanación de dicha pérdida, y el desarrollo de nuevos intereses y actividades (Wetherell 2012). Sin embargo, estos artículos parecen enfatizar un alivio de la pérdida, del dolor y de la melancolía en lugar de una resolución profunda del duelo.

En su ensayo "Duelo y melancolía", Sigmund Freud escribe sobre la aflicción y clarifica la diferencia entre el duelo y la melancolía. Describe el duelo como una "reacción normal y habitual a la pérdida de una persona querida" (1917e. 243). Freud continúa la descripción del duelo considerándolo una respuesta consciente a una muerte concreta.

Contempla el duelo como no patológico, porque es una reacción común a los acontecimientos y generalmente se supera con el tiempo. Durante el período de luto, el individuo descubre que la persona querida está de verdad ausente. Como resultado, sufre una pérdida de interés y una inhibición de las actividades, una sensación de abatimiento, y una incapacidad para amar. Síntomas similares están presentes en la melancolía; sin embargo, en el duelo, se produce finalmente la aceptación de la pérdida y la persona vuelve a su estado normal de forma gradual.

La melancolía es dominante, inconsciente y constante. Se caracteriza por una relación ambivalente, donde hay una reacción de amor y odio hacia la otra persona, que a menudo va acompañada de angustia y de una sensación de autoestima mermada. Freud expresa: "En el duelo, es el mundo el que se torna pobre y vacío; en la melancolía, es el ego en sí" (ibíd. 246). Aunque el término "melancolía" no es de uso popular hoy en día, Freud describe algunas de las dinámicas del duelo prolongado.

John Bowlby (1961, 1980) fue uno de los primeros psicólogos en estudiar el proceso del duelo y lo describe como resultado de la pérdida del apego. Parkes (1972), y más tarde Parkes y Weiss (1983), aprovecharon las ideas de Bowlby sobre el apego y la pérdida y propusieron una teoría del duelo que incluía cuatro etapas: shock-embotamiento, añoranza-búsqueda, desorganización-desesperación y reorganización. Kübler-Ross (1969) popularizó la idea de que el duelo se produce en fases diferenciadas y perfiló cinco etapas: negación, rabia, negociación, depresión y aceptación.

Axelrod (2006) apuntó que no todo el mundo experimenta las cinco etapas del duelo, y que no es necesario —o esperado— que uno recorra las etapas en un orden determinado. El Estudio de Yale sobre la Pérdida (Maciejewski, Zhang, Block, y Prigerson 2007) examinó el concepto de etapas del duelo y descubrió que muchas personas parecían progresar atravesando varias fases y que "la añoranza era el indicador negativo dominante en el duelo" (ibíd. 716). Recientemente Friedman (2009) ha cuestionado la noción de etapas del duelo como una taxonomía simplista que no permite variaciones individuales en el proceso de duelo. Sugiere que cada persona experimenta el luto de forma única.

Duelo prolongado y duelo complicado son cada uno términos que describen un duelo persistente que es emocionalmente paralizante y que interfiere en las relaciones actuales. Algunos de los síntomas del duelo prolongado y del duelo complicado pueden incluir: distancia emocional en las relaciones, miedo a perder el control, irritabilidad o rabia frecuente, ausencia de emociones, confusión abrumadora, pensamientos obsesivos, o una sensación persistente de que "la vida nunca será igual". Puede aparecer como depresión o apatía y puede acentuarse con el abuso de sustancias.

En este capítulo, el duelo complicado se refiere al duelo que se ve agravado por muchos otros aspectos no resueltos: económicos y legales, traslados y rupturas familiares, problemas de salud mental, suicidio o desastres naturales, etc. Estos problemas irresueltos agudizan e interfieren en la resolución del duelo. El duelo prolongado hace referencia al duelo que está "inconcluso"; donde hay una ausencia de comunicación significativa en una relación interpersonal, y la persona no puede decir "adiós" porque hay un "hola" incompleto (Perls 1973), tal como fue descrito por Freud en su descripción de la melancolía (1917e). Los individuos que sufren un duelo, ya sea prolongado o complicado, necesitan tener un modo de verbalizar y expresar físicamente su duelo a un oyente interesado e involucrado o, en caso contrario, las historias personales de pérdida no relatadas, podrían manifestarse en reacciones fisiológicas, sueños, temores y obsesiones.

Reflexiones sobre la teoría y la práctica

La muerte de un padre, un hijo o un amigo, la separación de un cónyuge o de un ser querido, la pérdida de un trabajo o de un cargo importante, a menudo derivan en una privación de contacto interpersonal. En un intento por gestionar estos déficits en el contacto interpersonal, los individuos con frecuencia interrumpen el contacto interno (Erskine y Moursund 1988), se desapropian de los afectos y niegan sus necesidades y sus experiencias personales, al mismo tiempo que tensan los músculos para desensibilizar su cuerpo, aunque la sensación de pérdida será persistente. Como resultado de estas interrupciones internas del contacto, los individuos son menos capaces de estar presentes en cada momento, de estar plenamente en contacto con los demás y, asimismo, de decir un completo "hola" o un completo "adiós" (Perls, Hefferline, y Goodman 1951).

Las despedidas incompletas dejan a la persona con una sensación de desánimo, de interminables privaciones, o con una sensación persistente de que "algo falta". A menudo, el componente que falta es la ausencia de contacto interpersonal y la oportunidad para la expresión completa de la experiencia interna de uno mismo. Contar la propia "verdad" —la narrativa personal— es un factor esencial para "otorgar sentido", completando las experiencias inconclusas significativas y proporcionando un final al duelo prolongado (Neimeyer y Wogrin 2008). La resolución del duelo prolongado conlleva la restauración de la capacidad del individuo para el contacto pleno interno e interpersonal —la capacidad de decir un auténtico "hola" antes de un "adiós" genuino.

Aprendí sobre la psicoterapia del duelo prolongado mientras observaba a Fritz Perls empleando su técnica de terapia Gestalt la "silla vacía" para ayudar a las personas a completar lo que él denominaba "asuntos pendientes". En sus enseñanzas hacía una distinción entre duelo genuino y pseudo-duelo. Definió el pseudo-duelo como "sentir lástima por uno mismo". En sus talleres confrontaba la autocompasión e insistía en que las personas desarrollaran la autosuficiencia y asumieran la responsabilidad de vivir en el "ahora". Cuando los participantes expresaban duelo genuino, respondía con empatía y lo consideraba un proceso natural de luto por la pérdida de alguien. Sin embargo, si el duelo persistía en el tiempo, si era dominante, lo definía como "aferrarse a los resentimientos no expresados" (F. S. Perls, comunicación personal, septiembre de 1969).

Perls proponía al individuo en duelo utilizar la "silla vacía" y fantasear con que un otro significativo estaba sentado enfrente (1969). Entonces animaba al cliente a hablar con la imagen de ese otro, como si realmente la persona estuviera sentada en la silla, y a expresar su resentimiento y su rabia. Le alentaba a que fuera totalmente franco y a usar gestos corporales que transmitieran esa rabia y resentimiento.

Cuando enseñaba psicoterapia del duelo, Perls recalcaba cómo este duelo se mantenía al aferrarse (retroflexión) a los viejos resentimientos y resaltaba la importancia de los agradecimientos no expresados. Explicó que la resolución del duelo se basa en la expresión tanto de resentimientos como de agradecimientos. Sin embargo, en la práctica, Perls a menudo prestaba más atención a la expresión de la rabia y al resentimiento del cliente en duelo que a la expresión de los agradecimientos (Perls 1973). Los Goulding (1979) siguieron el esquema de Fritz Perls para el tratamiento del duelo. Sus fragmentos de terapia breve muestran que destacan los resentimientos y la rabia y sólo dedican una atención superficial a los agradecimientos.

Durante varios años seguí el ejemplo de Perls y situaba también el foco terapéutico en la rabia y en los resentimientos no manifestados del cliente. Con frecuencia incluía la expresión de los agradecimientos como cierre del trabajo, pero mantenía mi centro de atención en deshacer las retroflexiones y exteriorizar los resentimientos. Sin embargo, en mi práctica psicoterapéutica, algunos clientes solían hablar de su amor hacia la persona muerta. Al revisar el trabajo de duelo, observé que varios clientes hablaban de cómo reflejar su amor, gratitud, e incluso sus deudas hacia la persona ausente, y me di cuenta de que esto era mucho más significativo en su resolución del duelo prolongado que expresar exclusivamente sus resentimientos.

Las historias de mis clientes —dolidos y enfadados, agradecidos y afectuosos— fueron un importante estímulo para plantear con más relevancia terapéutica en las sesiones la expresión de lo que amaron, atesoraron y consideraron valioso de la otra persona. Con frecuencia, esto nos llevaba a relatar los momentos preciosos, los recuerdos entrañables, y a describir cómo les gustaría recordar a esa persona. El amor, la gratitud, la admiración y el agradecimiento no expresados, al igual que el enfado y el resentimiento no expresados, también son un "asunto pendiente" de un incompleto "hola" o "adiós", la base del duelo prolongado.

Me pareció que era necesario establecer un equilibrio terapéutico entre polaridades emocionales tales como: la rabia no reconocida, el resentimiento y la amargura en un lado de la balanza, y, en el otro lado, los sueños no cumplidos, las experiencias valiosas, los afectos no manifestados y los recuerdos entrañables. El foco terapéutico dirigido únicamente a la rabia y al resentimiento resultaba insuficiente para la resolución del duelo prolongado. Era evidente que los clientes necesitaban expresar sus sentimientos en todas las dimensiones y que dichos sentimientos interconectaban entre sí —las relaciones conllevan una miríada de emociones. Empecé a organizar mis intervenciones terapéuticas de forma que estas emociones se pudiesen entretejer y formar la conexión que existe entre ellas: a veces el trabajo se centraba en una emoción hasta que estaba bien "expresada"; entonces, cuando era apropiado, dirigía la atención del cliente hacia el otro extremo del espectro emocional, después volvía de nuevo, siempre buscando y entretejiendo las emociones no expresadas, esforzándonos el conseguir un equilibrio sanador.

El equilibrio terapéutico no es siempre igual ... con algunos clientes, según la historia de su relación con la otra persona, el énfasis puede estar dirigido más hacia los agradecimientos. Con otros clientes, el énfasis puede ponerse en los resentimientos no expresados. Si los clientes se centran en expresar exclusivamente su amor y aprecio, puedo alentarlos a manifestar también lo que no les agrada. Si tienden a permanecer enfadados y resentidos, les animo a recordar las buenas experiencias, los posibles momentos tiernos, y todo lo que pueden haber aprendido de la otra persona. Podemos invertir una dosis considerable de tiempo en articular los resentimientos del cliente y, posteriormente en la sesión, podemos desplazarnos hacia la expresión de sus agradecimientos y de su amor. Con otros clientes entrelazo, avanzando y retrocediendo, su amor, su rabia, lo que valoraron, aquello que resintieron y, también, lo que van a atesorar. No importa dónde se ponga el énfasis en una terapia específica, con frecuencia es beneficioso integrar ambos, resentimientos y agradecimientos, en cualquier trabajo terapéutico profundo de duelo.

> *"Cuando estés afligido, mira de nuevo en tu corazón, y verás que en realidad estás llorando por lo que había sido tu deleite".* (Kahlil Gibran 1923. 29)

Cuando se trabaja con experiencias no expresadas, es importante que la persona ponga voz, completamente, a los numerosos sentimientos, necesidades, pensamientos e interpretaciones internas que nunca han sido verbalizados. Esto es lo que mis clientes denominan "revelar la verdad" —la expresión verbal (y a veces física) de lo no-dicho, y a menudo de lo no-reconocido: sentimientos, pensamientos, actitudes, asociaciones, y reacciones que la persona ha mantenido en su interior. "Revelar la verdad" no se trata de la mera expresión de los hechos ni de la información verificable que puede ser confirmada por otros. Se trata de una "verdad narrativa": la manifestación de la propia experiencia interna y el esfuerzo por otorgarle significado (Allen 2009; Burgess y Burgess 2011).

"Revelar la verdad" consiste en traducir los afectos y las reacciones fisiológicas al lenguaje y en expresar honestamente lo que nunca se expresó en la relación. Cuando nosotros, los psicoterapeutas, ponemos énfasis en "revelar la verdad", estamos invitando al cliente a atender y exteriorizar la expresión interrumpida de sentimientos, actitudes y gestos físicos (Erskine, Moursund, y Trautmann 1999). Son estos gestos, palabras, y afectos interrumpidos los que interfieren en la capacidad de decir "hola" y "adiós". Numerosos clientes no están acostumbrados a compartir sus pensamientos íntimos. Alentamos al cliente a hablar con franqueza. Este "revelar la verdad" es lo contrario de las conversaciones intrascendentes que muchas personas entablan durante toda su vida. Las conversaciones intrascendentes comienzan como medidas de autoprotección para mantener una relación, pero, con el tiempo, deterioran la intimidad y el contacto interpersonal.

La psicoterapia del duelo y la pérdida es más eficaz cuando se realiza dentro de un contexto relacional, ya sea cara a cara con la persona interesada o por medio de una conversación imaginaria mantenida con la representación internalizada de la otra persona. Ese contexto puede existir en el contacto interpersonal entre cliente y terapeuta, en la comunicación empática entre el cliente y los miembros del grupo, o en el diálogo honesto entre el cliente y la imagen internalizada de un otro significativo. Para algunos clientes, lo mejor es una combinación de ambos enfoques.

A menudo empleo la técnica de la "silla vacía", invitando al cliente a visualizar al otro significativo, a exagerar un gesto físico interrumpido, a manifestar los sentimientos no expresados, a poner palabras que transmitan sus experiencias subjetivas al otro. Al trabajar con la imagen internalizada de esa otra persona, creamos la posibilidad de que los clientes utilicen su imaginación para expresar lo que necesitan decirle. Utilizo un antiguo concepto de terapia infantil: *generar en la fantasía lo que no es posible que se produzca en la realidad.*

Para la mayoría de los clientes, es esencial exteriorizar lo que sienten a la imagen internalizada de la otra persona, que hagan el contacto necesario en la fantasía —hacer por fin lo que faltó en la situación original. Para otros clientes el contacto interpersonal entre ellos y el psicoterapeuta resulta terapéuticamente más eficaz que utilizar el método de la "silla vacía". Si el cliente no puede visualizar al otro porque carece de apoyo interno o teme el rechazo o la burla de ese otro visualizado, entonces le pido que me mire a los ojos y me relate su vivencia con esa otra persona. Traslado sus "asuntos pendientes" a la relación conmigo: "Por favor, *cuéntame* lo que le dirías a tu padre si estuviera lo suficientemente sobrio para escucharte" o "Puesto que estás seguro de que tu madre volverá a decirte que eres 'tonto' y negará lo que realmente ocurrió, por favor dímelo *a mí. Voy a escucharte".* Quiero que perciba las emociones en mi rostro, que escuche mis expresiones de compasión y simpatía, y que sienta mi presencia plena.

A menudo es necesario llevar a cabo la terapia del duelo en un contexto relacional, cara a cara, cuando:

- la sesión de terapia tiene lugar poco después de la pérdida;
- el cliente carece en su vida de personas que le proporcionen apoyo y cariño;
- no hay suficientes recursos internos para emplear de forma efectiva la visualización del otro en la "silla vacía"; o
- el dolor se agrava por la interferencia de diferentes problemas.

El objetivo de cualquier método, hablar al otro visualizado o hablar directamente al psicoterapeuta o a los miembros del grupo, es el mismo: la creación de una narrativa verbal (y a veces la expresión física) de los afectos, las fantasías y los significados subjetivos no manifestados y no articulados. Con la ayuda experta del psicoterapeuta, las sensaciones físicas, los sentimientos y las necesidades, los recuerdos explícitos e implícitos, las reacciones y las actitudes del cliente pueden hacerse conscientes y, por último, ser articulados como una narrativa personal.

Antes de trabajar con un cliente en duelo, me planteo una serie de cuestiones éticas: "¿Es esto una reacción de duelo normal que se resolverá con el propio transcurso natural del tiempo?" "¿El duelo del cliente es prolongado?" "¿Le impide vivir la vida plenamente?" "¿Se ve el duelo complicado por otros problemas que requieren ayuda adicional?" "¿Mejorará el bienestar del cliente si intervengo terapéuticamente en su proceso de duelo?" "Si yo intervengo, sería más eficaz: ¿trabajar relacionalmente?, ¿cara a cara?, ¿emplear la 'silla vacía'?, ¿utilizar las interacciones dentro de un grupo? o ¿combinar varios enfoques?".

"Toda aflicción se puede soportar si la presentas en una historia o si cuentas una historia sobre ella". (Karen Dinesen 1957)

Duelo complicado: contacto interpersonal

Ruth era la madre de un chico de diecinueve años de edad que había muerto en un accidente de coche. Había llegado a la ciudad para resolver cuestiones legales, cerrar el apartamento de su hijo en la universidad, y conocer a la familia de otro joven fallecido. Un antiguo terapeuta de su ciudad natal le había dado mi nombre y sugerido que hablara conmigo. Ruth estaba abatida por el duelo y por varios problemas sin resolver. Nuestra primera conversación por teléfono fue una mezcla de desesperación, irritación, confusión y soledad. Yo sabía que iba a disponer de una sesión, o tal vez a lo sumo dos, para ayudar a Ruth a expresar y a procesar su duelo. Concertamos una sesión inicial de dos horas.

El duelo de Ruth se veía agravado por muchas preocupaciones: no sólo había perdido a su hijo, también tenía que enfrentarse a las familias de los otros jóvenes que iban en el coche. Estaban pendientes varias responsabilidades legales, y su ex-marido la culpaba por el comportamiento de su hijo. No disponía de tiempo suficiente para ayudarla a resolver los innumerables problemas legales e interpersonales que la desbordaban. Después de los primeros treinta minutos, me planteé una prioridad terapéutica: escogí hacer que ella se centrara en la muerte y la pérdida de su hijo y en las cualidades de su relación, con el fin de hacer contacto, de decir "hola" y, tal vez después, decir "adiós". Los otros problemas no resueltos tendrían que esperar hasta que obtuviera algo de alivio en su intenso duelo.

Ruth estaba alterada e irritada por todas las exigencias externas que recaían sobre ella. Estaba tan confundida y sola en su duelo que parecía prematuro para ella hablar con la imagen fantaseada de su hijo en una "silla vacía". No estaba seguro de que ella poseyera los recursos internos para decir "hola" usando la imaginación. Percibí que era aún demasiado pronto ¡justo después de la muerte de su hijo! En vez de emplear el enfoque de la "silla vacía", sugerí a Ruth que me mirara a los ojos, le pedí que me contara todo sobre su hijo. Quería que Ruth experimentara mi resonancia emocional íntegra, con sus sentimientos y su vivencia de ser la madre de un hijo que acababa de morir. Prevaleció nuestro contacto interpersonal ... nuestra relación. Primero, enfocaríamos nuestro trabajo en un auténtico "hola", estableciendo una conexión interpersonal plena entre Ruth y yo.

Comencé preguntando a Ruth cómo había muerto su hijo y le pregunté también sobre los detalles fácticos. Me contó que él conducía el coche ... él y otros tres chicos se habían emborrachado y empotrado contra el escaparate de una tienda. Mientras yo indagaba acerca de sus sentimientos, ella expresó la rabia por el consumo frecuente de alcohol y la conducción temeraria de su hijo. Era importante que viera que yo tomaba en serio su rabia. Le pregunté acerca de otras ocasiones en las que se había enfadado con él. Me habló de épocas anteriores, cuando su hijo actuaba de forma irresponsable, consumía alcohol en la adolescencia, cogía su coche sin permiso, y discutían por ese hecho con frecuencia. Escuché con interés y expresé lo preocupante que resulta para los padres el hecho de que los hijos actúen de manera irresponsable. Mi intención era reconocer su rabia, prestar una atención cuidadosa a su resentimiento, y proporcionar sintonía y validación a sus emociones.

Más tarde indagué sobre otras emociones y le pregunté qué más sentía: habló de la tristeza por no poder verle nunca licenciado en la universidad, ni casado, y por no tener nietos; lloró todas esas pérdidas. La animé a que me contara las experiencias tempranas con su hijo y ella siguió llorando mientras describía algunos eventos importantes de sus años preescolares. Mientras ella narraba estas historias, yo esperaba que pudiese percibir la compasión en mis ojos.

Después indagué sobre sus recuerdos más preciados: me habló de sus brillantes logros académicos, de las cosas maravillosas que habían hecho juntos en sus primeros años de adolescencia, y de lo cariñoso que se había mostrado con ella durante su divorcio. Me alegré por ella cuando me relataba estos importantes recuerdos. Le pregunté a continuación si había algo sobre lo que estuviera resentida. Expresó más extensamente cómo detestaba su consumo de alcohol y que no prestara atención a su seguridad. Durante todas estas historias mantuve el contacto visual y, aunque yo no decía mucho, le mostraba mi implicación con mi expresión facial y corporal.

Entonces pedí a Ruth que me contara más acerca de su relación durante la infancia temprana: lloró mientras hablaba de su nacimiento, de algunos valiosos momentos durante su niñez, y de los muchos instantes de contacto amoroso que compartieron juntos. Me dijo que admiraba a su hijo por sus numerosos éxitos deportivos y académicos. Igual que ella, yo sentí aprecio por sus muchas cualidades y pudo ver las lágrimas en mis ojos en resonancia mientras recordaba muchas de las experiencias especiales que ella y su hijo habían disfrutado juntos.

La terapia para el duelo de Ruth residía en nuestro contacto interpersonal. Me mostré compasivo cuando Ruth estaba triste, tomé en serio su rabia, le expresé mi alegría cuando recordaba los preciados momentos con su hijo, me sentí protector cuando expresó los temores sobre sus cuestiones legales no resueltas. Sus emociones oscilaron desde la desesperación y la confusión, a la rabia, la tristeza, el resentimiento, y después más rabia, mayor tristeza, y finalmente, la alegría y la gratitud.

El contacto intersubjetivo —la expresión de Ruth de cada uno de sus afectos y mis respuestas sintonizadas— fue esencial para que Ruth encontrara algún alivio a su dolor (Stolorow, Brandschaft, y Atwood 1987). Este proceso de resolución del duelo se realizó cara a cara, persona a persona. Sin embargo, incluía todos los elementos que podría utilizar en la técnica de "silla vacía" con otro cliente que tuviera más recursos internos y apoyo relacional o cuyo duelo no fuera tan reciente. Para Ruth, la cura se basó en la calidad de la relación.

Duelo prolongado: la "silla vacía"

Zia era una mujer de cuarenta y siete años de edad que llevaba afligida desde hacía años por la pérdida de su hijo. Aunque ella y su marido habían conversado sobre esa pérdida tiempo atrás, Zia no había hablado de su duelo durante años. Se lamentaba en silencio. En su grupo de terapia otro cliente había comentado el dolor por la muerte de su hija de cinco años. Este fue el estímulo para que Zia hablara al grupo.

ZIA: Mi corazón se acelera. Hace catorce años, me quedé embarazada. Después de cuatro o cinco meses, diagnosticaron que mi bebé tenía el cerebro incompleto y una malformación de la columna. Por consejo médico y por el bien del niño, decidimos interrumpir el embarazo. Fui al médico y después de dos días de calambres di a luz a un bebé muerto. Pero yo siempre he sentido que todavía hay un bebé dentro de mí (*Empieza a llorar. Larga pausa*). Creo que tengo que decir adiós a mi bebé.

En los siguientes minutos, hice un contrato con Zia explicándole cómo se podía decir "adiós" dentro de nuestro grupo. Le describí la utilidad de usar una "silla vacía" y le ofrecí poder escoger entre hablarme a mí, al grupo o a la imagen fantaseada de su hijo. Accedió a hablar a la imagen con la que ella había fantaseado a menudo durante años.

RICHARD: Cierra los ojos y sostén este bebé. (*Le entrego un cojín blando pequeño*) No tengo prisa, tómate tu tiempo. Asumamos que tu bebé ha nacido vivo y que tienes todo el tiempo que necesitas para hablar a ese bebé. (*Llora más profundamente. Esto es el principio de su "hola" a su bebé muerto*).

RICHARD: (*Después de una pausa de medio minuto, con voz suave*) Permítete imaginar cómo será alimentar a tu bebé por primera vez. Siente esas sensaciones en tu cuerpo. Cuéntaselas a tu bebé. (*Aquí estoy proporcionando "orientación terapéutica" e invitando a la clienta a ser consciente de sus fantasías de sostener un bebé vivo*).

(*Después de unos minutos Zia, deja de llorar. En los siguientes, Zia describe sus imágenes sobre la primera experiencia de lactancia. Habla con su bebé, que está representado por el cojín que mantiene en sus brazos. Describe con detalle sus sensaciones corporales, su amor al alimentarlo, y el deleite de su hijo al ser alimentado. Acaricia activamente el cojín*).

RICHARD: Continúa acariciando a tu bebé. (*Esta indicación terapéutica pretende intensificar su sensación fisiológica de estar en contacto con una imagen internalizada del bebé*). Dile a tu hijo cómo es para ti cambiarle los pañales. Siente lo suave que es tu bebé (*pausa*). Sólo experimenta lo especial que es este momento para vosotros dos. (*Zia, al hablar con su hijo, describe el deleite mientras le cambia y la alegría de estar juntos. Está sonriendo mientras conversa con el bebé, hay una risita en su voz*).

RICHARD: Escucha cómo dice "mamá" por primera vez. Cuéntale lo que sientes al oírlo, al sentir su voz. (*Durante los siguientes cinco minutos, Zia habla con el bebé y le expresa cuánto le quiere y todas las cosas que harán cuando crezca*).

RICHARD: Dile lo que significa para ti que esté a punto de dar sus primeros pasos. (*Zia rompe a llorar. Le dice al niño que jamás caminará y que tal vez nunca conseguirá hablar. Su cuerpo tiembla de pena mientras llora profundamente*).

RICHARD: (*Después de tres minutos de silencio*) Háblale a tu hijo de los sueños que tenías cuando pensabas que iba a ser normal. (*Zia describe una serie de imágenes relevantes, como el baño, los juegos en el suelo juntos, y las lecturas. Continúa contando a su hijo varios sueños sobre ser la madre de un niño normal*).

RICHARD: Ahora dile lo que supondrá crecer con deformidades físicas. (*Zia sigue hablándole de sus deformidades físicas y mentales. Describe la extensa y costosa atención médica que podría necesitar y la falta de un centro sanitario adecuado. Le habla del amor por sus otros hijos y de que no estaría disponible para ellos si tuviera que cuidar de sus muchas necesidades físicas. Ya no está llorando, suena fáctica*).

RICHARD: (*Después de una breve pausa*) Háblale de tu familia ... Y háblale sobre las enseñanzas relevantes que te gustaría inculcarle. (*Zia relata el amor de su familia y el sistema de valores que le gustaría transmitir a su hijo. Describe a su hermano y a su hermana, y el cariño que ellos le profesarán también. Detalla de* nuevo su temor a descuidar a sus otros hijos debido al constante cuidado que requerirá su bebé. El terapeuta la anima a que continúe hablándole al bebé. Ella relata la indiferencia de la sociedad hacia las personas con discapacidad, y las muchas complicaciones médicas que afrontaría al envejecer si viviera).

RICHARD: Ahora cuéntale a tu hijo lo que quieres hacer por él. (*Zia describe cómo quiere enviarle al cielo. Le dice que no hay suficientes servicios médicos para ayudarle y que él podría sufrir un constante dolor si viviera. Sigue hablando de que tiene que proteger a sus otros dos hijos. Continúa llorando mientras le dice que ella lo está protegiendo enviándole a vivir con Dios. Termina con la descripción de la paz que siente al saber que él está en el cielo. Ha dejado de llorar*).

Después de tres minutos, Zia abre los ojos y mira al grupo. Algunos miembros del grupo están llorando. El terapeuta les hace un gesto para que se coloquen alrededor de Zia y les pide que le expresen a ella sus sentimientos. Todos se agrupan entre lágrimas y comparten sus propias historias, mientras apoyan a la clienta. Pasados unos quince minutos, sugiero al grupo que diseñe un ritual de despedida. Varios miembros abrazan a Zia mientras que alguien en el grupo canta una canción. Un miembro del grupo coge el bebé y escenifica un entierro. A continuación, otra persona pronuncia una palabras sobre lo buena madre que es Zia. Zia sonríe, su cuerpo está relajado. Después de unos minutos, ella indaga en los sentimientos de otros miembros del grupo.

En la siguiente sesión, Zia comentó "me siento enormemente aliviada: ha sido la noche que mejor he dormido en catorce años. Me he quitado un gran peso de encima. Mi marido y yo tuvimos una conversación maravillosa. No me había dado cuenta de que cargaba con tanta aflicción".

Reflexiones posteriores

Zia y Ruth son, ambas, mujeres maduras lidiando con temas adultos de profunda angustia y desesperación —el dolor de una madre por la muerte de un hijo y su correspondiente desconcierto ante los sentimientos íntimos y los sueños. En el duelo prolongado de Zia, era central su indecible dilema ético y su constante amor tanto por el hijo abortado como por sus otros hijos. Ruth, como Zia, sentía también un gran dolor emocional, pero su sufrimiento se veía agravado por su rabia por el comportamiento irresponsable de su hijo, las cuestiones legales pendientes y la falta de apoyo de su ex marido. Para estas mujeres, la reparación del duelo requirió que articularan su narrativa personal con un oyente interesado e involucrado.

Estos son dos ejemplos de terapia de duelo relacionada con el Estado del Yo Adulto del cliente. Con otros clientes, la psicoterapia del duelo puede centrarse en la articulación de los sentimientos del Estado del Yo Niño, las reacciones fisiológicas y conductuales y las correspondientes creencias de auto-estabilización. La terapia del Estado del Yo Niño probablemente será necesaria cuando un cliente esté abordando la muerte de uno de sus progenitores (ya sea después de que haya muerto o por la anticipación y la preparación para decir un último adiós). Cuando los clientes tienen "asuntos pendientes" con sus padres u otras personas relevantes de su infancia (abuela, tío, hermano, maestro), puede resultar necesario que el psicoterapeuta facilite la expresión de las emociones y que aborde la desconfusión de uno o más Estados del Yo Niño, así como la descontaminación del Estado del Yo Adulto (Berne 1961), o que ayude a dar significado a las manifestaciones de guión (Erskine 2010a).

Tal como se describe en estos dos casos, la psicoterapia del duelo será única para cada cliente. Para ilustrar algunas de las posibles variantes, he incluido algunos ejemplos breves. Cuando el duelo prolongado es en respuesta a un divorcio o a la ruptura de una relación amorosa, puede ser importante comenzar con la rabia, la amargura, o la sensación de traición del cliente, ya que a menudo es lo que resulta predominantemente evidente para la persona. Sin embargo, algunos clientes pueden encontrarse inmersos en su odio o en su rabia. Podría ser igualmente importante facilitar la consciencia del cliente sobre su tristeza por los sueños truncados y recordar la experiencia especial o amorosa que la pareja compartió una vez.

Para conseguir un equilibrio, podría ser necesario desplazar el centro de atención del cliente desde los resentimientos y la amargura hacia los recuerdos agradables. Para eso utilizo preguntas tales como: "¿Qué te atrajo?" "¿Cómo fue la primera vez que os conocisteis?" "¿Qué cosas maravillosas hicisteis juntos?".

Cuando la pareja del cliente, con la que ha estado mucho tiempo, sufre demencia, la terapia puede iniciarse repasando los recuerdos de los buenos momentos que pasaron juntos. Después, el tratamiento puede centrarse en el descontento y la rabia del cliente debido a la pérdida del interés por la vida en su pareja y debido a su mermada capacidad física; y luego, de nuevo, volver a los recuerdos más preciados. Un aspecto relevante de la psicoterapia se encuentra en la expresión, de forma equilibrada, de todo el rango de afectos.

El hermano de Anthony se había suicidado y, durante casi dos años, Anthony se despertaba cada día sintiéndose deprimido. Como parte de una terapia más exhaustiva, usamos la técnica de la "silla vacía" para que pudiera expresar su tristeza directamente a la imagen internalizada de su hermano. Finalmente, se permitió a sí mismo llorar. Repitió varias versiones de "te quiero", "te echo de menos", y le habló acerca de los buenos momentos que habían pasado juntos durante su infancia. Sin embargo, continuaba sufriendo una gran tristeza por la pérdida de su hermano.

En sesiones posteriores, le invité a que continuara hablando a su hermano. En esa ocasión, le animé a que prestara atención a la tensión muscular de su cuerpo y a que describiera sus sensaciones. Gradualmente, comenzó a expresar su rabia y resentimiento con declaraciones tales como: "Estoy furioso porque has hecho daño a nuestra madre y a nuestro padre", "¿Cómo te atreves a matarte?", "Eres una mierda por hacer eso a tus hijos". Se enfureció con la imagen de su hermano y pateó la "silla vacía" por la habitación. En la terapia de Anthony, el equilibrio entre los agradecimientos y los resentimientos era menos importante que poder expresar en detalle toda su rabia. Tras estos trabajos terapéuticos, dejó de despertarse cada día sintiéndose deprimido, su depresión había sido causada por la desapropiación de la rabia hacia su hermano por haber cometido suicidio.

Suzanne, una clienta en terapia individual, no había asistido al funeral de su padre cuando éste falleció veinte años atrás. Después de dos sesiones de trabajo de "silla vacía" y de "revelar la verdad", le pedí que hiciera un dibujo de su padre. En la siguiente sesión, nos fuimos al parque, encendimos un fuego, y realizamos una cremación de "despedida". Más adelante en la terapia, habló de lo importante que había sido para ella que saliéramos del despacho y realizáramos una ceremonia especial de cremación. Dijo: "En el parque, le di mi último adiós."

Si utilizo la técnica de la "silla vacía" en grupo, a menudo pido al cliente que repita su historia a los miembros del grupo para que pueda experimentar la resonancia emocional con ellos, algo similar a lo que podría suceder en un funeral. Establecemos periódicamente un ritual funerario, psicodramático, que aborde el duelo de la persona y/o el duelo que puede ser estimulado en otros miembros. Con algunos clientes, podría resultar beneficioso que la terapia del duelo se realizara enteramente dentro de un proceso relacional de grupo, donde el énfasis terapéutico radica en el poder sanador de las relaciones entre los miembros de ese grupo. En esta psicoterapia relacional de grupo, las tareas del líder incluyen estimular el flujo de diálogo con pleno contacto, ofreciendo un modelo de la importancia de la indagación fenomenológica y creando una atmósfera que permita responder a las necesidades relacionales de cada individuo (Erskine 2013). La implicación respetuosa entre los miembros del grupo favorece la resolución del duelo y posibilita que cada uno tome consciencia y exprese sus propias experiencias. La cura del duelo se hace posible a través de las relaciones afectuosas y con pleno contacto entre los miembros del grupo.

El duelo no siempre está relacionado con la pérdida de una persona. Malisse, de cincuenta y dos años de edad, vino a terapia individual cinco años después de haber sufrido una mastectomía, con un contrato dirigido a resolver "problemas relacionales" y su "retraimiento con la gente". Después de varios meses de terapia, cuando ella había establecido una relación segura conmigo, le pedí que cerrara los ojos y hablara con su pecho. Se sentó, con la mano sobre la cicatriz del pecho y lloró durante varios minutos. Entonces habló con el pecho como si estuviera hablando con su mejor amiga. Le dijo a su mama que era hermosa y que le encantaba. Describió el placer que siempre había obtenido con su cuerpo. Luego se echó a llorar. Todo su cuerpo se estremeció de dolor.

En nuestra siguiente sesión, después de revisar el trabajo de duelo de la semana anterior, le sugerí que pusiera el cáncer en la "silla vacía" y hablara con él. Se enfadó con el cáncer, maldijo su existencia y exclamó: "Te excluyo de mi cuerpo". Gritó, lloró y volvió a gritar su enfado con el cáncer, tanto para sí misma como en nombre de todas las mujeres. Finalmente, expresó agradecimiento por el hecho de que el cirujano hubiera eliminado las células cancerígenas. Lamentó no sentirse ya atractiva para los hombres y, de repente, tomó la decisión de someterse a un implante mamario. Después de estas dos sesiones de duelo, continuamos nuestra terapia relacional mientras se recuperaba de su cirugía reconstructiva y exploraba nuevas relaciones sociales.

Duelo anticipado

Previamente a la muerte de un ser querido, algunos clientes sufren una variedad de síntomas relacionados con el duelo. Estos síntomas asociados pueden incluir negación, episodios de intensa tristeza que se alternan, a menudo, con períodos de embotamiento emocional, confusión, evitación o rabia hacia la persona moribunda, así como discusiones repetitivas, sensación general de impotencia y/o una sensación de sentirse abrumado y estresado. Muchas personas experimentan una intensa aflicción anticipada antes de que un ser querido fallezca. Sin embargo, la literatura psicoterapéutica no aborda el tratamiento del duelo que puede originarse por la anticipación de la muerte de un ser querido.

Aquellos clientes que experimentan un duelo anticipado, pueden presentar las mismas dinámicas psicológicas que describen los teóricos sobre las etapas, pero en estos clientes, las reacciones emocionales no parecen atravesar etapas bien definidas. En mi experiencia clínica, los clientes que experimentan un duelo anticipado, a menudo muestran una mezcla de reacciones emocionales: en algunos clientes hay una progresión ordenada de una emoción a otra, mientras que en otros clientes, sus reacciones emocionales parecen oscilar de un extremo a otro en cuestión de minutos. Pueden estar resentidos, agradecidos, desesperados, abiertamente enfadados, nostálgicos, adaptados a sus tradiciones familiares y/o anhelando unas palabras de reconocimiento o amor. Con frecuencia, los clientes en duelo se centran en una emoción específica y se desapropian de otros sentimientos y pensamientos. Independientemente de que organicemos nuestra psicoterapia y prestemos atención a cada "etapa" del duelo o que, en lugar de eso, nos enfoquemos principalmente en la experiencia emocional emergente de nuestros clientes, éstos a menudo nos necesitan para atender los "asuntos pendientes" que aún tienen con la persona moribunda.

Las conversaciones íntimas y transcendentales son esenciales en la resolución del duelo, sea el duelo prolongado, complicado o anticipado. Lo ideal sería que tal conversación íntima pudiera darse antes de la muerte del ser querido. Después de la muerte de un ser querido, el duelo queda a menudo reforzado por los "asuntos pendientes" —el dolor emocional por lo que sucedió y/o el arrepentimiento de lo que nunca ocurrió— y los pensamientos de "Me habría gustado decir más", "Si al menos hubiéramos tenido una conversación auténtica", "Nunca le dije lo mucho que significaba para mí" o "Nunca conté la verdad". Cuando se entablan conversaciones íntimas y honestas antes de la muerte de un ser querido, el duelo posterior al deceso es mucho más fácil de asimilar y de resolver. Cuando tales conversaciones significativas no suceden antes del fallecimiento del ser querido, la experiencia de duelo posterior al deceso con frecuencia se intensifica y prolonga.

La psicoterapia descrita en esta sección consiste en crear una oportunidad para expresar sentimientos, establecer contacto interpersonal y "revelar la verdad" antes de que la otra persona muera. Idealmente, prefiero que la psicoterapia allane el camino para las conversaciones sinceras cara a cara entre mi cliente y la persona moribunda mientras todavía está lúcida. Muchos clientes necesitan aliento y apoyo terapéutico con el fin de entablar un diálogo relevante con la otra persona. Para algunos clientes, nuestra psicoterapia proporciona un ensayo, con contenido emotivo, que posibilitará la comunicación íntima y honesta antes de que el ser querido fallezca.

En algunas situaciones, la expresión real de las emociones auténticas, el contacto interpersonal pleno, y la manifestación de la "verdad" a la otra persona no son opciones viables. La otra persona puede encontrarse en coma, sufrir demencia, o ser emocionalmente incapaz de mantener una conversación con sentido. Debido a las creencias de guión tales como, "no tengo derecho a decir lo que siento" o "los demás son más importantes que yo", la mayoría de los clientes son muy reacios a iniciar conversaciones íntimas y transcendentales (O'Reilly-Knapp y Erskine 2010).

Los clientes pueden sentirse inhibidos a la hora de comunicar su experiencia significativa porque creen que ser honesto con la otra persona puede herirla o incluso matarla. Muchas familias han forjado un sistema que no permite conversaciones íntimas. En el momento de muerte inminente, la lealtad al sistema familiar de este tipo puede intensificarse. En cada una de estas situaciones puede ser terapéuticamente necesario que el psicoterapeuta facilite una conversación relevante en fantasía mediante la técnica de "silla vacía". Con el trabajo con la fantasía, el cliente imagina que la otra persona está sentada frente a él, creamos la posibilidad de un contacto interpersonal plausible —un contacto que podría no ser posible en la realidad— un contacto imaginativo que probablemente puede curar heridas relacionales.

Ejemplo de un caso

El hermano de Jason, Andrew, tenía un tumor cerebral. Se había visto sumido en un lento proceso de deterioro mental y físico durante más de dos años. Siendo su único pariente vivo, durante los últimos dos años Jason había asumido la responsabilidad de la organización de la vivienda, la atención médica y las necesidades financieras de su hermano mayor. Un año antes, los médicos habían pronosticado que Andrew fallecería en uno o dos meses. Pero no había muerto, Andrew continuaba viviendo con sus capacidades físicas disminuidas.

Jason es miembro de un grupo de psicoterapia que se reúne un día al mes durante seis horas. Había asistido a las últimas trece sesiones y en las sesiones sexta y séptima habló con los miembros del grupo acerca de la enfermedad de su hermano y sobre su frustración y agotamiento por el continuo cuidado que le dedicaba. Jason comentó que a través del proceso relacional del grupo se había sentido comprendido, apoyado y animado a seguir con la responsabilidad hacia su hermano. Le animé a entablar varias "conversaciones sinceras" con Andrew. En la undécima sesión, Jason declaró que le resultaba "imposible" decir algo relevante a su hermano. Expresó de nuevo al grupo su desesperación y su irritación hacia Andrew y dijo que deseaba que su hermano "terminara de una vez y muriera". Después lloró y dijo que anhelaba que su hermano le dijera "algunas palabras amables" o que, al menos, "simplemente mostrara su amor hacia mí".

En su decimotercera sesión, Jason comenzó diciendo que su hermano ya no podía hablar ni alimentarse por sí mismo. Jason había perdido la esperanza de que Andrew le reconociera su afecto de alguna forma. Jason se sentía abatido, su cuerpo estaba rígido. Le pregunté si estaría dispuesto a utilizar la técnica de la "silla vacía" para mantener una conversación "desde el corazón" con Andrew. Al principio se mostró reacio a imaginar a su hermano sentado frente a él o a expresar lo que sentía. Le aseguré que los miembros del grupo y yo estábamos allí para apoyarlo y ayudarle a expresar todos los sentimientos que rígidamente contenía en su interior. Sus puños apretados revelaban algunas de sus emociones no expresadas. Señalé que en sesiones anteriores había hecho algunos comentarios cáusticos y de enfado sobre su hermano, y que yo pensaba que representaban un resentimiento no resuelto. Después de un debate en grupo sobre su tensión corporal, accedió a experimentar con la imagen internalizada de su hermano y hablarle honestamente acerca de su relación.

Empezamos el trabajo con mi introducción casi hipnótica: "Jason, cierra los ojos e imagina que tu hermano está en su cama del hospital, y le quedan solamente treinta minutos de vida. Puede escuchar todo lo que dices, pero no puede hablar. Esta es tu última oportunidad para decirle todas las cosas importantes que nunca le has dicho. Lo fundamental es que seas honesto y no dejes nada pendiente. Yo estaré aquí para respaldarte. Mira su imagen y cuéntale la verdad sobre vuestra relación".

Jason le dijo titubeando a su hermano lo mucho que siempre le había admirado y querido. Le alenté a que continuara hablando con la imagen de Andrew y a que le contara todo. Le dijo a Andrew que había admirado a un hermano cinco años mayor y muy atlético. Cuando empezó a hablar de Andrew en tercera persona, le animé a seguir visualizando a su hermano y a "hablar con él". Continuó diciéndole a Andrew cómo había añorado "los buenos tiempos" juntos. Le induje a hablar de algunos de "los buenos tiempos" o de las cosas importantes que habían hecho. A Jason le resultaba muy difícil recordar momentos agradables. Describió algunos de los juegos en los que habían participado juntos y narró una vez que su hermano le había defendido de un matón en el patio del colegio.

Jason se esforzaba por recordar las experiencias placenteras o íntimas compartidas. Le sugerí que le dijera también a Andrew lo que faltaba en su relación. Jason expresó su anhelo de un hermano "amable y cariñoso". Habló de cómo, cuando era niño, esperaba que Andrew volviera a casa y jugara con él. Expresó lo descorazonado que se quedaba cuando Andrew le ignoraba o le pegaba. Jason describió con amargura cómo, cuando era pequeño, había deseado compartir el dormitorio con Andrew, pero Andrew le "torturaba". Prosiguió comentando a su hermano que, de adulto, había abusado pidiéndole prestado dinero sin devolvérselo, y que esperaba que Jason cuidara de su "caos financiero", pero que nunca dijo "gracias".

El rostro de Jason se había vuelto de color rojo intenso, las venas de su cuello se hincharon, sus puños empujaban la silla. Era evidente que estaba conteniendo fisiológicamente su rabia. Coloqué un gran cojín en la silla y sugerí a Jason que empezara cada frase con las palabras "no me gusta". Jason comenzó a gritar varias cosas que detestaba. Golpeó el cojín y gritó a su hermano, "No me gusta la forma en la que siempre me has tratado" y reiteró varios acontecimientos dolorosos en su relación. Luego añadió: "Siempre te he querido. Siempre quise gustarte. No me gusta cómo me utilizaste, ni cómo me trataste. Siempre me mantuve callado y esperé que fueras bueno conmigo. Ahora sé que nunca cambiarás".

Siguió gritando y golpeando el cojín durante unos minutos y luego se puso a llorar. Volvió a repetir varias veces las mismas cosas, pero esta vez su voz reflejaba dolor. Se lamentó, "deseé que fueras mi hermano, pero me odiaste la mayor parte de mi vida. He sido muy bueno contigo, pero nunca lo reconociste. Ha llegado el momento de que diga adiós a todas mis esperanzas. Nunca tendré el hermano que quería. Has sido una verdadera mierda conmigo. Ahora quiero que te mueras y terminar con todo este tormento de una vez. ¡Vete ahora! Encuentra la paz que nunca has tenido en vida. Es el momento de liberarme de ti. Quiero estar con la gente que me gusta". Mientras sollozaba calladamente durante unos minutos, el cuerpo de Jason se relajó y su rostro recuperó el color normal. Al final del día pareció estar mucho más animado. Me llamó por teléfono al día siguiente para decirme que ésa había sido la noche en la que mejor había dormido en los dos últimos años.

Conclusión

El caso de Jason ilustra el poder transformador de "revelar la verdad" y la importancia de expresar activamente las emociones que han sido inhibidas y contenidas por medio de tensiones físicas. Como podemos ver en cada uno de los ejemplos, el empleo terapéutico de la imaginación, de la técnica de la "silla vacía", junto con la implicación cuidadosa del psicoterapeuta proporcionarán al cliente la oportunidad de obtener una calidad de comunicación interpersonal en la fantasía que nunca había sido posible en la realidad.

Al principio de este capítulo esbocé varios modelos de trabajo para el tratamiento del duelo que se describen en la literatura profesional. Los ejemplos de caso utilizados en este capítulo ilustran la integración de varios de estos enfoques terapéuticos, siendo los principales:

- reconocer de los sentimientos desapropiados (negados);
- emplear métodos expresivos (activos) en la cura del dolor emocional y del enfado;

- proporcionar el tiempo y el espacio suficientes para que la persona relate su historia y para que concluya el "asunto pendiente";
- brindar una relación de apoyo mediante la implicación de los miembros del grupo y del psicoterapeuta;
- ayudar al cliente a que pueda fluir entre sus diversas respuestas emocionales tales como negación, desesperación, anhelo, rabia y ayudarle también en la reorganización de su sentido del self.

Durante muchos años he tratado a clientes que sufren un duelo, ya sea prolongado o anticipado; así he descubierto que es necesario que el cliente establezca un equilibrio entre las polaridades emocionales de enfado, resentimiento y amargura, con recuerdos de experiencias valiosas, afectos no expresados y amor. Tal y como se describe en este capítulo, "revelar la verdad" en trabajos con "silla vacía" ofrece un método eficaz para la resolución del duelo prolongado y del duelo anticipado. Se considera esencial que el psicoterapeuta aliente y apoye al cliente para "revelar la verdad", ya sea sólo en la fantasía de una imagen mental en un abordaje de "silla vacía" o, finalmente, cara a cara, con la persona real. El propósito de este tipo de psicoterapia es restaurar la capacidad del individuo de lograr un "hola" honesto y significativo antes de adentrarse en el "adiós" auténtico.

No puedo saber el dolor que sientes.
No puedo compartir tus recuerdos ni tu pérdida.
Mis palabras de condolencia no están a la altura, pero
que sepas que mi corazón le transmite su amor a tu corazón

Jonathan Lockwood Huie, 2014

CAPÍTULO DIECINUEVE

Historias no-verbales: el cuerpo en psicoterapia

Algunos de mis recuerdos más tempranos están relacionados con las sensaciones de mi cuerpo, de mis movimientos físicos, y también con la sensación de estar acurrucado en el cuerpo de otra persona. Debía de tener unos tres años cuando mi madre me despertaba cada mañana frotándome la espalda. Su tacto proporcionaba una cálida sensación de seguridad —un recuerdo emocional que yo evoco periódicamente hoy en día cuando tengo necesidad de atención y afecto. Hay una zona concreta en mi espalda que asocio con ser amado incondicionalmente, una zona que mi madre siempre acariciaba con una firme ternura.

Esta memoria fisiológica de atención y afecto tiene un marcado contraste con otra experiencia durante mi primera infancia, la de presenciar en la cocina una fuerte discusión entre mis padres. Traté de escapar de la agitación emocional marchándome a la habitación de al lado y aporreando las teclas del piano. Sin embargo, también seguí vigilante por si mi padre golpeaba a mi madre de nuevo. Tenía los hombros y el cuello tensos, debía de estar asustado. No puedo recordar una sensación clara de miedo, pero sé que hacer ruido en el piano era una distracción ante el caos emocional causado por sus gritos.

La tensión en el cuello y en los hombros permaneció en mi cuerpo durante años. La tensión era intensa cada vez que me enfrentaba a un conflicto, hasta que asistí a un taller de musicoterapia dirigido por dos colegas. Cuando llegué, la habitación estaba llena de gente, así que me senté en el suelo junto al piano. Aunque el ambiente general parecía ser seguro, hubo alguna discusión entre los ponentes y el público que me hizo sentir incómodo. De forma espontánea, me estiré y empecé a trastear con las notas graves del piano. Antes de que yo pudiera detenerme, uno de los musicoterapeutas me animó a seguir, a cerrar los ojos y a permitirme escuchar y sentir los sonidos que estaba haciendo. Golpeé el piano con más y más fuerza. Empecé a temblar de miedo. Sentía náuseas. Un grito profundo salió de mí mientras gritaba a mis padres para que dejaran de pelearse. Este grito era una reacción que expresaba la protesta natural que yo había inhibido y que estaba basada en el miedo ante la pelea de mis padres. Durante más de cuarenta años, la tensión de los músculos de mi cuello y hombros había reprimido mi necesidad de causar impacto …, mi necesidad de protestar se había convertido en una *retroflexión*, se había inmovilizado y transformado en distracción (Perls, Hefferline, y Goodman 1951).

"The Body Keeps the Score" [El cuerpo lleva la cuenta] es el título de un artículo de Bessel van der Kolk (1994) sobre trauma y memoria. Mi cuerpo mantuvo la "cuenta" inconsciente de recuerdos emocionales y fisiológicos por el trauma de haber sido testigo de las peleas entre mis padres. Hasta ese día con la musicoterapia, no había tenido ningún recuerdo consciente de esos primeros acontecimientos de mi vida.

Así sucede con muchos de nuestros clientes. Dicen que no disponen de recuerdos anteriores a los diez o doce años de edad y, sin embargo, describen ataques de ansiedad, episodios de depresión o soledad, problemas digestivos, dolores de espalda, o como yo, tensiones en hombros y cuello. Todos estos síntomas emocionales y físicos son los recuerdos —a menudo los únicos recuerdos— de una pérdida sin esperanza, de abandono, o de sucesos traumáticos. Estos recuerdos significativos se expresan en nuestros afectos y también a través de nuestros movimientos corporales y de nuestros gestos. Dichas memorias corporales carecen de forma o de pensamiento y constituyen lo que con frecuencia denominamos *inconsciente*: un patrón no-verbal y no simbolizado del self-en-relación.

Mi cuerpo anhelaba una oportunidad para liberar la tensión, gritar, hacer impacto, ser protegido y ser consolado. Al no disponer de regulación afectiva parental ni de protección psicológica, había retroflectado mi miedo e inhibido mi protesta, contuve mi grito y me distraje a mí mismo. La retroflexión de mi necesidad de protestar y la tensión física en mi cuello cumplían la función psicológica de *auto-estabilización* afectiva en una situación en la que hubiese necesitado que mis padres me proporcionaran una fórmula para estabilizarme ante mi temor y sobrecogimiento.

Mi experiencia en la terapia fue una expresión de memoria visceral, fisiológica y emocional —una memoria que era pre-simbólica, implícita y relacional— haciéndose consciente mientras estaba sentado debajo del piano y empezaba a trastear las teclas. Esta era una historia con carga emocional a la espera de ser relatada. En mi terapia regular, había hablado de la inhibición de mi protesta, de tener miedo a los conflictos y de la tensión en mi cuello. Pero mi terapia había sido totalmente verbal y mis ejemplos eran acerca de la vida actual. El estímulo y la seguridad de la demostración en musicoterapia hicieron posible que yo hiciera una re-escenificación guiada y terapéutica de mi trauma temprano.

Nuestros cuerpos mantienen nuestras memorias pre-simbólicas, implícitas, y procedimentales en el sistema nervioso, los músculos y los tejidos conjuntivos. Estas memorias emocionales y fisiológicas pueden expresarse como gestos, inhibiciones, compulsiones, tensiones físicas y gestos singulares. Eric Berne se refirió a estas tensiones y gestos como la "señal del guión". Expresó que "para cada paciente hay una postura característica, gesto, ademán, tic o síntoma que significa que está viviendo 'en su guión'" (1972. 315).

La terapia Gestalt define tales ademanes habituales y gestos interrumpidos como "retroflexión", una represión de lo que necesita ser expresado con el fin de evitar la consciencia del malestar psicológico (Perls, Hefferline, y Goodman 1951). Las personas tensan los músculos de su cuerpo como una distracción para auto-estabilizarse después de ser inundadas con un afecto abrumador. A menudo, la retroflexión se convierte en habitual e interfiere con el contacto interno, la consciencia de las sensaciones, los afectos y las necesidades.

¿Inconsciente o en el cuerpo?

La mayor parte de lo que coloquialmente llamamos "inconsciente" se podría describir mejor como expresiones pre-simbólicas, subsimbólicas, implícitas o procedimentales de las experiencias de la infancia temprana, que son modalidades significativas de memoria (Bucci 2001; Kihlstrom 1984; Lyons-Ruth 2000; Schacter y Buckner 1998). Estos tipos de memoria no son conscientes, en el sentido de que no se transponen al pensamiento, concepto, lenguaje o narrativa. Tales memorias sub-simbólicas o implícitas se comunican fenomenológicamente a través de tensiones fisiológicas, movimientos corporales, afectos indiferenciados, anhelos y repulsiones, tonos de voz y patrones relacionales.

Freud postuló que "el inconsciente" era el resultado de la "represión", donde se impide defensivamente que las incómodas experiencias traumáticas o con carga afectiva puedan llegar a la consciencia (1912b, 1915e).

Trabajando con muchos clientes en psicoterapia, me ha quedado claro que determinados recuerdos, fantasías, sentimientos y reacciones físicas pueden ser reprimidos porque podrían traer a la consciencia experiencias de relaciones en las que las necesidades físicas y relacionales fueron repetidamente insatisfechas y los afectos asociados no pudieron integrarse porque hubo (hay) un fallo en la capacidad de respuesta sintónica por parte de la otra persona significativa (Erskine 1993; Erskine, Moursund, y Trautmann 1999; Lourie 1996; Stolorow y Atwood 1989; Wallin 2007).

Algunos de los clientes que he tenido estaban demasiado asustados como para recordar sus propias experiencias infantiles. Sabían que sus recuerdos eran emocionalmente dolorosos, incluso abrumadores, y no querían que yo hiciera nada que pudiera perturbar su equilibrio autoprotector. Reprimían activamente la consciencia de lo que "percibían" que había ocurrido en su pasado. Este tipo de clientes a menudo encuentra formas inteligentes, y a veces destructivas, para poder distraerse a sí mismos y no recordar. Descubrí que era esencial que yo construyera una relación terapéutica sólida con estos clientes antes de hacer cualquier indagación histórica o una terapia centrada en el cuerpo —una relación terapéutica basada en la paciencia, el respeto hacia el miedo a recordar, y una capacidad de respuesta sensible a sus afectos y a sus necesidades relacionales.

La experiencia que se mantiene inconsciente no es sólo el resultado de la represión psicológica y la distracción. Las investigaciones han demostrado que el trauma y la negligencia acumulativa producen una sobre-estimulación tan intensa de la amígdala y del sistema límbico cerebral que los centros fisiológicos del cerebro se activan hacia la huida, la congelación o la lucha. Hay poca activación de la corteza frontal y escasa integración con el cuerpo calloso, de manera que no se configuran la secuencia temporal, el lenguaje, los conceptos, la narrativa y la capacidad para calcular las relaciones causa-efecto (Cozolino 2006; Damasio 1999; Howell 2005). El cerebro es entonces incapaz de simbolizar la experiencia (Bucci 2001), pero la experiencia se almacena en la interacción neurológica afectos-cuerpo.

Esta línea de investigación neuropsicológica proporciona una base para que el psicoterapeuta trabaje directamente con las sensaciones viscerales de los clientes, sus reacciones musculares, sus movimientos y gestos interrumpidos, sus imágenes, y también con sus afectos. Junto con los métodos centrados en el cuerpo, a menudo empleo la indagación fenomenológica y la inferencia terapéutica para ayudar al cliente a construir un mosaico simbolizado compuesto de sensaciones viscerales y emociones, de reacciones corporales y tensiones físicas, de imágenes y de historias familiares. Este mosaico co-construido permite a la persona conformar una historia fisiológica, afectiva y lingüística integrada de sus experiencias vitales.

Algunas experiencias evolutivas pueden ser inconscientes porque las emociones, las conductas o las necesidades relacionales del niño nunca fueron reconocidas dentro de la familia. Cuando no hay conversaciones que otorguen sentido a la experiencia infantil, esa experiencia puede permanecer como sensaciones fisiológicas y afectivas, pero sin lenguaje social (Cozolino 2006). La falta de memoria también puede parecer inconsciente porque no se le ha dado el contacto relacional significativo. Si nunca se han producido experiencias relacionales relevantes, es imposible ser consciente de ellas. Si hubo carencia de amabilidad, respeto o dulzura, el cliente no tendrá ningún recuerdo: habrá un vacío de experiencia, aunque el cuerpo pueda llevar consigo una sensación de desolación, soledad y anhelos. Esta es a menudo la situación que se produce en el caso negligencia infantil. Lourie (1996) describió la ausencia de memoria, que refleja la falta de atención vital y un desconocimiento de las necesidades relacionales, en clientes con trauma acumulativo. La psicoterapia que integra un enfoque en las sensaciones corporales y en los afectos con una delicada indagación fenomenológica e histórica, ofrece la oportunidad de abordar lo que nunca ha sido reconocido y crear una narrativa verbal que refleje la historia narrada en el cuerpo.

Una consideración sobre los métodos

En la historia anterior sobre mi experiencia en musicoterapia, la seguridad y los aspectos no verbales de esa terapia hicieron posible que yo re-experimentara un trauma que no había estado previamente disponible a mi consciencia. La musicoterapia es sólo una de las técnicas que permite trabajar con la memoria pre-simbólica y procedimental, lo mismo que el arte-terapia. La terapia con movimiento y la danza terapia también pueden ser evocadoras de recuerdos tempranos. Como psicoterapeuta, empleo una serie de métodos de orientación corporal similares para facilitar la psicoterapia a mis clientes. Sin embargo, no soy un terapeuta corporal que se basa únicamente en cualquiera de las técnicas evocadoras o provocativas: soy un psicoterapeuta que se centra en el cuerpo y en las historias inconscientes que requieren resolución.

A menudo, cuando trabajo, me involucro con los clientes en una terapia orientada a lo corporal, esto conlleva que tomen consciencia de su respiración. Facilito que experimenten con las diferentes formas de respiración para poder encontrar su propio ritmo natural. A veces, sólo esto resulta suficiente para estimular la consciencia de recuerdos o para detectar dónde están manteniendo la tensión muscular en su cuerpo. O bien, el trabajo terapéutico puede centrarse en el *grounding*, es decir, en ayudar al cliente a sentir una base sólida y confiable bajo sus pies o sus nalgas. Presto atención para detectar los gestos inhibidos o interrumpidos. Estos son, a menudo, las "señales de guión" que reflejan una historia de mayor magnitud cargada de emoción e imbricada en el cuerpo. Observo con atención las interrupciones del contacto interno, es decir, cualquier pérdida de consciencia fisiológica: olfato, gusto, oído, vista, sensaciones en la piel, y digestión. Indago periódicamente sobre ello o concibo ejercicios de sensibilización que estimulen la consciencia de diversas sensaciones corporales que podrían estar bloqueadas o que pueden servir como una vía de acceso a memorias sub-simbólicas y procedimentales que están fisiológicamente retroflectadas y por lo tanto no-conscientes.

A otros clientes, puedo alentarles a exagerar el gesto inhibido, o a apretar aún más fuertemente la mandíbula o el puño. Puedo pedirles que completen el gesto interrumpido y explorar qué sensaciones, afectos, fantasías o asociaciones surgen en su mente. Esto puede activar un trabajo con los músculos más grandes, aquellos que los clientes exploran moviéndose por el espacio. El movimiento, la consciencia del movimiento y la consciencia de las tensiones corporales, son a menudo evocadores de experiencias infantiles no relatadas. Puede que pida a los clientes que se centren en la zona donde notan sensaciones en su cuerpo, y que observen dónde tienen poca o ninguna sensación, y que presten atención también a las imágenes mentales que provoca este tipo de indagación.

Es esencial que me mantenga consciente de mi propio proceso corporal al hacer cualquier trabajo fisiológico con los clientes. En mi intento por lograr una resonancia fisiológica a menudo experimento vicariamente sus tensiones corporales. Mediante la atención a mi respiración y a las sensaciones corporales, busco una consciencia de la diferencia entre mis sensaciones y las sensaciones de los clientes, a pesar de que estoy simultáneamente identificándome con sus experiencias corporales.

Con algunos clientes, el trabajo de sensibilización corporal se puede hacer a través de la fantasía. En ese caso les pido que se imaginen utilizando su cuerpo de una manera diferente, por ejemplo corriendo, golpeando, defendiéndose, abrazando o acurrucándose. Parte del tiempo, la terapia centrada en el cuerpo supone trabajar con la imaginación, les animo a que se visualicen levantando los brazos y que imaginen a continuación que alguien les sostiene. En algunos grupos, lo que comienza como la sensibilización corporal de una persona y su movimiento, puede transformarse en un psicodrama que involucre a todo el grupo. El psicodrama es un poderoso método para facilitar la resolución de las experiencias traumáticas o de las experiencias de negligencia y abandono de nuestros clientes.

Los sonidos comunicativos tales como "Oh", "Ah," "Shuuu", o los suspiros tienen todos ellos un componente físico y afectivo. A menudo respondo a esos momentos de comunicación haciendo preguntas similares a "¿Qué está pasando en tu cuerpo justo en este momento?" o "¿Qué experimentas internamente cuando dices, 'Ah'?". Si el cliente parece abierto a esa indagación, puedo decir algo que refleje mis observaciones sobre sus tensiones corporales: "Presta atención a tu hombro izquierdo" o "siente lo que acaba de suceder en tu garganta", o "acabas de suspirar justo ahora. Tu cuerpo puede estar expresando algo importante".

Cada una de estas técnicas y cada uno de estos métodos centrados en el cuerpo, pueden ser altamente beneficiosos como complemento a una psicoterapia profunda orientada a lo relacional. Cuando empleo enfoques orientados al cuerpo, me centro en la necesidad de ajustar la técnica o el método a la tolerancia afectiva del cliente. Mantengo una actitud vigilante para que el ejercicio de sensibilización, la expresión artística, el movimiento del cuerpo, los golpes o las patadas a un cojín, o la experiencia de psicodrama se produzcan a un nivel en el que el cliente pueda procesar afectivamente la experiencia sin llegar a sentirse desbordado emocionalmente, porque esto podría desencadenar un refuerzo de las estrategias arcaicas de auto-estabilización. El ajuste a los niveles afectivos de los clientes exige una indagación fenomenológica constante y la observación de sus movimientos corporales antes, durante y después de emplear métodos centrados en el cuerpo.

Me esfuerzo en prestar atención a los sutiles cambios fisiológicos que aparecen cuando los clientes hablan, como las modificaciones en el volumen, la entonación, el ritmo y el tono. Estas manifestaciones pueden reflejar las memorias sub-simbólicas, implícitas y procedimentales imbricadas en los afectos y en el cuerpo del cliente. También detecto las pequeñas señales físicas como la dilatación o el aumento de la pupila, la tensión del cuello o la mandíbula, los cambios en la respiración, la contracción de la pelvis o las piernas, y la mirada esquiva, que pueden indicar que el cliente empieza a verse abrumado con afectos no expresados.

Mi objetivo terapéutico es estimular y potenciar la sensación de activación y sensibilización visceral del cliente para que obtenga una nueva experiencia fisiológica-afectiva-relacional. Quiero activar los gestos inhibidos del cliente y relajar las retroflexiones mientras presto atención a la posibilidad de sobre-estimulación y re-traumatización. Si aparecen los gestos físicos que reflejan una posible sobre-estimulación afectiva y una potencial re-traumatización, es mi responsabilidad cambiar el enfoque de nuestro trabajo corporal o el contenido de nuestra conversación, aliviar o detener cualquier contacto, modificar la actividad física y, cognitivamente, procesar la experiencia emocional con el cliente. Retomar la indagación fenomenológica y el diálogo interpersonal es a menudo la mejor manera de proporcionar al cliente la estabilización fisiológica y la regulación afectiva necesarias para que pueda integrar la experiencia terapéutica a nivel fisiológico, afectivo y cognitivo (Erskine, Moursund, y Trautmann 1999).

Terapia orientada al cuerpo sin contacto físico

Antes de que hable sobre la terapia corporal que incluye el contacto físico, me gustaría describir una situación terapéutica que estuvo principalmente centrada en el cuerpo y no involucró contacto alguno durante la etapa inicial de la psicoterapia. Jim vino a terapia de grupo porque no podía mantener amistades ni encontrar una pareja estable. Durante las primeras sesiones, resultó evidente que tendía a invadir el espacio: cuando entraba en la sala, colocaba su abrigo amontonándolo encima de los abrigos de las otras personas en lugar de utilizar su propia percha, dejaba sus zapatos donde los demás tropezaban con ellos, a menudo se dejaba caer en el sofá prácticamente encima de otra persona y ponía los pies en el regazo de cualquiera. En el grupo comenzó a ser considerado un incordio. Cuando los miembros del grupo le confrontaron por primera vez sobre su comportamiento y la invasión que sentían, Jim no parecía ser consciente de a qué se referían. Después de unas cuantas sesiones con estas discusiones, adquirió cierto grado de consciencia sobre su propio comportamiento, pero parecía mostrar poca capacidad de autogestión.

Observé que carecía de sensibilidad exteroceptiva y que tenía un escaso conocimiento sobre los límites de la interacción entre su propio cuerpo y el de los demás. En la siguiente sesión hice que cerrara los ojos y notara la silla, que tocara sus piernas, y que luego sintiera sus pies firmemente en el suelo; a continuación, le animé a que abriera los brazos y percibiese las dimensiones de su espacio exterior. Se deslizó del sofá sobre sus rodillas. Le sugerí que mantuviera los ojos cerrados y experimentara sus rodillas y sus manos enraizadas sobre la alfombra.

Empezó a gatear como un niño pequeño. Le animé a prestar atención a cada sensación de su cuerpo. Mientras gateaba por el suelo parecía limitado y restringido en las piernas y en los hombros. Estaba tenso. Supuse que tenía miedo. Después de varios minutos, comenzó a llorar; al principio suavemente, y luego con sollozos profundos. Permaneció de rodillas, con los ojos cerrados, con los brazos estirados en el aire llorando para que le aupasen. En una sesión posterior declaró que tenía un sueño recurrente en el que lloraba para que alguien le cogiera de la mano, le ayudara a caminar, y le sostuviera en su regazo.

En varias sesiones subsiguientes vislumbró la negligencia parental que podría haber sufrido entre los uno y dos años de edad. A través de las sesiones de terapia de grupo, creó un mosaico mental compuesto por algunas memorias explícitas, sensaciones físicas, observaciones sobre el comportamiento despectivo de su madre hacia sus hermanos cuando eran pequeños, e historias familiares del consumo abusivo de alcohol por parte de su madre cuando él era menor de dos años. Estaba formando una narrativa de la sensación de su propio cuerpo en el espacio y en la relación: perdido, solo y anhelando el contacto corporal con alguien. También se dio cuenta de que tenía un profundo miedo al rechazo si llegaba a tocar a alguien. Pasamos varios meses en la terapia de grupo semanal con Jim empleando parte del tiempo en tomar consciencia de sus emociones basadas en el cuerpo, en explorar el espacio y el contacto físico de los demás, abordando su anticipación del rechazo, y recibiendo el estímulo de los miembros del grupo para que experimentase nuevas formas de estar en relación.

Terapia mediante el contacto físico reparador

A veces toco a algunos de mis clientes, aunque con muchos de ellos nunca he tenido ningún contacto físico. La decisión de hacerlo o no, depende de las necesidades terapéuticas del cliente, de la calidad de nuestra relación psicoterapéutica, y del nivel de consciencia corporal y de afectos asociados que el cliente puede integrar. La decisión de establecer contacto físico no debe basarse únicamente en las preferencias teóricas o técnicas del terapeuta.

Cada cliente, en diferentes momentos del proceso continuado de la psicoterapia, puede beneficiarse terapéuticamente del contacto físico —un contacto del psicoterapeuta que puede oscilar desde un suave apretón de mano, hasta un profundo masaje en la espalda o en los hombros para ayudar al cliente a mover vigorosamente los músculos grandes, y a liberar emociones que previamente habían sido retroflectadas tales como tristeza, aversión, terror o enfado.

Algunos clientes se benefician de un toque suave y cálido que les resulta acogedor y protector. Con una mujer de setenta años de edad, tomé la iniciativa de sostener su mano durante una sesión mientras ella hablaba de su desesperación y del pánico que sentía por sufrir cáncer. Mientras cogía su mano, evocó un grato recuerdo de sentirse segura cuando era niña y recibía contacto físico. Ella experimentó nuestra sujeción de manos como si yo dijera: "Puedes gestionar esta crisis. Estoy contigo".

Eso desencadenó un recuerdo de su padre sentado junto a su cama, sosteniéndole la mano cuando ella padeció una fiebre alta a los nueve años. Durante más de sesenta años, había olvidado la calidez y la seguridad que este recuerdo le brindaba y percibió el contraste con el hecho de ser una mujer de edad avanzada que vivía sola. En esta sesión, el hecho de sostener su mano abrió la puerta para que pudiéramos hacer una psicoterapia profunda que se centró en sus sensaciones corporales, en sus asociaciones y en los recuerdos que iban emergiendo. La intersubjetividad de nuestra relación terapéutica, y la construcción de una narrativa personal repararon las interrupciones relacionales que habían ocurrido antes, y durante el tiempo en que su madre había estado hospitalizada por depresión. Sostener su mano y el abrazo de despedida fueron los únicos contactos físicos que tuvimos, pero mi iniciativa de cogerle la mano perduró en ella como una experiencia significativa.

Empleé el toque terapéutico de una manera muy diferente con otra persona. Jennifer era una psicoterapeuta con experiencia, había asistido a una serie de talleres de formación en los que se dedicaba activamente al aprendizaje y a la supervisión. En un par de ocasiones habló en el grupo de formación sobre sus sentimientos de desesperación, sobre la falta de energía que sentía a menudo en casa y su creciente resentimiento por ofrecer terapia a los demás, y sobre su deseo de "retraerse y rendirse". Estaba decepcionada con su propio proceso de terapia personal.

DIJO: "Sólo hablo y hablo. Mi terapeuta es un gran apoyo, pero me parece que doy vueltas y vueltas sobre los mismos temas antiguos. O bien necesito un tipo diferente de terapia o quizás debería dejarla". Su postura me recordó a clientes anteriores cuyos cuerpos estaban cargados con una fuerte sensación de desesperanza.

Sobre la base ya establecida de nuestra relación de supervisión (y con el apoyo y permiso de su terapeuta) asistió a un maratón de terapia de cinco días donde yo proporcionaba terapia personal a un grupo de psicoterapeutas. Todavía no disponía de un plan terapéutico, pero sentía que algo importante emergería una vez estuviéramos más estrechamente involucrados en la relación terapéutica y se hubiera desarrollado la cohesión y la seguridad interna en el grupo. Consideré la posibilidad de que ella ya estuviera deslizándose en una activación de memorias infantiles significativas y que por eso podría beneficiarse de algún tipo de terapia corporal; pero necesitaba más observaciones de sus patrones de respiración, movimientos fisiológicos, y de su modo de relacionarse tanto conmigo como con los demás miembros del grupo antes de que yo pudiese formarme una idea del sentido y de la dirección del trabajo.

Mi intención durante los dos primeros días fue crear un ambiente grupal protector y cooperativo donde les resultara seguro a los clientes experimentar una regresión-terapéutica-con-apoyo para resolver temores fijados, traumas, o negligencias. Es importante destacar que quiero que los clientes se sientan protegidos para que puedan relajar sus retroflexiones fisiológicas, poner por fin en movimiento lo que había sido previamente inhibido, y tener así la oportunidad de realizar las expresiones fisiológicas y afectivas terapéuticamente necesarias … ¡expresiones en las que el sistema neurológico se transforma y sana!

En la tarde del tercer día, yo estaba trabajando con otra mujer que lloraba hablando del abuso y la negligencia física que había sufrido de joven por parte de su madre. Me di cuenta de que Jennifer se iba acurrucando, meciéndose y sollozando como una niña muy pequeña. Cuando terminó el trabajo con la otra mujer, me acerqué a Jennifer y me senté a su lado en silencio. Después de varios minutos, abrió los ojos y observó que yo estaba con ella. Dijo: "Estoy aterrada … Mi cuerpo está tan rígido. Esto es lo que me pasa en casa. Sólo quiero desaparecer". Le hablé sobre la posibilidad de que hiciéramos alguna terapia que incluyese contacto físico. Describí las ventajas y los posibles efectos adversos de este tipo de trabajo inductor de emociones. Hablamos de cómo ella podría detener el contacto en cualquier momento tirando de mi camisa o diciendo las palabras "Richard, para". Sabía intuitivamente que para ella sería esencial tener una sensación de elección y de control. Estuvo de acuerdo y pactamos un contrato donde me otorgaba permiso para establecer contacto físico terapéutico en sus contraídos músculos.

La invité a retomar la experiencia física y emocional de acurrucarse y balancearse. A medida que se contraía en posición fetal, con los ojos cerrados, fue apartándose de mí e intentó esconderse debajo de uno de los muchos colchones de la sala. Puse mi mano en su espalda, a la altura del corazón. Estaba extremadamente tensa, como si su espalda fuera una barra de hierro. Empecé a masajear el tenso músculo de la zona superior de su espalda, al principio ligeramente, y luego ejerciendo mayor presión. Durante el masaje, se revolvía y quería evitar el contacto físico. La animé a que emitiera sonidos, cualquier sonido que reflejara lo que sentía dentro. Mientras le hacía un masaje más profundo en el área torácica, se aferró al colchón, llorando como una niña pequeña, y luchando para alejarse. Durante los siguientes minutos, exclamó reiteradamente, "Vete", "No me toques", "No me alimentes", "No te quiero", al mismo tiempo que, de manera alterna, apretaba y arañaba un cojín.

Pude escuchar los sonidos de su impotencia y ver que su plena expresión natural y plena de protesta estaba aún inhibida. Para que ella consiguiera disponer de un cierre terapéutico que pudiera modificar la neurobiología de la negligencia y/o del trauma original, tendría que mover su cuerpo de una forma más expresiva y sentir así la sensación de rabia que ella todavía estaba manteniendo en la retroflexión. Hice que se girara de espaldas, me senté detrás de su cabeza y empecé a masajear la tensa musculatura de sus trapecios. En esta posición supina fue capaz de mover las piernas y lentamente comenzó a empujar con ellas. Pedí a los miembros del grupo que la rodearan con colchones y almohadones, y mientras yo continuaba con un masaje más profundo, empezó a dar patadas. La alenté a patear más fuerte y más rápido y a decir en voz alta todo lo que se le ocurriera. Golpeaba violentamente, con una fuerza tan enorme que se requirieron seis personas para sujetar el colchón. Durante el intenso pataleo, ella gritó con voz fuerte y decidida: "No quiero que me toques, madre". "Siempre me has odiado". "Me aplastabas, pero ahora sé la verdad". "No fue nunca culpa mía". "Tú eres la odiosa … no yo". "Yo era una niña buena y nunca viste quién era". "¡Toda mi vida me he culpado y me he mantenido escondida! ¡Nunca más, madre! ¡Ahora soy libre!". "No quiero acarrear tu depresión". "No voy a ocultar quién soy".

Aunque las palabras de Jennifer suenan como si ella hiciese un redecisión meramente cognitiva, la importancia de la terapia no reside en las palabras que ella gritó o en lo que estaba pensando o diciendo: el cambio principal y predominante fue fisiológico y afectivo —una reorganización neurológica facilitada por el trabajo directo con las retroflexiones en su cuerpo. Cambió algunos circuitos neurológicos cerebro-cuerpo-afectos al permitirse sentir el profundo contacto físico sobre su espalda, y sentir así las emociones asociadas que habían sido desapropiadas (negadas) y también las memorias sub-simbólicas y procedimentales que se alojaban en su tensa musculatura. Pateó, gritó, liberó su retroflectada rabia por la conducta desdeñosa y negligente de su madre. Luego se relajó con el cuidadoso contacto físico de varios miembros del grupo que se reunieron alrededor de ella para abrazarla y expresarle su apoyo.

Conclusión

Hay muchos otros ejemplos de casos de psicoterapia centrada en el cuerpo que podría utilizar para ilustrar la gran variedad de métodos terapéuticos disponibles cuando se trabaja con afectos prolongados, movimiento retroflectado y memoria sub-simbólica. La mayoría de los métodos suponen una combinación de consciencia centrada en la respiración y en las sensaciones corporales, experimentación con el movimiento y la tensión corporal, fantasía, *grounding*, y auto-expresión. Estos métodos podrían incluir un contacto físico cálido y protector, o profundo y evocador de memorias corporales. Resulta de especial interés la práctica ética con el cliente, quien ha de tener la opción de escoger sobre la naturaleza de las intervenciones y el control para detener cualquier forma de psicoterapia de orientación corporal.

Toda experiencia, sobre todo si tuvo lugar en una etapa temprana de la vida o si resultó afectivamente abrumadora, queda almacenada en la amígdala y en el sistema límbico del cerebro como una sensación afectiva, visceral y fisiológica sin simbolización ni lenguaje. En vez de ser una memoria consciente a través del pensamiento y las simbolizaciones internas, nuestras experiencias se expresan en la interacción entre afectos y cuerpo como sensaciones viscerales y somáticas. Cito de nuevo el título del artículo de Van der Kolk: "The Body Keeps the Score".

Es nuestra tarea como psicoterapeutas trabajar de forma sensible y respetuosa con los gestos corporales, los movimientos, las imágenes internas y las expresiones emocionales de nuestros clientes con el fin de estimular y potenciar su sensación de activación visceral y su consciencia, y para que puedan obtener una nueva experiencia fisiológica-afectiva-relacional. Dicha sensibilidad y respeto nos obligan a estar atentos a la posibilidad de sobre-estimulación y re-traumatización y a tomar medidas que lo contrarresten. La narrativa del cuerpo conlleva un lenguaje especial con forma, estructura y significado. Por medio de una psicoterapia relacional centrada en el cuerpo, somos capaces de descodificar las historias trenzadas en los afectos de nuestros clientes e imbricadas en su fisiología.

CAPÍTULO VEINTE

¿Narcisismo o error del terapeuta?

Phillip tenía alrededor de 55 años y la cabeza cubierta con canas perfectamente peinadas. Llegó puntualmente a su primera cita, vestido impecablemente con un traje y una corbata que le daban una imagen elegante y solvente. Se levantó de la silla en la sala de espera con una radiante sonrisa y estrechó mi mano con vigor. Mientras charlábamos sobre las noticias del día, observé que tenía una voz suave con un leve acento sureño y que era muy elocuente. Su aspecto y su porte social me impresionaron inmediatamente. En segundos, me formulé una de esas preguntas intuitivas que aparecen en la primera impresión: ¿estaba él genuinamente abierto al contacto o su saludo era un ritual superficial bien ensayado?

Mientras invitaba a Phillip a que pasara al despacho interior, le sugerí que se pusiera cómodo quitándose la corbata y los zapatos. Rehusó con brusquedad y pareció sentirse ofendido por mi propuesta. Con palabras y con un tono que reflejaban más un comentario crítico que una duda, expresó asombro de que yo le hiciese semejante sugerencia. Me pregunté si yo habría vulnerado alguna norma social sureña que era importante para él o si él estaba revelando algún aspecto de su personalidad a través de estas primeras escasas transacciones. Decidí no explicar los motivos de mis recomendaciones, sino esperar y ver si ocurría de nuevo otro encuentro similar, sin conexión interpersonal.

Una semana antes de la primera sesión, un abogado de una importante empresa de publicidad había llamado a mi despacho con el fin de concertar una cita inicial para uno de los socios de la firma. El abogado me dijo por teléfono que Phillip tenía que venir a terapia como parte de un acuerdo por una demanda de acoso e infracción de seguridad que había sido presentada contra la empresa. El abogado dijo que Phillip era un relevante miembro de la firma que dirigía un gran departamento, y que se había visto envuelto en dos demandas por acosar a los empleados. Mantener su asociación con la compañía dependía de su participación en, al menos, dos años de psicoterapia y de la incorporación de algún cambio conductual sustancial. Acordé realizar tres sesiones de evaluación, y después decidiría si era posible una relación de trabajo constructiva.

Phillip comenzó nuestra sesión inicial describiéndose a sí mismo como un director artístico ejecutivo y exitoso que había ganado muchos premios para su empresa. Su creatividad y el departamento que dirigía eran esenciales para el éxito de su firma, pero su cargo estaba en peligro a causa de dos demandas por acoso. Ambas demandas habían sido resueltas fuera de los juzgados, pero el acuerdo económico había supuesto a la empresa una sustanciosa cantidad de dinero. Algunos de los miembros de la Junta Directiva le habían pedido que dimitiera.

Mantuvimos una breve discusión sobre mi posible informe para el abogado y la inherente confidencialidad necesaria para el desarrollo de una psicoterapia efectiva. Pareció sentirse cómodo con nuestros acuerdos. Mientras le preguntaba sobre las peculiaridades de su trabajo, se lamentó de que su tarea fuera "sólo comercial" y "sujeta a los caprichos de la moda publicitaria y a la falta de visión de los clientes". Continuando con un tono crítico me dijo que algunos de los artistas y el personal de producción que trabajaban para él "no tenían creatividad —su único talento es seguir lo que yo diseño". Sospeché que estaba usando la falta de creatividad de sus empleados para justificar la conducta que había desembocado en las demandas por acoso. Me cuestioné si sus comentarios sobre los clientes estaban también justificando conflictos internos o dificultades relacionales.

Hice más preguntas sobre sus relaciones con los empleados. "Yo solamente les grito de vez en cuando si meten la pata. El resto del tiempo les trato muy bien. Les pago bien. Les doy buenas bonificaciones. Me deben mucho". Sus palabras y su tono transmitían que se creía con ese derecho —el derecho a "gritar" porque "les pagaba bien". Me sentí apesadumbrado mientras escuchaba su falta de empatía y su tenaz perspectiva egocéntrica.

Vacilante, pasó a describirse a sí mismo como pintor, aunque después añadió que no pintaba muy a menudo. Relató que nunca enseñaba sus cuadros porque eran "no excelentes —no imaginativos y no innovadores" en opinión de los críticos de arte de Nueva York. Me pregunté si su crítica y su vacilación eran la expresión de resentimiento y/o vergüenza. Si mi pregunta reflejara en efecto su experiencia, tendríamos que volver más tarde tanto al resentimiento como a la vergüenza, una vez que acordásemos abordar una psicoterapia continua.

En esta primera sesión, pareció necesario centrarse en la situación laboral que le había forzado a someterse a psicoterapia. Añadió que con el fin de mantener su asociación en la empresa, había propuesto un acuerdo mutuo: se comprometería a una psicoterapia intensiva de al menos dos años, haría cambios drásticos en la conducta hacia sus empleados, particularmente las mujeres, y aceptaría que una socia femenina de la firma supervisara sus relaciones con los empleados y escribiera informes periódicos a la Junta Directiva. Dijo que no venía a terapia bajo coacción, sino que había sido él quien había sugerido el acuerdo. Phillip sabía que tenía que cambiar, pero no sabía por qué actuaba de esa forma con las mujeres de su departamento. Aludió a que había otras razones más personales para estar en terapia pero que no quería discutirlo durante estas primeras sesiones.

Continuó describiendo cómo tenía la costumbre de gritar a sus empleados. Tres años antes, una mujer de su departamento también había demandado a la empresa por acoso después de que ella se sintiese incapaz de volver al trabajo a causa de unos comentarios sexistas humillantes que Phillip le había hecho en presencia de muchos de sus compañeros de trabajo. Contemplé la transcendencia en su descripción de los "comentarios sexistas humillantes" y me pregunté cómo estos comentarios reflejaban conflictos relacionales, en especial con mujeres. También hice una nota mental acerca de una ligera contradicción: antes había dicho "yo sólo grito de vez en cuando" y ahora se describía a sí mismo teniendo la "costumbre de gritar". Si íbamos a proceder con una psicoterapia centrada en lo relacional, en vez de una terapia conductual, era aún demasiado pronto para explorar esta contradicción.

Después pasó a relatar que en el incidente más reciente había gritado insultos personales y lanzado una botella de zumo de naranja a uno de sus artistas. La botella golpeó a otra persona. Ese incidente asustó a varios empleados y colectivamente interpusieron una demanda alegando una infracción de los derechos a la seguridad de los trabajadores. Aunque Phillip era un socio, estaba a punto de perder su bien remunerado puesto a menos que se comprometiera en una terapia satisfactoria que conllevara un cambio conductual. Ésta era su motivación más evidente para venir a psicoterapia. Cuando se nos agotaba el tiempo en esta primera sesión, me quedé con dos interrogantes: ¿Qué otras motivaciones estaban en juego con esta petición de psicoterapia? ¿Cómo encajaba toda esta información en sus patrones inconscientes?

Era demasiado pronto para tener una idea sobre cómo proceder. Yo sabía que era esencial mantener el corazón y la mente abiertos. Era necesario centrarse en lo que Phillip necesitaba de nuestra relación con el fin de desarrollar una alianza terapéutica efectiva. También sabía que si yo iba a realizar una psicoterapia eficaz, no podría centrarme sólo en resolver el problema conductual de su furia hacia los empleados … mi tarea sería facilitar su crecimiento psicológico en varios ámbitos.

Segunda sesión de evaluación

En nuestra segunda sesión, cuando volví a hablar sobre la confidencialidad, Phillip reveló que participaba en grupos de Cocainómanos Anónimos (CA) y que trabajaba activamente el programa de los Doce Pasos. Dijo que asistía a dos o tres reuniones a la semana. Describió la incorporación a CA dos años atrás, después del segundo pleito por acoso, cuando se dio cuenta de que su comportamiento violento estaba, en parte, provocado por la cocaína. Actualmente llevaba dos años sin consumir pero estaba decepcionado con el programa. En estos dos años, había tenido dos mentores y de ambos comentaba: "no me entendieron", "no tenían una mentalidad psicológica" y "me siento completamente solo en el programa".

Luego pasó a detallar cómo todavía "gritaba en el trabajo periódicamente" mientras intentaba convencerme de que sus arrebatos de cólera eran menos frecuentes que antes y que estaban justificados por la forma de actuar de la gente. Quise entablar varias indagaciones fenomenológicas para descubrir lo que él pensaba y sentía justo los momentos previos de su rabia, lo que quería decir con "no tenían una mentalidad psicológica" y su experiencia de no ser comprendido. Era todavía demasiado pronto para esta interacción relacional íntima. En esta sesión escuché lo que él quería contarme y sólo hice algunas preguntas que suscitaron información específica.

La mayoría de estas sesiones la empleamos hablando sobre su consumo previo de cocaína y sobre los beneficios de estar en un programa de los Doce Pasos. Cerca del final le pregunté por qué, al establecer el acuerdo en la demanda de acoso, había escogido venir a terapia como parte del compromiso. Dijo que había habido tres razones para elegir una psicoterapia: primero, necesitaba mantener su anterior hábito de consumo de cocaína bajo control y en confidencialidad; segundo, sabía que necesitaba "ayuda profesional"; y tercero, tenía "otros asuntos sobre las relaciones pendientes de resolver". No se sentía aún preparado para identificar o discutir estos asuntos.

Me quedé intrigado por lo que no había revelado y también por su compromiso con el programa de los Doce Pasos de Cocainómanos Anónimos. Yo no estaba seguro de si podríamos establecer una relación terapéutica íntima. ¿Era auténtico? ¿Era superficial? ¿Podría yo crear una calidad relacional que suavizara ese aire de arrogancia, actitud distante y ese creerse con derechos? ¿Tenía yo las habilidades psicoterapéuticas para conectar con el hombre vulnerable y con el niño que vivían bajo su fachada auto-protectora? No estaba seguro.

Tuve la sensación de que Phillip constituiría un reto a mis habilidades terapéuticas para permanecer con pleno contacto interpersonal y psicológicamente útil. Me sirvió de consuelo recordar las obras escritas por Heinz Kohut (1971, 1977) sobre el tratamiento de pacientes narcisistas. Kohut había enfatizado la importancia de la empatía sostenida y el fomento de la introspección vicaria en lugar del uso de las interpretaciones, de la confrontación o de un enfoque en el cambio de conducta. Desde mi experiencia previa, sabía que sería absolutamente esencial que yo permaneciera empático con su experiencia emocional y que mantuviera una *presencia* de pleno contacto. La filosofía Zen de "menos es más" me venía reiteradamente a la mente mientras imaginaba el potencial futuro de nuestra psicoterapia.

Tercera sesión de evaluación

Emprendí la tercera y última sesión de nuestro periodo de evaluación sin estar todavía seguro de si Phillip y yo seríamos capaces de crear la calidad de la relación terapéutica que revelaría y sanaría lo que yo imaginaba que eran sus heridas psicológicas. La mañana de su tercera sesión, me planteé si él estaba seriamente decidido a comenzar una psicoterapia profunda. ¿Estaba él realmente motivado para conocerse a sí mismo? ¿Para conocer la historia que había conformado su personalidad y sus motivaciones? ¿O simplemente quería cambiar la conducta que le causaba problemas para conservar su empleo? Me sorprendí cuando a principios de la sesión expresó su voluntad de proseguir con una psicoterapia continuada.

Expliqué que el cambio en su comportamiento sería una parte importante de nuestro trabajo conjunto, pero que a menudo parecería que nuestra atención se centraba en otros aspectos. Proseguí diciendo que para que pudiéramos realizar una psicoterapia efectiva, tendríamos que enfocarnos en toda su experiencia vital y especialmente en las influencias tempranas que habían moldeado su personalidad.

Le desafié con la pregunta: "¿Estás preparado para hacer frente a la incomodidad de conocerte a ti mismo, a tus motivaciones y a las modificaciones potenciales de tu personalidad?". Dudó y luego me sorprendió con un indeciso "sí", añadiendo la condición de que quería ser capaz tanto de pintar otra vez como de mostrar su arte en las galerías de exposiciones. Yo había supuesto, por sus comentarios en nuestra primera sesión, que su sentido de la creatividad estaba bloqueado y que tenía una fuerte reticencia a mostrar sus pinturas. Anoté este punto en mi mente para explorarlo más a fondo en otro momento.

También anoté que no había mencionado los "asuntos sobre las relaciones" a los que había aludido en la sesión anterior. Pregunté sobre su vida actual: expresó con reservas que nunca había estado casado pero que había tenido una "relación significativa durante cuatro años" que "terminó drásticamente" porque ambos consumían cocaína.

Parecía evidente que si nos íbamos a involucrar en una psicoterapia exhaustiva, tendríamos que explorar varias dinámicas en su vida:

- la naturaleza de sus relaciones íntimas;
- lo que parecía ser su estilo de apego distante y su actitud de creerse con derecho;
- su experiencia de que los demás no le entendían;
- su consumo de cocaína como autorregulador;
- las funciones tanto de su arrogancia como de su comportamiento violento.

Me pregunté si él experimentaba la soledad que yo percibía a través de la tensión que emanaba de su cuerpo y de sus expresiones no verbales —una soledad que me recordaba a anteriores clientes que utilizaban la fachada narcisista para cubrir una profunda desesperación. Iban cobrando forma una serie de posibles direcciones de tratamiento. Me di cuenta de que nos enfrentábamos a la posibilidad de una psicoterapia que duraría más de dos años.

Le ofrecí la opción de trabajar juntos tres o al menos dos sesiones por semana. Él estaba dispuesto a venir solamente para una sesión de cincuenta minutos una vez a la semana y comentó que no podría acudir durante la jornada laboral por las "presiones del trabajo". Tuvimos dificultades con nuestras agendas para encontrar una hora que no interrumpiera su trabajo ni su gimnasio, o que no interfiriera en su asistencia a las reuniones de CA. De repente, justo cuando las cosas parecían ir sin problemas entre nosotros, no podíamos encontrar una hora de sesión conveniente. Yo quería que se mantuviera activo en Cocainómanos Anónimos. Sabía por mi experiencia con clientes alcohólicos que el programa de los Doce Pasos específicamente definido y la vivencia compartida con otros miembros de CA funcionarían como un valioso co-terapeuta y ofrecerían un apoyo psicoterapéutico necesario cuando no estuviésemos manteniendo sesiones. Finalizamos nuestras tres sesiones de evaluación con él manteniendo rotundamente que no cancelaría ninguna de sus sesiones de tarde con su entrenador en el gimnasio. Salió bruscamente sin concertar ninguna cita futura. Mi primer pensamiento fue que nos habíamos topado directamente con el clásico concepto psicoanalítico de resistencia —la negativa a involucrarse en una relación psicoterapéutica íntima.

A medida que consideraba el concepto de resistencia y la teoría psicodinámica subyacente a ese concepto, fui consciente de que no encajaba en mi perspectiva evolutiva y relacional. El contacto interpersonal es siempre una progresión co-creada. Posiblemente, algo que no era resistencia podía estar motivando su negativa a ajustar su agenda para poder venir a psicoterapia. Tal vez no estaba resistiendo las vulnerabilidades emocionales que pueden emerger en la psicoterapia ni el contacto potencialmente íntimo conmigo. Estas ideas me estimularon a reflexionar sobre la manera en la que se desarrollan las relaciones en la infancia temprana y sobre las necesidades humanas de contacto emocional, de autodefinición y de causar impacto.

Me pregunté si él luchaba por mantener alguna forma de autosuficiencia y de integridad personal, o si intentaba mejorar su autoestima. ¿Había sido yo demasiado contundente definiendo nuestro contrato terapéutico? ¿No había logrado ser lo suficientemente empático? o, de nuevo ¿Había vulnerado alguna norma personal? ¿Qué había pasado por alto? ¿Era su conducta una expresión de narcisismo o había errado yo de una manera profunda? Responder estas preguntas sin conocer su experiencia fenomenológica sería mera especulación. Estaba desconcertado.

Ahora era mi responsabilidad redactar un informe de evaluación al abogado y proporcionar referencias de otros psicoterapeutas. Me quedé considerando quién, entre mis colegas, podría tener el corazón y las habilidades para crear una cuidadosa y sanadora relación con Phillip. "He decidido recomendar tu nombre como posible psicoterapeuta" ... Si te convirtieras en su psicoterapeuta ¿qué harías con y para él?

REFERENCIAS BIBLIOGRÁFICAS

Ainsworth, M., Behar, M., Waters, E., y Wall, S. (1978). *Patterns of Attachment: A Psychological Study of the Strange Situation*. Hillsdale, NJ: Lawrence Erlbaum Associates.

Allen, J. R. (2009). Constructivist and neuroconstructivist Transactional Analysis. *Transactional Analysis Journal, 39*: 181–192.

Allen, J. R., y Allen, B. A. (1972). Scripts: The role of permission. *Transactional Analysis Journal, 2*: 72–74.

Andrews, J. (1988). Self-confirmation theory: A paradigm for psychotherapy integration. Part I. Content analysis of therapeutic styles. *Journal of Integrative and Eclectic Psychotherapy, 7*: 359–384.

Andrews, J. (1989). Self-confirmation theory: A paradigm for psychotherapy integration. Part II. Integrative scripting of therapy transcripts. *Journal of Integrative and Eclectic Psychotherapy, 8*: 23–40.

Ansbacher, H. L., y Ansbacher, R. R. (1956). *The Individual Psychology of Alfred Adler*. New York: Atheneum.

Arlow, J. (1969a). Unconscious fantasy and disturbances of conscious experience. *Psychoanalytic Quarterly, 38*: 1–27.

Arlow, J. (1969b). Fantasy, memory, and reality testing. *Psychoanalytic Quarterly, 38*: 28–51.

Axelrod, J. (2006). The 5 stages of loss and grief. *Psych Central*. Retrieved April 9, 2013 from: http://psychcentral.com/lib/the-5-stages-of-loss- and-grief/000617.

Bach, S. (1985). *Narcissistic States and the Therapeutic Process*. New York: Basic Books.

Bartholomew, K., y Horowitz, L. (1991). Attachment styles among Young adults: A test of a four-category model. *Journal of Personality and Social Psychology, 61*: 226–244.

Bary, B., y Hufford, F. (1990). Understanding the six advantages to games and their use in treatment planning. *Transactional Analysis Journal, 20*: 214–220.

Basch, M. (1988). *Understanding Psychotherapy: The Science Behind the Art*. New York: Basic Books.

Beebe, B. (2005). Mother–infant research informs mother–infant treatment. *Psychoanalytic Study of the Child, 60*: 7–46.

Beitman, B. D. (1992). Integration through fundamental similarities and useful differences among the schools. En: J. C. Norcroff y M. R. Goldfried (Eds.), *Handbook of Psychotherapy Integration* (pp. 202–230). New York: Basic Books.

Bergman, S. J. (1991). Men's psychological development: A relationship perspective. *Trabajo en curso, No. 48*. Wellesley, MA: Stone Center for Developmental Services and Studies, Wellesley College.

Berne, E. (1947). What is intuition? En: E. Berne (Ed.), *Beyond Games and Scripts: Selections from His Major Writings* (pp. 29–36). New York: Grove Press, 1976. (Original publicado en 1947 como parte de *The Mind in Action*. New York: Simon y Schuster. Reeditado posteriormente en 1957 como *A Layman's Guide to Psychiatry and Psychoanalysis*. New York: Simon y Schuster).

Berne, E. (1955). Primal images and primal judgment. En: E. Berne, *Intuition and Ego States: The Origins of Transactional Analysis* (pp. 67–97). San Francisco, CA: TA Press, 1977.

Berne, E. (1957a). Ego states in psychotherapy. *American Journal of Psychotherapy, 11*: 293–309.

Berne, E. (1957b). The ego image. En: E. Berne, *Intuition and Ego States: The Origins of Transactional Analysis* (pp. 99–119). San Francisco, CA: TA Press, 1977.

Berne, E. (1958). Transactional analysis: A new and effective method of group therapy. *American Journal of Psychotherapy, 12*: 735–743. Reeditado en 1976 E. Berne (Ed.), *Beyond Games and Scripts* (pp. 44–53). New York: Grove Press.

Berne, E. (1961). *Transactional Analysis in Psychotherapy: A Systematic Individual and Social Psychiatry*. New York: Grove Press.

Berne, E. (1964). *Games People Play: The Psychology of Human Relationships*. New York: Grove Press.
Berne, E. (1966). *Principles of Group Treatment*. New York: Grove Press.
Berne, E. (1972). *What Do You Say after You Say Hello? The Psychology of Human Destiny*. New York: Grove Press.
Blizard, R. A. (2003). Disorganized attachment, development of dissociated self-states and a relational approach to treatment. *Journal of Trauma y Dissociation, 4*: 21–50.
Block, J. (1982). Assimilation, accommodation, and the dynamics of personality development. *Child Development, 53*: 281–295.
Bloom, S. L. (1997). *Creating Sanctuary: Towards the Evolution of Sane Societies*. New York: Routledge.
Bollas, C. (1979). The transformational object. *International Journal of Psychoanalysis, 60*: 97–107.
Bollas, C. (1987). *The Shadow of the Object: Psychoanalysis of the Unthought Known*. New York: Columbia Universities Press.
Bowlby, J. (1961). Processes of mourning. *International Journal of Psychoanalysis, 42*: 317–339.
Bowlby, J. (1969). *Attachment. Volume I of Attachment and Loss*. New York. Basic Books.
Bowlby, J. (1973). *Separation: Anxiety and Anger. Volume II of Attachment and Loss*. New York. Basic Books.
Bowlby, J. (1980). *Loss: Sadness and Depression. Volume III of Attachment and Loss*. New York: Basic Books.
Bowlby, J. (1988a). Developmental psychology comes of age. *American Journal of Psychiatry, 145*: 1–10.
Bowlby, J. (1988b). *A Secure Base*. New York: Basic Books.
Brenner, C. (1979). Working alliance, therapeutic alliance, and transference. *Journal of the American Psychoanalytic Association, 27*: 137–158.
Breuer, J., y Freud, S. (1950d). *Studies on Hysteria*. A. A. Brill Trans.). New York: Nervous and Mental Disease Publishing.
Brown, M. (1977). *Psychodiagnosis in Brief*. Ann Arbor, MI: Huron Valley Institute.
Buber, M. (1958). *I and Thou*. R. G. Smith (Trad.). New York: Charles Scribner's Sons.
Bucci, W. (1997). *Psychoanalysis and Cognitive Science: A Multiple Code Theory*. New York: Guilford.
Bucci, W. (2001). Pathways to emotional communication. *Psychoanalytic Inquiry, 21*: 40–70.
Burgess, A. G., y Burgess, J. P. (2011). *Truth*. Princeton, NJ: Princeton University Press. Childs-Gowell, E. (2003). *Good Grief Rituals: Tools for Healing*. Barrytown, NY: Station Hill Press.

Clark, A. (2004). Working with grieving adults. *Advances in Psychiatric Treatment, 10*: 164–170.
Clark, B. D. (1991). Empathetic transactions in the deconfusing of Child ego states. *Transactional Analysis Journal, 21*: 92–98.
Clark, F. (1990). The intrapsychic function of introjects. En: B. Loria (Ed.), *Couples: Theory, Treatment and Enrichment*: Conference Proceedings of the Eastern Regional Transactional Analysis Conference, April 18–21, 1990. Madison, WI: Omni Press.
Clark, F. (2001). Psychotherapy as a mourning process. *Transactional Analysis Journal, 31*: 156–160.
Clarkson, P., y Fish, S. (1988). Rechilding: Creating a new past in the present as a support for the future. *Transactional Analysis Journal, 18*: 51–59.
Cornell, W. F. (1988). Life script theory: A critical review from a developmental perspective. *Transactional Analysis Journal, 18*: 270–282.
Cornell, W. F., y Landaiche, N. M., III (2006). Impasse and intimacy: Applying Berne's concept of script protocol. *Transactional Analysis Journal, 36*: 196–213.
Cornell, W. F., y Olio, K. A. (1992). Consequences of childhood bodily abuse: A clinical model for affective interventions. *Transactional Analysis Journal, 22*: 131–143.
Cozolino, L. (2006). *The Neuroscience of Human Relationships: Attachment and the Developing Social Brain*. New York: W. W. Norton.
Damasio, A. (1999). *The Feeling of What Happens: Body and Emotion in the Making of Consciousness*. New York: Harcourt Brace.
Dashiell, S. R. (1978). The parent resolution process: Reprogramming psychic incorporations in the parent. *Transactional Analysis Journal, 8*: 289–294.
Dinesen, K. C. (1957, November 3). Entrevista con Bent Mohn. *The New York Times Book Review*.
Doctors, S. R. (2007). On utilizing attachment theory and research in self psychological/intersubjective clinical work. En: P. Buirski y A. Kottler (Eds.), *New Developments in Self Psychology Practice* (pp. 23–48). New York: Jason Aronson.
Efran, J. S., Lukens, M. D., y Lukens, R. J. (1990). *Language, Structure, and Change: Frameworks of Meaning in Psychotherapy*. New York: W. W. Norton.
Ellis, A. (1997). *The Practice of Rational Emotive Behavior Therapy (2nd ed.)*. New York: Springer.
English, F. (1972). Sleepy, spunky and spooky. *Transactional Analysis Journal, 2*: 64–73.
Erikson, E. (1950). *Childhood and Society*. New York: W. W. Norton.
Ernst, F. (1971). The diagrammed parent: Eric Berne's most significant contribution. *Transactional Analysis Journal, 1*: 49–58.

Erskine, R. G. (1974). Therapeutic intervention: Disconnecting rubberbands. *Transactional Analysis Journal, 4*: 7–8. (Reeditado en: R. G. Erskine, *Theories and Methods of an Integrative Transactional Analysis: A volume of Selected Articles* (pp. 172–173). San Francisco, CA: TA Press).

Erskine, R. G. (1975). The ABC's of effective psychotherapy. *Transactional Analysis Journal, 5*: 163–165. (Reeditado en 1997: R. G. Erskine (Ed.), *Theories and Methods of an Integrative Transactional Analysis: A Volume of Selected Articles* (pp. 227–228). San Francisco, CA: TA Press).

Erskine, R. G. (1978). Fourth-degree impasse. En: C. Mosio (Ed.), *Transactional Analysis in Europe* (pp. 147–148). Geneva, Switzerland: European Association for Transactional Analysis.

Erskine, R. G. (1979). Life script: The fixed gestalt years later. Workshop presented at the First Annual Gestalt Therapy Conference, New York.

Erskine, R. G. (1980). Script cure: Behavioral, intrapsychic and physiological. *Transactional Analysis Journal, 10*: 102–106. (Reeditado en 1997 en R. G. Erskine (Ed.), *Theories and Methods of an Integrative Transactional Analysis: A Volume of Selected Articles* (pp. 151–155). San Francisco, CA: TA Press).

Erskine, R. G. (1981). Six reasons people stay in script. Lecture. Professional Training Program, Institute for Integrative Psychotherapy, April 4, 1981. New York.

Erskine, R. G. (1982a). Transactional Analysis and family therapy. En: A. M. Horne y M. M. Ohlsen (Eds.), *Family Counseling and Therapy* (pp. 245–275). Itasca, IL: F. E. Peacock Publishers. (Reeditado en 1997 R. G. Erskine (Ed.), *Theories and Methods of an Integrative Transactional Analysis: A Volume of Selected Articles* (pp. 174–207). San Francisco, CA: TA Press).

Erskine, R. G. (1982b). Supervision of psychotherapy: Models of professional development. *Transactional Analysis Journal, 12*: 314–321. (Reeditado en 1997 R. G. Erskine (Ed.), *Theories and Methods of an Integrative Transactional Analysis: A Volume of Selected Articles* (pp. 217–226). San Francisco, CA: TA Press.

Erskine, R. G. (1987). A structural analysis of ego: Eric Berne's contribution to the theory of psychotherapy. En: *Keynote Speeches: Delivered at the EATA Conference, July, 1986, Noordwikerhout, The Netherlands*. Geneva, Switzerland: European Association for Transactional Analysis.

Erskine, R. G. (1988). Ego structure, intrapsychic function, and defense mechanisms: A commentary on Eric Berne's original theoretical concepts. *Transactional Analysis Journal, 18*: 15–19. (Reeditado en 1997 R. G. Erskine (Ed.), *Theories and Methods of an Integrative Transactional Analysis: A Volume of Selected Articles* (pp. 109–115). San Francisco, CA: TA Press).

Erskine, R. G. (1989). A relationship therapy: Developmental perspectives. En: B. R. Loria (Ed.), *Developmental Theories and the Clinical Process: Conference Proceedings of the Eastern Regional Transactional Analysis Conference*. Stamford, CT: Eastern Regional Transactional Analysis Association.

Erskine, R. G. (1991). Transference and transactions: Critique from an intrapsychic and integrative perspective. *Transactional Analysis Journal, 21*: 63–76. (Reeditado en 1997 R. G. Erskine (Ed.), *Theories and Methods of an Integrative Transactional Analysis: A Volume of Selected Articles* (pp. 129–146). San Francisco, CA: TA Press).

Erskine, R. G. (1993). Inquiry, attunement, and involvement in the psychotherapy of dissociation. *Transactional Analysis Journal, 23*: 184–190. (Reeditado en 1997 R. G. Erskine (Ed.), *Theories and Methods of an Integrative Transactional Analysis: A Volume of Selected Articles* (pp. 37–45). San Francisco, CA: TA Press).

Erskine, R. G. (1994). Shame and self-righteousness: Transactional analysis perspectives and clinical interventions. *Transactional Analysis Journal, 24*: 86–102. (Reeditado en 1997 R. G. Erskine (Ed.), *Theories and Methods of an Integrative Transactional Analysis: A Volume of Selected Articles* (pp. 46–67). San Francisco, CA: TA Press).

Erskine, R. G. (1995). Inquiry, attunement, and involvement: Methods of Gestalt Therapy. Workshop presented at the First Annual Conference of the Association for the Advancement of Gestalt Therapy, New Orleans. (Disponible en audiocassette, Goodkind of Sound, (#SU8 A&B), Sylva, NC).

Erskine, R. G. (1997a). Trauma, dissociation and a reparative relationship. *Australian Gestalt Journal, 1*: 38–47.

Erskine, R. G. (1997b). The therapeutic relationship: Integrating motivation and personality theories. En: R. G. Erskine (Ed.), *Theories and Methods of an Integrative Transactional Analysis: A Volume of Selected Articles* (pp. 7–19). San Francisco, CA: TA Press.

Erskine, R. G. (Ed.) (1997c). *Theories and Methods of an Integrative Transactional Analysis: A Volume of Selected Articles*. San Francisco, CA: TA Press.

Erskine, R. G. (1998a). Attunement and involvement: Therapeutic responses to relational needs. *International Journal of Psychotherapy, 3*: 235–244.

Erskine, R. G. (1998b). Psychotherapy in the USA: A manual of standardized techniques or a therapeutic relationship? *International Journal of Psychotherapy, 3*: 231–234.

Erskine, R. G. (2001a). The schizoid process. *Transactional Analysis Journal, 31*: 4–6.

Erskine, R. G. (2001b). Psychological function, relational needs and transferential resolution: The psychotherapy of an obsession. *Transactional Analysis Journal, 31*: 220-226.
Erskine, R. G. (2002). Bonding in relationship: A solution to violence. *Transactional Analysis Journal, 32*: 256-260.
Erskine, R. G. (2003). Introjection, psychic presence and Parent ego states: Considerations for psychotherapy. En: C. Sills y H. Hargaden (Eds.), *Ego States: Key Concepts in Transactional Analysis: Contemporary Views* (pp. 83-108). London: Worth.
Erskine, R. G. (2008). Psychotherapy of unconscious experience. *Transactional Analysis Journal, 38*: 31-35, 128-138.
Erskine, R. G. (Ed.) (2010a). *Life Scripts: A Transactional Analysis of Unconscious Relational Patterns*. London: Karnac.
Erskine, R. G. (2010b). Life scripts: Unconscious relational patterns and psychotherapeutic involvement. En R. G. Erskine (Ed.), *Life Scripts: A Transactional Analysis of Unconscious Relational Patterns* (pp. 1-28). London: Karnac.
Erskine, R. G. (2013). Relational group process: Developments in a Transactional Analysis model of group psychotherapy. *Transactional Analysis Journal, 43*: 262-275.
Erskine, R. G., y Moursund, J. P. (1988). *Integrative Psychotherapy in Action*. London: Karnac, 2011.
Erskine, R. G., y Moursund, J. P. (2014). *La Psicoterapia Integrativa en Acción*. Bilbao: Desclee de Brouwer.
Erskine, R. G., Moursund, J. P., y Trautmann, R. L. (1999). *Beyond Empathy: A Therapy of Contact-in-Relationship*. Philadelphia, PA: Brunner/Mazel.
Erskine, R. G., Moursund, J. Pl, y Trautmann, R. L. (2012). *Más allá de la Empatía: una Terapia de Contacto-en-la-Relación*. Bilbao: Desclee de Brouwer.
Erskine, R. G., y Trautmann, R. L. (1993). The process of integrative psychotherapy. En: B. R. Loria (Ed.), The Boardwalk Papers: Selections from the 1993 Eastern Regional Transactional Analysis Conference (pp. 1-26). Madison, WI: Omnipress. (Reeditado en 1997 R. G. Erskine (Ed.), *Theories and Methods of an Integrative Transactional Analysis: A Volume of Selected Articles* (pp. 79-95). San Francisco, CA: TA Press).
Erskine, R. G., y Trautmann, R. L. (1996). Methods of an integrative psychotherapy. *Transactional Analysis Journal, 26*: 316-328. (Reeditado en 1997 R. G. Erskine (Ed.), *Theories and Methods of an Integrative Transactional Analysis: A Volume of Selected Articles* (pp. 20-36). San Francisco, CA: TA Press).
Erskine, R. G., y Trautmann, R. L. (2003). Resolving intrapsychic conflict: Psychotherapy of Parent ego states. En: C. Sills y H. Hargaden (Eds.),

Ego States: Key Concepts in Transactional Analysis, Contemporary Views (pp. 109-134). London: Worth.

Erskine, R. G., y Zalcman, M. J. (1979). The racket system: A model for racket analysis. *Transactional Analysis Journal, 9*: 51-59. (Reeditado en 1997 R. G. Erskine (Ed.), *Theories and Methods of an Integrative Transactional Analysis: A Volume of Selected Articles* (pp. 156-165). San Francisco, CA: TA Press).

Evans, K. (1994). Healing shame: A Gestalt perspective. *Transactional Analysis Journal, 24*: 103-108.

Fairbairn, W. R. D. (1952). *An Object-Relations Theory of the Personality*. New York: Basic Books.

Fairbairn, W. R. D. (1954). *Psychoanalytic Studies of the Personality*. New York: Basic Books.

Federn, P. (1953). *Ego Psychology and the Psychoses*. London: Imago.

Festinger, L. (1958). The motivating effect of cognitive dissonance. En: G. Lindzey (Ed.), *Assessment of Human Motives*. New York: Rinehart.

Field, T., Diego, M., Hernandez-Reif, M., Schanberg, S., Kuhn, C., y Yando, R. (2003). Pregnancy anxiety and comorbid depression and anger: Effects on the fetus and neonate. *Depression and Anxiety, 17*: 150-151.

Fonagy, P., Leigh, T., Steele, M., Steele, H., Kennedy, R., Mattoon, G., Target, M., y Gerber, A. (1996). The relation of attachment status, psychiatric classification, and responses to psychotherapy. *Journal of Consulting and Clinical Psychology, 64*: 22-31.

Fosshage, J. L. (1992). Self-psychology: The self and its vicissitudes within a relational matrix. En: N. Skolnik y S. Warshaw (Eds.), *Relational Perspectives in Psychoanalysis* (pp. 21-42). Hillsdale, NJ: The Analytic Press.

Fosshage, J. L. (2005). The explicit and implicit domains in psychoanalytic change. *Psychoanalytic Inquiry, 25*: 516-539.

Fraiberg, S. H. (1959). *The Magic Years: Understanding and Handling the Problems of Early Childhood*. New York: Charles Scribner's Sons.

Fraiberg, S. H. (1982). Pathological defenses in infancy. *Psychoanalytic Quarterly, 51*: 612-635. (También publicado en 1983 en *Dialogue: A Journal of Psychoanalytic Perspectives*: 65-75).

Freud, S. (1900a). *The Interpretation of Dreams. S. E., 4 y 5*. London: Hogarth.

Freud, S. (1912b). The dynamics of transference. *S. E., 12*: 97-108. London: Hogarth.

Freud, S. (1915e). The unconscious. *S. E., 14*: 159-215. London: Hogarth.

Freud, S. (1917e). Mourning and melancholia. *S. E., 14*. London: Hogarth.

Freud, S. (1920g). *Beyond the Pleasure Principle. S. E., 18*: 3-64. London: Hogarth.

Freud, S. (1940a). *An Outline of Psychoanalysis*. New York: W. W. Norton, 1949.
Friedman, L. (1969). The therapeutic alliance. *International Journal of Psychoanalysis, 50*: 139–159.
Friedman, R. (2009). Broken hearts: Exploring myths and truths about grief, loss and recovery. *Psychology Today*. Disponible en: www.psychologytoday.com/blog/broken-hearts/200909/no-stages-grief.
Gibran, K. (1923). *The Prophet*. New York: Alfred A. Knopf.
Gobes, L. (1985). Abandonment and engulfment: Issues in relationship therapy. *Transactional Analysis Journal, 15*: 216–219.
Gobes, L. (1990). Ego states—Metaphor or reality? *Transactional Analysis Journal, 20*: 163–165.
Gobes, L., y Erskine, R. G. (1995). Letters to the editor. *Transactional Analysis Journal, 25*: 192–194.
Goulding, M. M., y Goulding, R. L. (1979). *Changing Lives through Redecision Therapy*. New York: Bruner/Mazel.
Goulding, R. L. (1974). Thinking and feeling in transactional analysis: Three impasses. *Voices, 10*: 11–13.
Goulding, R. L., y Goulding, M. M. (1978). *The Power Is in the Patient*. San Francisco, CA: TA Press.
Greenberg, J. R., y Mitchell, S. A. (1983). *Object Relations in Psychoanalytic Theory*. Cambridge, MA: Harvard University Press.
Greenberg, L., y Paivio, S. C. (1997). *Working with Emotions in Psychotherapy*. New York: Guilford.
Greenson, R. (1967). *The Techniques and Practice of Psychoanalysis*. New York: International Universities Press.
Greenwald, B. (2013). Grief issues in the psychotherapeutic process. Disponible en: www.uic.edu/orgs/convening/grief.htm.
Guistolise, P. (1997). Failures in the therapeutic relationship: Inevitable and necessary? *Transactional Analysis Journal, 4*: 284–288.
Guntrip, H. J. S. (1961). *Personality Structure and Human Interaction*. London: Hogarth.
Guntrip, H. J. S. (1968). *Schizoid Phenomena, Object-relations and the Self*. Madison, CT: International Universities Press.
Guntrip, H. J. S. (1971). *Psychoanalytic Theory, Therapy and the Self*. New York: Basic Books.
Hargaden, H., y Sills, C. (2002). *Transactional Analysis: A Relational Perspective*. Hove, UK: Brunner-Routledge.
Hartmann, H. (1939). *Ego Psychology and the Problems of Adaptation*. New York: International Universities Press.
Hartmann, H. (1964). *Essays on Ego Psychology: Selected Problems in Psychoanalytic Theory*. New York: International Universities Press.

Hazell, J. (Ed). (1994). *Personal Relations Therapy: The Collected Papers of H. J. S. Guntrip*. Northvale, NJ: Jason Aronson.
Heimann, P. (1950). On countertransference. *International Journal of Psychoanalysis, 31*: 81–84.
Hensley, P. L. (2006). Treatment of bereavement-related depression and traumatic grief. *Journal of Affect Disorders, 92*: 117–124.
Hesse, E. (1999). The adult attachment interview: Historical and current perspectives. En: J. Cassidy y P. Shaveer (Eds.), *Handbook of Attachment: Theory, Research, and Clinical Applications* (pp. 395–433). New York: Guilford.
Holloway, W. H. (1972). The crazy child in the parent. *Transactional Analysis Journal, 2*: 128–130.
Horowitz, L. M., Rosenberg, S. E., y Bartholomew, K. (1993). Interpersonal problems, attachment styles and outcome in brief dynamic psychotherapy. *Journal of Consulting and Clinical Psychology, 61*: 549–560.
Howell, E. F. (2005). *The Dissociative Mind*. Hillsdale, NJ: Analytic Press.
Huie, J. L. (2014). Pain you quotes and sayings. En: J. L. Hui, *Joyful Living through Conscious Choice*. Disponible en www.jonathanlockwoodhuie.com/quotes/pain_you/.
Jacobs, L. (1996). Shame in the therapeutic dialogue. En: R. Lee y G. Wheeler (Eds.), *The Voice of Shame: Silence and Connection in Psychotherapy*. San Francisco, CA: Jossey-Bass.
Jacobson, E. (1964). *The Self and the Object World*. New York: International Universities Press.
James, M., y Goulding, M. M. (1998). Self-reparenting and redecision. *Transactional Analysis Journal, 28*: 16–19.
Jordan, J. V. (1989). Relational development: Therapeutic implications of empathy and shame. *Trabajo en curso, No. 39*. Wellesley, MA: Stone Center for Developmental Services and Studies, Wellesley College.
Kaufman, G. (1989). *The Psychology of Shame*. New York: Springer.
Kelly, G. A. (1955). *The Psychology of Personal Constructs. Vol. 1: A Theory of Personality*. New York: W. W. Norton.
Kernberg, O. F. (1976). *Object Relations Theory and Clinical Psychoanalysis*. New York: Jason Aronson.
Khan, M. M. R. (1963). The concept of cumulative trauma. *Psychoanalytic Study of the Child, 18*: 286–301.
Kihlstrom, J. F. (1984). Conscious, subconscious, unconscious: A cognitive perspective. En: K. S. Bowers y D. Meichenbaum (Eds.), *The Unconscious Reconsidered* (pp. 149–210). New York: Wiley.
Kline, M. (1964). *Contributions to Psychoanalysis 1921–1945*. New York: McGraw Hill.

Kobak, R. R., y Sceery, A. (1988). Attachment in late adolescence: Working models, affect regulation, and representation of self and others. *Child Development, 59*: 135–146.

Kohut, H. (1971). *The Analysis of the Self.* New York: International Universities Press.

Kohut, H. (1977). *The Restoration of the Self: A Systematic Approach to the Psychoanalytic Treatment of Narcissistic Personality Disorder.* New York: International Universities Press.

Kris, E. (1951). Ego psychology and interpretation in psychoanalytic therapy. *Psychoanalytic Quarterly, 20*: 15–31.

Kris, E. (1979). *The Selected Papers of Ernest Kris.* New Haven, CT: Yale University Press.

Kubler-Ross, E. (1969). *On Death and Dying.* New York: Macmillan.

Langs, R. (1976). *The Therapeutic Intervention: Vol. II. A Critical Overview and Synthesis.* New York: Jason Aronson.

LeDoux, J. E. (1994). Emotion, memory and the brain. *Scientific American, 270*: 50–57.

Lee, R. G., y Wheeler, G. (1996). *The Voice of Shame: Silence and Connection in Psychotherapy.* San Francisco, CA: Jossey-Bass.

Lee, R. R. (1998). Empathy and affects: Towards an intersubjective view. *Australian Journal of Psychotherapy, 17*: 126–149.

Lewin, K. (1951). *Field Theory in Social Science.* New York: Harper y Brothers.

Liotti, G. (1999). Understanding dissociative processes: The contribution of attachment theory. *Psychoanalytic Inquiry, 19*: 757–783.

Lipton, S. (1977). The advantages of Freud's technique as shown in his analysis of the Rat Man. *International Journal of Psychoanalysis, 58*: 255–273.

Little, M. I. (1990). *Psychotic Anxieties and Containment: A Personal Record of an Analysis with Winnicott.* Northvale, NJ: Jason Aronson.

Loria, B. R. (1988). The Parent ego state: Theoretical foundations and alterations. *Transactional Analysis Journal, 18*: 39–46.

Loria, B. R. (1991). Integrative family therapy. En: A. Horne y L. Passmore (Eds.), *Family Counseling and Therapy. 2nd Edition.* Itasca, IL: Peacock.

Lourie, J. (1996). Cumulative trauma: the nonproblem problem. *Transactional Analysis Journal, 26*: 276–283.

Lyons-Ruth, K. (1999). The two-person unconscious: Intersubjective dialogue, enactive relational representation, and the emergence of new forms of relational organization. *Psychoanalytic Inquiry, 19*: 576–617.

Lyons-Ruth, K. (2000). "I sense that you sense that I sense …": Sander's recognition process and the specificity of relational moves in the psychotherapeutic setting. *Infant Mental Health Journal, 21*: 85–98.

Lyons-Ruth, K., Dutra, L., Schuder, M., y Bianchi, I. (2006). From infant attachment disorganization to adult dissociation: Relational adaptations or traumatic experiences? *Psychiatric Clinics of North America, 29*: 63–86.

Lyons-Ruth, K., Zoll, D., Connell, D., y Grunebaum, H. U. (1986). The depressed mother and her one-year-old infant: Environment, interaction, attachment, and infant development. En: E. Z. Tronick y T. Field (Eds.), *Maternal Depression and Infant Disturbance: New Directions for Child Development* (pp. 61–81). San Francisco, CA: Jossey-Bass.

Maciejewski, P. K., Zhang, B., Block, S. D., y Prigerson, H. G. (2007). An empirical study of the stage theory of grief. *Journal of the American Medical Association, 297*: 716–723.

Mahler, M. S. (1968). *On Human Symbiosis and the Vicissitudes of Individuation*. New York: International Universities Press.

Mahler, M. S., Pine, F., y Bergman, A. (1975). *The Psychological Birth of the Human Infant: Symbiosis and Individuation*. New York: Basic Books.

Main, M. (1990). Cross-cultural studies of attachment organization: Recent studies, changing methodologies, and the concept of conditional strategies. *Human Development, 33*: 48–61.

Main, M. (1995). Recent studies in attachment: Overview with selected implications for clinical work. En: S. Goldberg, R. Muir, y J. Kerr (Eds.), *Attachment Theory: Social, Developmental and Clinical Perspectives* (pp. 407–474). Hillsdale, NJ: Analytic Press.

Main, M., Kaplan, N., y Cassidy, J. (1985). Security in infancy, childhood, and adulthood: A move to the level of representation. *Monographs of the Society for Research in Child Development, 50*: 66–104.

Maslow, A. (1970). *Motivation and Personality (revised ed.)*. New York: Harper y Row.

Masterson, J. F. (1976). *Psychotherapy of the Borderline Adult: A Developmental Approach*. New York: Brunner/Mazel.

Masterson, J. F. (1981). *The Narcissistic and Borderline Disorders: An Integrated Developmental Approach*. New York: Brunner/Mazel.

McNeel, J. R. (1976). The parent interview. *Transactional Analysis Journal, 6*: 61–68.

Mellor, K., y Andrewartha, G. (1980). Reparenting the parent in support of redecisions. *Transactional Analysis Journal, 10*: 197–203.

Mikulincer, M., Florian, V., y Tolmatz, R. (1990). Attachment styles and fear of personal death: A case study of affect regulation. *Journal of Personality and Social Psychology, 58*: 273–280.

Miller, A. (1981). *The Drama of the Gifted Child: The Search for the True Self*. R. Ward (Trans.). New York: Basic Books.

Miller, J. B. (1986). What do we mean by relationships? *Trabajo en curso, No. 22*. Wellesley, MA: Stone Center for Developmental Services and Studies, Wellesley College.

Miller, J. B. (1987). *Toward a New Psychology of Women.* Boston, MA: Beacon.
Mitchell, S. A. (1993). *Hope and Dread in Psychoanalysis.* New York: Basic Books.
Moursund, J. P., y Erskine, R. G. (2004). *Integrative Psychotherapy: The Art and Science of Relationship.* Pacific Grove, CA: Thomson: Brooks/Cole.
Muller, R., Sicoli, L., y Lemieux, K. (2000). Relationship between attach-ment style and posttraumatic stress symptomatology among adults who report the experience of childhood abuse. *Journal of Traumatic Stress, 13*: 321–332.
Nathanson, D. (1992). *Shame and Pride: Affect, Sex and the Birth of the Self.* New York: W. W. Norton.
Neimeier, G. J. (1995). The challenge of change. En: R. A. Neimeyer y M. J. Mahoney (Eds.), *Constructivism in Psychotherapy* (pp. 111–126). Washington, DC: American Psychological Association.
Neimeyer, R. A., y Wogrin, C. (2008). Psychotherapy for complicated bereavement: A meaning-oriented approach. *Illness, Crisis, Loss, 16*: 1–20.
Nelson, E. E., y Panksepp, J. (1998). Brain substrates of infant–mother attachment: Contributions of opioids, oxytocin, and norepinephrine. *Neuroscience and Biobehavioral Reviews, 22*: 437–452.
Novellino, M. (1984). Self-analysis of countertransference in integrative transactional analysis. *Transactional Analysis Journal, 14*: 63–67.
Novellino, M. (2003). Transactional psychoanalysis. *Transactional Analysis Journal, 33*: 223–230.
Olders, H. (1989). Mourning and grief as healing processes in psychotherapy. *Canadian Journal of Psychiatry, 34*: 271–278.
Orange, D. M., Atwood, G. E., y Stolorow, R. D. (1997). *Working Intersubjectively: Contextualism in Psychoanalytic Practice.* Hillsdale, NJ: Analytic Press.
O'Reilly-Knapp, M. (2001). Between two worlds: The encapsulated self. *Transactional Analysis Journal, 31*: 44–54.
O'Reilly-Knapp, M., y Erskine, R. G. (2010). The script system: An unconscious organization of experience. En: R. G. Erskine (Ed.), *Life Scripts: A Transactional Analysis of Unconscious Relational Patterns* (pp. 291–308). London: Karnac.
Parkes, C. M. (1972). *Bereavement: Studies in Grief in Adult Life.* London: Tavistock.
Parkes C. M., y Weiss, R. S. (1983). *Recovery from Bereavement.* New York: Basic Books.
Perls, F. S. (1944). *Ego, Hunger and Aggression: A Revision of Freud's Theory and Method.* Durban, South Africa: Knox.
Perls, F. S. (1967). Gestalt Therapy: Here and Now. Chicago Training Workshop, September 21–24, 1967. Chicago, IL.
Perls, F. S. (1969). *Gestalt Therapy Verbatim.* Lafayette, CA. Real People Press.

Perls, F. S. (1973). *The Gestalt Approach and Eye Witness to Therapy*. Palo Alto, CA: Science y Behavior Books.
Perls, F. S., y Baumgardner, P. (1975). *Legacy from Fritz: Gifts from Lake Cowichan*. Palo Alto, CA: Science y Behavior Books.
Perls, F. S., Hefferline, R., y Goodman, P. (1951). *Gestalt Therapy: Excitement and Growth in the Human Personality*. New York: Julian.
Perls, L. (1977). Conceptions and misconceptions in Gestalt Therapy. Keynote address, European Association for Transactional Analysis Conference, July 7–9, 1977. Seefeld, Austria.
Perls, L. (1978). An oral history of Gestalt Therapy, Part I: A conversation with Laura Perls, by Edward Rosenthal. *The Gestalt Journal, 1*: 8–31.
Piaget, J. (1936). *The Origins of Intelligence in Children*. M. Cook (Trans.). New York: International Universities Press, 1952.
Piaget, J. (1954). *The Construction of Reality in the Child*. New York: Basic Books.
Piers, C. (2005). The mind's multiplicity and continuity. *Psychoanalytic Dialogues, 15*: 239–254.
Putnam, F. W. (1992). Discussion: Are alter personalities fragments or figments? *Psychoanalytic Inquiry, 12*: 95–111.
Rapaport, D. (1967). *The Collected Papers of David Rapaport*. M. Gill (Ed.). New York: Basic Books.
Redecision Therapy (1987). 110 minute video featuring Bob Goulding, M.D. y Mary Goulding, MSW. San Francisco, CA: International Transactional Analysis Association.
Reich, W. (1945). *Character Analysis*. New York: Farrar, Straus y Giroux.
Reik, T. (1948). *Listening with the Third Ear: The Inner Experience of a Psychoanalyst*. New York: Pyramid, 1964.
Rogers, C. R. (1951). *Client-Centered Therapy: Its Current Practice, Implications, and Theory*. Boston, MA: Houghton Mifflin.
Schacter, D. L., y Buckner, R. L. (1998). Priming and the brain. *Nevron, 20*: 185–195.
Schore, A. N. (2002). Advances in neuropsychoanalysis, attachment theory, and trauma research: Implications for self-psychology. *Psychoanalytic Inquiry, 22*: 433–484.
Siegel, D. J. (1999). *The Developing Mind: Toward a Neurobiology of Interpersonal Experience*. New York: Guilford.
Siegel, D. J. (2003). An interpersonal neurobiology of psychotherapy: The developing mind and resolution of trauma. En: M. Soloman y D. J. Siegel (Eds.), *Healing Trauma* (pp. 1–56). New York: W. W. Norton.
Siegel, D. J. (2007). *The Mindful Brain: Reflection and Attunement in the Cultivation of Well-being*. New York: W. W. Norton.

Slap, J. (1987). Implications for the structural model of Freud's assumptions about perception. *Journal of the American Psychoanalytic Association, 35*: 629–645.
Steiner, C. (1971). *Games Alcoholics Play: The Analysis of Life Scripts*. New York: Ballantine.
Stern, D. (1985). *The Interpersonal World of the Infant: A View from Psychoanalysis and Developmental Psychology*. New York: Basic Books.
Stern, D. (1995). *The Motherhood Constellation: A Unified View of Parent–infant Psychotherapy*. New York: Basic Books.
Stolorow, R. D., y Atwood, G. E. (1989). The unconscious and unconscious fantasy: An intersubjective developmental perspective. *Psychoanalytic Inquiry, 9*: 364–374.
Stolorow, R. D., Brandschaft, B, y Atwood, G. E. (1987). *Psychoanalytic Treatment: An Intersubjective Approach*. Hillsdale, NJ: Analytic Press.
Stuntz, E. C. (1972). Second order structure of the parent. *Transactional Analysis Journal, 2*: 59–61.
Sullivan, H. S. (1953). *The Interpersonal Theory of Psychiatry*. New York: W. W. Norton.
Surrey, J. L. (1985). The "self-in-relation": A theory of women's development. Trabajo en curso, No. 13. Wellesley, MA: Stone Center for Developmental Services and Studies, Wellesley College.
Suttie, I. D. (1935). *The Origins of Love and Hate*. London: Free Association, 1988.
Tasca, G. A., Balfour, L., Ritchie, K., y Bissada, H. (2007). The relationship between attachment scales and group therapy alliance growth differs by treatment type for women with binge-eating disorder. *Group Dynamics: Theory, Research and Practice, 11*: 1–14.
Thelen, E., y Smith, L. (1994). *A Dynamic Systems Approach to the Development of Cognition and Action*. Cambridge, MA: MIT Press.
Tomkins, S. (1962). *Affect, Imagery, Consciousness. The Positive Affects (Vol. 1)*. New York: Springer.
Tomkins, S. (1963). *Affect, Imagery, Consciousness. The Negative Affects (Vol. 2)*. New York: Springer.
Trautmann, R. L., y Erskine, R. G. (1999). A matrix of relationships: Acceptance speech for the 1998 Eric Berne Memorial Award. *Transactional Analysis Journal, 29*: 14–17.
Tronick, E. Z., y Gianino, A. F., Jr. (1986). The transmission of maternal disturbance to the infant. En: E. Z. Tronick y T. Field (Eds.), *New Directions for Child Development: Vol. 34. Maternal Depression and Infant Disturbance* (pp. 5–11). San Francisco, CA: Jossey-Bass.
Tustin, F. (1986). *Autistic Barriers in Neurotic Patients*. London: Karnac.

Van der Kolk, B. A. (1994). The body keeps the score: Memory and the evolving psychobiology of posttraumatic stress. *Harvard Review of Psychiatry, 1*: 253–265.
Wallin, D. J. (2007). *Attachment in Psychotherapy*. New York: Guilford.
Watkins, J. G. (1978). *The Therapeutic Self*. New York: Human Sciences.
Watkins, J. G., y Watkins, H. H. (1997). *Ego States: Theory and Therapy*. New York: W. W. Norton.
Weinberg, M. K., y Tronick, E. Z. (1998). The impact of maternal psychiatric illness on infant development. *Journal of Clinical Psychiatry, 59* (Suppl. 2): 53–61.
Weiss, E. (1950). *Principles of Psychodynamics*. New York: Grune y Stratton.
Wetherell, J. L. (2012). Complicated grief therapy as a new treatment approach. *Dialogues in Clinical Neuroscience, 14*: 159–166.
Wheeler, G. (1991). *Gestalt Reconsidered*. New York: Gardner.
Winnicott, D. W. (1965). *The Maturational Process and the Facilitating Environment: Studies in the Theory of Emotional Development*. New York: International Universities Press.
Winnicott, D. W. (1974). Fear of breakdown. *International Review of Psychoanalysis, 1*: 103–107.
Wolf, E. S. (1988). *Treating the Self: Elements of Clinical Self Psychology*. New York: Guilford.
Woolams, S. J. (1973). Formation of the script. *Transactional Analysis Journal, 3*: 31–37.
Yontef, G. M. (1993). *Awareness, Dialogue and Process*. Highland, NY: Gestalt Journal Press.

AGRADECIMIENTOS

Me gustaría expresar mi agradecimiento por el permiso para reeditar en este libro el siguiente material:

Capítulo Uno

Copyright (1993) del Instituto de Psicoterapia Integrativa y Richard G. Erskine, PhD. Este capítulo fue originalmente co-presentado con Rebecca L. Trautmann como un taller de formación titulado "El Proceso de la Psicoterapia Integrativa" en el Congreso de la Región Oriental de la Asociación de Análisis Transaccional, Atlantic City, Nueva Jersey, el 20 y 21 de mayo de 1993. La cita para el artículo original es: Erskine, R. G. y Trautmann, R. L. (1993). The process of integrative psychotherapy. En: B. Loria (Ed.), The Boardwalk Papers: Selections from the 1993 Eastern Regional Transactional Analysis Association Conference. Madison, WI: Omnipress.

Capítulo Dos

Este capítulo fue escrito conjuntamente con Janet Moursund y sirvió como base para un taller titulado "Más allá de la empatía: Una Terapia de contacto en la relación", presentado por Richard Erskine en el Instituto Británico durante el Congreso de Nacional de Análisis Transaccional. Swansea, Gales, del 9 al de abril de 2003. Copyright 1998 por el Instituto de Psicoterapia Integrativa. La cita para el artículo original es: Erskine, R. G. (2003). Beyond Empathy: A Therapy of Contact-in-Relationship. En: K. Leech (Ed.), ITTA Conference Papers, Expanding Perspectives in Transactional Analysis, VII (pp. 28–51). Marlborough, UK: Institute for Transactional Analysis.

Capítulo Tres

Este trabajo fue presentado como un discurso de apertura titulado "¿Una relación terapéutica?" en el 1er Congreso del Consejo Mundial para la terapia de Psicolingüística, Viena, Austria, del 30 de junio al 6 de julio de 1996. Alguna secciones de este artículo fueron también incluidas en el discurso de clausura, "La Relación Psicoterapéutica", en el 7° Congreso anual de la Asociación Europea de Psicoterapia, Roma, Italia, del 26 al 29 de junio de 1997. Copyright (1998) Asociación Europea de Psicoterapia. Reedición con permiso del editor, *International Journal of Psychotherapy*. La cita para el artículo original es: Erskine, R. G. (1998). Attunement and Involvement: Therapeutic Responses to Relational Needs. *International Journal of Psychotherapy*, *3(3)*: 235–244.

Capítulo Cuatro

Algunos fragmentos de este artículo se presentaron como discurso de apertura con el título "Procesos inconscientes: la íntima conexión entre cliente y terapeuta" en el congreso de la Asociación Internacional de Psicoterapia Integrativa, del 12 al 15 de abril de 2007 en Roma, Italia. El autor agradece a los miembros del Seminario de Desarrollo Profesional del Instituto de Psicoterapia Integrativa por su valiosa contribución en la formulación de los conceptos en este artículo. Su sincera gratitud también a "Kay" y a "Andrew" por proporcionarle la oportunidad de mejorar su aprendizaje acerca de la psicoterapia a través de su trabajo conjunto. Copyright (2008) por la Asociación Internacional de Análisis Transaccional. Reproducido con permiso de la Asociación Internacional de Análisis Transaccional y SAGE

Publications. La cita para el artículo original es: Erskine, R. G. (2008). Psychotherapy of Unconscious Experience. *Transactional Analysis Journal, 38 (2)*: 128-138.

Capítulo Cinco

Copyright (2009) de la Asociación Internacional de Análisis Transaccional. Reproducido con permiso de la Asociación Internacional de Análisis Transaccional y SAGE Publications. La cita para el artículo original es: Erskine, R. G. (2009). Life Scripts and Attachment Patterns: Theoretical Integration and Therapeutic Involvement. *Transactional Analysis Journal, 39*(3): 207-218.

Capítulo Seis

Copyright (2010) de Karnac Books, London. Reproducido con autorización de Karnac Books. La cita para el capítulo original es: Erskine, R. G. (2010). Unconscious Relational Patterns and Psychotherapeutic Involvement. En: R. G. Erskine (Ed.), Life Scripts: A Transactional Analysis of Unconscious Relational Patterns (pp. 1-28). London: Karnac.

Capítulo Siete

Este capítulo fue escrito con Marye O'Reilly-Knapp, Ph.D. Copyright (2010) de Karnac Books, London. Reproducido con autorización de Karnac Books. La cita para el capítulo original es: O'Reilly-Knapp, M. y Erskine, R. G. (2010). The Script System: An Unconscious Organization of Experience. In: R. G. Erskine (Ed.), Life Scripts: A Transactional Analysis of Unconscious Relational Patterns (pp. 291-308). London: Karnac.

Capítulo Ocho

Este capítulo fue presentado originalmente como una conferencia titulada "Psychological Functions of Life Scripts" en Kent, CT (EEUU), el 3 de agosto de 2008 en un taller de formación de psicoterapia de diez días del Instituto de Psicoterapia Integrativa.

Capítulo Nueve

Copyright (2010) del Instituto de Psicoterapia Integrativa y Richard G. Erskine Consulting, Inc. Reeditado con la autorización de *International Journal of Integrative Psychotherapy* y la Asociación Internacional de Psicoterapia Integrativa. La cita para el artículo original es: Erskine, R. G. (2010). Integrating Expressive Methods in a Relational-Psychotherapy. *International Journal of Integrative Psychotherapy, 1*(2): 55–80.

Capítulo Diez

Quiero expresar un agradecimiento especial a Stanley (seudónimo) por permitirme escribir sobre nuestro viaje terapéutico. Este artículo es un extracto del discurso de clausura en el Congreso Mundial de AT, el 7 de julio de 2002. El tema del congreso fue "Violencia: Hablemos". Copyright (2008) por la Asociación Internacional de Análisis Transaccional. Reproducido con permiso de la Asociación Internacional de Análisis Transaccional y SAGE Publications. La cita del artículo original es: Erskine, R. G. (2002). Bonding in Relationship: A Solution to Violence? *Transactional Analysis Journal, 32*: 256–260.

Capítulo Once

El autor agradece a los miembros del Seminario de Desarrollo Profesional del Instituto de Psicoterapia Integrativa por compartir experiencias personales y por su participación profesional en la formulación de las ideas en este artículo. Se presentaron fragmentos de este artículo en el Simposio sobre el Tratamiento de la Vergüenza, Minneapolis, MN (EEUU), en octubre de 1993. Copyright (1993) del Instituto de Psicoterapia Integrativa y Richard G. Erskine, PhD., todos los derechos reservados. La cita para el artículo original es: R. G. (1995). A Gestalt Therapy Approach to Shame and Self-righteousness: Theory and Methods. *British Gestalt Journal, 4*(2): 108–117.

Capítulo Doce

Este capítulo fue presentado originalmente como introducción del simposio de educación continua sobre "El proceso esquizoide", celebrado el 20 de agosto de 1999, durante el congreso anual de la Asociación Internacional de Análisis Transaccional en San Francisco. El Dr. Erskine actuó como moderador del simposio. Copyright (2001) de la Asociación Internacional de Análisis Transaccional. Reproducido con permiso de la Asociación Internacional de Análisis Transaccional y SAGE Publications. La cita del artículo original es: Erskine, R. G. (2001). The Schizoid Process. *Transactional Analysis Journal, 31*(1): 4–6.

Capítulo Trece

Copyright (2011) del Instituto de Psicoterapia Integrativa y Richard G. Erskine Consulting, Inc. Reproducido con autorización de *International Journal of Integrative Psychotherapy* y la Asociación Internacional de Psicoterapia Integrativa. La cita para el artículo original es: Erskine, R. G. (2012). Early Affect-Confusion: The "Borderline" Between Despair and Rage. Part 1 of a Case Study Trilogy. *International Journal of Integrative Psychotherapy, 3*(2): 3–14.

Capítulo Catorce

Copyright (2011) del Instituto de Psicoterapia Integrativa y Richard G. Erskine Consulting, Inc. Reedición con la autorización de *International Journal of Integrative Psychotherapy* y la Asociación Internacional de Psicoterapia Integrativa. La cita para el artículo original es: Erskine, R. G. (2013). Balancing on the "Borderline" of Early Affect- Confusion. Part 2 of a Case Study Trilogy. *International Journal of Integrative Psychotherapy, 4*(1): 3–9.

Capítulo Quince

Copyright (2011) del Instituto de Psicoterapia Integrativa y Richard G. Erskine Consulting, Inc. Reedición con autorización de *International Journal of Integrative Psychotherapy* y la Asociación Internacional de Psicoterapia Integrativa. La cita para el artículo original es: Erskine, R. G. (2013). Relational Healing of Early Affect-Confusion: Part 3 of a Case Study Trilogy. *International Journal of Integrative Psychotherapy, 4*(1): 31–40.

Capítulo Dieciseis

Copyright (2003) Worth Publishing Ltd. Reproducido con permiso de Worth Publishing Ltd. La cita para el artículo original es: Erskine, R. G. (2003). Introjection, Psychic Presence, and Parent Ego States: Considerations for Psychotherapy. In: C. Sills & H. Hargaden (Eds.), Ego States: Key Concepts in Transactional Analysis, Contemporary Views (pp. 83–108). London: Worth.

Capítulo Diecisiete

Un especial agradecimiento a Rebecca L. Trautmann, RN, MSW, co-terapeuta en este ejemplo de terapia. Copyright (2003) Worth Publishing Ltd. Reproducido con permiso de Worth Publishing Ltd. La cita del artículo original es: Erskine, R. G. & Trautmann, R. L. (2003). Resolving Intrapsychic Conflict: Psychotherapy of Parent Ego States. In: C. Sills & H. Hargaden (Eds.), Ego States: Key Concepts in Transactional Analysis, Contemporary Views (pp. 109–134). London: Worth.

Capítulo Dieciocho

Este capítulo fue presentado originalmente como un taller titulado "Working with the Traumatic Elements of Bereavement in an Integrative-Relational Perspective" en el Congreso de la Asociación Internacional de Psicoterapia Integrativa, el 12 de julio de 2013, Belton Woods, Grantham, Reino Unido. Partes de este capítulo son copyright (2014) de la Asociación Internacional de Análisis Transaccional. Reproducido con permiso de la Asociación Internacional de Análisis Transaccional y SAGE Publications. La cita del artículo original es: Erskine, R. G. (2014). What Do You Say Before You Say Goodbye?: Psychotherapy of Grief. *Transactional Analysis Journal, 44*(4). Otras secciones de este capítulo son copyright del Instituto de Psicoterapia Integrativa y Richard G. Erskine Consulting, Inc. (2013). Reproducido con permiso del editor, *International Journal of Psychotherapy*.

Capítulo Diecinueve

Copyright (2014) del Instituto de Psicoterapia Integrativa y Richard G. Erskine Consulting, Inc. Reedición con la autorización de *International*

Journal of Integrative Psychotherapy y la Asociación Internacional de Psicoterapia Integrativa. La cita para el artículo original es: Erskine, R. G. (2014). Nonverbal stories: The body in psychotherapy. *International Journal of Integrative Psychotherapy, 5*: 21–33.

Capítulo Veinte

Copyright (2013), Academia Americana de Psicoterapeutas (AAP). Reservados todos los derechos. Reproducido con permiso de *Voices*, la revista de la Academia Americana de Psicoterapia. La cita para el artículo original es: Erskine, R. G. (2013). Narcissism or The Therapist's Error? *Voices: The Art and Science of Psychotherapy, 49*: 27–33.

ÍNDICE ALFABÉTICO

ABC's de la Psicoterapia, xx, 373. *Ver también*
ABC, xx–xxi, 2, 24
aceptación por otra persona estable, fiable y protectora, 54
acomodación, xxxv, 89, 98, 124
acting out, 23, 188. *Ver también* actuación/actuaciones
actuación, 117, 166
actuaciones 71, 96, 197, 202, 271, 280
acumulativo(s) fallos, 81, 98, 101
    negligencia acumulativa, 87, 113, 173, 247, 350
        material de casos, 247
    trauma acumulativo, 58, 64, 68, 70, 73, 88, 105, 109–111, 120, 186, 189, 217, 351
        definición, 110
        efectos neurológicos, 351
        material de casos, 68–117, 181
        y ausencia de memoria, 351

adaptación, 42, 89, 90, 96, 98–99, 102, 124, 195, 204, 233, 257, 267. *Ver también* Estado del Yo Adulto
Adler, Alfred, 10, 84, 198, 369
afectivo, trabajo, 14, 22, 43
afecto(s)
    como transaccional-relacional, 210
    indagación sobre, 119
    recíproco, 31, 49–50, 192, 210
    transformación del, 196
    transposición, 92, 195, 200, 269
    vitalidad, 7, 49, 210
afectos, confusión xviii, 97, 226, 253
    cura relacional de, 243–254
    equilibrio en el "límite" de, 235–241
    "límite" entre la desesperación y la rabia, 221–234
    Ver también casos: Teresa
    resolver la, 234

afirmación, 53, 55
Ainsworth, Mary D. S., 87, 89, 369
Allen, B. A., 106, 369
Allen, J. R., 106, 329, 369
amor
　búsqueda inconsciente de, 117–122
　necesidad de expresar, 57
análisis transaccional, 255–259
　procesos inconscientes y, 66
　Ver también temas específicos
Andrewartha, G., 275, 284, 380
Andrews, J., 10, 84, 103, 369
Anna, O., caso de, 256
Ansbacher, H. L., 10, 84, 102, 198
Ansbacher, R. R., 10, 84, 102, 198
apego aislado, 75, 94, 94
apego ansioso (ambivalente),
　89–90, 249
apego desorganizado, 87, 92–93,
　95, 249
apego evitativo, 87, 89–92, 95, 148, 249
apego inseguro, 87, 89, 92, 94–96
apego, estilo de, 71, 75, 78–79, 87,
　90–91, 93–94, 105, 109, 148, 366
　definición, 75, 88–94
apego, patrones de, viii, 80–81,
　88–99, 110, 145, 148, 249
　consideraciones generales, 94–99
　definición, 88–89
　implicación terapéutica y, 95–99
apego, trastorno del, 94–95
　definición, 95
Arlow, Jacob A., 10, 84, 103, 369
arrogancia, 191–194, 198–200
　auto-críticas preventivas y, 283
　material de casos, 198–200, 207
　psicodinámicas, 174, 176, 186,
　　188, 191
　　doble defensa, 198, 202
　　introyección, 194–195
　　intervenciones
　　　psicoterapéuticas, 208–213

arqueopsique, 260
arqueopsíquico, Estado del Yo, 262,
　267, 242. *Ver también* Estado(s) del
　yo Niño
Atwood, George E., 6, 10, 51, 63–64,
　75, 84, 103, 212, 218, 259, 269, 333,
　350, 381, 383
autodefinición, 56, 109, 112, 125, 134,
　149, 184, 186, 190, 193, 226, 238,
　246, 252, 264, 299, 367
　material de casos, 130–138, 184–186
　(*Ver también* casos: Teresa)
auto-estabilización, afectos, 146, 337
auto-estabilización, patrones y
　estrategias de, 76, 168, 354
autoprotección, 10–11, 89, 92, 98, 103,
　108, 117, 123, 128, 145, 147–148, 195
autorregulación, xxxv, 71, 75–77,
　79–81, 83, 88, 93, 95–96, 98,
　101–102, 105, 107, 117, 128–129,
　145–147, 149, 156, 224, 232, 249
　homeostasis, 11, 129, 202, 205, 291
Axelrod, J., 324–325, 370

Bach, Sheldon, 51, 370
Balfour, L., 89, 383
Bartholomew, K., 90–91, 370, 378
Bary, B., 11, 129, 370
Basch, Michael Franz, 10, 51, 84, 103,
　210, 370
Baumgardner, P., 84, 102, 382
Beebe, Beatrice B., 83, 108, 113, 146, 370
Behar, M., 87, 369
Beitman, B. D., 84, 103, 370
Bergman, Anni, 6, 48, 262, 380
Bergman, S. J., 212, 370
Berne, Eric, xxvi, 6–10, 40, 54, 65–66,
　73, 81–82, 84–85, 102, 105, 110,
　116, 127, 129, 216–217, 255–257,
　259–263, 266, 268–272, 276–277,
　279, 323, 337, 349, 370–373, 383
Bianchi, I., 93, 380

ÍNDICE ALFABÉTICO

Bissada, H., 89, 383
Blizard, R. A., 93, 371
Block, J., 124, 371
Block, S. D., 325, 380
Bloom, S. L., 92, 113, 371
"Body Keeps the Score, The" (Van der Kolk), 348, 360, 384
"borderline," 92, 380
    psicológico, xxxvi, 8–9, 11, 14, 20, 41, 46, 53–54, 65, 87–88, 93, 106, 129, 145–146, 160, 190, 204, 206, 224, 226, 229–230, 244, 246, 253–254, 264–265, 269, 280, 297, 349, 364. *Ver también* casos: Teresa
Bollas, Christopher J., 9, 218, 259, 371
borderline, clientes 92
Bowlby, John, 6–7, 48, 75, 83, 87–89, 103, 264, 269, 324–325, 371
Brenner, Charles, 9, 117, 371
Breuer, Josef, 256, 371
Brown, M., 265, 371
Buber, Martin, 194, 371
Bucci, W., 63–64, 67, 78, 81–82, 104, 350–351, 371
Buckner, R. L., 67, 350, 382
Burgess, A. G., 328, 371
Burgess, J. P., 329, 371
búsqueda de relación, naturaleza humana como, xxiii–xxiv

cambio vital positivo, compromiso hacia, 13
carencia de recuerdo, 120
casos
    Andrew, 342–345
    Anna, 289–322
    Anne-Marie, 278–279
    ejemplo "diablo", 281
    Elizabeth
        búsqueda inconsciente de amor, 117–122
        intervención psicoterapéutica, 122–123
    Jason, 303–322, 342–344
    Jennifer, 357–359
    John, 130–138
        soledad, 132
        sistema de guión, 139
        trauma acumulativo de Kay, 68–70
    Paul, 153–180
    Phillip, 361–368
        segunda sesión de evaluación, 364–365
        tercera sesión de evaluación, 365–368
    Richard, 277–279
    Robert, 198–203
    Ruth, 331–334, 336–340
    Stanley, 181–190
    Susan, 207–208
    Teresa, 221–254
        desconfusión de la Adulta y la Niña, 238–242
        disipando la confusión temprana de los afectos, 251–254
        inicio de la psicoterapia, 224–234
        primeras impresiones e incertidumbres, 221–224
        relación terapéutica en el cuarto y quinto año, 243–251
        resolver la confusión entre conducta, sentimientos y necesidades, 229
        segundo y tercer año de terapia, 235–242
        verbalizar la memoria implícita, 246–251
    Zia, 334–336
Cassidy, J., 89, 378, 380
castigo, intrapsíquico, 22

cebar la bomba
  definición y visión general,
    174–175, 307
  material de casos, 173–175, 307–320
Childs-Gowell, Elaine, 324, 371
Clark, A., 324, 372
Clark, B. D., 52, 271, 372
Clark, Fred, 276, 324, 372
Clarkson, P., 271, 372
co-creacion
  de un espacio seguro, 246
  del espacio terapéutico, 252
  del proceso terapéutico, 31
co-creación, proceso, 178
  proceso co-creativo, el contacto
    interpersonal como, 178
codificada en los relatos y las
  metáforas del cliente, 98
cognición, enfoque, 4
cognitivas, estructuras, 84, 103–104.
  Ver también guiónes
cognición, indagación sobre, 29
cognición, sintonía, 36–38
cognición, teorías, xxii
cognitiva, terapia, 3
cognitivo, trabajo, 13
compensación, 115, 117, 147
compulsión de repetición,
  xviii, 10, 84, 103, 127. Ver también
  guiónes
conducta
  determinantes conductuales de
    los Estados del Yo, 265–267
  resolver la confusión entre,
    sentimientos, necesidades
    y, 229
  siempre tiene significado en
    algún contexto, xxxii–xxxiii
  terapia conductual, xxvi, 3, 363
  trabajo conductual, 13
confirmación de la experiencia
  personal, 55

conflictos relacionales, 55, 78, 222,
  247, 250, 363
confrontación, xv, 23, 79, 252–253,
  271, 273, 275, 283, 295, 309, 312,
  314, 319, 321, 365. *Ver también*
  casos: Teresa
Connell, D., 113, 380
constructos personales, 103. *Ver
  también* guiónes
constructos psicológicos, 7–9.
  Ver también constructos específicos
contacto, 5–6
  defensas fijadas en la
    interrupción de, 23
  condiciones para un pleno, 20
  significados, xxxii
  Ver también temas específicos
contacto físico
contacto pleno, condiciones para, 5
contaminación, 276
contratransferencia, 132, 189–190
Cornell, W. F., 82, 85, 186, 271, 372
Cozolino, L., 67, 72, 83, 89, 93, 113,
  146, 351, 372
crecimiento, seres humanos tienen el
  impulso innato hacia, xxxiv–xxxv
creencias de guión, 10–12, 16, 52,
  74–77, 80, 86, 96, 105, 107, 109–110,
  115, 122–124, 128, 130, 135–142,
  146–149, 173, 182, 186, 201, 232,
  270, 284, 289–292, 301–304, 309,
  312, 314, 320–322, 341
  categorías, 11, 128
  funciones intrapsíquicas,
    203–206
  interrupciones relacionales y,
    109, 115
  material de casos, 139f (*Ver
    también* casos)
  naturaleza de, 107, 129
  refuerzo de, 10–12, 122, 128, 142,
    202–203, 317

cuerpo, "inconsciente" o en el, 349–351
   guión corporal, 112–115
   lenguaje corporal, 32, 41, 76, 105, 153, 177
   memorias corporales, xv, 348, 360
   postura corporal, 130, 134, 295
   terapia orientada al cuerpo, 354–360
      métodos, 359–360
      objetivo terapéutico, 359
      sin contacto físico, 354–356
      Ver también masaje; contacto físico
cura del guión, 87, 103–104, 106, 114–115, 117, 122, 124–125, 144, 150, 320
"Cura del Guión: Conductual, Intrapsíquica y Fisiológica, La" (Erskine), 85

Damasio, Antonio, 64, 67, 83, 112, 351, 372
Dashiell, Sharon R., 275, 284, 372
decir la verdad, 160
decisiones confluentes, 203
defensas, 24–50
deflexión, 23, 120, 194
depresión. *Ver* duelo; "Duelo y Melancolía"
desarrollo y Estados del Yo, 257
descodificación, 96, 130
desconfusión
   Estados del Yo Niño, 66, 270, 284, 290, 308–309, 337
   De la Adulta y la NIña, 238–242
descontaminación de Estados del Yo Adulto, 270–271, 276, 337
desensibilización, 64, 67, 112
desesperación y rabia, límite entre.
   Ver "borderline," psicológico; casos: Teresa

determinantes fenomenológicos de los Estados del Yo, 265–266
determinantes históricos de los Estados del Yo, 265–266
determinantes sociales de los Estados del Yo, 265–266
determinantes transaccionales de los Estados del Yo, 265–266
de uno mismo en relación a los demás, 267
diagnóstico, correlacionado de cuatro factores, 267
diálogo, 15, 17
Diego, M., 108, 376
dimensiones afectiva, conductual y cognitiva, 87, 104
   interacción de, xx
Dinesen, Karen C., 331, 372
disociación, 19, 64, 67, 93, 105, 215
división, 26, 31, 217, 269
Doctors, S. R., 87, 89, 92, 372
dos-sillas (*ver* trabajo con dos-sillas)
dramas primordiales (de la niñez), 81–83, 85–86, 92, 104
duelo, 323–345
   bibliografía sobre, 324–326
   definición y naturaleza de, 326–331
   material de casos, 334–336
   prolongado, 334
      material de casos, 334–336
      y la "silla vacía", 334–336
   reflexiones sobre la teoría y la práctica, 326–331
   "rituales para un buen duelo", 324
   Ver también duelo anticipado; duelo complicado
duelo anticipado, 340–345
   material de casos, 342–344
duelo complicado, 325
   contacto interpersonal y, 326, 330–336

definición, 326
material de casos, 331-336
duelo prolongado. *Ver* duelo: prolongado
duelo, terapia. *Ver* casos: Ruth; casos: Zia
Duelo y Melancolía (Freud), 324
Dutra, L., 90, 380

Efran, J. S., 372
ego, 6, 64, 92, 206, 256-257, 260, 325
definición, 260
ego anti-libidinal, 256
Eisen, Herman, xxvi
Ellis, Albert, 36, 372
Emmy von N., caso de, 256
empatía
definiciones, 25, 31
material de casos, 153-180
sintonia y, 49-50 (*Ver también* sintonía)
Ver también más allá de la empatía
vicaria *vs.* emocional, 365
empática, indagación sostenida, 6
English, F., 82, 105, 372
entretejida en la fisiología del cliente, 97
Erikson, Erik H., 6, 48, 196, 262, 372
Ernst, F., 255, 372
errores de empatía. *Ver* errores de sintonía
Erskine, Richard G., xi, xiii, xv-xx, xxii, xxvii, 2, 7, 9-11, 14-16, 19, 25, 31, 33, 36-37, 45, 48-50, 52, 54-55, 64, 66-67, 76-77, 79-81, 84, 86, 93, 101-107, 109, 111-112, 115, 117, 122, 128-130, 140-141, 143, 145-147, 149, 181, 184, 193-195, 200-201, 203, 206-207, 209, 215-216, 218, 259, 261, 264-267, 269, 271-273, 276-277, 280, 283,
286, 326, 329, 337, 339, 341, 350, 354, 373-377, 381, 383, 385-391
esquema, xxxii, 10, 16, 102-103, 107, 136, 196, 257, 324, 327. *Ver también* guiones
estabilidad, xxxiii, 19, 53-54, 93, 146, 178, 185, 188, 205-206, 230, 236, 270
estados de atracción preferidos, 103
Estados del Yo, 1, 6-7, 9, 17, 65, 85, 216, 256-257, 259-261, 265, 267, 269, 271, 276-277
definición, 7-9
transferencia y, 7-10
Ver también Estados del Yo Adulto; Estado(s) del Yo Niño; Estados del Yo Padre
Estado del Yo, determinantes del, 265-268
Estados del Yo Adulto, 15, 255
descontaminación de, 270-271, 337
Estados del Yo Niño y, 255
Estados del Yo Padre y, 65
material de casos, 273-277 (*ver también* casos: Ruth; casos: Zia)
Ver también ego Adulto
Estado del Yo Adulto consciencia, observación, 15
Estado del Yo exteropsíquico, 16, 267, 272. *Ver también* Estados del Yo Padre
Estado(s) del Yo Niño, 8-9, 17, 54, 216, 255, 258, 261-262, 269, 279-286, 289-290, 292, 294, 308-309, 312, 314-315, 318, 320-322
conducta infantil y, 267
conflicto entre Estados del Yo Padre y, 280
defensas, 272
definición, 7-9
desconfusión, 66, 270-271, 284, 290, 308-309, 337

ÍNDICE ALFABÉTICO 399

el psicoterapeuta debe ofrecer una protección total a las vulnerabilidades de, 280
Estados del Yo Adulto y, 255
fijación y, 7–9, 216, 321
guiónes de vida y, 301
hacer contacto con, 17
introyección y, 9, 263, 272
lealtad al Estado del Yo Padre influyente, 269
material de casos, 277–287, 289–322
naturaleza de, 8
proceso esquizoide y, 216–217
regresión en, 9, 17
relación terapéutica y, 217, 280–281, 283, 289
sintonía y, 19
terapia de, 272, 276, 282, 337
terapia del Estado del Yo Padre y, 276
Ver también Estado del Yo arqueopsíquico
Estados del Yo Padre, 289–322
activo, 268, 282
declaración emocional desde, 272
desactivación, 66, 272, 281, 285
ejemplos de, 273–277
Estados del Yo Adulto y, 65
Estado del Yo Niño y, 17, 65, 255, 261, 280, 283, 314, 321
los clientes no son conscientes de la influencia del, 77
formación, 270
funciones de, 268–270
influencia, 65–66, 77, 267
  bibliografía sobre, 8–9, 16, 65, 77, 256–259, 263, 268–277
  estrategias defensivas, 271
  externalización de, 268
  funciones de, 268–270
  introyección y, 8–9, 268
  internalización de las figuras parentales, 256
  material de casos, 77, 273–277
  naturaleza de, 267
  persistente severidad de, 259
  reparentalización, 275, 284
  resolución minima y máxima, 275
  segundo y tercer orden, 258
interfiriendo con la psicoterapia, 281
"loco", 275, 284
material de casos, 277–287, 289–322
Padre auto-creado/auto-generado fijado y, 277, 279, 282
superyo y, 256, 258
terapia de, 66–68, 77, 259, 289–322
transferencia y, 259, 280
Ver también Estado del Yo exteropsiquico
vergüenza y, 283
estilo de vida, 10, 84, 102. *Ver también* guiónes
estímulos, xxiii, 11, 108, 260
estrategias de afrontamiento, 114, 128
estructura, 200, 270
ethos, 261
Evans, K., 193, 376
experiencia humana
  componentes de, 51, 197, 181
  se organiza fisiológica, afectiva y/o cognitivamente, xxxii
experiencia de transformación mutua, 153
experiencias primarias, 256
experiencias reforzantes, 10, 12, 128, 136, 141, 143, 242. *Ver también* creencias de guión: refuerzo de
experiencias reforzantes, 12, 137, 141. *Ver también* creencias de guión: refuerzo de

400 ÍNDICE ALFABÉTICO

experiencias relacionales repetitivas, 129
exteropsique, 258-260, 286. *Ver también* Estados del Yo Padre
evolutivo, nivel de funcionamiento, 39, 68, 124, 216

Fairbairn, W. Ronald D., 9, 47, 54, 217, 257, 269, 376
fallos relacionales
    auto-proteccion contra el miedo ante, 145
    Ver también errores de sintonía
falta de sintonía, acumulativa, 105, 107-111, 117
fantasía(s), 138-143, 184-190, 197-200
    defensiva, 197-198, 201
    inconsciente, 10, 103, 256, 269
    indagación sobre, 30
    obsesiva, 199
fantasía, símbolos de la, 50
Federn, Paul, 256-257, 259-260, 262, 376
Ferenczi, Sándor, 258
Festinger, L., 141, 376
Field, T., 108, 113, 376, 380, 383
fijación, 176
    Estados del Yo Niño y, 17, 65, 255, 261, 280, 283, 314, 321
    Ver también Estados del Yo Padre
fijaciones arcaicas confluentes, 261
Fish, S., 271, 372
Florian, V., 89, 380
Fosshage, James L., 63, 78, 101, 104, 129, 376
fragmentación, ego, 196
Fraiberg, Selma H., 6, 48, 92, 269, 376
Freud, Sigmund, 10, 63, 84, 103, 256, 324, 366, 377
Friedman, L. J., 9, 377

Friedman, R., 324-325
Fryer, Robin, 186
funcionamiento humano, dimensiones de, xxiii, xxxiii, 2-3, 6, 13, 24
funciones, psicológicas, xiii, xxxiii, 53, 117, 122, 145-146, 149-150, 184-185, 188-189, 205-206

generada en la respuesta emocional de otra persona, 98
Gestalt, terapia, xx-xxi, xxvi, xxix, 2, 9-10, 64-65, 102, 203, 205, 207-208, 210
    inconsciente en la, 64
    Ver también método de la silla vacía
Gianino, A. F., Jr., 113, 383
Gibran, Kahlil, 329, 377
Gobes, Lyy, 259, 276, 377
Goodman, P., 6, 9, 48, 64, 102, 111, 113, 115, 146, 194, 258, 326, 348-349, 382
Goulding, Mary M., 15, 82, 106, 271, 324, 377-378, 382
Goulding, Robert L., 15, 38, 82, 106, 217, 271, 324, 377-378, 382
Greenberg, Jay R., 259, 377
Greenson, Ralph R., 9, 377
Greenwald, B., 324, 377
Grunebaum, H. U., 113, 380
guiones, 14, 81-99, 101-125, 127-143
    apego y consideraciones generales, 81-99
    bibliografía sobre, 81-93
    implicación terapéutica, 95-99
    definiciones y naturaleza de, 81-84, 94-99, 128-130
    funciones psicológicas, 145-150 (*Ver también funciones específicas*)
    funciones, 145-150
    revisión de la literatura, 84-88, 102-104

terapia Gestalt y, 200–203
terminología, 10–13, 84–88
guiones de vida. *Ver* guiones
Guistolise, P., 33, 38, 122, 377
Guntrip, Harry J. S., 6, 9, 54, 218–219, 256–257, 259, 377–378

Hargaden, H., 66, 271, 375, 377, 390
Hartmann, Heinz, 256, 377
Hazell, J., 218–219, 378
Hefferline, R., 6, 9, 48, 64, 84, 102, 111, 113, 115, 146, 194, 258, 326, 348–349, 382
Heimann, Paula, 66, 378
Henle, Mary, xxii–xxiii
Hensley, P. L., 324, 378
Hernández-Reif, M., 108, 376
Hesse, E., 83, 88, 90–91, 378
Holloway, William H., 274, 378
homeostasis, 11, 129, 142, 202, 205, 291
homeostática, auto-regulación, 83, 103, 129
homeostáticas, estrategias, 146
homeostático, proceso autorregulador, 141, 146
Horowitz, L. M., 90–91, 370, 378
Howell, E. F., 63, 67, 78, 88, 351, 378
Hufford, F., 11, 129, 370
Huie, Jonathan Lockwood, 345, 378
humillación, xxxii, 56, 147, 155, 184, 187–189, 191–201, 264

identificación, 260–265
imbricada en las interrumpciones del contacto interno y externo del cliente, 98
impacto en otra persona, necesidad de hacer, 121
imperativo biológico, 87, 103, 141, 148–149, 181, 264, 281
implicación, 101–125

implicacion terapéutica, 81–125, 151–180
  definición, 58–61
inconsciente, 64–66
inconsciente pre-reflexivo, 10, 103, 105
"inconsciente" o en el cuerpo, xv, 348
  (*Ver también* memorias corporales)
incorporación, 258, 362, 364
indagación, 17–18
  áreas de, 29–31
  características de una eficaz, 29–31
  propósito, 26
independencia, 199
inferencia, terapéutica, 71, 79, 96, 117, 130, 249, 269, 351
influencia intrapsíquica, 24–259, 280–281, 283
iniciativa, necesidad de que el otro tome, 57
Instituto de Psicoterapia Integrativa, xi, xxii, xxviii, 2, 47, 51, 215, 385–390
Integrative Psychotherapy: The Art and Science of Relationship (Moursund y Erskine), xxvii, 2
integridad
  obsoleta/arcaica, 149
  sensación de, 146, 178
  sistemas de guión y mantenimiento de, 145–146, 149
integridad del cliente, respetar, xxvii, 13, 22, 60
internalización, 256, 258–259, 263–264, 270, 279
International Transactional Analysis Association (ITAA) xx, 382
Interposición/interposiciones, 116, 246, 271–272, 283, 318–319
interpretación, 54, 87, 97, 103, 106, 128, 158, 167, 156, 270, 314

interrupciones relacionales
   guión de vida como un seguro
      contra el shock ante, 149
   vs. psicopatología, xxxv
   Ver también errores de sintonía
intersubjetividad, definición, xxxv
introyección, xvii–xviii, 8–9, 65, 75, 77,
   86, 105, 112, 115–116, 119, 194–195,
   201, 206–208, 246, 252, 255–260,
   263–265, 268, 271–276, 284–285, 321
   arrogancia y, 195
   definición, 8, 115–116, 258–260
   Estados del Yo Niño y, 9, 272, 275
   Estados del Yo Padre y, 8–9, 268,
      273, 275, 284–285
   vergüenza como, 206–208
intuición, 66, 158, 187, 262

Jacobs, Lynne, 193–194, 203, 378
Jacobson, Edith, 257, 378
James, M., 38, 378
Jordan, J. V., 196, 212, 378

Kaplan, N., 89, 380
Kaufman, G., 196, 378
Kelly, G. A., 84, 103, 378
Kernberg, Otto F., 257, 259, 378
Khan, Masud M. R., 58, 110, 217, 378
Kihlstrom, J. F., 63, 67, 104, 350, 378
Kobak, R. R., 91, 379
Kohut, Heinz, xxvi, 6, 9, 31, 49, 51,
   54, 66, 212, 257, 259, 365
Kris, Ernst, 256, 379
Kübler-Ross, Elisabeth, 324–325, 379
Kuhn, C., 108, 376

Langs, Robert J., 117, 379
LeDoux, J. E., 83, 113, 379
Lee, R. G., 193, 379
Lee, R. R., 34, 36, 379
Lemieux, K., 93, 381
Lewin, Kurt, xxiii, 84, 103, 379

Liotti, G., 93, 379
Lipton, S., 9, 379
Little, Margaret I., 218, 379
logos, 261
Loria, Bruce R., 8, 276, 374–375,
   379, 385
Lourie, J., 58, 64, 73, 109–111, 217,
   350–351, 379
Lukens, M. D., 379
Lukens, R. J., 379
Lyons-Ruth, Karlen, 63–64, 67, 78, 93,
   113, 350, 379–380

Maciejewski, P. K., 325, 380
Mahler, Margaret S., 6, 48, 262, 380
Main, Mary, 78, 87, 89–91, 380
mandatos, 85, 105–107, 127, 274, 321
manifestaciones
   de los órganos psíquicos,
      fenomenológicas, 260
   Ver también manifestaciones de
      guión
manifestaciones de guión, 10–12, 109,
   113, 138, 140, 142, 337
   visión general y naturaleza de,
      11–12
maratón terapéutico, fin de semana.
   Ver casos: Anna
*Más allá de la Empatía: una Terapia de
   Contacto-en-la-Relación* (Erskine
   et al.), xxiii, xxvii, 2, 25, 37, 276, 375
masaje, 14–15, 114, 356, 358–359
Maslow, Abraham H., 264, 380
Masterson, James F., 259, 380
McNeel, John R., 16, 274–275, 284, 380
melancolía. Ver *Duelo y Melancolía*
Mellor, K., 275, 284, 380
memoria(s)
   auto-protección ante el recuerdo
      del dolor y del miedo por, 147
   corporal, 228
   emocional, 79

ÍNDICE ALFABÉTICO   403

formas de memoria inconsciente, 71–78 (*Ver también* memoria implicita; memoria pre-simbólica; memorias procedimentales; memoria sub-simbólica)
no reconocidas, 72
nunca verbalizada, 71–72
preverbal, 71
refuerzo, 12, 122, 142, 202–203
relacional, xxxvi
Ver también memoria explícita
y carente de recuerdo, 68, 73–74
memoria explícita, 67, 78, 80, 82, 104–107, 116, 120, 138, 156, 172. *Ver también* memoria(s)
memoria implícita, 67, 78, 107–111, 120, 246–251
    falta de sintonía acumulativa y conclusiones experienciales, 107–110
    material de casos, 68–80
    psicoterapia profunda, 66–68
    trauma acumulativo de Kay, 68–70
memoria no reconocida, 72
memoria nunca verbalizada, 71–73
memoria pre-simbólica, 71, 78, 105, 349, 352
memoria preverbal, 71
memoria relacional, 349
memoria sub-simbólica, 67–68, 83, 89, 104, 249, 253, 360
memorias emocionales, 79, 209, 349
memorias procedimentales, 67, 78, 81, 88, 96, 108–109, 156
memorias (recuerdos) reforzantes, 10, 12–13, 107, 128, 130, 141–143, 183, 204
memorias reforzantes de guión. *Ver* memorias reforzantes

método de silla vacía, 167, 203, 227, 238, 316–317, 327, 330–332, 334–342, 344–345
    material de casos, 203–206, 224–234, 238–242, 334–340
Mikulincer, M., 89, 380
Miller, Alice, 259, 380
Miller, J. B., 6, 196, 212, 380
mirada positiva incondicional, 27, 53
Mitchell, Stephen A., 218, 259, 377
modelo/sistema cibernético, 4, 142–143
modelos de funcionamiento interno, xxxv, 82–83, 87–88, 95, 103, 120
Moursund, J. P., xx, xxii, xxvii–xxviii, 2, 10–11, 14–16, 25, 31, 33, 37, 45, 52, 54–55, 64, 79–80, 96, 103, 106–107, 109, 111–112, 115, 128–130, 145–146, 184, 193, 195, 201, 203, 206–207, 218, 259, 264, 266, 269, 271, 273, 276–277, 286, 326, 329, 350, 354, 375, 381, 385
Muller, R., 93, 381
musicoterapia, 348–349, 352

narcisismo. *Ver* casos: Phillip
Nathanson, D., 196, 381
necesidades
    evolutivas, 9, 23, 70, 79, 81, 98, 108, 111, 117, 122, 232, 238, 252, 280, 292 (*Ver también* casos: Teresa)
    reprimidas, 143
    cura relacional de la confusión temprana de los afectos, 243–254
    Ver también necesidades relacionales
necesidades evolutivas, 9, 23, 70, 79, 81, 98, 108, 111, 117, 122, 232, 238, 252, 280, 292. *Ver también* casos: Teresa

necesidades relacionales, 51–58
  guión de vida como
    compensación por, 259
  respuestas terapéuticas a, 47–61
necesidades y sentimientos
  reprimidos, 11, 141, 143
Neimeyer, Robert A., 28, 327, 381
Nelson, E. E., 148, 381
neopsique, 260
neopsíquico, Estado del Yo, 16, 216, 261, 286. *Ver también* ego Adulto
neurobiología, 258, 359
neurosis traumática *vs.*
  psiconeurosis, 110
normalización, xiv, xxxiii, 16, 20–22, 53, 56, 58–59, 124, 211, 232, 237, 246, 248
  definición, 21
Novellino, M., 66, 381

Objeto sexual, 308–310, 317
obsesión, xvii, 74–75, 91, 140
Olders, H., 324, 381
Olio, K. A., 271, 372
Orange, Donna M., 63, 381
O'Reilly-Knapp, M., xxviii, 10, 87, 93, 347, 381, 387
orientación, xxxii, 54, 108, 128, 134, 145, 334, 352, 360

Padre
  auto-generado, 277, 282
  fantasía, 277–279
"Padre, La Entrevista al" (McNeel), 274–275
Padre en la fantasía, 279, 282, 287
palimpsestos, 65, 81–83, 85–86, 98, 117
Panksepp, J., 148, 381
Parkes, C. M., 324–325, 381
pathos, 261
patrones pre-reflexivos, 75–77, 80, 104–105

patrones relacionales interiorizados, 103. *Ver también* guiones
Perls, Frederick "Fritz" S., xi, xxvi, xxix, 6, 9–11, 39, 48, 64, 84, 102, 111, 113, 115, 129, 146, 193–194, 200, 202, 205–206, 210, 258, 264, 326–327, 348–349, 381–382
Perls, Laura, xi, xxvi, xxix, 6, 382
permiso, terapéutico, 22
physis, xxxiv
Piaget, Jean, 82, 98, 124, 262, 382
Piers, C., 143, 382
Pine, Fred, 6, 48, 262, 380
plan de auto-protección, 10, 103
plan de vida, 81–82, 84–85, 102
  refuerzo de, 82
planificación del tratamiento, 115, 200, 279–286
potencia, 22
predictibilidad, xxxiii, 11, 129, 184, 188, 240, 270
  ilusión de, 11, 129
pre-reflexivo inconsciente, 80
presencia, xxvii, 19–21, 54–55, 333
pre-simbólico, 86, 249
Prigerson, H. G., 325, 380
principios de organización
  inconsciente, 10, 98
proceso esquizoide, 215–219, 388
  psicoterapia de, 215, 218
proceso intersubjetivo *vs.* contenido de la psicoterapia, xxxiii, xxxv–xxxvi
procesos inconscientes, 66, 73, 164, 386
programas de doce pasos, 364–365, 367
protección, 22
protocolo. *Ver* protocolo de guión
protocolo de guión, 65, 81–83, 85, 88
protocolo original, 97
pseudo-duelo, definición, 327
psicología bipersonal, 210

psicología del self, 9
psicoterapia integrativa
　principios, xxi–xxiii
　significados y usos del término, xxxi–xxxv, 1–2
　Ver también psicoterapia integrative basada en lo relacional; temas específicos
psicoterapia integrativa basada en la relación
　principios filosóficos subyacentes, xxxi–xxxvi
　Ver también psicoterapia integrativa; temas específicos
Psicoterapia Integrativa en acción, La (Erskine y Moursund), xxvii, 106, 273, 277, 375
psicoterapia orientada a la relación, 47, 49, 60, 208
Putnam, F. W., 93, 382

rabia, 52. Ver también dolor
Rapaport, David, 256, 382
reacciones de supervivencia sub-simbólicas 113
reacciones de supervivencia, 48, 102, 113, 116, 145, 245, 284
reacciones fisiológicas de supervivencia, 14, 83, 85–88, 96, 103, 113–115, 117
reconocimiento, 20–22, 54, 56–59
regresión, 38–42, 251–286
　al Estado del Yo Niño, 285
　definición, 38
　sintonía evolutiva y, 38–42
Reich, Wilhelm, 14, 382
Reik, Theodore, 66, 382
relación(es), 5–7, 163
　guiónes de vida como garantía ante la pérdida de, 132
relaciones objetales. Ver Fairbairn, W. Ronald D.

reparentalización, 275, 284
representaciones de las interacciones que han sido generalizadas (RIGs), 10
represión, 63–68
resonancia, 213
respeto y falta de respeto, 244
respuesta sintonizada como fenómeno de tres fases, 34
retroflexión, 327
RIGs (representaciones de las interacciones que han sido generalizadas), 10
Ritchie, K., 89, 93
Rogers, Carl R., 5, 25, 45, 60
Rosenberg, S. E., 91, 378

Sceery, A., 91, 379
Schacter, D. L., 67, 350, 382
Schanberg, S., 108, 376
Schore, Allan N., 83, 90–92, 382
Schuder, M., 93, 380
seguridad, 52
self, 216
　emergen del contacto en la relación, 6
self-en-relación, 4f, 27, 51, 60, 75, 83, 88, 94, 105, 134, 173, 348
señales de guión, 352
Shakespeare, William, 323
Sicoli, L., 93, 381
Siegel, D. J., 63–64, 83, 96, 382
Sills, C., 66, 271, 375, 377, 390
simbolización, 246, 360
símbolos, fantasía, 55
sintonía, 18–23, 31–33, 45–46
　afectiva, 33–36, 50
　beneficios de, 26–27
　cognitiva, 36–38
　evolutiva, 38–42
　naturaleza de, 18–20
　rítmica, 42–45

vías para lograr, 34–35
yuxtaposición, 19–20, 240
sintonía, errores en la, 45–46, 196
sintonía evolutiva, 38–42
sintonía rítmica, 42–45
sistema de rackets, 103, plan de auto-protección. *Ver también* sistema de auto-refuerzo
sistema de guión, 10–13, 128–130, 129f
    componentes, 10–13
    funciones, 145–150
    Ver también casos: John
sistema del self, 103
sistema del self-en-relación, 4f
sistema relacional, 3
Slap, J., 10, 84, 103, 383
Smith, L., 84, 103, 383
soledad, material de casos, 154, 162.
    Ver también casos: John
Steiner, C., 82, 85, 105–106, 383
Stern, Daniel N., 7, 10, 48–49, 99, 210, 216, 262, 383
Stolorow, Robert D., 6, 10, 51, 63–64, 75, 84, 103, 212, 218, 259, 269, 333, 350, 381, 383
Stuntz, E. C., 82, 105, 383
subrayado, terapéutico, 166, 170
superyo. *Ver* Estados del Yo Padre
Surrey, J. L., 6, 212, 383
Suttie, Ian D., 63, 383

Tasca, G. A., 89, 383
technos, 261
teoría de la auto-confirmación, 10, 103
terapéutica, alianza, 13, 281–282, 286, 364
terapéutica, potencia, 22
terapéutica, protección, 22, 80
terapéutica, relación, 243
    Estados del Yo Niño y, 216, 275
    funciones, xxxiii

indagación como base para crear, 25–29
material de casos, 224–254
terapéuticas, operaciones, 270
terapéutico, permiso, 22
terapia
    proceso de, xxxvi, 278, 357
    proceso intersubjetivo *vs.* contenido de, xxxv
terapia bipersonal *vs.* terapia unipersonal, 153
    visión general, 152
terapia mediante el contacto físico reparador, 356–360 *Ver también* masaje
terapia unipersonal, 153
Thelen, E., 84, 103, 383
todos las personas son igualmente valiosas, xxxii
Tolmatz, R., 89, 380
Tomkins, Silvan S., 196, 383
trabajo en dos-sillas, 207, 274, 287, 303
transacciones Estado del Yo Adulto a Estado del Yo Adulto, 255
transferencia
    Estados del Yo y, 13
    Estados del Yo Padre y, 259
transferencia(s), 251
    de la vida cotidiana, 76, 116–117, 122
    implicación terapéutica, 117
    objeto del self, 9
    perspectiva de psicoterapia integrativa de Estados del Yo y, 9
    Ver también casos: Elizabeth; casos: Paul
transposición de los afectos, 195
trauma, 67, 78
    definición, 67
    memorias corporales y, 348
    Ver también trauma acumulativo

trauma sexual, 92-93
Trautmann, Rebecca L., xx, xxviii,
  2, 16, 25, 33, 37, 45, 64, 66, 76-77,
  79, 96, 109, 111-112, 115, 129-130,
  145, 181, 184, 194, 203, 215, 218,
  256, 259, 264, 271, 276, 291, 329,
  350, 354, 375, 383, 385, 390
trenzada en el afecto del cliente, 97
Tronick, E. Z., 83, 108, 113-114, 380,
  383-384
Tustin, Frances, 210, 383

validación, 21, 53, 209
van der Kolk, Bessel A., 113, 348,
  360, 384
verbalización evitada, 68, 74
vergüenza, 191-213
  aclaracion teórica, 192
  "Algo está mal en mí", 203-206
  auto-críticas preventivas y, 283
  como introyección, 206-208
  intervenciones psicoterapéuticas,
    208-213
  material de casos, 198-206
  perspectiva de la terapia Gestalt
    sobre, 193-194
  psicodinámica, 208, 367
    fantasía defensiva, 197-198, 201
visualizada en las fantasías,
  esperanzas y sueños del
  cliente, 98
vitalidad, afectos de, 7, 49

Wall, S., 87, 369
Wallin, D. J., 64, 67, 78, 89, 350, 384
Waters, E., 87, 369
Watkins, H. H., 257, 384
Watkins, J. G., 257, 384
Weinberg, M. K., 83, 108, 113, 384
Weiss, Edoardo, 258, 384
Weiss, R. S., 325, 381
Wetherell, J. L., 324, 384
Wheeler, G., 193, 378-379, 384
Winnicott, Donald W., 6, 9, 60, 64,
  218, 257, 379, 384
Wogrin, Carol, 327, 381
Woolams, S. J., 82, 105, 384

Yo Adulto, 8-16
  alianza terapéutica con, 13
  terminología, 260-261
  Ver también Estados del Yo Adulto;
    Estado del Yo neopsíquico
  visión general, 16, 261, 286
yo central, 257
yo, fragmentación del, 216, 266
yo libidinal, 257
Yontef, G. M., 193-194, 203, 384
yuxtaposición, reacciones de, 20, 120,
  122, 240

Zalcman, M. J., 11, 77, 103, 106, 128,
  147, 201, 376
Zhang, B., 325, 380
Zoll, D., 113, 380

Lightning Source UK Ltd.
Milton Keynes UK
UKHW021320201220
375325UK00020B/350